共同富裕下共享发展及其内在逻辑

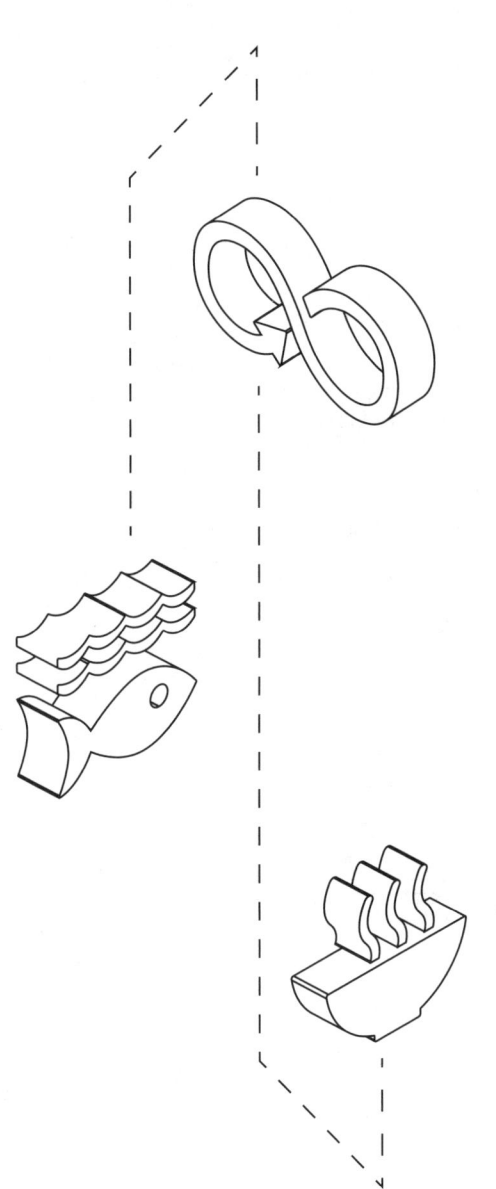

雷明 袁旋宇 等著

重慶出版集團 重慶出版社

图书在版编目（CIP）数据

共同富裕下共享发展及其内在逻辑 / 雷明等著. ——重庆：重庆出版社，2023.1
ISBN 978-7-229-17330-2

Ⅰ.①共… Ⅱ.①雷… Ⅲ.①中国经济—经济发展—研究 Ⅳ.①F124

中国版本图书馆CIP数据核字（2022）第250377号

共同富裕下共享发展及其内在逻辑
GONGTONG FUYU XIA GONGXIANG FAZHAN JI QI NEIZAI LUOJI

雷明　袁旋宇　等著

出　　品：	华章同人
出版监制：	徐宪江　秦　琥
责任编辑：	秦　琥
特约编辑：	李　敏
营销编辑：	史青苗　刘晓艳
责任印制：	杨　宁　白　珂
封面设计：	乐　翁

重庆出版集团
重庆出版社　出版
（重庆市南岸区南滨路162号1幢）
北京博海升彩色印刷有限公司　印刷
重庆出版集团图书发行有限公司　发行
邮购电话：010-85869375
全国新华书店经销

开本：710mm×1000mm　1/16　印张：33.75　字数：365千
2023年3月第1版　2023年3月第1次印刷
定价：95.00元

如有印装质量问题，请致电023-61520678

版权所有，侵权必究

前言

人人共建、人人共享，是新阶段面向共同富裕目标任务，社会经济发展的理想状态。以共享发展理念引领中国发展，维护社会公平正义，保障发展为了人民、发展依靠人民、发展成果由人民共享，实现共同富裕第二个百年宏伟目标，这对实现更高质量更高水平的发展提出了目标要求和行动准则，必将为全面建成小康社会之后实现中华民族伟大复兴的中国梦凝聚最深厚的伟力。

共享发展是全体民众在社会各个方面的贡献与努力所获得的成果能够以相对公平的方式为全体民众所享受的过程，故与公正发展直接相关，内涵包括全民共享、全面共享、共建共享和渐进共享。机会公正、程序公正和结果公正在中国已取得一定的成就，但在建设共享社会背景下，中国社会现存的地区差距、城乡差距和行业差距仍然导致了公正问题的存在。社会主义的本质是解放生产力，发展生产力，消灭剥削，消除两极分化，最终达到共同富裕。实现共享发展一直以来都是人民的共同期望，为的是实现共同富裕的根本要求。通过对长时间共享发展实践的总结，共享发展的模式主要为政府主导、产业拉动和社会参与三个动力源分别作用产生的协同创新、融合创新和开放创新，经济、市场和民主是其中的核心三要素。与此同时，机会共享、分配共享和服务共享三个过程推动共享发展的实现。

本书围绕共同富裕目标，从什么是共享发展这一最基本问题入手，围绕共享发展的内涵和外延、理论基础、现实条件、发展模式、实现途径，以及共享发展与公正发展、可持续发展、可持续减贫、共享经济、共享社会等，多维度、多层次展开讨论，期望最终为中国实现共享发展、推进共同富裕目标实现做一有益的探索。

共享发展理念指涉公平正义这一永恒性问题，根植于中国传统文化与西方哲学理论，既是对中国传统共享思想的传承，又是对西方共享思想的借鉴，更直接来源于马克思主义关于发展成果由人民共享的论述，以及对党和国家历代领导集体关于共享发展思想的继承和发展。

本书从立题到完成历时三年时间，研究团队成员在广泛而深入查阅文献的基础上，多次讨论，反复斟酌，厘清脉络，认真研究分析。成稿以后，大的修改就进行了十次，及至最终定稿！

全书有以下特点：

创新性。一是注重对实践案例的总结，以推广共享发展实现共同富裕实践中可重复、可学习、可借鉴的经验。二是强化对共享发展实现共同富裕核心政策的分析以及前沿理论方法的提炼，为新时期的共享发展实现共同富裕献真言、支高招。

前瞻性。一是捕捉变化、揭示趋势，对整个共享发展实现共同富裕形势，特别是新阶段中国共享发展实现共同富裕战略转型有预判。二是远景分析、超前研究，在预测、预警、预判中长期大势大局之后，对可能出现的预期影响进行先导性分析，并及时给出破解的思路与办法。

指导性。一是结合实践，准确把握共享发展实现共同富裕工作的现实需要，以全面、丰富、扎实的信息支撑，阐释共享发展过程中的真问题。二是解疑释惑，确保提供的思路与方法经得起推敲检验，对共享发展实现共同富裕实践工作有启发、指导作用。

在此，特别感谢北京大学贫困地区发展研究院及光华管理学院各位同人的大力支持。

特别感谢研究团队袁旋宇博士富有成效的组织沟通工作，特别感谢研究团队成员张文杰、王嘉璐、范愫、房旭平、曹梦迪、徐子杰、吴爱旌、盛加乐、章佳茵等两年来的辛勤工作，特别感谢所有为本研究提供过支持和帮助的人，恕不能一一致谢！

雷 明

2022年12月20日

目　录

第一章
导　言

第一节　背景及意义　002
第二节　文献综述　011
第三节　本书内容及结构　022

第二章
共享与共享发展

第一节　共享发展：官方、学界与民间的视角　029
第二节　共享与共享发展的思想渊源　032
第三节　共享发展与当代中国　047
第四节　共享发展的概念外延与实践议程　061
第五节　小结：共享发展的基本原则　082

第三章
共享发展的理论基础

第一节　共享、共治与共有　093
第二节　共享发展与经济学　103

第三节　共享发展与社会学　113

第四节　共享发展与政治学　121

第五节　小结　128

第四章
共享发展模式、机制及实现途径

第一节　共享发展模式　135

第二节　共享发展机制　151

第三节　共享发展实现途径　161

第四节　小结　176

第五章
共享发展与公正发展

第一节　公正及公正发展　183

第二节　共享发展与公正发展　197

第三节　共享社会和公正社会　211

第四节　小结　224

第六章
共享发展与可持续发展

第一节　代际公平　231

第二节　可持续发展　236

第三节　共享发展与可持续发展　251

第四节　可持续发展下的共享社会　260
第五节　小结　282

第七章
共享发展与可持续减贫

第一节　贫困与反贫困　289
第二节　代内公平与可持续减贫　302
第三节　共享发展下的可持续减贫　325
第四节　小结　338

第八章
共享发展与共享经济

第一节　什么是共享经济　345
第二节　共享发展下的共享经济　357
第三节　共享经济助力共享发展　381
第四节　小结　391

第九章
共享发展与共享社会

第一节　共享社会　399
第二节　共享发展下共享社会　418
第三节　共享社会制度安排　447
第四节　共享社会下的共建共治共享社会治理格局　465

第十章

结语与展望：新时代的共享发展理念

第一节　历史进程中的共享发展理念　487

第二节　新时代中国共享发展的新条件　490

第三节　新时代中国共享发展的新要求　498

第四节　新时代中国共享发展的新路径　512

　　第五节　结语与展望　527

第一章

导　言*

---
* 感谢张文杰为本章所做工作。

第一节 背景及意义

中共十九大报告中明确指出,中国特色社会主义进入了新时代,包括共享发展理念在内的新发展理念是新时代中国特色社会主义基本方略的重要组成部分。中国取得全面打赢脱贫攻坚战、全面建成小康社会、巩固拓展脱贫攻坚成果同乡村振兴有效衔接、扎实推动共同富裕等新时代中国特色社会主义发展实践成果,都离不开共享发展理念的指导。中国当前仍然处于社会主义初级阶段,生产力发展水平有待提高,发展不平衡、不协调、不可持续问题还比较突出,实现共享发展与人民的现实需求之间尚存在一定的差距。在此背景下,继续坚持共享发展的正确发展理念,进一步围绕现有的理论和实践基础展开深入研究,为实现共同富裕目标提出新的目标研究和行为准则,将为解决现阶段不平衡、不充分的发展问题提供有益的理论支撑,为实现第二个百年奋斗目标和中华民族伟大复兴凝聚深厚的思想力量。

一、共享发展理念的实践成果

在共享发展理念指导下,中国已取得丰厚的实践成果,包括全面打赢脱贫攻坚战、全面建成小康社会和"十三五"规划主要目标任务胜利完成等。

(一)全面打赢脱贫攻坚战

2021年2月,习近平总书记在全国脱贫攻坚总结表彰大会上发表讲话,宣布中国脱贫攻坚战取得了全面胜利,实现现行标准下9899万农村贫困人口全部脱贫,832个贫困县全部摘帽,12.8万个贫困村全部出列。以世界银行发布的每人每天1.9美元的国际贫困标准,中国的贫困发生率从2002年的31.7%降低至2020年初的0.6%[1],实现了脱贫减贫的巨大飞跃(见图1-1)。

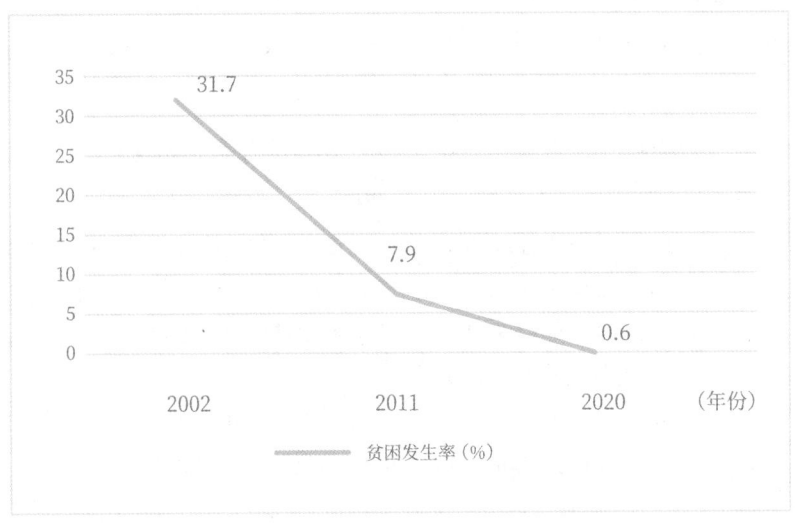

图1-1 中国贫困发生率变化趋势

(二)全面建成小康社会

2021年7月1日,在庆祝中国共产党成立100周年大会上,习近平总书记宣告中国全面建成小康社会,历史性地解决了绝对贫困问题,国家综合实力大幅提高,人民群众的获得感、幸福感、安全感明显提升。

---

1 《李克强:农村贫困人口去年减少1109万 贫困发生率降至0.6%》,中国网,2020年5月22日。

(三)"十三五"规划主要目标任务顺利完成

2021年3月5日,十三届全国人大四次会议开幕会上,国务院总理李克强在作政府工作报告时宣布,"十三五"规划主要目标顺利完成,在科技创新、脱贫攻坚、污染防治、深化改革、对外开放、民生保障、国防军队等方面取得重大进步(见表1-1)。

表1-1 "十三五"规划(2016—2020年)主要目标任务完成情况[1]

序号	指标
1	国内生产总值年均名义增量达到6.5万亿元,比"十二五"时期增加1.0万亿元
2	2019年、2020年人均国内生产总值超过1万美元
3	高速铁路里程、高速公路里程、万吨级码头泊位数量位居世界第一
4	城镇新增就业人数超过6000万人
5	基本医疗保险覆盖超过13亿人,基本养老保险覆盖近10亿人
6	2020年,全国居民人均可支配收入比2010年实际增长100.8%

二、共享发展理念的理论贡献

虽然共享发展这一概念本身出现较晚,在党的第十八届五中全会上才首次出现,但是它的思想内涵具有深厚的理论和实践基础,与中国传统文化和西方哲学思想都密不可分。马克思主义思想、中国优秀传统文化、西方共享思想为中国当代的共享发展理念提供了丰富的理论支撑,中国在社会实践和理论探索过程中又为该理念注入了新的时代内涵,发展了马克思主义"以人民为中心""共同富裕"等主张,超越了中国传统文化中的"民本""均贫富"等思想,也借鉴和批判了西方"以资本为中心"的社会发展理念。

---

[1] 宁吉喆:《中国经济逆势前行跃上新台阶》,国家统计局,2021年2月1日。

(一) 对马克思主义思想的发展

与马克思、恩格斯"共同富裕"和"以人民为中心"的思想主张相比，共享发展理念在目标和内容方面更加全面和完善。马克思、恩格斯曾提出"历史活动是群众的事业，随着历史活动的深入，必将是群众队伍的扩大"[1]，社会发展成果应该由创造人类历史的人民群众共享。他们对于实现人类社会"共享发展"的方案是"共产主义"，在目标方面聚焦于实现经济领域的"共富"。而随着共享发展实践在中国社会不断深入，共享发展理念的内涵得到不断调整和丰富，当前习近平总书记提出的共享发展理念，全面而深刻地突出了马克思主义"以人民为中心"的唯物史观，将"共富"的目标拓展至经济、政治、文化、社会、生态等领域的全面成果共享。

就"共同富裕"的社会发展目标而言，马克思、恩格斯更为重视结果，而当前中国的共享发展理念更强调过程，追求渐进式共享[2]，强调发展过程和共享过程的有机统一[3]。马克思主义传入中国后，在一代代中国共产党人领导的社会主义实践中不断发展，逐渐衍生出中国特色的共享发展理念。习近平总书记指出："社会主义初级阶段不是一个静态、一成不变、停滞不前的阶段，也不是一个自发、被动、不用费多大力气自然而然就可以跨过的阶段，而是一个动态、积极有为、始终洋溢着蓬勃生机活力的过程，是一个阶梯式递进、不断发展进步、日益接近质的飞跃的量的积累和发展变化的过程。"[4]在中国当前所处的社会主义初级阶段，想要把握和解决

1　《马克思恩格斯文集》(第2卷)，人民出版社2009年版，第104页。
2　周明明：《共享发展理念的人民主体价值意蕴》，《东南学术》，2021年第1期，第47—60页。
3　燕连福：《共享发展理念的深刻内涵及理论贡献》，中国经济网，2021年10月27日。
4　《习近平在省部级主要领导干部学习贯彻党的十九届五中全会精神专题研讨班开班式上发表重要讲话》，人民网，2021年1月11日。

人民日益增长的美好生活需求和不平衡不充分的发展现状之间的矛盾，推动新时代中国社会的发展，需要一个动态性推进、渐进式共享的过程。

（二）对中华传统文化的超越

中华文化绵延、积淀数千年，蕴含着中华民族最基本的文化基因和精神血脉。习近平总书记指出："中国特色社会主义文化，源自于中华民族五千多年文明历史所孕育的中华优秀传统文化，熔铸于党领导人民在革命、建设、改革中创造的革命文化和社会主义先进文化，植根于中国特色社会主义伟大实践。"[1]在社会主义建设中，中国汲取中华传统文化中具有当代价值、富有永恒魅力的精神力量，不断与时俱进、推陈出新，发展出一套与现代文化相适应、与现代社会相协调的中国特色思想体系。其中，共享发展理念结合时代发展趋势和人民实际需求，既继承和转化了"以民为本"和"大同思想"，又创新和超越了"均贫富"思想。

一方面，共享发展理念真正实现了"以民为本"，以人民群众共享发展利益为目标，超越了中国古代民本思想"帝王本位"的本质。夏启废禅让制而实行"家天下"后，其子太康沉迷玩乐、不理政事，《五子之歌》讽之"皇祖有训，民可近，不可下，民惟邦本，本固邦宁"，后逐渐形成先秦民本思想，其代表有孔子"庶民、富民、教民"的仁政观；孟子"民为贵，社稷次之，君为轻"的秩序观；荀子"天之生民，非为君也；天之立君，以为民也"的权力观。此后，民本思想在中国历朝历代被君主、官员传承发展，要求统治者顺应民心、

---

[1] 习近平：《决胜全面建成小康社会，夺取新时代中国特色社会主义伟大胜利——在中国共产党第十九次全国代表大会上的报告》，人民网，2017年10月18日。

体恤百姓，并成为约束君主、官员行为的准绳，但从根本上讲，中国古代的民本思想并非以人民为中心的"治理"思想，而是维护封建君主专制统治秩序的自上而下的"统治"思想。

另一方面，中国古代尊崇以道德为核心的文化传统，提倡"安贫乐道"的精神追求，"存天理、灭人欲"等思想主张都反映了社会整体对物质层面追求的压抑状态，这种社会文化氛围直接催生了"均贫富"的思想。在封建王朝统治者看来，"均等"的社会财富状态更有利于其巩固中央集权的统治权威，防止暴乱、造反等社会失范现象发生，"稳定"的社会状态比"变动"的社会状态更为重要，这与"发展"的逻辑是相悖的，因此"均贫富"在结果上更加强调"均"的状态，在"致富"方面的诉求较弱、理论解释力不足，最终在实践层面往往沦为"均贫"状态；而共享发展理念则立足于"以人民为中心"而非"维护统治阶级的利益"，将"均贫富"发展为"共同富裕"，实现了"共享"与"发展"的统一，既要维护公平正义、实现社会平等，也要真正促进社会经济发展。

（三）对西方发展理念的反思[1]

西方的发展理念起源于资本主义生产方式的确立，在利己主义、功利主义为主旨的价值理念影响下，西方形成了"以资本为中心"的自由主义和干预主义发展观。而蕴含共享逻辑的福利国家、减贫理论等思想从根本上仍属于"以资本为中心"的社会发展观的产物，中国"以人民为中心"的共享发展理念对其进行了借鉴、反思和批判。

1　周明明：《共享发展理念的人民主体价值意蕴》，《东南学术》，2021年第1期，第47—60页。

自由主义将个人利益置于社会利益之上，主张私有财产神圣不可侵犯。自由主义的倡导者亚当·斯密认为，"各个人都不断地努力为他自己所能支配的资本找到最有利的用途"[1]，经济人考虑他人的利益是为了实现自己的最大利益，而这一过程并不妨碍社会整体福利，因为由理性经济人组成的自由市场中有一只"看不见的手"，即竞争性市场机制，在利己动机作用下，投资人能够调整投资方向、优化资源配置从而促进社会利益。资本主义社会在自由主义指导下的确实现了国家财富的积累，同时，资本垄断、贫富分化、劳动异化、经济危机等问题也随之而来。此时，为解决资本主义社会危机，干预主义的发展观应运而生，催生了第二次世界大战后西方国家的福利制度和社会保障制度。但是这种发展理念仍遵循资本主义生产方式的资本逻辑，由掌握资本的资产阶级负责社会分配，不断剥削劳动者，不仅未能实现国家财富的"共享"，反而导致经济危机的反复爆发。中国在实践社会主义生产与分配过程中强调"全民共享"，批判了自由主义发展观对社会总体秩序、公平正义的忽视，以及容易导致剥削、垄断，造成贫富差距扩大；批判了干预主义发展观"温和的个人主义"本质，不以效益和结果作为衡量社会发展的唯一标准；批判了西方以抑制人口增长、涓滴效应等理论为代表的减贫理论，因为这些理论将贫困原因归结于贫民过多剩余，其根本目的是维护资产阶级利益，而非维护全体社会成员的利益。

三、共享发展理念的指导意义

共享发展理念回答了"谁来共享""共享什么""如何共享"和"如

---

1 [英]亚当·斯密：《国民财富的性质和原因的研究》（上卷），郭大力、王亚南译，商务印书馆1974年版，第14页。

何推进"的问题，为新时代中国实现第二个百年奋斗目标和中华民族伟大复兴、完成基本实现社会主义现代化和建成富强民主文明和谐美丽的社会主义现代化强国的新任务提供了方向指引。基于现阶段中国的城乡、区域差距，以及实现世界协同发展面临的阻碍，中国稳步制定了相关发展战略，继续以共享发展的科学理念指导乡村振兴、区域一体、一带一路的实践，推动城乡融合发展、实现区域联动发展、共建共享世界发展，实现从城乡、区域再到世界不同空间尺度的渐进式共享。

（一）乡村振兴

现阶段，虽然中国脱贫减贫工作已经取得重大进展，但农村在经济发展水平、基础设施建设、医疗卫生保障、精神文化活动、教育水平等方面都与城市存在较大差距。在未来乡村振兴进程中，必须进一步落实全民共享、全面共享的共享发展理念，不仅要进一步合理配置资源、完善分配制度，使发展成果惠及城乡全体人民，还要通过推动产业转型升级、公共服务普及、生态环境保护、教育资源下沉等方式，全方位缩小城乡差距，同时通过城乡产业一体化等措施实现城乡协作、共同发展。

（二）区域一体

中国地域辽阔，不同区域间在自然环境、社会历史、文化传统等方面存在较大差异，因而长期面临地区经济发展不平衡的问题。自2014年至今，中国提出了京津冀协同发展、长江经济带发展、长三角区域一体化发展、粤港澳大湾区建设、黄河流域生态保护和高质量发展等区域协同发展战略，致力于推动跨区域联动协作，打造优势互补、互利共赢的协同发展新格局。未来，在共享发展理念的指导下，既要实现区域间共建共享的纵深化，又要构建广泛灵活的全域合作格局，充分调配资源、深入开展合作，缩小区域差距、惠及全体人民。

(三) 一带一路

在全球化趋势不可逆转的当下，中国的目标不仅局限于实现中国社会内部的共享发展，更要实现全人类的共享发展，这就要求打破国家、地区间的隔绝关系，建立广泛、坚实、平等的跨国、跨地区、跨组织的良性协作关系。正如中国存在城乡、区域间发展不平衡问题，世界各地的经济发展水平也参差不齐，且在社会制度、发展模式、意识形态等方面存在巨大差异，尤其是形成了发达国家与第三世界国家之间的对立局面。在由发达国家主导的世界产业布局和分配格局中，第三世界国家往往处于被动位置。在此背景下，中国提出了"一带一路"倡议，将中国共享发展经验推广至世界，加强各国产业深入合作，构建公正合理的分配格局，使发展机遇与成果由世界人民共享。但是，受变动的世界格局和新冠肺炎疫情影响，"一带一路"的推进面临诸多挑战和阻碍。未来，中国既要从共享发展理念中汲取思想力量，又要结合新时代发展趋势，立足具体的社会实践语境，适时调整、创新发展理念，形成一套适合全人类发展的共享发展理论体系。

第二节 文献综述

本节将对学术界围绕共享发展理念展开的研究进行梳理，总结国内外研究现状特征，挖掘未来亟待研究的新问题。

一、研究现状

在官方正式提出共享发展理念之前，围绕共享发展概念本身的研究较少，对概念的理解与新发展理念存在一定出入。近年来，相关研究层出不穷，广泛分布在社会学、政治哲学、经济学等学科领域，研究内容主要包括概念解析与理论渊源、政策制度与实践案例、衍生概念与相关领域，研究质量参差不齐。与国内的"高热度"状态不同，国外与共享发展相关的文献较少，少数相关文献关注公平正义等概念，但这一概念不能与共享发展画等号。

（一）概念解析与理论渊源

自2015年中共中央十八届五中全会首次将"共享"纳入五大发展理念之后，以"共享发展"为关键词的研究才大量出现，经济学、政治学、社会学等学科纷纷从各自视角对"共享发展"理念进行概念解析和理论溯源。目前国内已经出现一批学术专著，较为全面系统地从全民共享、全面共享、共建共享和渐进共享这四个层面阐述了"共享发展"的内涵，如，邓纯东等人于2018年编著的《共享发展思想研究》；在阐述基本内涵的基础上，学者们对其进行历史化处理，追溯共享发展理念的理论渊源，主要采取了以下三种角度。

其一，在"共享"被明确列入中国五大发展理念之前，新中国的诸多发展战略和实践方案就体现了"共享发展"思想,中国共产党明确提出并高度强调"共享发展"这一概念后,不断在实践中丰富其理论内涵和外延,中国社会在各个历史阶段面临的主要矛盾、时代任务不同,共享发展思想的内涵也不同,因此部分学者梳理了共享发展理念在中国语境下产生、调整、转化、创新和丰富的历史脉络,分析和解读了各个历史阶段共享发展的不同内涵,如黄娟研究了改革开放后中国共产党公平正义思想的内涵演变。[1]

其二,学界普遍将共享发展理论体系视为马克思主义中国化的部分成果,是马克思主义关于发展成果由人民共享论述的中国化表述,因此根据普遍的关于马克思主义中国化的历史分期,遵循"马克思主义经典—早期中国共产党人—社会主义建设时期—改革开放新时期"的思想脉络进行梳理,如,王庆五等人于2016年编著的《共享发展》一书。随着全面系统的理论溯源类研究逐渐增多,越来越多的学者选择从全面到重点、从宏观到微观,从泛化的马克思主义中国化解释聚焦于马克思、恩格斯、列宁等社会主义思想家关于共享发展的具体理论观点,认为马克思主义的社会发展理论第一次确立了人民群众在社会历史发展中的主体地位和独特价值,对理解和把握中国当下的发展理念具有极大的理论意义和启示作用。2020年,马磊聚焦于马克思、恩格斯的《哥达纲领批判》这一具体文本来解读他们的共享发展思想。[2]

其三,还有一种相较于"马克思主义中国化"更为全面的视角,即认为共享发展理念既是对中国传统共享思想的有益汲取,又是对

---

[1] 黄娟:《共享发展:改革开放以来中国共产党公平正义思想研究》,燕山大学出版社2020年版。

[2] 毛磊:《马克思共享发展思想探颐——基于对〈哥达纲领批判〉文本的解读》,《闽西职业技术学院学报》,2020年第4期,第1—6页。

西方共享思想的借鉴，更直接来源于马克思主义关于发展成果由人民共享的论述，以及对以毛泽东、邓小平、江泽民、胡锦涛为核心的四代党和国家领导集体关于共享发展思想的继承和发展，这类研究一般以学术专著的形式出现，如，于昆2016年编著的《共享发展研究》。

（二）政策制度与实践案例

理论与实践之间存在双向互构的关系，厘清共享发展理念的概念演变逻辑，梳理支撑其不断调整和丰富的理论资源，有利于总结理论经验，为当下及未来的实践路径提供方向指引；同时，总结共享发展中的经验和教训，也有利于反过来调整和完善共享发展理念。在针对共享发展理念本身的理论研究大量出现的同时，基于共享发展政策制度和实践案例的研究也层出不穷，既强调共享发展的经济价值，又凸显其社会价值。

在现有研究中，学术专著往往全面关涉社会发展方方面面的需求，从公共服务、脱贫攻坚[1]、收入分配、社会保障、教育质量、医疗卫生、就业创业、人口发展等方面论述共享发展的实现路径，如2016年吕健等人编著的《共享发展的社会主义政治经济学》；期刊文章由于体量较小，研究问题更为集中，往往聚焦于共享发展实践的某一具体领域，比如，共享发展理念下扶贫生态系统的构建问题。

由于中国区域间社会条件、发展水平等差距较大，各地的共享发展实践既有共性又具有地方特色，因此有学者围绕共享发展概念

---

1 吴奶金、林萍萍、郑钊等：《基于共享发展理念的社会扶贫机制研究》，《中南林业科技大学学报（社会科学版）》，2019年第5期，第94—98页。

来研究国内地方实践案例，比如，何显明于2018年编著的《共享发展——浙江的探索与实践》以走在改革开放、创新发展前列的浙江省为例，观察其在共享发展上的探索与实践特色，总结和梳理可供其他省份参考的实践经验和教训；2017年，杨健燕、张宝峰等著《河南共享发展——现实与未来》从增加公共服务供给、实施扶贫脱贫攻坚、实现教育均衡发展、促进就业创业提升、缩小收入分配差距、完善社会保障制度、推进健康河南建设和促进人口均衡发展等八个方面阐述了河南实现共享发展的主要实践路径[1]；郝国庆著《共享发展的县域之路：以荆县为例》则以更小的区域单位——县城为研究对象，引入西方现代福利理论和新公共服务理论的研究框架，在剖析湖北省荆县在义务教育、公共文化、公共卫生和社会保障等方面的均等化改革做法的基础上，重点总结共享发展改革实践的新形势、新问题和新趋势。[2]

学界没有将视野局限于国内的共享发展改革实践现状，部分研究者还关注国外经验对我国共享发展的启示，如，2016年出版的于昆的《共享发展研究》以美国的收入及财富分配、北欧国家的福利制度及拉美国家"拉美陷阱"为案例总结了国外经验对我国共享发展的启示；2017年出版的秘鲁亚历杭德罗·托莱多的《共享型社会——拉丁美洲的发展前景》一书探讨了拉丁美洲共享型社会的构建路径和发展前景。

（三）衍生概念与相关领域

随着围绕共享发展这一核心概念的理论阐述和实践研究不断

---

[1] 杨健燕、张宝峰：《河南共享发展：现实与未来》，社会科学文献出版社2017年版。

[2] 郝国庆：《共享发展的县域之路：以荆县为例》，人民出版社2017年版。

深入，学界的研究逐渐向与共享发展密切相关的其他概念和具体领域延伸，比如，创新、协调、绿色、开放等其他发展观与共享发展观的关系，区块链技术[1]等技术手段在共享发展中发挥的作用，共享经济等新社会经济形态与共享发展的区别与联系等问题。

二、研究评述

（一）研究类型

目前，学界关于共享发展的研究主要分为聚焦思想领域的理论研究和聚焦实践领域的经验研究。共享发展理念本质上是一种社会发展思想，不断解决随着时代发展出现的新问题，并逐步调整、补充形成了一套完善的理论体系，因此相当一部分研究围绕该思想展开理论分析，既需要厘清其理论发展脉络、挖掘其理论基础，又需要剖析其理论内涵、展望其理论前景。共享发展理念具有鲜明的问题导向性，它的提出源于我国社会主要矛盾的转变，目标是解决社会发展中出现的城乡贫富差距、区域发展失衡等问题。基于此，学界围绕社会发展实践中的现实问题开展调查研究，以此在经验层面为共享发展理念本身的深刻化、科学化、体系化提供支持。

（二）研究方法

现有研究以定性研究为主，较少使用定量方法；研究材料以二手材料为主，研究材料的局限在论述过程中表现为缺乏丰富翔实的论据支撑，论述过程以事件描述和特征总结为主，针对理论著作、政策制度、会议讲话等材料的二次解读较多，针对一手资料的创新

---

1 张红雷、苏莹：《基于"大数据+区块链"技术的共享经济发展研究》，《智库时代》，2019年第37期，第17—18页。

性研究和独创性思想、见解较少。虽然国内围绕共享发展的研究已呈"汗牛充栋"之态，但表现出同质化、浅薄化的特点，文章层次参差不齐，高质量研究数量较少。

（三）研究问题

研究视域偏窄，与其他领域或相关概念的联结较少，但逐渐呈现出深刻化和扩展化的趋势，即从单纯的二次解读和锚定在共享发展领域拓展出创新型视角。从经济领域的"共同富裕"延伸到共享发展覆盖的社会生活的各个领域，包括精神文化领域的共享发展。中国当前处于经济发展从高速增长向高质量发展转变的阶段，同时仍面临不平衡、不充分的发展问题，在此背景下，大部分学者认为共享发展理念的核心目标是实现经济领域的"共同富裕"，追求经济高质量发展和协调发展。因此有相当一部分研究聚焦经济建设领域，总结中国在共享发展理念指导下的经济发展经验，归纳和阐释其背后的科学规律，明确共享发展理念在经济领域的指导地位。具体而言，学者们指出，在共享发展中，"做大蛋糕"很重要，如何"分好蛋糕"这一问题同样不容忽视，批判了过去将经济增长作为社会发展唯一诉求的"进步式"发展，认为必须在发展过程中实现"以人民为中心"导向的回归，充分调动人民群众的主观能动性，完善社会分配制度和社会保障体系，真正实现经济发展成果由人民创造、由人民共享。全面共享、全民共享、共建共享、渐进共享是共享发展的基本内涵，广大人民群众的价值需求和利益诉求呈现出多层次的特点，因此除了实现经济领域的"共同富裕"，以共享发展理念指导其他社会领域的发展实践同样重要。随着研究和实践深入，学者们也逐渐将视野拓展至医疗卫生、教育培训、志愿服务、文化艺术等领域，探索各个社会领域、不同社会问题的共享发展路径。

三、亟待研究的问题

基于学界研究现状，本节认为未来需要进一步加强理论基础、可持续性问题、全面发展问题、未来战略问题等方面的研究。

（一）理论基础问题

虽然关于共享发展的研究可谓是"汗牛充栋"，但是目前学界尚未筑牢共享发展理念的理论基础，在该概念的外延方面也未达成一致。长期以来，学界主要将马克思主义思想、中国优秀传统文化视为共享发展理念的理论基础，重点论证中国共产党理论体系的科学性和先进性。从学科语境来看，共享发展的理念内涵不断丰富，在演变过程中融入了经济学、社会学和政治学等社会学科的理论视角和研究方法。由此，共享发展概念本身的外延范围扩大，但是大部分研究的理论分析较为浅显甚至"泛泛而谈"，仅是对官方话语的机械式模仿和扩写，对这一概念的理解和阐释尚不够深刻，在衍生概念和相关领域中存在概念滥用和定义模糊的情况，尤其表现在共同富裕、共享经济、共享社会等话题和领域。基于此，在基本掌握共享发展理论背景的前提下，如何实现跨学科视角的有机结合，并使学界对共享发展理念内涵与外延的认识达成相对一致，更为灵活地调用共享发展理念丰富的理论资源，在具体问题上采取合适的研究方法，成为下一步研究需要解决的基础性问题。首先，深入挖掘共享发展理念的理论基础，基于文本及其产生的历史进行深刻剖析和阐述，避免进行历史概念的简单挪用、嫁接与拼贴。比如，要研究马克思主义的社会主体思想，需要回归其重要著作，并结合当时的历史背景深刻理解马克思、恩格斯彼时提出该思想主张的原因，分析其思想主张的历史内涵和社会意义，进而论述其与中国当下的共享发展理念之间的关系。其次，历史上，西方社会的发展思想随着世界战争、国际合作而传入中国，在一定程度上影响了中国的社会思想，而未来构建人类命运共同体，实现全人类的共享发展是渐进式共享的必经阶段，这要求中国在关注马克思主义思想脉络和中国历史文化传统的同时，也要研究西方的社会发展思想，尤其要加强西方共享思想（如公平正义观、福利制度、共同体思想等）理论基础研究。最后，在提升现有理论基础研究的深度、加强对西方共享思想理论研究的基础上，需要对各类理论研究进行整合，加强各条理论脉络的关系研究，比如，如何使马克思主义和中国优秀传统文化实现有机融合，根据时代新趋势、新问题进行创新转化，形成适合新时代发展需要的新发展理念。

（二）可持续性问题

虽然中国已经全面打赢脱贫攻坚战、全面建成小康社会、胜利完成"十三五"规划主要目标任务，但是仍然面临不平衡、不充分的发展问题。第一，部分地区社会发展成果的背后是高资源消耗的不可持续发展模式，这种发展模式能够在短期内快速提升经济效益，完成既定的发展目标，但同时也带来了资源枯竭、环境污染等问题，既无法获得长久的发展效益，也难以真正提升和改善人民的生活质量。第二，部分地区"等、靠、要"思想严重，在减贫过程中过度依赖外界扶助，虽然完成脱贫目标，但实际上未明确可持续的发展模式，向乡村振兴阶段过渡的动力不足，甚至面临返贫风险。第三，在政策制度层面，从中央到地方政府都在强调可持续发展战略，因地制宜地出台方针政策，但是在实际执行过程中，由于市场环境尚未成熟、法律制度尚不完善、工作方法尚不具体、合作意识尚未统一，实际工作效果也随之大打折扣。在当下这个重要的战略机遇期，中国亟须全面彻底地转变发展方式，探寻可持续发展之路。

(三) 全面发展问题

"全面共享"是共享发展理念的基本内涵之一，但是目前的学术研究却尚未体现出"全面性"。"全面共享"不仅要求推动经济高质量发展，还要探索如何构建合理分配格局，完善基础服务设施，为实现共同富裕打造物质基础、提供机制保障，同时深化精神文明共建活动，实现物质与精神的共同富裕。目前，研究仍主要集中于物质层面的共享发展，对社会民生（如就业、医疗、住房、教育等）等其他方面关注度较低，针对精神文化领域共享发展的研究还不够充分。

(四) 未来战略问题

当前世界正面临着百年未有之大变局，全球化的形势不可逆转；同时，新冠肺炎疫情为世界秩序带来的冲击和给人类生存带来的挑战也不容忽视。根据世界银行发布的世界贫困发生率数据，非洲、拉美等地区的国家仍然面临严峻的贫困问题，全球减贫道阻且长（见图1-2）。在此背景下，如何适时调整共享发展的理念内涵，使其保持长久的生命力，在世界层面实现共建共享发展，成为未来战略方向的题中应有之义。

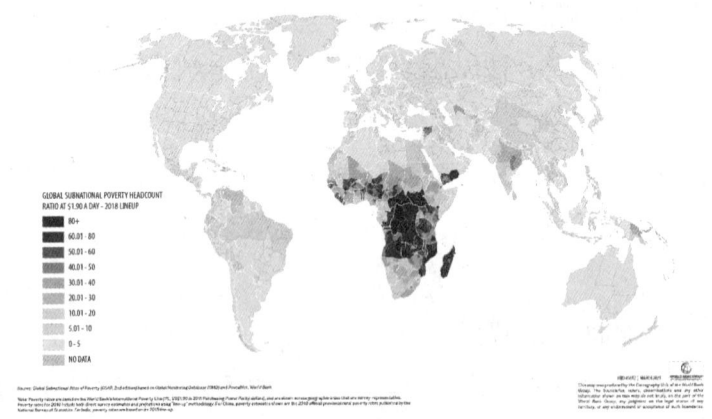

图1-2　2018年世界贫困发生率情况（以1.9美元为基准）[1]

2021年7月6日，习近平在中国共产党与世界政党领导人峰会上指出："面对共同挑战，任何人任何国家都无法独善其身，人类只有和衷共济、和合共生这一条出路。"中国的共享发展不仅是中国社会、中国人民的共享发展，还是全球社会、世界人民的共享发展。目前，社会主义初级阶段的现实情况决定了中国当前专注于国内的共同富裕问题，但是未来中国必然要进一步考虑实现全球人民共享世界发展成果的可行路径。面对百年未有之大变局，在为人民谋幸福、为人类谋进步的根本目标指引下，构建"你中有我、我中有你"的人类命运共同体成为共享发展理念未来的重要战略方向。在构建"国内国外双循环的新发展格局"过程中，首先需要立足具体的国际环境条件，深刻阐释共享发展理念的世界意义。

目前，很多研究已经点明共享发展理念与人类命运共同体的一

1　引自世界银行数据。

致性，这有利于丰富共享发展理念的世界性内涵，但是大多数研究都存在将共享发展理念与人类命运共同体主张简单衔接，甚至直接画等号的情况，这忽视了两个思想理念各自的独特内涵、具体细节及二者之间的理论张力，也难以为明确未来共享发展的战略方向提供科学方案。针对该现象，学界需要进一步剖析共享发展和人类命运共同体各自的理论内涵，总结其共性和差异，实现二者的有机衔接。共享发展从根本上要实现世界发展成果由全人类共享，而世界发展不平衡的问题可能在相当长的时间内存在，文化认知层面的差异也不会消失，如何制定合理的分配方案，形成超越民族国家的全球性认同，使各方主体都能自觉自愿地参与到世界共建共享中，是一大难题。要解决这一难题，实现世界层面的共享发展，学界必须走出共享发展和人类命运共同体的概念本身，不能停留在政策文件的解读层面，需要在研究中剖析世界多元主体的不同政治立场、利益诉求和文化特色产生的原因、过程、影响，尤其要重视发达国家与发展中国家之间的差异，进而才能为明确未来战略方向提供创见。

第三节 本书内容及结构

本书从"共享发展"这一概念出发,围绕其基本内涵和外延,回溯其诞生及实现中国特色发展的理论基础和现实条件,总结已有的发展模式、机制及实现途径,针对公正发展、可持续发展、可持续减贫、共享经济和共享社会等衍生概念展开论述,为中国进一步的共享发展实践提供理论支持(见图1-3)。

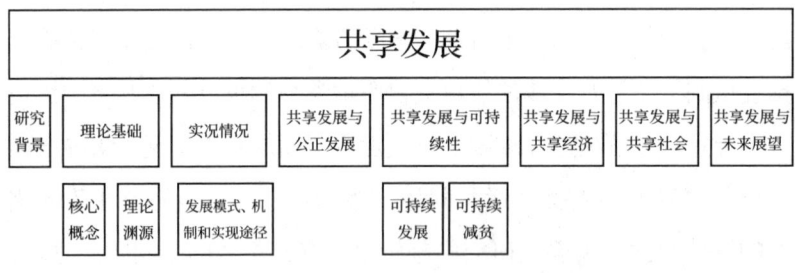

图1-3 本书内容结构

第一章为本书导言,从共享发展的现实背景引入,回顾了共享发展理念指导下中国取得的全面打赢脱贫攻坚战、全面建成小康社会和"十三五"规划主要目标任务胜利完成等实践成果,论述了这一发展理念对马克思主义思想、中国优秀传统文化和西方共享社会思想的理论贡献,以证明共享发展理念对下一阶段的中国社会发展具有重要的指导性意义。

第二章至第三章以共享发展概念为核心,对该发展理念的内涵和外延进行了深入剖析。其中,第二章聚焦共享发展概念本身,阐述了共享发展理念的基本内涵,结合政策文件与实践案例理解和把握习近平总书记概括的全民共享、全面共享、共建共享和渐进共享的深刻含义,并探究共享发展理念产生的现实条件、思想根源及理论脉络。为了更为全面地展现共享发展理念的丰富旨意，第三章立足多元化的学科地图，从经济学、社会学、政治学这三大学科脉络全面综述相关研究。

共享发展理念的产生根植于中国政治、经济、社会和文化的社会实践，在其指导下，中国形成了具有中国特色的发展模式、发展机制和实现途径。基于此，本书第四章从共享发展的主体、要素和方法三个维度阐释共享发展的要义，以各地具体实践为案例，分析和总结各地在共享发展实践中的经验，以为其他地区提供借鉴。

第五章至第九章则从共享发展核心概念延伸至相关领域，探讨了中国社会共享发展面临的关键问题。第五章针对公正发展与共享发展展开论述，在梳理公正发展的基本概念内涵和理论基础的基础上介绍了中国特色社会主义公正观的具体要求和公正发展的社会成就，从理论和实践的双重视角分析共享发展与公正发展的关系，认为公正发展是共享发展的核心价值和实践皈依。

第六章从可持续发展角度切入，阐述了可持续发展理论的内涵，梳理了中国推动可持续发展的历史，探究了可持续发展与共享发展之间的理论和实践共性：一方面共享发展中蕴含着可持续发展的理念；另一方面共享社会的构建需要可持续发展理论的指导。第七章则在第六章的基础之上聚焦于减贫领域，介绍了贫困的内涵与测量方法，梳理了中华人民共和国成立以来的反贫困历程，阐述了代内公平与可持续减贫的内涵、关系和实践路径，创造性地搭建了共生、共建、共享的扶贫生态系统，全面概述中国减贫历程中总体环境、参与主体、主要措施、重点领域及多元主体和领域之间的联动效应。

第八章、第九章分别讨论了共享发展的相关概念——共享经济与共享社会。第八章以共享发展理念为主线，回答了共享经济是什么、共享经济发展得怎么样、如何发展更有获得感的共享经济这三个基本问题，希望描绘在共享发展理念指导下共享经济这种新业态在中国的现实发展图景。在共享发展理念指导下，中国的目标是进入共享社会状态，这是一个更为宏观的社会目标。在前文对共享发展具体内涵、理论基础、实践情况、相关领域等问题全面详细解读的基础上，第九章以宏观视角描述了共享社会的特征，试图探索一条共享发展理念指导下的科学发展道路。

最终，第十章对本书一至九章进行了回顾和总结，同时立足新时代中国社会发展趋势，介绍新时代中国共享发展的新条件、新要求、新路径，总结新阶段、新矛盾和新任务对共享发展的影响，进而从理论和实践层面分别展望了共享发展理念的未来发展前景，在理论层面应坚持人文性、提升科学性和拓展世界性，在实践层面应着眼于现阶段的城乡差距、区域差距和世界地位，以乡村振兴、区域一体和一带一路为战略重心，推动城乡尺度、区域尺度和世界尺度的渐进式共享发展。

参考文献

[1] [英]亚当·斯密:《国民财富的性质和原因的研究》(上卷),郭大力、王亚南译,商务印书馆1974年版。

[2] 习近平:《决胜全面建成小康社会,夺取新时代中国特色社会主义伟大胜利——在中国共产党第十九次全国代表大会上的报告》,人民网,2017年10月18日。

[3]《李克强:农村贫困人口去年减少1109万 贫困发生率降至0.6%》,中国网,2020年5月22日。

[4]《习近平在省部级主要领导干部学习贯彻党的十九届五中全会精神专题研讨班开班式上发表重要讲话》,人民网,2021年1月11日。

[5] 郝国庆:《共享发展的县域之路:以荆县为例》,人民出版社2017年版。

[6] 黄娟:《共享发展:改革开放以来中国共产党公平正义思想研究》,燕山大学出版社2020年版。

[7] 毛磊:《马克思共享发展思想探颐——基于对〈哥达纲领批判〉文本的解读》,《闽西职业技术学院学报》,2020年第4期。

[8] 宁吉喆:《中国经济逆势前行跃上新台阶》,人民政府网,2021年2月1日。

[9] 吴奶金、林萍萍、郑钊等:《基于共享发展理念的社会扶贫机制研究》,《中南林业科技大学学报(社会科学版)》,2019年第13卷第5期。

[10] 燕连福:《共享发展理念的深刻内涵及理论贡献》,中国经济网,2021年10月27日。

[11] 杨健燕、张宝峰:《河南共享发展：现实与未来》,社会科学文献出版社2017年版。

[12] 张红雷、苏莹:《基于"大数据+区块链"技术的共享经济发展研究》,《智库时代》,2019年第37期。

[13] 周明明:《共享发展理念的人民主体价值意蕴》,《东南学术》,2021年第1期。

第二章
共享与共享发展*

---

* 感谢王嘉璐为本章所做工作。

立足于新阶段、新形势、新起点，党中央提出创新、协调、绿色、开放、共享五大发展理念，并将"共享"作为中国社会发展的目标和归宿，要求将我国经济发展的物质文明成果和精神文明成果与全民共享。习近平总书记治国理政新发展理念中的共享理念，主要任务在于解决社会公平正义问题。这是对40多年来我国改革开放和现代化建设成功经验的总结，是在充分思考世界上其他国家在发展进程中的经验教训之后得出的关于经济社会发展规律的认知，鲜明地回答了"实现什么样的发展、怎样发展"这个根本问题。深化对共享理念的认识，既是一个外延不断扩大的过程，更是一个内涵不断丰富并精细化的过程。本章第二节将从共享与共享发展的基本内涵出发，追溯共享发展理念的历史思想渊源，考察这一理念在当今中国的萌芽与发展究竟是基于怎样的现实基础。在此基础上，第三节将结合习近平总书记的发言深入剖析共享发展思想的基本内涵，即全民共享、全面共享、共建共享、渐进共享的背后究竟暗含着怎样的逻辑链条，又如何转化为现实世界鲜活的实践。值得注意的是，自党的十八届五中全会以来，各地已经涌现出许多体现共享发展理念的惠民案例，本章第四节将对这些典型案例进行分析，它们反哺了理念本身，丰富了其内涵，同时也提醒广大中国人民去思考，共享发展的实现终究只是一个目标，要真正做到将目标转化为实践，一些基本原则必须铭记在心，第五节将对相关原则进行总结。

第一节 共享发展：官方、学界与民间的视角

2015年，中共中央十八届五中全会首次提出了创新、协调、绿色、开放、共享五大发展理念，以保障实现全面建成小康社会的目标。在官方正式提出这一概念前，学界少有对类似概念的关注和研究。仅有的几十篇研究都只是将"共享发展"视为某一领域的资源分配方式，例如，高校图书馆信息资源共享发展、通信行业资源共享发展等。少有学者将"共享发展"视为一种政治话语，将其作为若干政策的思想起点。从图2-1中可以看出，直到2015年十八届五中全会上首次提出"共享"作为发展五大理念之一，相关论文研究数量才呈现出井喷式增长。2017年达到峰值，数量超过2000篇。[1]

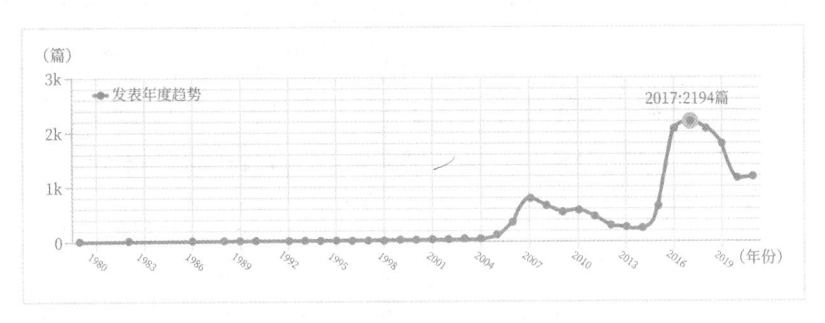

图 2-1 以"共享发展"为关键词在知网上检索得到发文量的总体趋势

然而，从学界的视角来看，近年来相关的研究热度有所消退，但这并不意味着相关研究已经达到完满。相反，基于对共享发展在中国新发展格局中重要性的考量，在这一新的时代节点上继续对其内涵与外延进行更深刻的分析是极其必要的。从官方视角来看，"共享"二字指涉的是社会公平与正义的问题，二者的实现是社会主义

---

[1] https://kns.cnki.net/KNS8/Visual/Center,2021-11-10.

制度的本质要求，也是中国共产党对广大中国人民的许诺，因而共享发展始终是富有生命力与指导性的重要发展理念之一。习近平同志曾指出："广大人民群众共享改革发展成果，是社会主义的本质要求。"[1]他一再强调的"发展成果由人民共享""以人民为中心的发展""追求的发展是造福人民的发展""判断改革发展是否成功的标准是人民是否共同享受到改革发展成果"等[2]，都是从不同层面对"共享发展"这一社会主义本质特征所作的阐释。从习近平总书记的论述中可以总结出，人民才是社会主义发展的主体，理应也是社会主义发展成果享有的主体。他强调人民共享发展成果，并把共享发展概括为社会主义的本质要求，是关于社会主义、发展及其相互关系的全新概括。

事实上，"共享发展"这一理念的重要价值不仅为国家领导人所重视，在民间也广受认可。相比起党中央关于"共享发展"高屋建瓴般的认识，民间对这一理念的认知更加具体，也更加生动。表2-1列举了部分从中国社会科学网[3]和国务院新闻办公室网站[4]上收集而来的网民对共享发展的认知，从中可以发现，民间对共享发展的认知大多基于某项具体的社会制度或国家政策抒发开来（见表2-1）。这也从侧面反映出，"共享发展"的理念与百姓的生活息息相关，坚持和践行"共享发展"的理念对民生改善大有裨益。

---

1 《促进社会公平正义，让广大人民群众共享改革发展成果》，人民网，2018年1月22日。
2 李纪才：《人民共享发展成果》，人民网，2016年8月14日。
3 《网友热议共享发展》，中国社会科学网，2021年11月10日。
4 《网友热议五中全会发展理念：共享发展让百姓提升获得感》，国务院新闻办公室网，2015年11月26日。

表2-1 网民对共享发展的认知

网民昵称	网民对共享发展的认知
浮云伴我来纵横	大病保险全覆盖,居民看病有了双重保障;百姓出行更便捷……这些老百姓看得见、摸得着的民生福祉,正是共享发展的体现
历史的昨天	共享发展是民生与经济的协同发展,其最终落脚点是实现人的自由全面发展。推进共享发展得用共享发展理念破解民生发展难题,不断开创民生发展的新天地
抚顺张弘毅	全面脱贫有赖坚持共享发展,拒绝等靠要、图虚名。冲着问题去,问题才不会积重难返
小青蛙是怪物	着力解决员工最关心、最直接、最现实的晋升通道、考核激励、劳动维权、工资福利等问题,让广大群众共享改革发展的成果
琮琮那年	这几年,河南的惠民政策不少。城镇居民大病保险全覆盖,给居民看病上了双重保障;高铁、城际铁路、城市公交等加紧建设,让百姓出行更便捷;年初取消调整下放30项行政审批,群众办事流程越来越顺畅……这些老百姓看得见、摸得着的民生福祉,正是共享发展的体现
翕翕0223	发展不只是少数人的发展,不只是部分人的发展,不只是城市人的发展,而应当是惠及每一个人。收入分配更公平、医疗保障更完善、教育资源更均衡,这些都与我们的生活紧密相关,让群众享受更多发展带来的福祉,共享发展才能深入人心
都静水	"一切为民者,则民向往之。"遵循共享发展的理念,首先要在教育、就业、社保、就医、住房等公共服务领域的短板、痛处发力

无论是官方、学界还是民间的视角,对公平与正义的追求始终都是共享发展理念的核心,这一核心的树立不仅要满足现实需求,更是有着源远流长的文化传统。除此以外,共享发展理念还有着深刻的基本内涵与丰富的现实可能,本章节的后续部分将着力阐述这些方面。

第二节　共享与共享发展的思想渊源

共享发展理念是在党的十八届五中全会上首次提出的新概念，但这一理念指涉的是公平正义这一值得永恒探究的问题，正因为如此，共享发展理念并非"空中悬浮孤岛"，而是深深根植于中国传统文化、西方哲学理论，本节第一、二部分将从这两个角度进行详细论述。此外，自中国共产党于1921年成立以来，便始终将人民的幸福安定挂怀于心，如何在广袤的国土上、在自然资源和历史发展条件极其不均衡的区域之间为人民创设满意的生活，这是历代中国共产党人始终思索的问题。回望历史，以毛泽东、邓小平同志为代表的中国共产党人早已在理念建构和政策落实上践行了共享发展的理念。从这个意义上说，习近平总书记提出的共享发展这一理念既是对中国传统共享思想的有益汲取，又是对西方共享思想的借鉴，直接来源于马克思主义关于发展成果由人民共享的论述，更是对以毛泽东、邓小平、江泽民、胡锦涛为核心的四代党和国家领导集体思想的继承和发展，本节第三、四部分将分别从马克思主义和历代国家领导人的有关论述中寻找共享发展的思想渊源。

一、中国传统文化中的共享思想

在中国古代哲学思想中，蕴含着丰富的共享理念。近代以前，大同理想更多作为中国传统政治文化的一个重要内容出现在统治者的口中，而近代以来，接连出现的三次空想社会主义的理论与实践则表明——构建一个平等共享的理想社会始终是中华儿女不变的追求和夙愿。缘起于先秦时期的儒家大同理想，绵延世代，不断得到发扬光大。其间，既有历代思想家、政治家自上而下系统缜密的理论建构，也有不同时期民间强大的革新力量自下而上的变革和推动，双方合力，共同铸就了一幅不断迈向大同之道的历史画卷。

（一）儒家的"大同世界"与共享发展理念

春秋战国时代，是中国奴隶制瓦解、封建制逐步确立的大变革时期。由于诸侯争霸、礼崩乐坏，社会处于频繁的征战和混乱局面。与此同时，财富和利益分配不均现象日趋严重，成为当时人们关注的突出社会问题。对此，先秦诸子百家纷纷提出了自己的财富分配学说，其中，以儒家的"均无贫"和"大同世界"最为典型。

以孔子为代表的儒家学说，肯定人们对物质利益的正当追求，同时又主张适度中和，切勿贪得无厌。孔子在《论语·里仁》中提出："富与贵，是人之所欲也。"[1]但他同时又告诫人们要"欲而不贪""戒之在得"，并在此基础上，提出了"均无贫"的分配理论。《论语·季氏》中指出："国有家者，不患寡而患不均，不患贫而患不安。盖均无贫，和无寡，安无倾。"[2]也就是说，治国安邦的关键并不在于贪得无厌地积累财富，统治者应当重点关注财富分配不均问题。儒家思想发展至后期，共享思想进一步深化。《礼记·礼运》描述的"大同世界"之景观树立了共产主义的理想："大道之行也，天下为公，选贤与能，讲信修睦。故人不独亲其亲，不独子其子，使老有所终，壮有所用，幼有所长，矜、寡、孤、独、废、疾者皆有所养，男有分，女有归。货恶其弃于地也，不必藏于己；力恶其不出于身也，不必为己。是故谋闭而不兴，盗窃乱贼而不作，故外户而不闭。是谓大同。"[3]在

---

[1] 杨伯峻：《论语译注》，中华书局2009年版，第35页。

[2] 杨伯峻：《论语译注》，中华书局2009年版，第170页。

[3] 孙希旦：《礼记集解》，中华书局1989年版，582页。

这个"大同世界"中，生产资料和财产公有，人与人之间平等友爱，社会秩序安定和谐，人人都能获得公平的生活保障和发展条件，儒家对这一"大同世界"的勾画，尽管还带有浓厚的乌托邦和封建等级色彩，但它作为一种崇高的理想和价值目标，始终引导和激励着后人不懈努力。

在中国近代史上曾经出现过三次空想社会主义思潮，即洪秀全领导的太平天国运动的农业空想社会主义，康有为资产阶级维新派的大同空想社会主义，孙中山资产阶级革命派的空想民生主义。这三次空想社会主义实践都反映了中国人民对建立一个平等、共享社会的渴望。尽管这些尝试最终均告失败，但其作为创建大同世界和共享社会的初步实践具有不可忽视的深远意义。

（二）洪秀全的"太平天国"与公有公享之社会理想

清朝后期，随着西方列强加大对华侵略，中国所面临的民族矛盾和阶级矛盾空前激化。清政府为支付巨额战争赔款，加紧横征暴敛、搜刮盘剥，广大农民纷纷揭竿而起。其中，最具划时代意义的当属洪秀全领导的太平天国运动。尽管由于自身的局限性和中外敌人的联合镇压，太平天国运动最终失败，但这次运动沉重地打击了中外反动势力，还超前地在其教义与政策中明确提出了"均平"的主张。1853年制定的《天朝田亩制度》通过提出"有田同耕，有饭同食，有衣同穿，有钱同使，无处不均匀，无人不饱暖也"[1]的思想，从根本上触动了封建制度。

从现实实际来看，太平天国运动中提出的公有公享和"均贫富"

---

1 罗尔纲：《太平天国的理想国——天朝田亩制度考》，商务印书馆1950年版，第2页。

愿望与当时的社会生产力发展水平是相脱节的，因而最终是无法实现的空想。尽管如此，这一思想开启了近代中国不断走向公平共享社会的进程，也是自下而上发出的第一声振聋发聩的呐喊。

(三) 康有为的《大同书》与"太平世"的极乐世界

甲午中日战争结束后，中国的惨败进一步加重了民族危机，同时也激励着一大批仁人志士为挽救民族而奋起抗争。戊戌变法运动代表人物康有为在19世纪80年代开始撰写《大同书》。他以中国古代今文经学的变易思想和公羊三世说为基础，将儒家传统典籍《礼记·礼运》中的大同说与西方资产阶级的进化论结合起来，提出了"三世"说的历史进化论思想。康有为认为，人类社会是不断进化的，人类历史的进化是沿着"据乱世—升平世—太平世"的轨道，由君主专制到君主立宪制，再到民主共和制，一世比一世更文明进步，最后达到"太平大同"这一人类美满极乐的世界。这是一个物质文明与精神文明高度发达的世界，在这里，没有国家与阶级，没有种族之异与贵贱之别，战乱与贫穷被消灭，即所谓"大同之世，天下为公，无有阶级，一切平等，既无专制之君主，亦无民选之总统，国界既破，则无政府之可言。人民皆自由平等，更无有职官之任"。[1]

相比太平天国运动中关于大同世界的幻想，康有为的大同理想更为全面和详尽，但是从实现手段上看，康有为仍然受限于资产阶级的身份，始终希望用和平的改良手段来实现大同理想，却忽视了中国的基本国情。毛泽东同志在《论人民民主专政》一文中说过："康

---

[1] 康有为:《大同书》，陈得媛、李传印评注，华夏出版社2002年版，第3页。

有为写了《大同书》，他没有、也不可能找到一条到达大同的路。"[1]

（四）孙中山的"三民主义"与大同之道的社会主义

戊戌维新运动失败后，以孙中山为代表的革命派掀起了一场资产阶级革命运动，他们以天赋人权、自由平等观念作为思想武器，提出了"三民主义"革命纲领，将大同社会理想和实践推上了一个新的发展阶段。三民主义中最能体现共享发展理念的便是民生主义。民生主义的核心要义是"平均地权"，要对全国的土地价格进行清查和核实，并明确规定现有的地价，仍然属于原来的土地主人；革命以后增长的价格则属于国家，归全体社会成员享有。同时，国家可以根据需要，按土地的原有价格收购地主的土地为国家公有、全民享有。孙中山希望通过实施这种土地政策，避免产生贫富悬殊和社会危机，以期解决苦难群众的生活问题，实现国民在经济、政治、文化上的平等和共享。所以，孙中山曾经指出，"民生主义就是社会主义，又名共产主义，即是大同主义"。[2]

二、西方哲学理论中的共享思想

如何实现公平与正义是历代思想家苦心钻研的问题，这两个带有极强价值判断的词汇背后，充满着现实利益的纠缠与争夺，如何平衡各方势力，实现更大范围的、普及全民的公平与正义，不仅是中国政治家和思想家关心的重点，也是西方社会讨论的中心。从古希腊古罗马时期开始，人们就已经开始探讨财富分配的正义理论；文艺复兴与启蒙运动时期，新兴资产阶级崛起，高喊着"天赋人权"

---

[1] 《毛泽东选集》（第四卷），人民出版社1991年版，第1471页。

[2] 黄彦：《孙文选集（上）》，广东人民出版社2006年版，第237页。

的口号要求统治者走下神坛，承认人天生平等；以卢梭、孟德斯鸠为代表的启蒙思想家，更进一步旗帜鲜明地提出了成体系的关于公平正义的学说；直到19世纪，英法空想社会主义者才开始真正意义上勾画所谓的以"平均主义"为特征的共享社会，尽管这一"宏图伟业"不具备可实现性，但仍然为后世有志于变革旧制度的思想家们提供了参考和借鉴，其中就有马克思主义科学社会主义理论。

（一）古希腊古罗马时期关于公平正义的思想和理论

古希腊是欧洲文明的发源地，有关财富和利益的公平分配是人们关心和关注的重点。亚里士多德提出了关于财富分配的正义理论，将正义定义为"分配正义""校正正义"和"回报正义"三种形式。"分配正义"的主要作用就是处理和解决交易过程中的公平问题，按照正义原则，对不同的人采取不同的交易和处理方式；"校正正义"主要解决交易过程中的比例问题，按照正义原则，给每位交易者分配他们所应该分配到的东西；"回报正义"主要处理和解决交易公平问题，根据正义原则，交易中的受害者可以从伤害者那里得到补偿，以弥补受害者所受到的伤害，维护公平正义。[1]亚里士多德的分配理论在承认差别原则的基础上追求公平、正义，对社会成员实现财富和利益共享具有重要的促进意义。

（二）文艺复兴及启蒙运动时期的人权、自由与平等思想

14—16世纪，欧洲发生了一场轰轰烈烈的反映新兴资产阶级要求的思想文化运动，即文艺复兴运动。在这一时期，涌现出大批

1　马畅、左稀：《亚里士多德的分配正义理论》，《苏州科技学院学报（社会科学版）》，2008年第1期，第33—35页。

人文主义者,他们以"人性"反对"神性",用"人权"反对"神权",努力追求人性解放和个人幸福,反对封建束缚与宗教禁欲主义。他们明确提出"天赋人权"观念,肯定人天生是平等的,每个人都享有与生俱来的、不可被剥夺的权利,每个人都具有至高无上的价值和尊严。但丁在其《神曲》中指出,人是最高贵的,人的高贵之处就在于人的天赋理性和自由意志,人应当通过意志决断和行动来争取自由和幸福,人类社会的功用就在于使人类自身的潜能得到充分发挥。[1] 到了17世纪启蒙运动时期,一大批思想家高举理性的大旗,向封建专制和神权禁锢宣战,从而使人类从神权奴役和封建桎梏中解放出来,推进了人权、平等及自由等价值的实现。典型代表人物为卢梭,他旗帜鲜明地提出了"每个人都生而自由、平等"的主张。[2] 在他看来,随着"自然状态"的瓦解以及私有制的产生,人类社会将过渡到所谓的"文明社会",人们将失去天赋的自由和平等而处于彼此奴役和统治的不平等社会关系中。在这种社会状态中,形成了富人与穷人、统治阶级与被统治阶级的对抗。因此,只有通过暴力革命推翻封建专制才能够重新实现人类的平等。

(三)19世纪英法空想社会主义对平等共享社会的思考

在西方有关共享思想的历史流变中,空想社会主义的出现是一个熠熠生辉的节点。空想社会主义大致形成和发展于16世纪,是资本主义生产方式产生和成长时期反映被剥削阶级构建理想社会的主张和理论。发展至19世纪,早期对未来理想社会制度粗糙而简单

---

[1] 马小朝:《论但丁〈神曲〉的理性与信仰》,《山东师范大学学报(人文社会科学版)》,1999年第5期,第88—92、99页。

[2] [法]卢梭:《社会契约论》,何兆武译,商务印书馆2003年版,第5—6页。

的构想，转变为对现实更冷静的观照和更猛烈的批判。这一时期的空想社会主义者直接将批判的矛头指向资本主义制度，以及资本主义私有制造成的阶级压迫和人类尊严的普遍丧失，并在未来美好社会制度的设计上提出了许多天才般的设想，如欧文提出了"共产主义公社制度"[1]：首先，建立生产资料公有制，消灭阶级、特权和贫富差距，再也没有侮辱和压迫人的现象；其次，在分配制度上，由于公社的产品极为丰富，因此实行按需分配的原则，公社内部没有商品交换，每个社员可以随意到公社仓库领取自己所需的物品，高度享受一切；最后，公社的最高权力属于全体社员，凡是涉及公社利益的重大事情都由公社全体成员来决策，人人都享有平等参与社会事务和管理公共事务的权利。

纵向比较空想社会主义时期思想家关于现实的建构与古希腊时期关于公平正义的论述，可以清晰地发现，理论体系越来越具有现实指导意义，涵盖的层次越来越广泛地涉及社会的方方面面。尽管空想社会主义者仍然有其历史局限性，但是他们为找到理想社会的现实路径的努力，无疑为后世的改革家扫清了一部分障碍，也为后世的理论家点亮了茫茫黑夜中的一盏明灯。

三、马克思主义中的共享思想

人的自由全面发展是马克思主义理论的最高价值指向，也是马克思、恩格斯一生的理论旨趣和实践诉求。马克思、恩格斯共同创立的科学社会主义以及他们领导的无产阶级革命运动，是对旧的剥削制度的彻底反叛，也是对不平等社会的根本性抨击。因而，创建

---

[1] 林炎章：《论欧文的空想共产主义特征》，《科社研究》，1982年第5期，第11—17页。

一个人人平等、团结协作、公平享有社会发展成果的新社会始终是马恩二人的奋斗目标。尽管马克思、恩格斯并没有在其著述中明确使用过"共享"这一概念，但在他们的一系列学说中处处体现着社会成员共享社会发展成果的理念和观点，广泛继承了马克思主义的列宁，其著述与观点中也不乏关于共享思想的真知灼见。

（一）马克思、恩格斯关于共享发展的思想

马克思、恩格斯认为，人类社会的发展是一个自然历史过程，具有不依赖任何人的意志为转移的客观规律性，是一个合规律性与合目的性统一的过程。而人类社会发展的根本指向和目的无非人的实现，人的幸福、人的尊严、人的自由等一切属于人的价值的实现。马克思在其《1844年经济学哲学手稿》中指出："社会也是由人生产的。活动和享受，无论就其内容或就其存在方式来说，都是社会的活动和社会的享受。"[1] 毋庸置疑，既然人类社会是由每一个社会成员的活动构成的，整个人类历史就是无数个个人活动的历史，那么，社会发展成果也应当由全体社会成员共同来享有，而不是少部分人独有。同时，共享也是在全体社会成员共建的基础上实现的。马克思、恩格斯认为，人民群众是历史的创造者，"历史活动是群众的活动"[2]，如果没有人的实践参与，历史绝不会自动实现。人民群众不仅是社会物质财富和精神财富的创造者，也是社会变革的决定力量。因此，历史发展和社会进步的成果不仅最终是为了人民，而且必须紧紧依靠人民来实现，充分发挥人民群众的积极性、主动性和创造性。

---

1 《马克思恩格斯文集》(第1卷)，人民出版社2009年版，第187页。
2 《马克思恩格斯文集》(第1卷)，人民出版社2009年版，第287页。

共产主义高级阶段就是共享发展的最高实现。在马克思看来，由于资本主义私有制和阶级剥削的存在，社会发展利益的分配不可能实现真正意义上的公平和正义。"过去的一切运动都是少数人的，或者为少数人谋利益的运动。无产阶级的运动是绝大多数人的，为绝大多数人谋利益的独立的运动。"[1]共产主义的理想是实现每个人自由而全面的发展，坚持全体社会成员联合占有生产资料，保证一切社会成员的富足和发展，让全体社会成员共同、普惠、公平享有劳动成果。当然，真正意义上的社会成员共享，只有在共产主义条件下才能够实现。也就是说，只有生产力高度发达，社会财富极大涌流之后，人们才能够按照合理之需获得社会财富以及个人发展的条件和空间。

(二) 列宁对人民群众共享发展成果的认识

1917年，列宁领导了十月革命，取得了社会主义革命的伟大胜利，建立了世界上第一个无产阶级专政的社会主义国家。列宁主义不仅是对马克思主义的有效继承，更是从实践中总结出的经验教训。

列宁认为，实现人民共同富裕和共享社会发展成果是社会主义的最终价值目标。生产资料公有制及劳动产品实行按劳分配，是社会主义区别于资本主义的重要标志，也是实现人民共同富裕的制度保障。列宁在谈到"什么是社会主义"时指出，"我们要争取新的、更好的社会制度：在这个新的、更好的社会里不应该有穷有富，大家都应该做工。共同劳动的成果不应该归一小撮富人享受，应该归

1　《马克思恩格斯文集》(第1卷)，人民出版社2009年版，第411页。

全体劳动者享受。机器和其他技术改进应该用来减轻大家的劳动，不应该用来使少数人发财，让千百万人民受穷。这个新的、更好的社会就叫社会主义社会"。[1]社会主义之所以与以往的阶级社会不同，就是因为社会发展的宗旨和价值目标是实现人民的共同富裕，让全体社会成员都能够平等地享有社会发展及人类进步所带来的利益和成果。

无论是马克思主义还是列宁主义，都是对社会主义社会为什么要实现共享发展以及如何实现共享发展这两个问题的深刻回答，尽管二者都没有明确提出"共享发展"这一概念，但其中包含的大量关于公平正义的论述却对现实具有极强的指导意义，而历代中国共产党人也正是在马列主义的旗帜之下永葆初心，坚定不移地走在实现共享发展这一目标的道路上。

四、中国共产党人对共享理念的继承和发展

社会主义的本质和优越性就在于它不是维护少数人的利益，而是以维护最广大人民的利益为根本追求。社会主义不等于贫穷，而是共同富裕，如何让普通百姓也能感受到社会主义的优越性，共享发展成果，是中国共产党始终探索的问题。邓小平同志曾深刻地指出社会主义的两条原则：第一条是为大众所熟知的"发展生产力"；第二条就是"共同富裕"。[2]事实上，除了邓小平同志，历届党和国家的领导人都在践行共享发展的理念：毛泽东同志带领中国人民建立了新中国，初步构想了共同富裕；邓小平同志呼吁经济先行，全面阐述共同富裕；江泽民同志首次提出"共享"二字，将扶贫开发

1　《列宁全集》（第7卷），人民出版社1986年版，第112页。

2　《邓小平文选》（第三卷），人民出版社1993年版，第276页。

与实现共同富裕的目标结合起来；胡锦涛同志尝试落实共享共建，大力保障和改善民生。这些理论探索与实践经验都是共享发展理念提出的直接理论来源。

(一) 宏观构建：毛泽东同志初步构想共同富裕

要实现共同富裕，除了发展社会生产力这一先决条件，首先，毛泽东同志认为，还必须坚持社会主义的本质特征，让人民公平占有生产资料。他还认为，社会主义是一种财产占有与分配公平的社会。合理分配并不意味着平均分配，要防止平均分配和收入差距过大而导致的不公平。"反对平均主义，是正确的；反过头了，会发生个人主义。过分悬殊也是不对的。我们的提法是既反对平均主义，也反对过分悬殊。"[1]其次，毛泽东同志提出，农民富裕是整个社会共同富裕的基础。在旧中国，农民不仅人口数量庞大而且生活贫困。早在1918年，毛泽东同志就计划在岳麓山下设工读同志会，建立一个财产公有、人人平等互爱、人人劳动、日出而作、日落而息的新村，让农民过上富裕的生活。中华人民共和国成立后，毛泽东同志将农民的共同富裕问题提上了议事日程。他认为，人民的共同富裕首先应是农民的共同富裕，这不仅是因为农民占中国人口的绝大多数，更是巩固工农联盟的需要。"如果我们没有新东西给农民，不能帮助农民提高生产力，增加收入，共同富裕起来，那些穷的就不相信我们，他们会觉得跟共产党走没有意思。"[2]最后，毛泽东同志提出，必须将接受教育的权利和机会还给人民群众。自此，学校为工农子女和工农青年敞开大门，全国各地的扫盲运动如火如荼地

---

[1] 《毛泽东文集》(第八卷)，人民出版社1999年版，第130页。

[2] 《毛泽东著作专题摘编(上)》，中央文献出版社2003年版，第838页。

开展起来，真正不分阶级的教育在新中国实行起来。

（二）经济先行：邓小平同志全面阐述共同富裕

改革开放后，邓小平同志从中国的实际情况出发，以最广大人民群众的根本利益为出发点，始终在思考经济社会发展成果如何由全体社会成员共享的问题。"社会主义的特点不是穷，而是富，但这种富是人民共同富裕。"[1]两极分化不是社会主义，在邓小平同志看来，只要坚持公有制为主体、坚持以按劳分配为主体的分配制度，社会主义就能避免两极分化。"没有社会主义这个前提，改革开放就会走向资本主义，比如说两极分化。"平均主义也不是社会主义。邓小平同志认为，过去搞平均主义，吃"大锅饭"，实际上是共同落后、共同贫穷。发展太慢更不是社会主义。社会主义的优越性应该表现在比资本主义有更好的条件发展社会生产力。从邓小平同志对"什么是社会主义"的认识中可以看到，只有走社会主义道路，才能实现全体社会成员的共同富裕，避免两极分化。

（三）概念引入：江泽民同志首次提出"共享"二字

党的十三届四中全会以来，面对国际国内形势的风云变幻，江泽民同志着眼于对马克思主义理论的运用、对实际问题的理论思考，不断思考着如何实现人民群众共享发展成果的问题。20世纪80年代，在邓小平同志"让一部分地区、一部分人先富起来，逐步实现共同富裕"以及"两个大局"战略思想的指导下，东部地区由于有较好的经济基础和有利的地理环境，加上国家政策的支持，发展

---

[1]《邓小平文选》(第三卷)，人民出版社1993年版，第265页。

比中西部地区更快一些，东部地区与中西部地区在经济发展中出现了差距扩大的趋势。1998年，在纪念党的十一届三中全会召开20周年大会的讲话中，江泽民同志就强调指出："在整个改革开放和现代化建设的过程中，都要努力使工人、农民、知识分子和其他群众共同享受到经济社会发展的成果。"[1]他还指出："贫穷不是社会主义。一部分人富起来、一部分人长期贫困，也不是社会主义。鼓励一部分地区、一部分人先富起来，先富和帮助带动未富，最终实现共同富裕，是我们既定的政策。这个政策不能变。"[2]"对少数民族地区以及革命老根据地、边疆地区和贫困地区，国家要采取有效政策加以扶持，经济比较发达地区要采取多种形式帮助他们加快发展。"[3]这些论述表明，江泽民同志将扶贫开发工作上升到实现共同富裕的战略高度，这是实现全体社会成员共享发展的重要步骤。

（四）拓展外延：胡锦涛同志尝试落实共建共享

党的十六大后，胡锦涛同志提出了"把共同建设、共同享有和谐社会贯穿于和谐社会建设的全过程，真正做到在共建中共享、在共享中共建"的主张，为新的历史条件下实现社会发展成果由人民共享指明了方向。"共建共享"理念体现了胡锦涛同志的"以人为本"思想，人民群众既是"共建"的力量之源，也是"共享"的真正主体。在胡锦涛同志看来，"以人为本"首先解决了社会发展"为了谁"的问题。他认为，中国共产党来自人民，根植于人民，服务于人民。在任何情况下，与人民群众同呼吸共命运的立场不能变，全心全意为

---

[1] 《江泽民文选》（第二卷），人民出版社2006年版，第262页。

[2] 《江泽民文选》（第一卷），人民出版社2006年版，第549页。

[3] 《江泽民文选》（第一卷），人民出版社2006年版，第235页。

人民服务的宗旨不能忘。

改善民生是实现发展成果由人民共享的必然要求。改革开放以来，随着经济和社会发展，人民的生活质量在很大程度上得到了改善，但同时也存在不少困难和问题。胡锦涛同志指出，民心连着民心，民心凝聚民力。做好保障民生工作，是坚持以人为本、实现发展成果由人民共享的必然要求，事关群众福祉和社会和谐稳定。社会建设与广大人民群众的切身利益紧密相连，必须摆在更加突出的位置，"我们应该坚持以人为本，着力保障和改善民生，建立覆盖全民的社会保障体系，注重解决教育、劳动就业、医疗卫生、养老、住房等民生问题，努力做到发展为了人民、发展依靠人民、发展成果由人民共享"。[1]

实现人民共享社会发展成果，无论是在新民主主义革命时期还是在社会主义建设时期，都始终是中国共产党人孜孜以求的目标。一根红线串联了历届领导人的思想体系，那就是"为了人民"，在新时代，这一红线依然将作为共产党治国理政的基本准则。此刻，中国正面临着百年未有之大变局，新形势下共享发展理念本身将面临怎样的变化与调整，党和国家又应该采取怎样的措施推动共享发展的实现，这是摆在中国共产党人面前的又一项艰巨课题。

---

[1] 《胡锦涛文选》(第三卷)，人民出版社2016年版，第432页。

第三节 共享发展与当代中国

共享发展理念是中国改革开放创新实践、其他社会主义国家兴衰、发展中国家谋求发展的得失经验的升华。首先,改革开放40多年的发展经验是共享发展理念形成的主要依据。十一届三中全会开启了我国从高度集中的计划经济体制向充满活力的社会主义市场经济体制、封闭半封闭向全方位开放的伟大历史转变。为摆脱平均主义"大锅饭"的影响,改革之初在政策取向上采取了"效率优先,兼顾公平"的分配方针,这种分配方针有效地激发了广大人民建设中国特色社会主义的积极性、主动性、创造性。与此同时,我国出现了先富地区、阶层、群体,区域、城乡、行业之间的收入差距逐渐拉大。正是在这样的背景下,习近平总书记在对改革开放以来我国发展经验进行全面深刻总结的基础上,提出了共享发展的理念。正如习近平总书记所说:"共享发展理念是改革开放30多年来我国发展经验的集中体验,反映出我们党对我国发展规律的新认识。"[1]其次,他山之石,可以攻玉。中国作为最大的发展中国家和社会主义国家,放眼海外,可以找到许多发展经验。世界上其他社会主义国家兴衰成败的历史教训为共享发展理念形成提供了重要借鉴。最后,同样作为发展中国家的拉美国家陷入"中等收入陷阱"的历史教训也为共享发展理念提供了重要参照。上述三个方面共同构成了习近平总书记共享发展理念的现实基础,本节第一部分将从国内发展现状、社会主义国家的历史经验与拉美国家的历史教训三个角度全面阐述共享发展思想产生的现实意义,并在此基础上在第二

---

[1] 王淑荣、许力双:《共享发展理念的重大意义与实践指向》,中国社会科学网,2021年11月10日。

部分中深入分析习近平总书记共享发展思想的基本内涵，试图剖析"全民共享、全面共享、共建共享、渐进共享"这十六字发展方针背后的逻辑与价值。

一、习近平总书记共享发展思想的现实基础

（一）改革开放40多年以来的发展现状是共享发展理念形成的主要依据

1.收入差距居高不下

首先，中国国内收入分配差距仍然很大。图2-2展示了根据CEIC全球数据库数据测算出的中国历年基尼系数。结果显示，中国基尼系数处于较高水平。中国收入基尼系数从2008年的峰值0.491见顶回落，近年来维持在0.46—0.47。尽管近年来出于精准扶贫等原因有所缩小，但是指数仍然远远高于国际公认的警戒标准0.4。世界收入不平等数据库[1]的数据显示，中国高低收入人群收入比也居高不下，2013—2020年高低收入比的均值为10.64，在较高水平区间运行。如图2-3所示，收入前10%的人群自1980年积累了大量财富，其财富总量在2010年前后几乎与中间40%的人群持平。近年来虽然有所回落，但是仍然与中间40%的人口的收入总和不相上下。中等收入群体逐渐成为"夹心饼干"，收入增速落后于高低收入群体。

1　https://wid.world/zh/country/%e4%b8%ad%e5%9b%bd/.

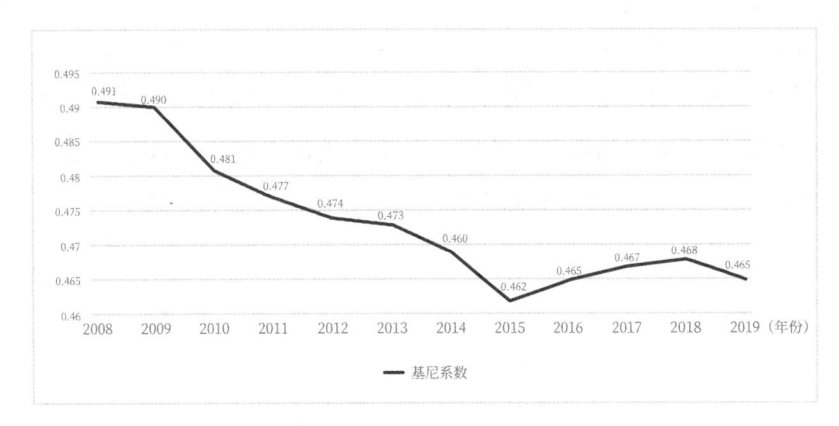

图 2-2　中国历年基尼系数变化[1]

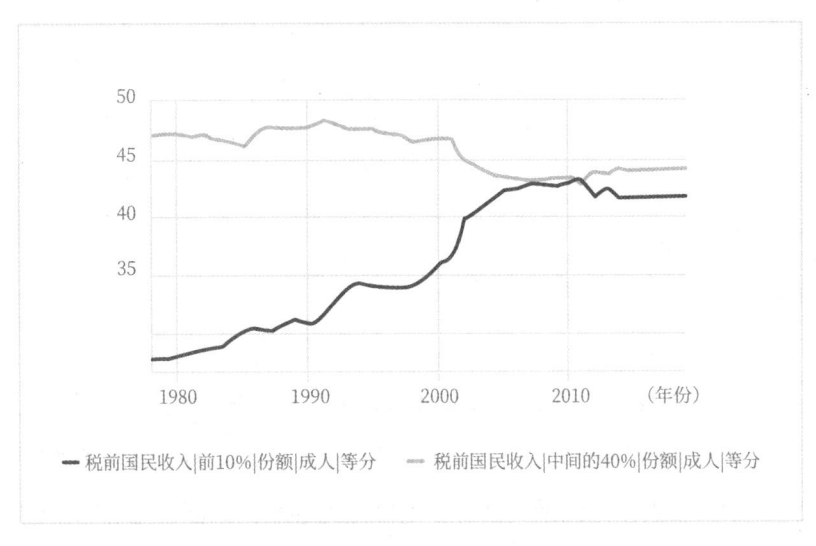

图 2-3　中国1978—2019年收入位于前10%与中间40%的人口的收入情况

财富差距方面比收入差距更显著，近年来虽然有所缓和，但差距在2020年再度扩大。中国财富基尼系数从2000年的0.599持续上升至2015年的0.711，随后有所缓和，降至2019年的0.697，但在

1　https://www.ceicdata.com/zh-hans/china/resident-income-distribution/gini-coefficient.

2020年疫情冲击下再度上升至0.704。2020,年中国财富排名前1%居民占总财富的比例升至29.6%。[1]收入和财富水平的差异带来的结果是社会流动性开始放缓,财富的代际传递开始加强。"寒门难出贵子",教育领域的马太效应愈演愈烈,最终将导致更为严重的贫富差距(见图2-4)。

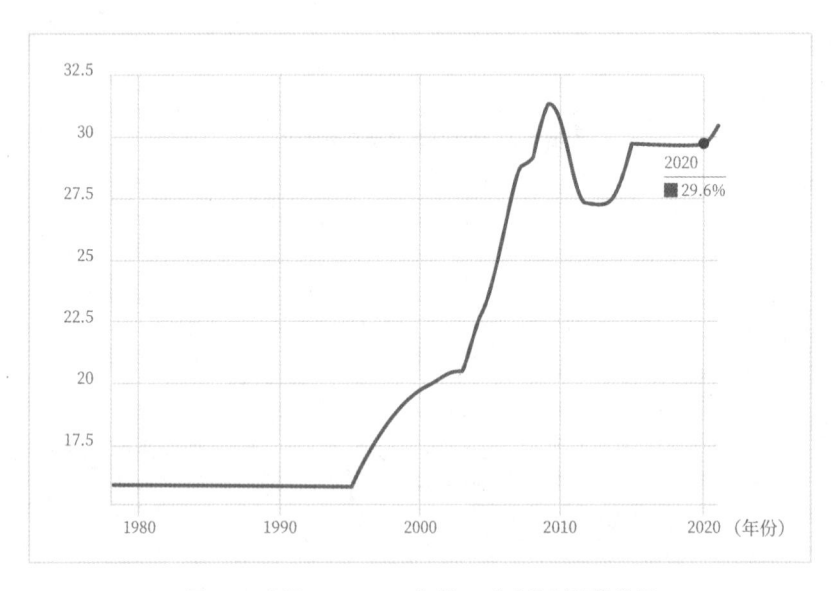

图 2-4　中国1978—2021年前1%个人净财富的份额

其次,城乡差距、地区差距以及行业差距均存在。城乡差距解释了中国收入差距的绝大部分;地区差距显著,东部与西部差距较大;行业差距带来的收入分配问题明显,信息技术类工资最高、农林牧渔工资最低,非私营企业比私营企业的行业收入分化更大。如图2-5所示,2019年城镇和农村中的高收入户(前20%)的人均可支配收入分别为91682元和36049元,前者是后者的约2.5倍;城镇和

1　https://wid.world/zh/country/%e4%b8%ad%e5%9b%bd/.

农村低收入户（后20%）人均可支配收入分别为15549元和4262元，前者是后者的约3.6倍。[1]

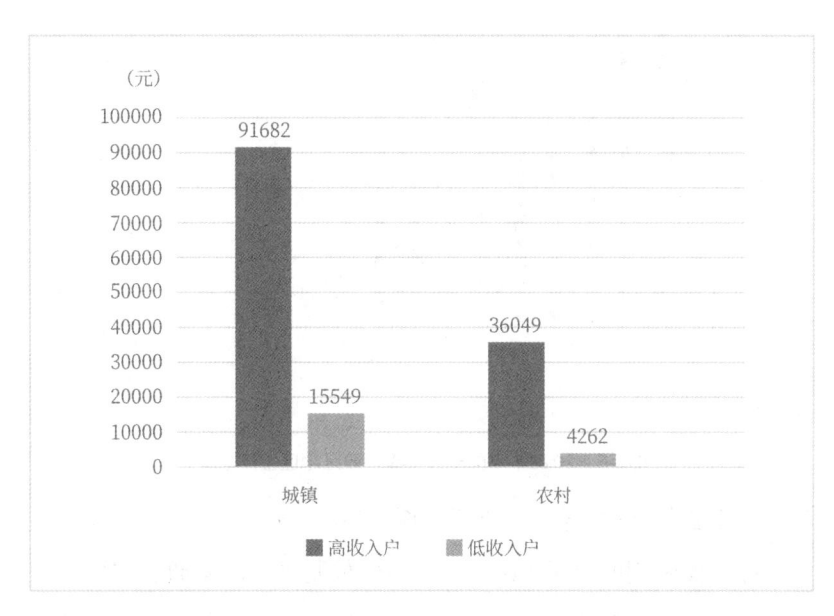

图2-5　2019年中国城镇与农村居民人均可支配收入对比

就地区差异而言，根据各省公布的数据来看，2020年地区GDP体量排名前四的省份依次为广东、江苏、山东和浙江，均为东南沿海地区；河南、四川和湖北分列第五、六、八位，属中西部地区；西藏、青海、宁夏等西北地区以及吉林、黑龙江等东北地区体量较小。其中，上海和北京人均可支配收入分别达6.4万元和6.2万元，西藏和甘肃仅为1.7万元（见图2-6）。

1　http://www.stats.gov.cn/tjsj/ndsj/2020/indexch.htm.

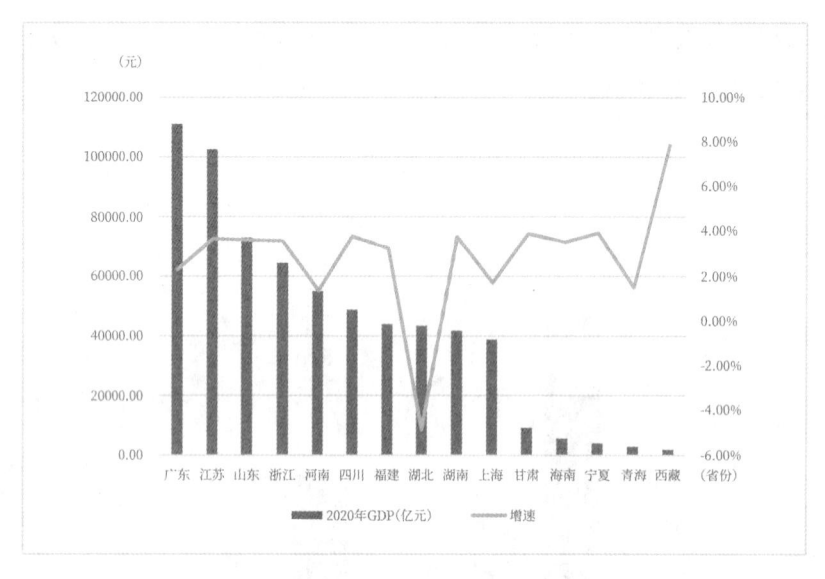

图2-6　2020年中国部分省级行政区地区生产总值

2. 社会保障制度有所进展但仍需完善

社会保障制度是民生之基。社会保障制度是国家通过立法而制定的社会保险、救助、补贴等一系列制度的总称，其作用在于通过国民收入再分配保障全社会成员基本生存与生活需要。《中国共享发展研究报告2016》中将社会保障公平度分为养老、健康医疗、住房以及教育四个方面，无论从哪一方面看，党和国家相关政策都已经取得了重大现实成果。

以居民基本养老保险参保率为例，党的十八大以来，中国基本建成覆盖全民、城乡统筹、权责清晰、保障适度、可持续的多层次社会保障体系。截至2022年3月底，国内基本养老保险参保人数达10.07亿人，基本养老保险参保率超过90%。值得一提的是，党和国家不断完善城乡居民养老保险困难群体帮扶政策，自2019年9月以来，全国建档立卡贫困人员参保率长期稳定在99.99%。[1]尽管如此，如何应对人口老龄化带来的社会统筹资金不足问题，又该如何解决征缴扩面步履难度大的问题，现行的养老基金监督管理机构存在履职漏洞，养老保险金滥用的情况又该如何解决，这些都是摆在政府面前的严峻挑战。

大厦已经建成，我国社会保障制度框架已经确定，但很多具体的制度还不健全。尤其当涉及广大农村人口时，不公平性问题尤其突出。

3.公共服务均等度存在差异

以标准化推动基本公共服务均等化，是在满足人民群众基本生活需要与国家财政保障能力之间寻找最佳平衡点的过程。其目的在于让全体公民能公平地获得大致均等的基本公共服务，不断提升人民群众的获得感、幸福感和安全感。[2]基本公共服务供给不足、质量不高，已成为制约城市高质量发展的短板。在此背景下，党和国家制定并实施《国家基本公共服务标准（2021年版）》，这是健全基本公共服务体系、推动基本公共服务均等化的关键一步，将为"到2035年基本公共服务均等化基本实现"夯实基础。

政策虽出，但各地发展水平参差不齐给实际落实带来了许多困难，伴随而来的还有"面子工程""形象工程"等不良现象。各地发展水平参差不齐的国情，给基本公共服务的公平实现带来了一定难度。比如，东部地区外来人口的加剧流入，让基本公共服务实现难度倍增，而西部欠发达地区（特别是边远农村地区）面临"空心化"问题，人口大量外流导致基本公共服务设施闲置，产生了严重的资

---

1 李心萍：《基本养老保险参保率提高到95% 健全多层次养老保险体系》，《人民日报》，2021年7月13日，第2版。
2 顾阳：《基本公共服务均等化绝非平均化》，中国共产党新闻网，2021年4月23日。

源浪费现象。

以供水普及率为例，截至2020年底，全国共建成931万处农村供水工程，农村集中供水率达到88%，自来水普及率达到83%，农村供水保障水平进一步提升。但是由于我国国情、水情复杂，区域差异性大，当前全国农村供水保障水平总体仍处于初级阶段，部分农村地区还存在水源不稳定和水量水质保障水平不高等问题。[1]如何既能兜住民生保障底线，又能妥善处理好财政承受能力可持续问题，成为各地政府必须面对的新课题。

除了收入差距居高不下、社会保障制度不够完善、公共服务均等度存在差异，生态环境共享度有待提高是促使党中央在现阶段提出共享发展理念的第四个决定因素。中国共产党来自人民，为人民而生，因人民而兴，始终把人民立场作为根本立场，把为人民谋幸福作为根本使命。尽管经过100年的努力，中国人民的生活水平已经得到了很大提高，但是整体情况良好并不意味着痼疾全无，各个方面的不平等问题仍然顽固地存在于城乡之间、地区之间。新冠肺炎疫情的出现更是加速了这些问题的暴露，在此背景下，大力发展和践行共享发展理念对于促进社会根本性良性发展具有积极的作用。

（二）其他社会主义国家兴衰成败的历史经验

第二次世界大战后，人类历史上第一次出现了一批社会主义国家，以苏联为首的社会主义国家一度与以美国为首的资本主义国家分庭抗礼，然而，这些社会主义国家中的大多数在东欧剧变、苏联

---

[1]《保障农村供水！9部门发文：到2025年全国农村自来水普及率达到88%》，人民网，2021年11月10日。

解体的声浪中消亡了。

纵观国际共产主义运动史和中国特色社会主义发展史，可以清晰地看到，苏联和东欧社会主义国家程度不同地高估了本国社会主义所处历史阶段，急于向共产主义过渡，致使许多发展政策脱离了实际。单以苏联民族政策而言，无产阶级革命胜利后，社会主义制度从建立到完全实现社会主义理想，需要经历相当长的历史时期，加之社会主义制度本身也需要逐步发展与完善，这就决定了在多民族的社会主义国家，民族问题也将长期存在。而苏联却过早地宣称民族问题已经解决，并采用霸权政策镇压起义。

观照其他社会主义国家兴衰成败的历史教训可以对"什么是社会主义，怎样建设社会主义"有更加深刻的认知，由此才能逐步制定出切合中国实际的共建、共享、共富的方针政策。

(三) 拉美国家陷入"中等收入陷阱"的历史教训

第二次世界大战结束以后，广大发展中国家迎来了难得的发展机遇。20世纪60年代末70年代初，拉美国家中的阿根廷、智利、乌拉圭、墨西哥、巴西、哥伦比亚等率先由低收入国家迅速转变成中等收入国家。此后，这些国家长期徘徊在中等收入国家之列，很难进入高收入国家之列，中等收入国家被主导成熟低端产业兼具劳动力廉价的低收入国家与主导高新技术产业兼具追求创新力的高收入国家挤压于内，进而在全球竞争中失去比较优势，最终长期徘徊在高收入国家的门槛之外，这就是所谓"中等收入陷阱"。如图2-7所示，新兴市场经济体在过去15年的整体放缓和增长表现参差不齐，重新引发了对所谓"中等收入陷阱"的担忧。虽然低收入国家的增长速度确实更快，但它们的增长速度却截然不同且不均衡。[1]

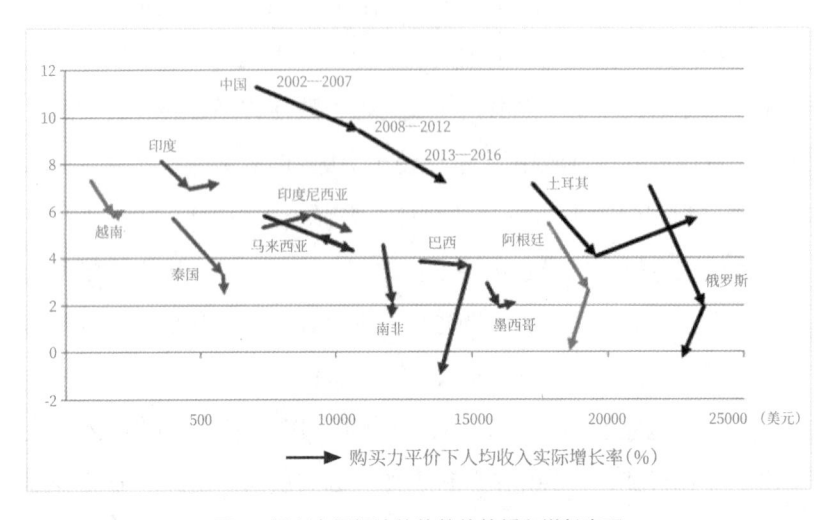

图2-7 新兴市场经济体的整体放缓和增长表现

数据来源：经合组织经济展望数据库和国际货币基金组织

早在2014年11月，习近平总书记就已经在亚太经合组织第二十二次领导人非正式会议上提到跨越"中等收入陷阱"的问题。习近平总书记之所以重视中国如何迈进高等收入阶段及进入后如何保持的问题，是因为跨越"中等收入陷阱"的本质不是数量问题，而是治理水平的质量问题。只要国家治理结构和社会治理能力达不到现代化，在低收入阶段照样存在发展陷阱。具体而言，产生拉美"中等收入陷阱"的原因主要有收入分配不均、贫富差距过大、腐败盛行、公共服务短缺等。这些原因使拉美国家经济增长动力不足，长期停滞。当前，我国的发展与拉美国家当年的发展具有一定的相

1　Rauf Gönenç&Vincent Koen, The middle-income plateau: trap or springboard?, ECOSCOPE, 2017/09/25.

似性，也面临跨越"中等收入陷阱"的严峻考验。因此，在我国处于跨越"中等收入陷阱"的关键时期，有必要吸取其他国家跨越"中等收入陷阱"阶段的成功经验和失败教训。

二、习近平总书记共享发展思想的基本内涵

《习近平总书记系列重要讲话读本（2016年版）》中明确指出："共享是中国特色社会主义的本质要求。共享发展理念，其内涵主要包含四个方面：一是全民共享，即共享发展是人人享有、各得其所，不是少数人共享、一部分人共享；二是全面共享，即共享发展就要共享国家经济、政治、文化、社会、生态文明各方面建设成果，全面保障人民在各方面的合法权益；三是共建共享，即只有共建才能共享，共建的过程也是共享的过程；四是渐进共享，即共享发展必将有一个从低级到高级、从不均衡到均衡的过程，即使达到很高的水平也会有差别。"以上四个方面构成了习近平总书记共享发展思想的要旨，下文将进一步对这四个方面进行深入剖析（见图2-8）。

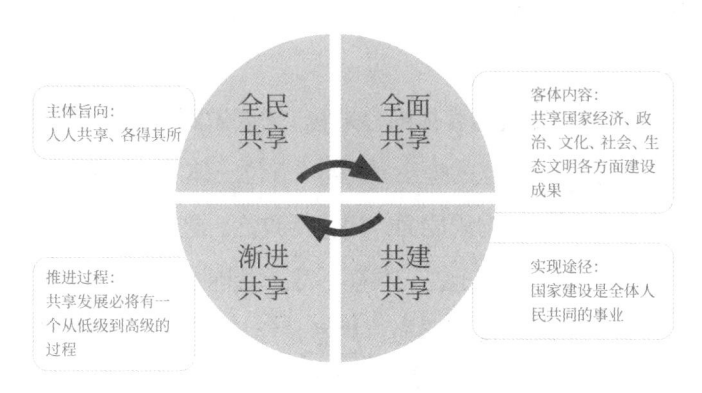

图2-8　习近平总书记共享发展理念的四个基本内涵

（一）从共享发展的主体旨向来看，需要做到全民共享

党的十八届五中全会明确指出，坚持共享发展的目的就是要使"发展成果由人民共享"。这铿锵有力地回答了"为谁发展"这一事关国家发展的根本性问题，旗帜鲜明地宣告了国家发展必须坚持人民主体地位，强调发展的主体对象是全体人民、是"人人"，而非少数人。这一概念的提出主要是面向全体人民中的弱势群体，强调共享成果的普惠性，强调少数民族、残疾人、贫困群众在内的社会弱势群体也应该共享社会发展成果。与此同时，这一概念的提出也有历史层面的意义，即共享发展的主体不仅是当代人，而且超越时空，延续到下一代人，这就要求当代人在积极推进社会进步的同时努力做到社会的可持续发展。

值得注意的是，"人人享有、全民享有"是就共享的覆盖面而言的，并不等同于每个个体都是同时、同一、同质、同量地享有。在时间上，实现人人享有需要相当长的过程，具有阶段性；在空间上，实现人人享有需要考虑地域区情，具有层次性；在主体上，实现人人享有需要考虑个体差异，具有先后性。

（二）从共享发展的客体内容来看，需要做到全面共享

全面共享这一概念的提出显然与"五位一体"总布局紧密相关，共享发展不仅停留在物质层面，还包括政治、文化、社会、生态等各个层面。从这个意义上说，共享不等于共同富裕。共享发展是实现后者的基本手段和基本路径，后者是经济层面的一个宏伟目标，是邓小平同志在特殊语境下提出的对当时中国社会发展走向的要求，而前者则指涉更加广阔的时空跨度。

就现实情况而言，党的十九大报告中指出："我国社会主要矛

盾已经转化为人民日益增长的美好生活需要和不平衡不充分的发展之间的矛盾。"人们对经济政治文化社会生态资源的需求体现了人们的需求层次。人的需求分多个层次，经济需求是最为基本的层次需求，也是其他需求层次的保障。当代中国，除少数人需要解决生存层次的需求，绝大多数人需要解决的是发展需求和自我实现需求，这就契合了人类社会改革或革命动因的规律。人类社会改革或革命不外乎是生存、小康，以及自我发展和自我实现等不同层次的需求。这些不同层次的需求符合不同层次人们的利益，符合最广大人民的根本利益。正如习近平总书记所说："共享发展就要共享国家经济、政治、文化、社会、生态各方面建设成果，全面保障人民在各方面的合法权益。"[1]

（三）从共享发展的实现途径来看，需要做到共建共享

习近平总书记指出："国家建设是全体人民共同的事业，国家发展过程也是全体人民共享成果的过程。"[2]在共建共享的逻辑体系里，共建是共享的必要前提，共享是共建的必然结果。共享发展的首要内涵是全民共享，但这并不意味着弱势群体就可以等待被施舍和被照顾。人民作为创造社会财富、提高社会生产力的主体应该在发展过程中积极参与，创造发展成果。共享过程的参与性也为共享发展成果提供了合理性和正当性，在党的十八届四中全会《中共中央关于全面推进依法治国若干重大问题的决定》报告中，习近平总书记共21次提及"公正"一词。习近平总书记指出："公正是法治的

---

[1] 吴传毅：《习近平共享发展理念的法治内涵、法治源流及法治实现》，人民网，2018年1月16日。
[2] 习近平：《在庆祝"五一"国际劳动节暨表彰全国劳动模范和先进工作者大会上的讲话》，人民出版社2015年版，第7版。

生命线。公平正义是我们党追求的一个非常崇高的价值。"[1]

（四）从共享发展的推进过程来看，需要做到渐进共享

渐进推动共享发展是基于中国国情而做出的必然选择，这一内涵强调了共享成果的差异性。具体而言，包含两层含义：第一，劳动者之间存在差异，马克思的劳动价值论指出由于劳动的简繁差异，每个人的潜能不同，劳动者不可能享受无差别的财富；第二，中国幅员广阔、人口众多，虽历经改革开放40多年的快速发展积累，社会主义建设事业和人民整体生活水平得到长足进步，但城乡之间、发达地区与欠发达地区、沿海地区与内陆地区的贫富差距明显。社会主义初级阶段的基本国情决定了国内生产力发展水平还没有到能够消除人与人之间的差距的阶段，而是要在"合乎付出与得到，贡献与地位应得的正义精神和公平分配原则下，实现经济增长与人们富裕生活的同向一致"。[2]

1　中共中央文献研究室编：《习近平关于全面依法治国论述摘编》，中央文献出版社2015年版，第43页。
2　王淑芹：《正确理解五大发展理念的内涵和要求》，《思想理论教育导刊》，2016年第1期，第75—78页。

第四节　共享发展的概念外延与实践议程

共享不只是理想，而是有实实在在的内容。习近平总书记强调："要坚持以人民为中心的发展思想，这是马克思主义政治经济学的根本立场。要坚持把增进人民福祉、促进人的全面发展、朝着共同富裕方向稳步前进作为经济发展的出发点和落脚点。"[1]这深刻阐明了共享发展就是以人民为中心的发展，就是把实现13亿多中国人的幸福作为目的和归宿的发展。从哲学上说，概念是反映客观对象本质属性的思维形式，每一个概念都有一定的外延和内涵。概念的外延就是适合这个概念的一切对象的范围，而概念的内涵就是这个概念所反映的对象的本质属性的总和，二者存在一种相互制约的关系。[2]本章第三节中已经从四个角度分析了习近平总书记共享发展思想的基本内涵，全民共享、全面共享、共建共享、渐进共享，高度概括了党和政府一切促进社会公平与正义之举措的本质属性，为了从抽象和具象两个角度更清晰地阐释共享发展这一概念，本节将着力描绘共享发展的概念外延。又因为从社会哲学层面看，社会是一个包括经济领域、政治领域、文化领域等基本领域在内的有机整体。社会发展的成果不仅包括经济成果，而且包括民主政治成果和精神文化成果。基于此，本部分将从经济发展、民主政治和精神文化三个角度观察共享发展理念在实际案例中的落实情况，探究这一理念在不同范围的效力并基于此进一步阐释共享发展理念的概念外延。

---

[1]　王明生：《牢牢坚持马克思主义政治经济学的根本立场》，《经济日报》，2017年6月16日，第13版。

[2]　余军成：《概念及其内涵和外延述评》，《安徽文学（下半月）》，2007年第1期，第121页。

一、经济发展共建共享

（一）机会共享：保障社会成员享有获取社会资源和利益的机会

政治学研究表明，机会对所有机会成员都是平等地开放的，这不仅是实现个人公平发展的必要前提，也是激发社会活力、推动社会进步的重要因素。因为只有每个社会成员都享有平等的竞争和发展机会，他们才会对自身的前途和社会充满希望，继而更加锐意进取、积极实干。反之，如果一部分人的"获得感"建立在另一部分人的"失落感"甚至"被剥夺感"基础上，那么就会造成不同社会群体对立、国家内斗不断、民族纷争不止的现象。

尽管完全的机会均等是不可能的，实现机会共享，本质上是要为所有社会成员创造一个公平的发展环境。机会共享的实现有赖于两点：第一，要赋予社会成员平等地享有参与获取社会资源和社会价值的资格，即"每个人对与其他人所拥有的最广泛的基本自由体系相容的类似自由体系都有一种平等的权利"[1]。第二，要确保社会成员对社会资源和社会价值的获取，主要取决于自身的才能和努力程度，而非性别、民族、家庭背景等先赋性因素。

具体而言，党和国家为实现机会共享，着力促进社会阶层合理流动、关注弱势群体和有效规制特权，从上位抑制特权的不良膨胀，从下位为弱势群体兜底，同时通过改革教育制度等促进阶层结构开放的社会的建成，三管齐下，人民群众才能享受平等的机会。下文将通过两个实例，考察党和国家为实现机会共享所做的努力。

---

[1] [美]约翰·罗尔斯：《正义论》，何怀宏等译，中国社会科学出版社1988年版，第60—61页。

全面推进户籍制度改革，
助力农业转移人口成为城镇居民[1]

2019年4月，国家发改委印发《2019年新型城镇化建设重点任务》（以下简称《任务》）的通知，要求继续加大户籍制度改革力度。其中提到，城区常住人口100万—300万的Ⅱ型大城市要全面取消落户限制；城区常住人口300万—500万的Ⅰ型大城市要全面放开放宽落户条件。《任务》一经发布，各省政府纷纷响应，提出了本省的户籍制度改革目标。天津市提出，到2020年，使50万农民从分散村庄迁入小城镇居住，常住人口城镇化率达到84%；山西省提出，确保"十三五"期间户籍人口城镇化率提高到44%，到2020年，实现360万左右农业转移人口和其他常住人口在城镇落户目标的实现；海南省提出，到2020年实现常住人口城镇化率60%左右，基本取消海南省（三沙除外）落户限制。

以山西省户籍改革为例，《关于全面调整放宽户口迁移政策的通知》下发之日起，山西省全面调整放宽5项户口迁移政策。[2]中国户籍制度最初设定的基本目的是降低城市就业机会、住房和公共设施压力[3]，但随着经济下行压力增大，人口红利逐渐消失，这种制度限制人口流动的同时也限制了经济

---

1 《发展改革委关于印发〈2019年新型城镇化建设重点任务〉的通知》，中国政府网，2021年11月10日。
2 《山西省人民政府办公厅关于全面调整放宽户口迁移政策的通知》，山西省政府网，2019年5月27日。
3 Marc Blecher & Vicienne Shue, *Tethered Deer: Government and Economy in a Chinese Country*, Stanford University Press, 1996, p.196.

的发展，因而山西省此次面向放开户籍政策的五类人群中有三类都是城市发展的稀缺人才资源，对这些人而言，这也意味着全新的机会（见图2-9）。另外，户籍制度一直以来都被认为加剧了城乡差距，阻碍了外来务工人员的城市进入与社会融合。[1] 现行的城镇管理体制存在严重依附于户籍制度的不公平歧视性政策，农民成为被抛弃的局外人。[2] 山西省此次向拥有稳定工作或稳定住所的公民开放户籍制度，相当于放低了准入门槛，是提升外来务工人员获得感的关键举措，也是缩小城乡差距的重要一步。

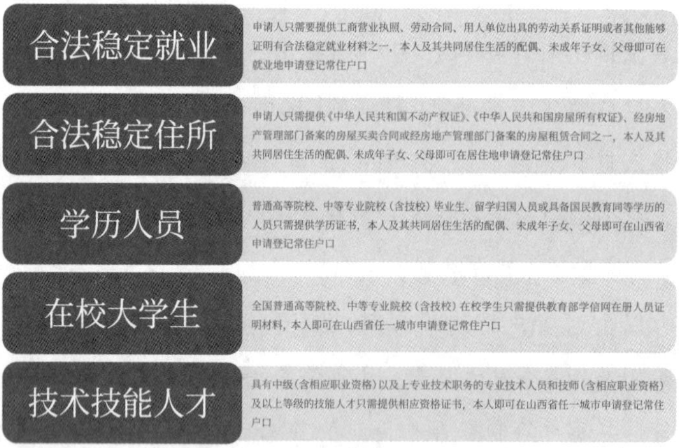

合法稳定就业	申请人只需要提供工商营业执照、劳动合同、用人单位出具的劳动关系证明或者其他能够证明有合法稳定就业材料之一，本人及其共同居住生活的配偶、未成年子女、父母即可在就业地申请登记常住户口
合法稳定住所	申请人只需提供《中华人民共和国不动产权证》《中华人民共和国房屋所有权证》、经房地产管理部门备案的房屋买卖合同或经房地产管理部门备案的房屋租赁合同之一，本人及其共同居住生活的配偶、未成年子女、父母即可在居住地申请登记常住户口
学历人员	普通高等院校、中等专业院校（含技校）毕业生、留学归国人员或具备国民教育同等学历的人员只需提供学历证书，本人及其共同居住生活的配偶、未成年子女、父母即可在山西省申请登记常住户口
在校大学生	全国普通高等院校、中等专业院校（含技校）在校学生只需提供教育部学信网在册人员证明材料，本人即可在山西省任一城市申请登记常住户口
技术技能人才	具有中级（含相应职业资格）以及上专业技术服务的专业技术人员和技师（含相应职业资格）及以上等级的技能人才只需提供相应资格证书，本人即可在山西省任一城市申请登记常住户口

图2-9　山西省放宽的5项户口迁移政策

截至2020年，户籍制度改革取得显著成效，全国共有

1　王健：《户籍制度改革与新型城镇化建设》，《中国领导科学》，2015年第8期，第30页。
2　谢建社等：《中国农民工权利保障》，社会科学文献出版社2009年版，第28—29页。

> 9000多万农业转移人口成为城镇居民，城乡统一的户口登记制度全面建立，户口迁移政策全面放开放宽，居住证制度实现全覆盖，户籍管理基础工作不断夯实。

城市是我国经济、政治、文化、社会等方面活动的中心，城市建设是现代化建设的重要引擎。科学谋划新型城镇化背景下的户籍制度改革，破除附着在二元结构户籍制度上的身份待遇差别，保障农村转移劳动力享有城镇居民同等的发展机会，努力为人们自由迁徙、安居乐业、共享改革发展成果提供公平公正的制度环境，有利于建设和谐、包容、有活力的城镇，让新型城镇化建设成果惠及广大人民。

浙江丽水市庆元县开展"一对一精准助残"[1]

庆元推行"精准助残走一线、'一对一'服务就业"专项行动，为各乡镇街道有就业意愿的残疾人解决就业难题。全县定期组织开展残疾人就业创业情况摸底调查，及时跟进残疾人就业情况，帮助残疾人拓宽就业空间。在政府的扶持和鼓励下，庆元县出现了一批福利企业，浙江贝斯特软化板有限公司就是其中之一，在这家公司的制笔车间里有不少坐着轮椅来上班的残疾职工。福利企业给残疾人的工资，一般是同行业、同岗位的120%，最高的能达到7000多元。面向集中

---

[1] 方敏、张枨、扎西：《关注残疾人就业：找工作，也能走"无障碍通道"》，央广网，2018年8月2日。《残疾人找工作也能走"无障碍通道"》，《南方工报》，2018年8月3日，第5版。《为残疾人拓宽就业渠道 这些地方出了不少硬招实招》，广西新闻网，2018年8月2日。

安置残疾人的福利企业，庆元县也出台了支持政策。对于企业实际缴纳的社会保险费，给予50%的补助。对于超比例安置残疾人的福利企业，其安置残疾职工比例超出25%的部分，每人每年按当地最低工资标准给予1个月的奖励。

除了福利企业集中安置，庆元县还设有公益性岗位，即定向为残疾人预留的工作岗位，目前全县共有102个面向残疾人的公益性岗位。其中，乡镇街道的残疾人专职委员11个，村庄、社区的残疾人专职协理员60个、残疾人环卫工31人。庆元县自开展"一对一精准助残"专项行动以来，已有1472名残疾人实现再就业。

专项行动的宗旨是精准助残，根据每个人不同的情况和意愿帮扶残疾人就业，除了帮助有就业意愿的残疾人就业，也着力发挥残疾人特长助其创业。松源街道残疾人叶贵民，厨艺远近闻名，他想开一家餐厅，但是缺少启动资金。帮扶支队协助他申报了残疾人就业创业补助资金。如今，他的餐厅生意红火，还吸收了3名残疾人到餐厅就业，得到不少夸赞。

除了庆元县，全国各地也都加快助力残疾人就业。截至2019年，全国城乡持证残疾人新增就业39.1万人，其中，城镇新增就业12.2万人，农村新增就业26.9万人；城乡新增残疾人实名培训40.7万人（见图2-10、图2-11）。

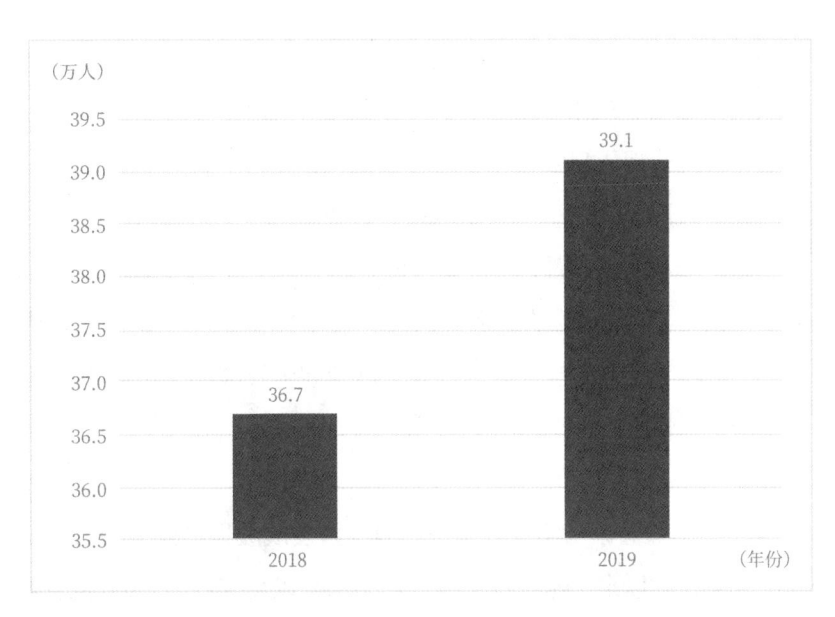

图2-10 2018—2019年全国城乡持证残疾人新增就业人数（万人）

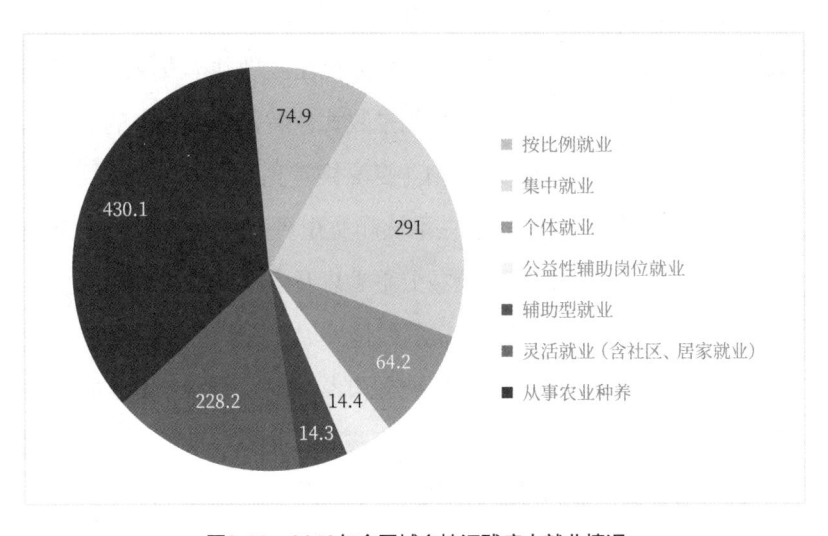

图2-11 2019年全国城乡持证残疾人就业情况

作为社会大家庭的平等成员，残疾人既是社会发展的受益者，也是社会发展重要的参与者和建设者。浙江丽水市庆元县开展的

"一对一精准助残"是对共享发展理念中"全民共享"的完美诠释，残疾人是社会中最困难的群体，政府应当营造无障碍的社会环境，鼓励和支持残疾人自强自立参与社会建设。

保障人民群众公平享有获取社会资源和利益的机会，是中国共产党始终秉承的基本理念。正如习近平总书记所说："'大道之行也，天下为公。'发展的目的是造福人民。要让发展更加平衡，让发展机会更加均等、发展成果人人共享，就要完善发展理念和模式，提升发展公平性、有效性、协同性。"[1]

（二）利益共享：实现社会成员对经济发展成果的公平享有

改革开放以来，随着我国经济发展水平以及综合国力的逐步提升，党和政府在促进人民共享经济社会发展成果方面付出了巨大努力，并取得了显著成效。但与此同时，诸如，社会分配不公平、收入差距扩大等问题仍然较为突出，社会成员在实现共享发展方面还有许多亟待解决的困难和问题。尤其是收入分配领域中存在的矛盾以及国内仍有相当数量的贫困人口，使得共享发展的实现面临巨大挑战。利益共享的实质，"就是在承认和尊重各个利益主体的利益享有权利的基础上，社会共同利益公平地惠及各个利益主体，从而推动社会公正目标的实现"[2]。回望现代化发展历程，乡村问题始终是症结所在，因而本部分将从乡村扶贫和乡村振兴两部分阐述共享发展理念在促进利益共享方面的现实实践。

1.全面脱贫，为乡村振兴奠定坚实基础

2021年2月25日，全国脱贫攻坚总结表彰大会上，中共中央总

---

[1] 习近平：《共担时代责任，共促全球发展》，人民网，2021年11月10日。
[2] 何影：《利益共享的理念与机制研究》，博士学位论文，吉林大学，2009年。

书记习近平庄严宣告，经过全党全国各族人民共同努力，中国脱贫攻坚战取得了全面胜利，现行标准下9899万农村贫困人口全部脱贫，832个贫困县全部摘帽，12.8万个贫困村全部出列，区域性整体贫困得到解决，完成了消除绝对贫困的艰巨任务。[1]回顾漫漫扶贫路，每个贫困户脱贫背后，都是一套量身制定的脱贫方案、一个相互协同的系统工程、一场改变命运的硬仗，党和国家为了实现全体人民利益共享，辟前人未辟之新路，闯前人未闯之难关。

广西百色市发展芒果产业助力脱贫攻坚

在中国芒果之乡——广西百色市，芒果产业发展让当地农民尝到了甜头，为当地群众开辟了香飘飘的致富路。近年来，百色市立足这一基础，瞄准方向，积极作为，出台多项政策，大力引导当地群众扩大规模、提高质量、增强影响，强力推动芒果产业发展，引领群众走上脱贫致富路。

首先，百色市政府积极制定芒果产业发展规划，引导农户种植芒果，结合实际出台了《百色市百万亩芒果产业三年发展规划》，并主动帮助农户解决产业资金难题，率先在田东县探索开展农村金融改革，建立农村产权交易中心盘活农村富余资产。其次，充分发挥龙头企业带动作用。鼓励芒果专业合作社和种植大户入股龙头企业，建立龙头企业、合作组织和农户之间的利益联结机制，形成利益共享、风险共担的利益共同体。最后，注重营销，畅通销售渠道，坚持以市场为

---

[1]《习近平庄严宣告：我国脱贫攻坚战取得了全面胜利》，人民网，2021年11月10日。

> 导向，大力开展品牌宣传。通过强化"百色芒果"区域品牌的统一使用、推行统一采摘上市日制度等措施，对百色芒果区域品牌进行了整体宣传和推广，避免内部各主产县之间的不良恶性竞争。同时，积极通过多种营销形式，以品牌宣传为抓手撬动芒果销售市场，让"百色芒果"在各地"露脸"。
>
> 历经多年的发展，百色市种植芒果总面积已达115万亩，产量45万吨，产值40亿元，累计有6.8万户25.2万人通过种植芒果告别了贫困，占减贫人口数的24.9%，百色芒果已成为百色人脱贫致富奔小康的"摇钱树"。

广西百色市把特色产业发展带动作为扶贫开发的突破口和着力点，大力支持和发展芒果产业，建成了对贫困户脱贫带动能力强的特色产品加工、服务基地，初步形成了特色产业体系，书写出了芒果产业扶贫的"特"字文章，有效地带动了贫困农民脱贫致富，为本阶段的乡村振兴奠定了良好基础。

2.乡村振兴之路通向共同富裕

脱贫摘帽不是终点，而是新生活、新奋斗的起点。精准扶贫是乡村振兴的首要任务，乡村振兴是精准脱贫的逻辑延续。乡村振兴要求的"生活富裕"有着"脱贫"和"致富"的双重蕴涵，意味着农村精准扶贫是乡村振兴的重要前提条件。在此基础上，乡村振兴至少从两个维度对乡村建设提出了更高要求。第一，全面性。习近平总书记指出："农业农村现代化是实施乡村振兴战略的总目标，坚持农业农村优先发展是总方针，产业兴旺、生态宜居、乡风文明、治理有效、生活富裕是总要求，建立健全城乡融合发展体制机制和政策体系是制度保障。"[1]第二,主体性。乡村振兴战略不是片面地强调以城市、工业去带动农村、农业,也不仅是要在工作推进上实现城乡统筹,而是要赋予农村与城市平等、对等的主体地位,将农村地区作为独立而非附属的战略区加以看待。在这样的思想引领下,各地涌现出一大批乡村振兴的先行者,其中就有浙江省宁波市。

宁波慈溪的乡村振兴之路[2]

2020年,慈溪市被浙江省委、省政府授予"2019年全省实施乡村振兴战略优秀单位"称号。近年来,慈溪市围绕"产业兴旺、生态宜居、乡风文明、治理有效、生活富裕"总要求,高质量、高水平实施乡村振兴战略。

农业上,现代化水平明显提升。2019年,慈溪市高水平承办首届全省乡村产业高质量发展推进会,展示了慈溪市现代农业的特色优势和全面发展的格局。产业平台不断搭建,特色农产品名声在外,正大产业园入选国家农村产业融合发展示范园创建名单,12个优势农产品列入全省特色农产品优势区。

环境上,美丽乡村建设提档升级。慈溪市深入推进农村生活污水治理、生活垃圾分类、公厕改造提升"三大革命",高水平建设"四好农村路",成功跻身"全省万里美丽经济交通走廊达标县"。同时,推进村级自治、德治、法治三治融合,

---

[1] 《牢牢把握农业农村现代化这个总目标——论学习习近平总书记关于实施乡村振兴战略重要讲话精神》,农业部网,2018年9月30日。
[2] 《慈溪市构建乡村振兴"慈溪模式"》,中国农业农村信息网,2021年11月10日。

> 累计创建全国乡村治理示范村1个、省级善治示范村24个。着力打造美丽乡村升级版，建设成为省美丽乡村示范县，已累计建成精品（示范）村22个、美丽宜居村98个，创建省美丽乡村示范镇6个、特色精品村16个，宁波市美丽乡村示范镇5个、示范村11个。
>
> 农民生活上，体制机制灵活彰显成效。慈溪市实施强村富民工程，多措并举促进农民收入持续普遍增长。2019年实现村级集体经济总收入9.99亿元，同比增长6%，经营性收入5.24亿元，同比增长13.9%。农村居民人均可支配收入达38081元，同比增长9%。农民的腰包鼓了，这离不开不断放活的体制机制。慈溪市持续深化农村土地制度改革、集体产权制度改革、农村和金融制度改革，进一步完善农合联组织体系建设。涉农贷款、农户贷款的增量、增速均位居宁波前列，市农合联执委会（市供销社）还获得了全省"三位一体"改革成绩突出集体和全国"金扁担改革贡献奖"。
>
> 除此以外，为深入实施乡村振兴战略，慈溪市紧盯目标、综合施策，攻坚破难、积极有为，制定出台乡村振兴相关政策，建立健全组织运行体系和考核机制，深入实施"两进两回"行动，鼓励大学生农创客创业创新，推动慈溪市农业农村高质量发展，形成了乡村振兴的慈溪模式。

慈溪的乡村振兴道路一马平川，其核心在于深刻理解了"乡村振兴"四字背后的全面性和主体性要求，结合当地优势，积极探索出一条适合自己、更值得推广的乡村振兴道路。慈溪的案例首先证明了，农业现代化是实现乡村振兴的必由之路，因为农民的命运与农业紧密相连，完善农业发展基础，提升农业供给质量，加快农业现代化进程是实现农民增收的必要条件，只有这样才能最终实现共同富裕这一社会主义的本质要求。慈溪的案例更启示人们，在新发展阶段，农村既不能单方面服务于城市发展，也不应单方面依赖城市的帮扶。农村应成为真正的发展主体，在经济发展、社会协调等方面发挥自身不可替代的作用。乡村振兴战略释放出的，正是这一发展转型的关键信号。

(三) 服务共享：保障社会成员享有均等的基本公共服务

共享发展，不仅体现在使全社会成员在合理差异和互惠互利的基础上公平享有经济发展成果，而且体现在全体社会成员能够均等地享受到政府提供的基本公共服务。为社会成员提供均等化的基本公共服务，既是政府应当履行的最低限度的职责，也是维护社会公平正义的重要保障。近年来，党和国家持续着力推进城乡基本公共服务均等化，已然卓有成效。

湖北宜城市统筹城乡基本公共服务[1]

湖北省宜城市紧紧抓住国家首批新型城镇化综合试点契机，积极探索实行城镇基本公共服务、城镇社会保障、基础设施建设"三个延伸"，有序推进公共服务全覆盖，群众幸福指数显著提升，获评"全国中小城市新型城镇化质量百强县市"。

---

[1] 中共中央组织部干部教育局组织编写：《共享发展》，党建读物出版社2018年版，第8—15页。

坚持创新体制，城镇基本公共服务向常住人口延伸。围绕城乡公共服务均等化目标，在保基本、可持续的前提下，制定了城乡居民公共服务和权益保障清单，包括子女入学、就业创业、社会保障、医疗卫生、住房保障和其他权益等6大类23项内容，努力构建"零门槛全覆盖无差别"的公共服务和权益保障体系，目前基本实现了城乡一体、应保尽保。

坚持弥补短板，城镇社会保障向非户籍人口延伸。为逐渐消除城乡居民低保差距，宜城市按照"体系并轨、分类保障"思路，改变过去以户籍状况划分城乡低保对象的做法，将农村低保与城市低保整合为城乡居民低保，对本市中心城区、中心镇区、中心社区和工矿区登记居住的常住人口实行Ⅰ类保障，对本市其他区域登记居住的居民实行Ⅱ类保障。

坚持完善功能，基础设施建设向基层延伸。出于历史原因，广大农村排水、污水和垃圾处理等基础设施建设与城市相比差距很大。宜城紧贴群众需求，大处着眼，小处着手，从2016年开始大力推进农村集镇"八个一"功能配套建设，在每个中心集镇建设一个污水处理厂、一个自来水厂、一个水冲式公厕、一个垃圾中转站、一个星级农家乐、一个文化活动广场、一个标准化农贸市场、一个示范街道，完善学校、医院、养老院等民生设施。推进电子商务网点建设，已经建成9个镇级电商服务站、118个村级电商服务点，实现镇村电商网络全覆盖。全域推广天然气等清洁能源进企入户，全市实现了村村通客车、户户用上自来水，群众获得感、幸福感显著增强。

新型城镇化是推动经济持续健康发展的"火车头",是全面建成小康社会的重要引擎。能否积极稳妥地推进新型城镇化建设,取决于一系列公共服务的集合,更取决于改革难题的突破。作为国家首批试点城市,宜城市的积极探索为加快推进新型城镇化、提高城镇化质量提供了有益启示。

二、民主政治共建共享

全面发展是共享发展的应有之义,其中民主政治的发展成果也应该惠及百姓。反映某一社会的政治发展成果的一个重要标志是社会的公民参与度。当代中国社会整体正处于"双重转型"时期,一是经济社会形态视角内的社会主义模式重构或模式转换,即计划经济模式向市场经济模式的转变;二是技术社会形态内的社会现代化,即农业社会向工业社会和信息社会的转变[1],技术、市场机制、社会分工、主体性意识的觉醒等因素综合作用,促进了中国公民社会参与度的提升。为进一步推动公民积极参政,拓展公民参与渠道以及一系列的制度建设也在有条不紊地进行,除了基本的政治制度,公示制度、听证制度、民主评议等制度也日趋完善。与此同时,弱势群体的表达困境正日益得到重视,农民、农民工、城市低收入群体和失业半失业者的诉求正在得到回应。

以公民的选举权和被选举权这一基本权利为例。目前最高的人大代表选举,在公正性和透明性上与过去相比,都有所进步,但竞争程度还有待加强。尤其在地方,一定程度上还存在分配和指派人大代表的情况。但是,自2011年以来,伴随着地方政权系统的换

---

[1] 贾高建:《社会发展理论与社会发展战略》,中共中央党校出版社2005年版,第141页。

届，出现了一些公民独立参选人大代表的现象，而且受惠于互联网的发展，这种"毛遂自荐"参选人大代表的声明和行动得到了不少网民和各界人士的支持。被选举权从一种被选举的资格发展到"主张被选举"的权利，这对于我国的民主政治发展来说，无疑是前所未有的景象。

此外，少数民族、妇女等群体的基本政治权利也日益得到重视。图2-12展示了历届人大代表中少数民族与妇女数量的占比情况，在2018年举行的十三届全国人民代表大会中，人大代表中少数民族与妇女的比重明显上升。[1]

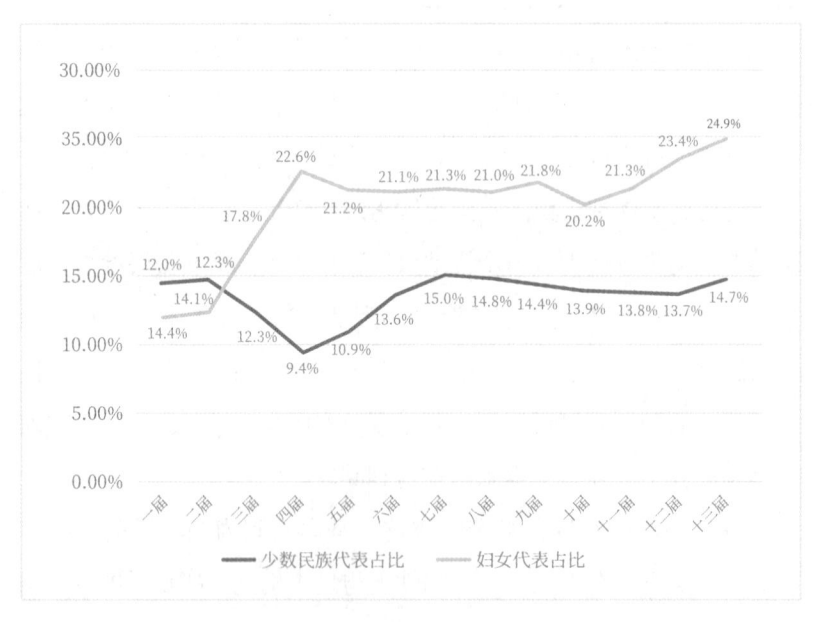

图2-12 历届人大代表中少数民族与妇女人数的比例

另外值得关注的一类人是所谓的"弱势群体"，即收入分配差

---

1 《第十三届全国人大女代表比例达24.9%，再创新高!》，全国妇联女性之声，2018年2月25日。

距中收入较低的社会成员，大体上包括绝大多数的农民、农民工、城市低收入群体和失业半失业者。这些弱势群体由于经济收入较低和处于原子化状态，很难在政治运行和公共决策中获得一定的话语权。由于其素质、意识和弱势地位的限制，他们对多数的政治议题和政治实践也难以产生兴趣，他们所关心的多是与自身具体物质利益相关的问题。如果因为这些群体的诉求表达能力不足或表达渠道不畅通，而使得他们的利益难以得到有效维护，其权利难以得到有效救济，那么就背离了人民群众共享发展成果的实质和原则。近年来，以农民工为代表的传统意义上的社会弱势群体和流动人口，也越来越积极地参与到政治中，表达本群体的意见和建议。2008年，在广东省十一届人大一次会议第三次全体会议上，经过无记名投票，胡小燕以740张赞成票高票当选为全国人大代表，成为中国首个农民工全国人大代表，并提出了《优化农民工就业环境的建议》和《留守儿童问题的建议》两份议案。[1]单靠胡小燕一人传递农民工的心声，显然是不够有效的，但农民工中出现人大代表，则意味着这一群体得到了重视，有着极大的标志意义。在2018年的第十三届人民代表大会中，农民和工人身份的人大代表比重也有所上升（见图2-13）。[2]

---

1 《首位农民工全国人大代表：我是平常人应有平常心》，中国新闻网，2008年3月1日。
2 《干部比例降低！一图看懂第十三届全国人大代表构成》，央广网，2018年3月4日。

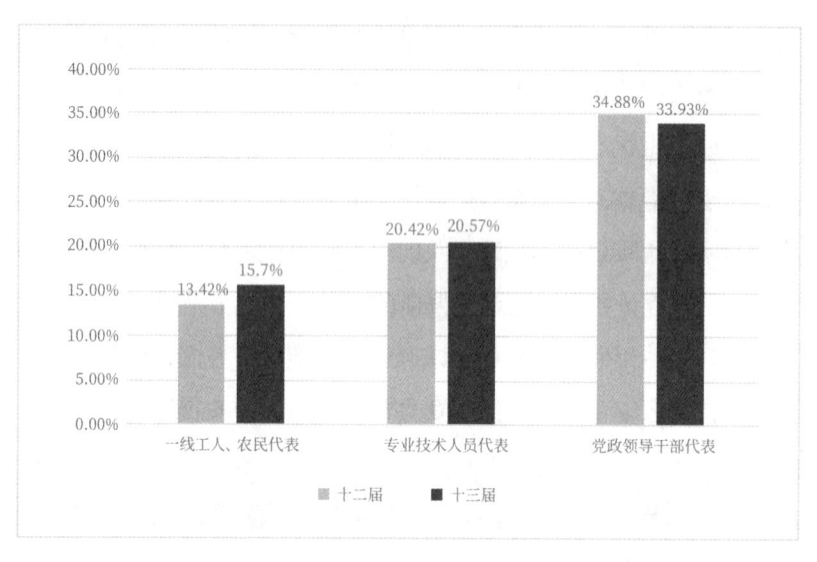

图2-13　十三届人大代表结构变化

2021年9月，国务院新闻办公室发布《国家人权行动计划（2021—2025年）》（以下简称《计划》），保障公民依法行使选举权和被选举权，放宽流动人口（特别是已经取得居住证的流动人口）在现居住地参选的条件，为流动人口参选创造便利条件。《计划》还提出，要最广泛动员和组织全国10亿多选民参加选举，直接选举产生200多万名县、乡两级人大代表，并逐级选举产生设区的市级人大代表、省级人大代表、全国人大代表。在增加基层人大代表数量方面，行动计划强调，保证各级人大代表中有适当数量的工人、农民、专业技术人员基层代表。[1]有理由相信，在共享发展理念的指导下，到2025年，中国各级人大代表的人口分布结构会发生一定的变化，更多群体的诉求将会被听见。

1　《国家人权行动计划：保障公民依法行使选举权和被选举权》，中国政府网，2021年9月9日。

三、精神文化共建共享

实现中华民族伟大复兴的中国梦，物质财富要极大丰富，精神财富也要极大丰富。坚持"两手抓、两手都要硬"，以辩证的、全面的、平衡的观点正确处理物质文明和精神文明的关系，把精神文明建设贯穿改革开放和现代化全过程、渗透社会生活各方面，大力宣传中国特色社会主义核心价值观，树立道路自信、理论自信、制度自信、文化自信，更好地构筑中国精神、中国价值、中国力量。

在乡村振兴的大背景下，习近平总书记高度重视农村精神文明建设，指出"农村精神文明建设很重要，物质变精神、精神变物质是辩证法的观点"，强调"实施乡村振兴战略要物质文明和精神文明一起抓，特别要注重提升农民精神风貌"。[1]各地认真贯彻落实习近平总书记重要指示精神，大力加强农村精神文明建设，切实提升农民精神风貌，不断提高乡村社会文明程度，推动乡风民风美起来、人居环境美起来、文化生活美起来，为全面建成小康社会提供坚强的思想保证、强大的精神力量、丰润的道德滋养、良好的文化条件。

慈溪市构建"溪上慈风"文明示范线

浙江省慈溪市以南部沿山精品线为纽带，将沿线文明村串联起来，打造出一条集文明文化、生态休闲于一体的文明建设共同体——"溪上慈风"文明示范线，在体现"景美、人美、生活美"农村新风貌的同时，融入社会主义核心价值观

---

[1] 《实施乡村振兴战略要物质文明精神文明一起抓》，《农业科技报》，2021年11月10日。

元素，让农民群众在潜移默化中接受核心价值观的熏陶，提升文明素养。

第一，村干部广泛发动村民参与讨论新修订的村规民约，把社会主义核心价值观融入大伙看得见、听得懂的"土规定""土口号"，形成百姓能明白、愿遵守的约定俗成。一条条关于勤劳致富、保护山林资源、维护社会治安、爱护环境卫生、抵制奢侈浪费等内容的村规民约，不仅涵养了文明乡风，也对扫除不良势力滋生蔓延的土壤发挥了积极作用。

第二，深入浅出开展思想道德宣传和科学文化教育，把党和政府的强农、惠农、富农政策讲清楚，把提高农民群众创业本领和致富能力的实用技术说明白。在推进农业经营集约化、规模化、组织化、社会化、产业化水平的进程中，家庭农场、专业大户、农民合作社、农业产业化龙头企业等新型农业经营主体不断壮大，一批新型职业农民、高素质的新型农业生产经营者队伍应运而生。

第三，为充分发挥身边人身边事的示范引领作用，当地政府组织群众从成长于乡土、奉献于乡里的道德模范、乡村能人、身边好人中，评选出受到他们认可、有威望的新乡贤。这些新乡贤，有的用嘉言懿行垂范乡里；有的用学识专长、创业经验反哺桑梓。蕴含爱国爱乡、见贤思齐、崇德向善正能量的乡贤文化，润物无声、成风化人，"点燃"广大农民群众奔向好日子的内生动力。

慈溪市的例子启示人们，加强农村精神文明建设，必须把握工作重点，绵绵用力、下足功夫，才能真正践行共享发展的理念。要采取符合农村特点、农民群众喜闻乐见的有效方式，推动社会主义核心价值观融入农村，提振农民群众精气神。要扎实开展形式多样的群众文化活动，建立乡村公共文化服务体系，深入推进文化下乡，广泛开展群众乐于参与、便于参与的文体活动，孕育农村社会好风尚。

第五节　小结：共享发展的基本原则

本章从共享与共享发展的思想渊源出发，探讨了古今中外关于公平正义的论述以及这些思想对历代中国共产党人的影响。承前人思想之精髓，以习近平同志为核心的党中央在结合中国现实情况的基础上，广泛借鉴其他社会主义国家和发展中国家的发展经验和失败教训，提出了"共享发展"这一理念。本章重点探讨了"共享发展"这简单的四个字背后所包含的基本内涵，"全民共享、全面共享、共建共享、渐进共享"分别指涉共享的主体、客体、途径与过程，是对新时期中国社会发展道路高度概括和凝练的回答。同时，自十八届五中全会以来，各地涌现出许多惠民举措，从经济、政治、文化等角度改善民生、助力共享发展理念落地，本章从多个角度对这些实践议程进行了梳理分析。

人人共建、人人共享，是经济社会发展的理想状态。习近平同志提出的"五大发展理念"，把共享作为发展的出发点和落脚点，指明发展价值取向，把握科学发展规律，顺应时代发展潮流，是充分体现社会主义本质和共产党宗旨、科学谋划人民福祉和国家长治久安的重要发展理念。以共享发展理念引领我国发展，维护社会公平正义，保障发展为了人民、发展依靠人民、发展成果由人民共享，这对实现更高质量、更高水平的发展提出了目标要求和行动准则，必将为全面建成小康社会、实现中华民族伟大复兴的中国梦凝聚最深厚的伟力。

综合来看，要实现共享发展这一目标，必须牢记六大基本原则。

坚持以人民为中心。当前，我国正处在全面深化改革新时期，落实共享发展理念需要始终坚持以人民群众为中心。因为没有人民群众这一主体，共享发展的实现也就没了根基。首先，共享发展的实现需要人民群众的广泛参与，马克思主义唯物史观告诉我们，人民群众是历史的创造者，是社会发展的最终决定力量。毛泽东同志曾多次强调，"人民，只有人民，才是创造世界历史的动力"[1]，"群众是真正的英雄"[2]。其次，人民应是经济社会发展的最大受益者。社会财富这块"蛋糕"越做越大，可供分配的社会资源也越来越多。这就需要以共享发展理念为引导，从人民群众最关心、最直接、最现实的利益问题入手，把人民群众放在心中最高位置，坚持发展成果由人民共享，让人民成为经济社会发展的最大受益者。最后，共享发展理念落实的好坏需要人民群众来评判。马克思主义执政党的一切执政实践都要由人民群众来评判。

坚持中国特色社会主义方向。党的十八大报告中指出："中国特色社会主义是当代中国发展进步的根本方向，只有中国特色社会主义才能发展中国。"在当代中国，坚持和发展中国特色社会主义，就是真正坚持社会主义。中国特色社会主义与科学社会主义是一脉相承的。习近平同志指出："中国特色社会主义，是科学社会主义理论逻辑和中国社会发展历史逻辑的辩证统一，是植根于中国大地、反映中国人民意愿、适应中国和时代发展进步要求的科学社会主义。"[3]改革开放以来，我国高举中国特色社会主义旗帜，开启了中国特色社会主义道路。改革开放40多年来，我国经济持续高速增长，经济总量跃居世界第二，人民生活实现了从不足温饱到总体小

---

1 《毛泽东选集》（第三卷），人民出版社1991年版，第1031页。

2 《毛泽东选集》（第三卷），人民出版社1991年版，第790页。

3 《习近平谈治国理政》，外文出版社2014年版，第21页。

康的历史性跨越，创造了世界发展史上的奇迹。实践已经证明，只有坚持和发展中国特色社会主义，才能实现国家的繁荣富强和人民的幸福安康。

坚持公有制的主体地位。改革开放以后，我国逐步建立了以公有制经济为主体、多种所有制经济共同发展的基本经济制度。在这一基本经济制度中，坚持公有制的主体地位，对实现共享发展具有重要意义。社会主义公有制是人民群众共同占有生产资料和共同享受劳动成果的社会制度，坚持社会主义公有制才能保证我国经济的社会主义性质和发展方向。在社会主义公有制为主体的前提下实行按劳分配为主体、多种分配方式共同存在的分配制度，既可以保证人民群众平等地共享收益，又可以最大限度地激发人民群众的劳动积极性，使之能够以更饱满的热情投入中国特色社会主义建设。这正如邓小平同志所说："我们在改革中坚持了两条，一条是公有制经济始终占主体地位，一条是发展经济要走共同富裕的道路，始终避免两极分化。""只要我国经济中公有制占主体地位，就可以避免两极分化。"[1]

坚持大力发展生产力。生产力是社会发展的最根本的决定性因素，也是评价人类社会制度变迁的基本标尺。共享发展只有在生产力高度发达的基础上才能真正实现。尽管经过40多年的改革开放，我国的生产力水平有了很大提高，但与发达国家相比，我国生产力水平还有待进一步提高，科学技术水平、民族文化素质还有待提升。同时，我国仍处于并将长期处于社会主义初级阶段的基本国情没有变，人民日益增长的物质文化需要同落后的社会生产之间的矛

---

[1] 《邓小平文选》（第三卷），人民出版社1993年版，第149页。

盾这一社会主要矛盾没有变，我国是世界最大发展中国家的国际地位没有变。这就决定了我们只有立足社会主义初级阶段这个最大实际，紧紧抓住经济建设这个中心不动摇，不断解放和发展生产力，才能筑牢共享发展的物质基础。

坚持社会的公平正义。公平正义，自古以来就是人类的共同理想和不懈追求，是人类社会普遍的价值取向，是社会主义社会的价值追求和重要目标。中华人民共和国的成立和社会主义制度的建立，从根本上改变了旧中国的阶级压迫和剥削制度，为实现社会公正奠定了根本的政治前提和制度基础。一代又一代的中国共产党人始终为追求、维护和实现公平正义进行着不懈地探索和努力，并取得了一系列重大进展。然而进入21世纪以来，出于种种原因，社会公平正义也面临着严峻的考验。为此，习近平总书记指出："如果不能给老百姓带来实实在在的利益，如果不能创造更加公平的社会环境，甚至导致更多不公平，改革就失去意义，也不可能持续。"[1]

坚持中国共产党的领导。中国共产党的领导地位是经过长期斗争考验形成的，是历史的选择、人民的选择。中国近现代历史充分证明，没有中国共产党，就没有新中国；没有中国共产党的领导，就没有社会主义现代化建设。正如毛泽东同志所说："中国共产党是全中国人民的领导核心。没有这样一个核心，社会主义事业就不能胜利。"[2]只有坚持党的领导才能保证社会主义的方向，只有中国共产党，才能站在国家、民族和社会发展的高度总揽全局，从人民的根本利益出发，首先考虑并满足最广大人民的利益要求，兼顾不同阶层、不同方面群众的利益，妥善处理各种利益关系和社会矛盾。

1　《习近平谈治国理政》，外文出版社2014年版，第96页。
2　《毛泽东文集》（第七卷），人民出版社1999年版，第303页。

参考文献

[1] [法]卢梭:《社会契约论》,何兆武译,商务印书馆2003年版。

[2] [美]约翰·罗尔斯:《正义论》,何怀宏等译,中国社会科学出版社1988年版。

[3]《保障农村供水!9部门发文:到2025年全国农村自来水普及率达到88%》,人民网,2021年11月10日。

[4]《促进社会公平正义,让广大人民群众共享改革发展成果》,人民网,2018年1月22日。

[5]《邓小平文选》(第三卷),人民出版社1993年版。

[6]《发展改革委关于印发〈2019年新型城镇化建设重点任务〉的通知》,中国政府网,2021年11月10日。

[7]《干部比例降低!一图看懂第十三届全国人大代表构成》,央广网,2018年3月4日。

[8]《国家人权行动计划:保障公民依法行使选举权和被选举权》,中国政府网,2021年9月9日。

[9]《胡锦涛文选》(第三卷),人民出版社2016年版。

[10]《江泽民文选》(第一卷),人民出版社2006年版。

[11]《江泽民文选》(第二卷),人民出版社2006年版。

[12]《列宁全集》(第7卷),人民出版社1986年版。

[13]《毛泽东选集》(第三卷),人民出版社1991年版。

[14]《毛泽东选集》(第四卷),人民出版社1991年版。

[15]《毛泽东文集》(第七卷),人民出版社1999年版。

[16]《毛泽东文集》(第八卷)人民出版社1999年版。

［17］《马克思恩格斯文集》(第1卷),人民出版社2009年版。

［18］《实施乡村振兴战略要物质文明精神文明一起抓》,《农业科技报》,2021年11月10日。

［19］《首位农民工全国人大代表:我是平常人应有平常心》,中国新闻网,2008年3月1日。

［20］《网友热议共享发展》,中国社会科学网,2021年11月10日。

［21］《网友热议五中全会发展理念:共享发展让百姓提升获得感》,国务院新闻办公室网,2015年11月26日。

［22］《习近平谈治国理政》,外文出版社2014年版。

［23］《习近平庄严宣告:我国脱贫攻坚战取得了全面胜利》,人民网,2021年11月10日。

［24］何影:《利益共享的理念与机制研究》,博士学位论文,吉林大学,2009年。

［25］黄彦:《孙文选集(上)》,广东人民出版社2006年版。

［26］贾高建:《社会发展理论与社会发展战略》,中共中央党校出版社2005年版。

［27］康有为:《大同书》,陈得媛、李传印评注,华夏出版社2002年版。

［28］林炎章:《论欧文的空想共产主义特征》,《科社研究》,1982年第5期。

［29］罗尔纲:《太平天国的理想国——天朝田亩制度考》,商务印书馆1950年版。

［30］马畅、左稀:《亚里士多德的分配正义理论》,《苏州科技学院学报(社会科学版)》,2008年第1期。

[31]马小朝:《论但丁〈神曲〉的理性与信仰》,《山东师范大学学报(人文社会科学版)》,1999年第5期。

[32]《毛泽东著作专题摘编(上)》,中央文献出版社2003年版。

[33]孙希旦:《礼记集解》,中华书局1989年版。

[34]王健:《户籍制度改革与新型城镇化建设》,《中国领导科学》,2015年第8期。

[35]王明生:《牢牢坚持马克思主义政治经济学的根本立场》,《经济日报》,2017年6月16日,第13版。

[36]王淑芹:《正确理解五大发展理念的内涵和要求》,《思想理论教育导刊》,2016年第1期。

[37]王淑荣、许力双:《共享发展理念的重大意义与实践指向》,中国社会科学网,2021年11月10日。

[38]吴传毅:《习近平共享发展理念的法治内涵、法治源流及法治实现》,人民网,2018年1月16日。

[39]习近平:《共担时代责任,共促全球发展》,人民网,2021年11月10日。

[40]习近平:《在庆祝"五一"国际劳动节暨表彰全国劳动模范和先进工作者大会上的讲话》,人民出版社2015年版,第7版。

[41]谢建社等:《中国农民工权利保障》,社会科学文献出版社2009年版。

[42]杨伯峻:《论语译注》,中华书局2009年版。

[43]余军成:《概念及其内涵和外延述评》,《安徽文学(下半月)》,2007年第1期。

[44]中共中央文献研究室编:《习近平关于全面依法治国论述摘编》,中央文献出版社2015年版。

［45］中共中央组织部干部教育局组织编写:《共享发展》,党建读物出版社2018年版。

［46］Marc Blecher&Vicienne Shue, *Tethered Deer: Government and Economy in a Chinese Country*, Stanford University Press, 1996, p.196.

第三章

共享发展的理论基础*

---

* 感谢范愫为本章所做工作。

党的十九大报告中强调坚持新发展理念，其中，共享发展理念是以人民为中心的集中体现，是发展的出发点和落脚点，是新发展理念的价值要义。从马克思主义到中国特色社会主义，共享发展理念的内涵随着经济发展与实践推进而不断丰富、深化。如今，共享发展包括共享、共治与共有，涵盖了经济、政治与社会生活的方方面面。然而，要正确认识和实践共享发展理念，需要将新发展理念置于学科蓝图中，从理论演变、学科对比等视角，历史地、辩证地学习和把握理论基础。共享发展理念植根于经济、社会、政治建设实践，其理论渊源应联系社会科学的主要理论进行思考。目前，学界对于共享发展理念的认识主要从经济学、社会学、政治学三大学科展开，但统合社会科学学科脉络的综述相对不够全面。本章将分经济学、社会学与政治学三大学科脉络，对相关研究进行全面的综述。经济学方面，本章通过发展经济学、福利经济学和分享经济学的相关理论，阐释经济发展的效率与公平如何促进成果共享；社会学方面，本章通过经济社会学、发展社会学的相关理论与实证研究，说明社会治理的优化如何实现全民共治；政治学方面，本章主要从新制度主义的视角理解民主与民生的关系，分析如何通过政府治理实现政治共有。

第一节　共享、共治与共有

一、社会主义共享发展理念

共享发展理念把实现人民幸福作为发展的目的和归宿，倡导发展过程人人参与、发展成果人人享有，注重解决社会公平正义问题，是有利于实现好、维护好、发展好最广大人民根本利益的发展理念。"五大发展理念"将"共享"作为发展的出发点和落脚点，充分体现了"十四五"发展目标的核心价值，体现了马克思主义的基本立场、观点和方法，体现了中国特色社会主义的本质要求和以人民为中心的发展思想。本节通过追溯和回顾马克思主义发展脉络，简述共享发展理念成熟之路（见表3-1）。

表3-1　共享发展理念演变及主要思想对比

发展阶段	产生时间	主要思想
早期马克思主义	1848年，第二次工业革命时期	共建共享社会发展成果 追求人的自由发展
列宁主义	1903年，俄国无产阶级革命时期	政治上，消除剥削 经济上，共享发展成果 社会治理上，人民权利平等
中国特色社会主义	1982年，中国改革开放时期	整体来看，理论内涵与时俱进 改革开放初期：强调经济发展效率 改革开放深化期：国内兼顾效率与公平，国外促进国际合作 新时代：创新、协调、绿色、开放、共享的"新发展理念"

（一）早期马克思主义中的共享发展理念

马克思的剩余价值理论揭示了资本主义社会中不公平、不合理现象产生的根源——资本主义制度本身的不平等、不自由。这种不平等、不自由的经济根源是劳资关系的剥削与被剥削状态，而经济剥削在社会意义上体现为人的异化，在政治意义上体现为工人阶级的分散与被压迫。因此，马克思主义主张资本主义制度必然消亡，期待一个共同富裕、人人共享的新社会。

在《共产党宣言》中，马克思、恩格斯提出了"自由人联合体"的概念，强调每个人的自由发展将带来一切人的自由发展。在《资本论》中，马克思进一步明确指出，未来的共产主义是"以每个人的全面而自由的发展为基本原则的社会形式"[1]。

在马克思、恩格斯设想的理想社会中，自由的个人得以在"自由人联合体"中共建共享社会发展成果。什么叫社会发展成果的共建共享？恩格斯指出，"在人人都必须劳动的条件下，人人也都将同等地、愈益丰富地得到生活资料、享受资料、发展和表现一切体力和智力所需要的资料"[2]。如何实现社会发展成果的共建共享？社会主义和共产主义能够"结束牺牲一些人的利益来满足另一些人的需要的状况；彻底消灭阶级和阶级对立；通过消除旧的分工，通过产业教育、变换工种、所有人共同享受大家创造出来的福利，通过城乡的融合，使社会全体成员的才能得到全面发展"[3]。

马克思主义高度重视"人"的活力与创造性。在马克思的共享理念中，人的自由与潜能是社会共建的重要条件之一，而要实现人的自由与潜能，需要通过革命的方式改变生产组织形式，通过合作共建方式为人的自由提供充足的准备。

1　《马克思恩格斯选集》(第2卷)，人民出版社1995年版，第239页。
2　《马克思恩格斯选集》(第1卷)，人民出版社1995年版，第330页。
3　《马克思恩格斯文集》(第1卷)，人民出版社2009年版，第689页。

(二) 列宁主义中的共享发展理念

在领导俄国进行社会主义革命和建设的过程中，列宁继承、发展了马克思主义理论，对资本主义社会的方方面面进行了深刻的分析和批判，从平等的前提、实质、路径等层面阐述了平等思想。

消灭剥削、实现社会平等是共享发展的前提。列宁承接了剩余价值论的深刻揭示，认为资本主义制度下，少数有产者占有大量的生产资料并对无产者进行剥削，同时用"平等"的口号欺骗无产者，让无产者难以反抗。列宁认为，"一切关于普选、全民意志、选民平等的宣传完全是骗局，因为在剥削者和被剥削者之间，在资本、财产的占有者和现代雇佣奴隶之间，不可能有什么平等"[1]。针对俄国革命的实际情况，列宁提出，要从两方面消灭剥削：一方面，推翻地主和资本家，揭示阶级关系的实质；另一方面，消灭工农之间的差别，团结工人阶级和农民阶级，实现无产者的团结。

全体人民平等享有权利是共享发展的实质。列宁继承了"自由人联合体"论，认为社会主义平等的主体是全体人民群众，人民群众应该平等享受权利，追求"一切劳动者的真正平等，把剥削者排除出享有充分权利的社会成员之外"[2]。列宁批判了资本主义民主，认为其民主始终属于有产的少数人；只有根本上改变无产阶级被压迫的状态，消灭剥削、消除两极分化，才能真正做到劳动者当家作主、人民群众平等。

社会成员平等享有生产力发展成果是共享发展的路径。列宁认为，生产力的高度发达是社会主义发展必要的物质前提，只有大力提高生产力，才能真正满足人民的利益需求，实现人民群众的共

---

[1] 《列宁全集》(第35卷)，人民出版社1986年版，第428页。

[2] 《列宁全集》(第36卷)，人民出版社1986年版，第83页。

享，从根本上解决社会不平等现象。十月革命胜利后，列宁强调，俄国下一步生产力发展的目标是提高亿万劳动人民的生活水平、使人民群众共享社会发展成果；生产力发展的基础和前提是广大群众共同参与经济建设，做到"共建共享"。

列宁在马克思主义的基础上，提出了一套完整的共享发展理念，并尝试运用于俄国的生产实践，这些理念体现出共享发展理念的雏形，对我们认识共享理念有重要的借鉴意义。

(三) 中国的共享发展理念溯源

中国共产党创新和发展了马克思、列宁主义的共享发展理念，始终坚持社会主义的建设目标、坚持公平正义原则，努力确保人民生活水平与社会经济、文化、政治发展水平相一致，创新和发展了列宁平等思想的共享发展意涵。

毛泽东同志认为，政治平等是社会平等的实质，其核心是人民当家做主；经济平等是社会平等的重要保障，经济成果要"为一般平民所共有"；权利平等是社会平等的重要表现形式，无论身份如何，都应享有权利平等；文化平等是社会平等的实现理路，推动教育，使人民群众平等享受文化遗产是社会主义文化建设的重要目的。

邓小平同志于中共十一届三中全会后提出改革开放思想，指出：我国处于社会主义初级阶段，要"让一部分人先富起来"，先富带动后富、实现共同富裕。在共同富裕的过程中坚持按劳分配为主体、效率优先、兼顾公平的收入分配制度。这一理念区分了共享发展与平均主义，指出了不切时宜的一刀切的平均主义是不可取的，"经济高度发展了，物资极大丰富了，才能做到各尽所能、按需分配"[1]，使广大人民群众真正平等共享社会发展成果。邓小平同志的共享发展理念强调效率，在中国面临增长机遇时有重要的实践意义。

随着改革开放的不断推进，社会主义建设取得了重大进展，生产力得到发展，物质水平得到进步。中国特色社会主义理论不断发展完善，共享发展的理论内涵也与时俱进。在改革开放初步取得成效的基础上，江泽民同志对内强调缩小社会发展差距、加大扶贫攻坚力度，对外强调积极参与国际事务、与国际共享发展机遇。胡锦涛同志拓宽了共享发展的内涵，并在党的十七大报告中指出，"必须在经济发展的基础上，更加注重社会建设，着力保障和改善民生，推进社会体制改革，扩大公共服务，完善社会管理，促进社会公平正义，努力使全体人民学有所教、劳有所得、病有所医、老有所养、住有所居，推动建设和谐社会"。

2017年，中共十九大召开，习近平总书记在十九大报告中强调，中国特色社会主义进入新时代，我国社会主要矛盾已经转化为人民日益增长的美好生活需要和不平衡、不充分的发展之间的矛盾。十九届五中全会指出，新时代的社会主要矛盾决定了更强调平衡、充分的"新发展理念"，贯彻"创新、协调、绿色、开放、共享"。

历史唯物主义的视角启示我们，从马克思主义到中国特色社会主义，共享发展理念的更迭与历史发展进程是适应的。

马克思主义发展于工业革命时期，不平等的资本主义经济体制是社会矛盾的根源，因此马克思主义视角下的共享发展主要从经济生产与分配出发，强调社会成果共建共享；列宁主义发展于俄国

---

[1] 《邓小平文选》(第三卷)，人民出版社1993年版，第10页。

社会主义革命时期，农奴制等封建政治体制与经济、社会制度阻碍革命，因此列宁在马克思的基础上，将共享发展拓展到政治、社会领域。

纵观中国近现代史，中国从封建社会走向半殖民地半封建社会，再到中华人民共和国成立，经历了政治、经济、文化等领域的剧变，因此毛泽东同志的共享发展理念全面分析了新中国的发展目标；进入改革开放时期，"发展才是硬道理"的思路将共享发展理念收拢到经济建设上。如今"新发展理念"的提出，也和社会主要矛盾的转化息息相关。

中国的共享发展理念随着时代的要求而不断发展，其理论基础、共享对象、共享方法与共享内容都随着经济基础与社会条件的发展而不断扩充。然而，要进一步理解新时代背景下共享发展的创新途径，需要进一步对各学科语境下的共享发展进行总结与理解。

二、共享发展的学科语境

共享发展是对发展规律的自觉运用。坚持历史唯物主义、从发展实践中总结和反思发展理念，是形成共享发展方法论的根本所在。世界各国在共享发展方面既积累了有益经验，也有过深刻教训；经济学、社会学、政治学等各学科基于不同时代、不同社会的发展实践，提出了各色各样的对共享发展理念的阐释与探讨。

（一）共享与经济增长——经济学视角

共享发展的基础是经济增长。"发展才是硬道理"，这里的发展指的是经济建设。经济建设创造物质基础，而物质基础是持续发展的原料。唯有充足的资源才能为经济建设提供长久、可持续的动力保障，而放松对经济增长的要求，会使社会面临失去物质基础的危险。

共享发展理念在经济增长的基础上提出了更高的要求：在生产、创造和积累充裕物质基础的过程中，既要关注数量也要关注质量，既要把蛋糕做大也要把蛋糕分好。关注数量，要求我们用提高劳动效率、发展科技水平等可持续的方式，谋求经济的高效、平衡、可持续增长。关注质量，要求我们把握好公平与效率的张力，合理运用福利、分配与公平制度设计，实现劳动成果由人民共享，以公平激励生产活力。总的来说，要实现更高质量的经济增长，需要回答这样两个问题：如何提高经济增长效率？如何促进收入分配公平？

要回答提高经济增长效率的问题，需要立足于发展经济学的学科脉络。共享发展是一个渐进的过程，作为长期处于社会主义初级阶段的发展中国家，我国的经济发展在不同阶段面临不同问题。第二次世界大战以来，针对发展中国家如何摆脱贫困状态、实现共享发展的诉求，发展经济学家提出了城乡共享、技术进步、教育兴国、平衡增长等多个命题。对这些命题的研究，能帮助我们更好地理解共享发展的关键要素，针对这些要素进行资源投入的调整，以实现高效的经济增长。

要回答如何促进收入分配公平的问题，需立足于福利经济学、分享经济学的学科脉络。坚持共享发展，做到发展为了人民、发展依靠人民、发展成果由人民共享，需要大力维护权利公平、机会公平、规则公平、结果公平。具体在福利与分享制度的设计上，福利经济学家提出了帕累托改进、外部性与分享制度等概念，以期为特定发展阶段下公平的实现提供理论基础。对这些概念的探讨，能够帮助我们更好地实践共享发展的根本要求，做到经济增长的成果由人民共享。

（二）共治与社会治理——社会学视角

共享发展的关键是社会治理。社会生活由多方主体构成，不同主体对经济增长中的效率与公平各有诉求、各有贡献。社会治理要求政府、社会组织、企事业单位、社区，以及个人等多主体在平等合作、协商沟通的过程中，完成对社会事务、社会组织和社会生活的规范。优秀的社会治理能够润滑发展过程中的不协调与摩擦、促进社会各主体之间的合作，以最小的社会成本获得最大的公共利益。

共享发展理念要求通过社会治理实现合力，方能团结各方力量，把能办的事尽最大努力办好，积小胜为大胜。社会治理有微观、中观、宏观三个层面，分别对应个体、组织与制度等三类主体（行动者）。理解社会治理，既要求我们对各主体的动机有精确的理解和把握，也要求我们对各主体互动的机制有深刻的认识与探讨。

主体动机上，新古典主义经济学的观点将社会主体视作"经济人"，追求自我利益（物质利益）的最大化；而社会学、行为经济学等领域的实证研究和经验证据显示，除了自我利益，人还有着更为广泛的社会性和道德性的目标与动机。这些目标和动机是什么、如何形成？它们受到哪些因素的影响？对制度安排有着怎样的意义？经济社会学家对"社会性偏好"的实证佐证了共享发展的合理性与价值所在。

互动机制上，市场机制长期被奉为主流。然而，在社会治理过程中，社会网络、科层制组织、国家、开源与共享社群等非市场机制也起着重要的治理作用。这些制度安排如何运行、与市场机制有什么样的区别和联系？如何协调多种制度以促进社会治理的全民参与？霍桑、韦伯、科斯、格兰诺维特等社会学家从社会主体的角度回应了多元主体对共享发展的积极意义。

共享发展理念中，一个不可忽视的部分是"如何认识发展"。第二次世界大战以来，发展理论经历了现代化理论、依附理论、世界体系理论和后现代理论等主要流派，其演变过程反映出发展本身的复杂、多样与时宜性。在这些理论的启发下，中国的共享发展理念应该是一条中国特色的道路。在明确发展理念的内涵与方向后，中国如何平衡政府与市场的关系、实现共赢的发展，则留待市场中心论、国家中心论和嵌入性理论等进行解答。

（三）共有与人民赋权——政治学视角

共享发展的目的是人民赋权。共享发展理念把实现人民幸福作为发展的目的和归宿，倡导发展过程人人参与、发展成果人人享有。要实现政治上的人民共有，需要政府转变治理逻辑、探索制度改革，从政府本位转向人民本位。

在现代公共生活过程中，政治已经逐渐变得开放而多样，但是政治生活依旧存在政府本位的问题，"做官"依旧是加入政治生活中的基本途径，"为官者"的活动依旧是政治生活的主体。[1]理想中的民主如何实现、民众如何最大限度地参与到政治生活之中，仍是需要思考的问题。在现代社会生活的高度复杂性和不确定性之下，合作已经成为社会行动的基本主题；越来越多的政治理论与行政实

---

[1] 张康之：《论主体多元化条件下的社会治理》，《中国人民大学学报》，2014年第2期，第2—13页。

践也揭示，合作与共享是重构社会秩序的必经之途。如何在合作共享中践行共享发展理念、完成制度改革、实现人民共有，需要我们对制度及其社会情境有充分的考察。

从制度上看，政治学理论经历了从制度主义到新制度主义的变迁。新制度主义的历史、理性选择和社会学等三大主要流派对如何进行制度设计进行了深入的探讨。这三大流派分别从制度的路径依赖、制度的效率与制度所依托的文化观念等三方面阐释了制度的形成、演变与发展。对这三大流派进行学习，能够帮助我们从历史的高度把握政治共有的发展脉络，为制度设计奠定基础。

百余年来，中国从积贫积弱的封建帝国蜕变为迅速成长的社会主义国家。历史变迁中，革命志士们探索了多种多样的政治体制，却只有中国共产党领导下探索出的社会主义道路救中国人民于水火之中。改革开放以来，中国"摸着石头过河"，结合自身的历史、传统与资源、发展目标，建立了一套中国特色社会主义发展理论与方法论。历史唯物论告诉我们，唯有遵循客观规律、尊重具体国情、从实践中总结真知，才能找到属于我们自己的共享发展道路。

第二节　共享发展与经济学

一、发展经济学与经济增长

发展需要一定的物质条件作为基础，物质条件通过经济增长与积累达到丰足，而共享发展对经济增长有着更高的要求：不仅要求经济的增长，更要求经济的平衡、可持续增长。所以要实现共享发展，需要对有关增长与效率的理论进行深入研究。

世界经济发展是不平衡的，这种不平衡是多层次的。发展经济学以发展中国家或传统农业国家为研究对象，探讨这些国家如何摆脱贫困状态、发展出人民生活水平普遍提高的现代经济，研究发展所需条件，提出为早日实现经济、社会和体制变革所应制定的政策和战略。如图3-1所示，发展经济学对发展问题研究主要集中在以下几个话题：城乡发展、技术进步、人力资本与平衡增长。

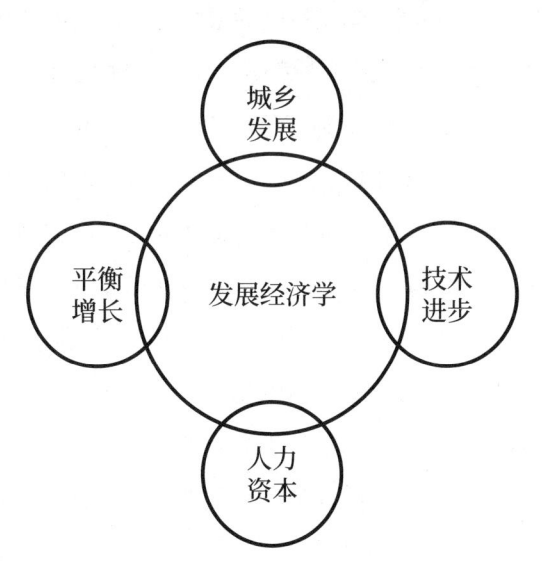

图3-1　发展经济学主要研究问题

(一) 刘-兰-费模型：城乡共享发展

目前，我国仍然面临城乡发展不平衡的现状。城市中的产业往往处于价值链顶层，而农村产业则多提供原材料和农产品，产业禀赋的差距导致发展不平衡。实现共享发展的一大要点，就是城乡平衡发展，城市居民和农村居民能够共享发展成果。

刘易斯的城乡二元经济理论为城乡共享发展提供了理论视角。"二元经济理论"将发展中国家的经济划分为传统和现代两大部门，传统部门主要从事农业生产，由家庭式小农组成，其产品大多用于生存消费，生产投资极少，从而技术进步处于停滞状态、劳动生产率低下。在土地资源的限制下，过度膨胀的人口导致大量隐性失业劳动力，从而使传统部门进入贫困循环。现代部门则以工业生产为代表，追求利润最大化，并将部分利润用于储蓄和投资，进而带来持续的技术进步，使得现代部门劳动生产力不断提高。

刘易斯认为，发展中国家贫困的根源在于庞大的农业部门中劳动人口相对于土地资源过剩，使得一部分劳动力处于隐蔽失业状态；只有让过剩的劳动力达到充分就业，才能提高整个经济的人均产出水平。基于此，刘易斯认为，只有发展现代部门，将劳动力从传统部门转向现代部门，从而促进充分就业，发展中国家才能摆脱贫困、实现经济起飞。换言之，只有城乡共享发展、在发展城市产业的同时带动农村地区就业，才能促进发展中国家摆脱贫困，从二元经济结构转向成熟的现代经济结构。

尽管"城乡二元结构"理论引导了城乡共享发展的大方向，但理论本身忽视了农业对国计民生的基础性作用，也忽视了农业部门自主发展的潜力。基于刘易斯模型的讨论，兰尼斯、费景汉等发展经济学家进一步完善了这一理论，并指出：农业部门自身的发展对经济转型有着不可替代的作用。仅仅以城市工业带动农业发展是不够的，还需要通过农业部门技术进步和生产率提高来解决粮食短缺等问题。兰尼斯-费景汉模型承认了城乡共享发展的同时，还强调了城乡平衡发展，使得这一理念趋于完善。

改革开放以来，我国始终重视"三农"问题。近年来，城乡一体化问题得到重视，城乡平衡发展、共享发展成果的理论得到了实践。2017年，十九大报告中首次提出"乡村振兴战略"；2018年中央一号文件将"建立健全城乡融合发展体制机制和政策体系"作为乡村振兴战略的总体要求之一。农村经济、金融、基层治理等各项建设有序推进，紧密配合脱贫攻坚战，有效缩小了城乡差距。

（二）索罗模型：技术引领增长

由刘易斯开创的二元经济理论主要强调生产要素比率固定不变的假设，但是这一假设仅适用于短期。长期来看，生产要素比率是可以变动的，而变动的关键在于技术进步。

针对这一点，索罗等经济学家提出了索罗新古典经济增长模型。传统认为经济产出由资本与劳动共同决定，随着资本和劳动的边际产出递减，经济将进入停滞。索罗在此基础上引入技术进步变量，认为在现有技术水平下，当资本与劳动达到一定量时，只有通过技术进步才能提高产量。技术进步是劳动增进型的，通过提高劳动力生产效率来增加产量，这与直观认知是一致的。

尽管索罗模型并未具体说明技术进步的含义，但索罗等经济学家对影响技术进步的因素进行了一定的解读。影响技术进步的因素包括：劳动力教育水平与技能、产权的划分、基础设施的质量与社会资本等。

索罗模型成功区分了"水平效应"与"增长效应",比起经济"量"的增长,更强调"增速"的增长,指出唯有提高科学技术水平才能实现长期、持续、稳态的经济增长。

1978年,邓小平同志指出,"科学技术是第一生产力",将科技摆在经济、社会发展的重要位置。2014年,李克强同志提出"大众创业、万众创新"的创业创新目标。党的十九大指出,"创新是引领发展的第一动力,是建设现代化经济体系的战略支撑",科技创新的重要地位彰显。进行持续、主动、原创的科技创新,是超越现有资源局限、实现持续稳定经济增长的关键因素。

(三) 舒-贝人力资本理论:教育赋能增长

正如索罗模型所言,影响技术进步的关键因素之一是劳动力素质。相对于自然资源开发和技术进步而言,发展中国家人口增速过高、人才培养和储备不足一直是阻碍其经济发展的难题,也是制约技术进步的关键所在。因此,美国经济学家舒尔茨和贝克尔分别提出了人力资本理论,强调了教育对经济增长的重要意义。

舒尔茨和贝克尔将劳动力的生产能力看作"人力资本",认为人的知识和技巧是资本的一种形式,这种资本的形成不仅需要天赋,更需要精心的教育与培训。在人力资本的形成过程中,教育可被视作人力资本投资,能够提高每一位劳动力的知识、素质与企业家精神,从而增强经济发展潜力,实现从知识与经验中产生技术进步,提高贫困人口的福利水平。

对人力资本进行投资的方式主要包括教育投资、医疗和保健投资、迁移投资等。教育投资通过提供专业知识与技巧、增强人的社会责任感等方式提高劳动者质量;医疗和保健投资通过延长人的寿命、改善人的健康状况来提高劳动者生产效率；迁移投资则相当于一类再分配投资，帮助人们定居、找到教育和医疗资源，从而维持人力资本的再生产。

舒尔茨发现，人力资本投资能带来个人收益和社会受益（外部性）两方面的有利影响，其中后者便包括了一种"扩散的教育收支"，能够通过一个人的教育广泛影响其家庭、社群与邻里。托马斯·皮凯蒂的研究则证明了人力资本投资的增加是减少个人收入不平等的基本因素。更进一步地，通过理论和实证分析，拉尔斯·容吉斯特（Lars Ljungqist）确认了教育不平等带来的持续收入不平等，并建议发展中国家通过有效的国家借贷和强制性执行机制促进教育机会均等化，打破教育贫困陷阱，提高人均收入与产出。[1]

我国的义务教育政策是解决绝对贫困的百年大计。2006年，中央一号文件提出："2006年对西部地区农村义务教育阶段学生全部免除学杂费，对其中的贫困家庭学生免费提供课本和补助寄宿生生活费，2007年在全国农村普遍实行这一政策。"中央财政加大对义务教育的投入，能在减轻乡镇财政负担的同时，让亿万学童享受到义务教育带来的个人提升。2019年，中国学龄儿童净入学率已经达到99.94%，各级普通学校毕业生升学率维持在94%以上。[2]教育机会逐步均等，对促进经济发展、改善社会公平、实现共享发展有着重要的意义。

1　Lars Ljungqist, "Economic Underdevelopment: The Case of a Missing Market for Human Capital", *Journal of Political Economy*, 1993, 40 , pp.219-239.

2　数据来源：2019年教育统计数据。

（四）结构主义与平衡增长：政策引领发展

第二次世界大战后，拉美国家陷入了发展中国家普遍存在的贫困现状，并逐步发展出拉美结构主义学派。这一学派的核心观点是：世界经济是由"中心"和"外围"两部分组成的二元结构，"中心"由已经实现工业化的国家组成，"外围"则包括所有从事农业和初级产品专业化生产的欠发展国家。外围国家对中心国家有"两个依赖"：一是依赖用初级产品出口换取外汇，从而购买工业消费品；二是依赖从中心国家进口技术。要谋求经济发展，外围国家需要实行不断调整的工业保护政策以抵御这种贸易不平衡。拉美结构主义学派过分强调对本国产业的保护，与全球化大势背道而驰，更不能解释"出口导向"发展战略的东亚地区经济腾飞。

针对拉美结构主义学派的问题，一些经济学家提出了"平衡增长理论"。这一理论基于"需求约束"视角，认为工业化进程需要刺激需求增长。为了刺激需求，国民经济各个部门应当同时大规模投资，通过部门之间的互补来克服需求不足困难，彻底摆脱贫困的落后状态。平衡增长理论强调政府的协调作用，认为产业政策是必要的，能够通过投资计划实现部门协作投资。

平衡增长理论承认了发展中国家与发达国家经济发展路径的差异性，并主张发展中国家通过政府力量和合理的政策，以"大推进"的方式促进经济发展，这是一种因时、因地制宜的发展政策。

二、福利、分享经济学与经济分配

共享发展，不但要注重发展的效率，还要关注共享的公平。习近平总书记指出："国家建设是全体人民共同的事业，国家发展过程也是全体人民共享成果的过程。""中国执政者的首要使命就是集中力量提高人民生活水平，逐步实现共同富裕。"要实现共同富裕，需要在充足的物质资源基础上做好财富的再分配，兼顾效率与公平，增强人民的获得感。

（一）福利经济学的幸福观

旧福利经济学
用绝对值量化幸福感，追求幸福总量最大化

新福利经济学
用排序法赋值幸福感，追求幸福配置最大化

超福利经济学
批判对幸福的量化，主张从过程与结果、个体与社会的关系全面认识幸福

图3-2　福利经济学的理论发展

福利经济学以边沁的功利主义为哲学基础。边沁认为，人的幸福是可以计算的，人生的目的是使自己获得最大的幸福、增加幸福总量。基于"可量化的幸福"的理念，庇古提出了两个基本的福利命题：(1) 国民收入总量越大、社会经济福利就越大；(2) 国民收入分配越是均等化，社会经济福利就越大。这两个命题分别陈述了经济的效率与公平对人的幸福感的影响：前者强调经济效率高、产出充裕，能"把蛋糕做大"，带来整体经济福利增加；后者则基于货币的边际效益递减原理，强调收入分配公平，能"把蛋糕分好"，通过财富的再分配小幅削减高收入人群福利、大幅提升低收入人群福利，从而增进经济总福利。

庇古的旧福利命题将客观的收入分配数量视作衡量福利的标准，但这一观点遭到部分经济学家的批判。英国经济学家罗宾斯于

1932年率先质疑了庇古旧福利经济学"人的福利是可比的"这一假设，随后，卡尔多、希克斯、伯格森和萨缪尔森等对帕累托最优准则做了多方面的修正和发展，提出了补偿原则论和社会福利函数论，形成了新福利经济学。新福利经济学最大的特点是改进了"福利的可比性"问题，认为福利不能简单地用收入来衡量，而应由个人的价值排序来判断。这一观点事实上拓宽了福利经济学研究的内容。

阿马蒂亚·森的超福利经济学进一步颠覆了福利经济学的认识。森于1970年写成《集体选择与社会福利》一书，重点讨论了多数规则、个人权利以及个人福利的信息可获得性等问题，并批判了新、旧福利经济学的观点，认为福利函数不能刻画社会福利；个人福利的加总，也不代表社会总福利；福利的衡量不仅看个体结果更要看过程途径等。总体来说，超福利经济学认为，传统的福利主义过于强调个人福利，却忽视了个人利益与社会利益之间的冲突，因此个人权利与个人自由需要相互尊重与合作。

旧福利经济学将幸福感进行绝对值的量化，并在实际分析中将幸福感与经济利益进行等价替换，这固然能揭示一些原理，但并不能全面、准确地反映人民幸福感的来源；新福利经济学反对绝对值量化法，用价值排序进行替代，拓展了福利经济学的研究内容，但本质仍是量化福利，仍未回答"福利是否可比"这一本质问题；超福利经济学相对弱化了用数字衡量福利的理念，而是从规则、权利与自由等偏向社会学的视角，对"何谓幸福"进行了重新阐释。本质上，福利经济学的理论沿革，也是对"幸福"的认识趋向全面、深刻、复杂的过程。

我国对于"何谓人民幸福"的理解，也从单一经济收入逐渐转向全面的"获得感"。党的十九大报告中提出,"使人民获得感、幸福感、安全感更加充实、更有保障、更可持续"。我国对人民群众幸福感的认识,是顺应历史趋势和社会发展规律的总结,是对人民美好生活向往的动态发展。

(二)分享经济学:资源分配新思路

马克思的剩余价值学说揭示了资本与劳动之间的剥削关系,认为资本家通过剥削劳动者的剩余价值来积累财富,进一步造成收入差距的扩大和收入分配的不平等。解决这一问题的重要实践便是利润分享制度。相关统计资料显示,早在1829年,英国便出现了实行利润分享制度的企业;到1900年前后,英国和爱尔兰的1116个联合生产协会中,有173个企业实行雇员利润分享制度。英国的利润分享制度主要包括现金分红、利润分享、雇员股权、红利分享、红利分配和参与利润分享资格等六大实践。这些实践共同的本质是,投资人每年拿出一定比例的企业利润,以一定的方式分配给企业的员工,作为一种激励机制。这种分享方式一方面缓解了资本对劳动的剥削程度,另一方面也有助于提高员工生产积极性。

长期的利润分享实践凝结为分享经济学,则可追溯到20世纪80年代美国经济学家威茨曼撰写的《分享经济——用分享制代替工资制》一书。20世纪70年代,资本主义经济"滞胀"(通货膨胀与失业并存)严重影响了经济增长。威茨曼认为,"滞胀"的根本原因是资本主义制度中现存工资结构的不合理,现行的工资数额给付方式会导致劳资分配不公平、收入差距拉大,主张将工资数额给付制替换为分享比率制,即根据未来收益的分成发放工资。威茨曼认为,工资分配方式的调整能有效缓解社会矛盾、激发员工积极性。

20世纪中后期，分享经济学在现实应用中分化为两种不同的分享经济模式。欧美分享经济模式通过股权制度形成让工人参与企业收入分配的分享经济模式；日本分享经济模式则通过企业文化和管理制度途径，让员工参与企业治理、参与公司长期发展。

目前，分享经济学的理论与实践主要集中在经济生产与一次分配环节，强调收入分配更加公平。"分享"可以理解为一种基于个人劳动的分配模式；"共享"则是一种"从低水平不断地向高水平发展的按需分配模式"。[1]但是，中国的经济实践显示，分享经济学的理论前景十分广阔，"分享"理念将不仅仅是分配模式的探讨，更是社会资源配置的合作问题。

近年来，"共享经济"这一新兴经济模式方兴未艾，共享出行等行业如雨后春笋般涌现，而"共享经济"这一概念本身也出现在十九大报告中。由于共享经济的发展尚未成熟，目前的业态呈现出"短租""服务付费""信用租赁"等初级形态。但是，结合分享经济学理论深入分析共享经济模式，其本质在于三方面的结合：社会资源的最优匹配、边际成本的最小化与人民需求最大化满足。实现共享经济有序运行的关键则在于如何妥善解决技术与制度问题。互联网技术的发展已经使得共享经济初具成效，而要推动共享经济发展，仍有待长期的科技创新和制度建设。

1　李惠斌：《分享与共享：建立新时代中国马克思主义政治经济学的一个重要取势——从曹典顺教授的"政治经济学与唯物史观的内在关联"说起》，《经济与管理评论》，2018年第3期，第42—52页。

第三节　共享发展与社会学

一、经济社会学与多元治理

（一）从德性、理性到社会性偏好

社会生活中的多方主体用多种方式参与治理，然而关于何种方式能够构建社会的基础、实现共享发展，不同时期的思想家有着不同的看法。总体来说，对社会主体行为动机的认识，经历了从强调道德的"德性论"到强调利益的"理性论"再到强调合作互惠的"社会性偏好"的过程。

在古典时期，"德性论"是主流看法，东西方皆然。亚里士多德认为，人所追求的最高善是幸福，幸福是灵魂的合乎美德的活动。孟子认为，"恻隐之心，仁之端也"。尽管古典时期的思想家对幸福、仁善和美德的定义因时代与社会环境差异而不同，但整体而言，美德被视为社会的基础，强调人欲的"自利论"则处于边缘地位。

近代，思想家对人性的看法出现转向。霍布斯探讨国家和公共秩序的起源，认为人与人的战争是自然状态，而自然状态催生的人对于自我保全的欲望导向了国家和公共秩序的起源。这一观点将社会制度的形成归因为人顺应欲望、形成组织的过程，否定了朴素的"德性论"。以亚当·斯密为代表的古典经济学则将个人追逐利益最大化视作市场运作的基本动机，认为个人对自身利益的关心反而导向普遍利益最大化。更进一步地，新古典主义经济学继承古典经济学观点，将"经济人"作为社会主体行动动机的基本假设之一，几乎剥离了社会主体的道德属性，将利益视作理性主体唯一追逐的目标。

博弈论与行为经济学的出现，质疑了"个体利益最大化导向整

体利益最大化"的观点。"囚徒困境""搭便车问题""委托—代理问题"和"公地悲剧"等合作困境模型的出现证明了"经济人"假设的无效性,而"最后通牒博弈"实验和"礼物交换博弈"实验[1]证明了公平偏好、互惠偏好与利他动机等"社会性偏好"的存在。

"社会性偏好"的证实,要求我们用共享、合作与开放的态度看待社会治理与发展过程。"没有人是一座孤岛",完全以功利主义为导向的治理模式是不可取的。在社会治理的进程中,我们需要坚持共建共享,更加强调共同建设作为全体社会成员的共同责任,才能更加强化共享发展成果作为人民群众的应有权利。在共建共享、调动全体社会成员参与社会治理的进程中,需要贯彻公平、互惠、利他等嵌入在社会互动之中的观念与准则,以促成社会团结。

(二) 多机制联动的社会治理

传统认为市场互动是经济活动最主要的组成部分,是非个人的、匿名的、一次性的、自由进出的。在这一传统视角下,原子化的社会个体缺乏联系、彼此孤立,但这一图景与现实世界并不契合。事实上,除市场机制,在社会治理过程中,非市场机制也起着重要的治理作用,且这种治理作用不仅发生在经济发展过程中,而且发生在社会治理的方方面面。只有各机制相互补充,才能实现功能良好、发展平衡的社会治理。按照规模由小到大划分,非市场机制可以分为社群、科层制组织与社会网络等。

社群是一类联系紧密的群体。霍桑实验开启的"人本主义管理

---

[1] Slonim & Roth(1998) 从"最后通牒博弈"的实验中发现,人在与他人协商资源分配时,会在公平动机或利他动机的驱使下提出相对公平的分配方案;Fehr, E.&S. Gachter & G.Kirchsteiger(1997) 从"礼物交换博弈"的实验中发现,在互惠动机的驱使下,委托人倾向于付高薪以表信任,而代理人会在高薪驱使下自愿付出更多努力,偏离了传统的"委托—代理"合作困境,展现出更强的互惠倾向。

学"率先对群体的影响力进行了研究。20世纪20年代,霍桑在对芝加哥的工厂所做的一系列实验中发现,管理者对工作者的尊重、工作者之间的良好关系和群体感都给工作者提供了强有力的激励,对群体成员价值感提升和群体整体产出增加均产生了正面影响。马斯洛的需求层次理论表明,人作为社会的一部分,具有爱和归属感的需要。一个充满归属感的群体不仅能带给成员更积极的生活与工作态度,更能提升成员对群体的参与感、责任心与归属感,为实现共享发展提供心理基础。

科层制组织最早由德国社会学家马克斯·韦伯提出。韦伯认为,社会的理性化是不可避免的趋势,法律和理性对权力架构的支配是现代社会的要求。基于此,韦伯提出法理主导的组织形态——科层制。科层制最重要的特点是专业分工、层级体制、依法行政、量才用人。科斯提出,科层制适用于企业、政府等大中型组织,有助于纵向整合组织所有的资源与精力、降低交易成本、提升治理效率。

社会网络是格兰诺维特"嵌入性"(embeddedness)视角中的重要背景之一。格兰诺维特强调社会个体既存在自主性,又被嵌入在具体的社会结构与社会关系之中,受社会网络的影响。在社会生活中,社会网络具体体现为信息与资源的流动、信任与长期互惠的形成和声誉、奖惩等社会控制;在不同的社会情境下,社会网络有着工作、社交、信任、情感等不同内容。社会网络中信任与互惠关系的建立,有助于培育社会合作风气、润滑社会治理过程中的摩擦、降低沟通协调的成本,从而提升社会治理的效率和质量。

在中国,主体多元化的社会治理正在成为一个有利的方向。张康之认为,"社会的多元化正在成为时代的新特征,由政府单一主体肩负社会治理职责的时代正渐行渐远,非政府组织以及其他社会自治力量正在迅速成长起来,并开始在社会治理中扮演越来越重要的角色"。面对政府、非政府组织和多种社会自治力量构成的丰富社会主体,新时代的共享发展路径更要求我们充分掌握社群、组织与社会网络的运作逻辑与主要动机,多机制联动促进社会治理成果由人民共享。

二、发展社会学与平衡发展

（一）发展理论的演变与发展：现代化理论、依附理论、世界体系理论与后现代理论

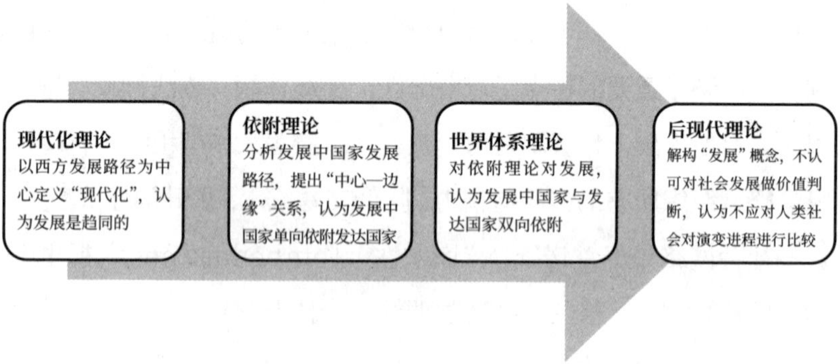

现代化理论
以西方发展路径为中心定义"现代化",认为发展是趋同的

依附理论
分析发展中国家发展路径,提出"中心—边缘"关系,认为发展中国家单向依附发达国家

世界体系理论
对依附理论对发展,认为发展中国家与发达国家双向依附

后现代理论
解构"发展"概念,不认可对社会发展做价值判断,认为不应对人类社会对演变进程进行比较

图3-3　发展社会学理论演变

发展是世界性问题,世界各国都在谋取发展。要深刻运用共享发展理念,解决中国的发展问题,需要放眼于世界,对照世界图景理解中国位置、对照世界共性认识中国特性,而这需要对发展理论的演变与发展进行梳理。发展理论总体上有三大流派：现代化理论、依附理论与世界体系理论、后现代理论（见图3-3）。

现代化理论孤立地考虑社会,认为发展就是该社会靠近现代化的过程。关于"现代化",一般认为,工业化、城市化和商业化是现

代化的三个主要部分。工业革命以来,工业的发展、工业城市的兴起和商业的普遍繁荣使得老牌发达国家完成现代化进程,而第二次世界大战后兴起的发展中国家往往在这三方面都缺乏实力。早期的经济学家、社会学家采用传统－现代两分的视角,将人类发展进程视作"进步的序列",并以发达国家的发展情况为标杆,认为发展的核心就是向现代化靠拢。这一理论隐含单线进化论的预设和西方中心主义的意识,缺乏对世界不同文化、不同社会情境的包容性,因此受到广泛的批评。

依附理论是针对发展中国家的发展提出的,侧重于综合考虑特定社会与其他社会的关系,强调外因对社会发展的重要影响。这一理论的核心观点是:发展中国家与发达国家的关系并非"进步的序列"的时间关系,而是"中心－边缘"的空间关系。在同一时点上,发达国家处于世界中心,发展中国家处于世界边缘,国际政治、经济制度使得发展中国家不得不依附于发达国家。这一理论对发展中国家理解自身在国际价值链中的位置有着重要意义,但由于二分法思想浓厚,且只解释了发展中国家对发达国家的单向依附关系,因此依附理论也受到一定的批评。

世界体系理论继承了依附理论的二分法,但进一步完善了依附理论。世界体系理论认为,发展中国家与发达国家是双向依附的关系,发展中国家依赖发达国家的高价值产品、技术与文化,发达国家也依赖发展中国家的资源与劳动力。

后现代理论则对"发展"概念本身进行了解构。这一理论认为,"发展"一词本身预设了社会情景的优与劣,设定了"进步"的标准,主观上认为人类社会追求某些方面的进步。更进一步地,这一理论提出了一种极端认知,认为人类社会没有发展,只有变化和演变,不应该对人类社会的变化抱有价值上的判断和优劣比较。

共享发展是一个渐进的过程，共享的内容随着生产力不断发展和财富不断增加而丰富，发展的内涵也随着世界政治经济形势的不断演变而完善。回顾发展理论的变迁，我们不难发现，对发展的认识逐渐摆脱西方中心论视角、摆脱简单的二元对立视角、摆脱武断的进步视角。相应地，在认识共享发展理念的过程中，我们也应该树立道路自信、坚持中国特色的发展道路，拓宽视野、广泛地学习和吸收世界经验，不忘初心、以人民的获得感为唯一的标尺。唯有对共享发展的具体应用采取动态、灵活的视角，才能有机地统一目标的一贯性与发展的阶段性、主观预期与现实可能、尽力而为与量力而行，既稳又好地走好中国特色社会主义共享发展道路。

（二）发展的效率与公平：平衡市场与政府关系

在共享发展的过程中，市场与政府的关系是永恒的话题。一方面，市场机制所固有的自发性、盲目性与滞后性往往带来一定程度上的两极分化与相对不公，使得部分民众缺乏"获得感"而更多"失落感"甚至"相对剥夺感"，对发展成果的共享有一定影响；另一方面，由于行政机制的局限性，政府管理下的发展过程也可能缺乏灵活性与机动性，对发展成果的生产有一定影响。如何协调市场与政府在合理的制度设计中更好地应用共享发展理念，依赖对市场与政府关系的讨论。目前，学界有"市场中心论""国家中心论"与"嵌入的自主性"等三种主要观点。

"市场中心论"来源于新古典主义经济学的标准理论：自由竞争的市场最有效率。市场中心论对内主张小政府，强调完善市场制度、保护产权、保证竞争、减少管制，对外强调自由贸易、鼓励基于比较优势的国际贸易与分工。

但是，第二次世界大战以来发展中国家面临资源禀赋上的差距，使得国际贸易反而固化差距、强化世界经济体发展水平的分化与两极化。基于此，"国家中心论"学者强调，政府应当采取积极行动、主动创造和改变自己的比较优势，助推国家从产业链低端向高端流动。这一保护国家利益的思路受到发展中国家的欢迎。但是，这一观点有时导向对国内产业的过度保护，反而不利于国内产业提升国际竞争力。

社会学家彼得·伊万斯（Peter Evans）尝试调和这两种相对极端的观点，试图采用"嵌入的自主性"（embedded autonomy）来达成市场与政府的合作。Evans认为，政府分为"掠夺型"与"发展型"两种类型，前者贪污腐败、掠夺社会资源、缺乏共享发展意识，导致资源枯竭与两极分化；后者则能很好地平衡政府与社会的关系，不与民争利，实现可持续的共同发展。发展型政府需要具备"自主性"和"嵌入性"两个条件。自主性要求政府具备科层制依法行政、量才用人等自我约束性质，形成内部一致的目标感与认同感，以抵御来自利益集团的操纵，根据国家的全局和长远利益决策来行动；嵌入性则要求政府充分嵌入社会治理过程，通过与企业、其他社会组织等主体的非正式关系，获得足够的信息、达成紧密的合作，使得政府决策立足实践、政府行动团结社会各界。

改革开放前后，中国社会发展进程的主线是从计划经济向市场经济转型的过程，市场扮演了越来越重要的角色。但是，这一过程中，对于政府角色的讨论始终没有停息。政府应该保留哪些权力与职能？政府应该以何种方式与程度介入发展过程？政府如何设定行为边界才能更好地实现可持续的共同发展？在"嵌入的自主性"

理论的启发下，平衡政府与市场的关系，一方面要求政府坚持党的领导、确立一致目标、规范行政流程，提升政府自主性；另一方面要求政府坚持群众路线、树立服务意识、创新治理模式，提升政府嵌入性。

第四节　共享发展与政治学

一、从制度主义到新制度主义

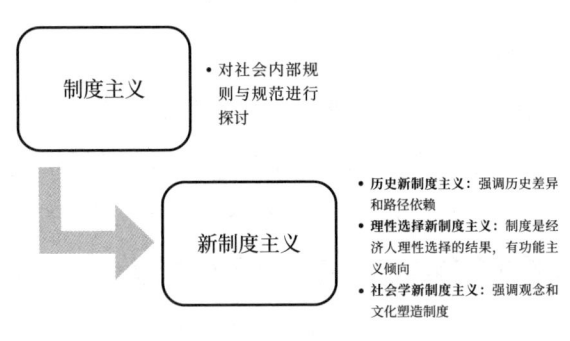

图3-4　从制度主义到新制度主义

- 制度主义：对社会内部规则与规范进行探讨
- 新制度主义：
  - **历史新制度主义**：强调历史差异和路径依赖
  - **理性选择新制度主义**：制度是经济人理性选择的结果，有功能主义倾向
  - **社会学新制度主义**：强调观念和文化塑造制度

共享发展理念的一大重点是解决社会公平正义问题，而一个自由、平等、公正、法制的社会需要广泛意义上"制度"（institution）的支撑。制度泛指以规则或运作模式规范个体行动的一种社会结构。这些规则蕴含着社会价值，其运行表彰着一个社会的秩序。制度关注某一领域内社会行为的规则（rules）和规范（norms）以及使得这些规则能够运作的相关社会结构与社会观念。

现代政治科学对制度的探讨经历了从制度主义到新制度主义的历程。早期制度主义者受传统政治哲学和欧陆哲学的影响，关注自上而下的制度设计问题，研究范围局限于分析政府、组织的内部运作。新制度主义则扩充和发展了制度主义的研究对象与方法，以规则为研究脉络、不局限于组织内部运作的探讨，强调制度之间的差异性、对制度进行批判的认识，关注制度间的关联性。彼得·霍尔（Peter Hall）研究制度与制度变迁，将新制度主义分为历史新制度主义、理性选择新制度主义和社会学新制度主义等三个主要派别。

(一) 历史新制度主义 (Historical New Institutionalism)

历史新制度主义兼顾对硬制度（社会结构）和软制度（文化观念）的分析，将制度看作拥有不同利益和权力的行动者竞争、冲突、互动的结果，认为没有一种绝对的历史发展途径，但十分重视历史差异和路径依赖。

历史新制度主义的代表案例是对中国的资本主义萌芽问题的讨论。明清时期，中国江南地区出现了"资本主义萌芽"，存在市场交换、商品生产与近似家庭作坊的劳动雇用关系。但是，中国并未从封建制度转变为资本主义制度，而是在生产组织方式上长期保持小农经济状态。

社会学家马克斯·韦伯对这一现象做出了多因素论的解释。韦伯认为，历史轨迹是由物质性、结构性、观念性的因素共同作用导致的，它们影响了制度变迁的走向。韦伯最知名的著作《新教伦理与资本主义精神》强调了宗教、观念和意识对社会个体从事资本主义生产的重要意义，但这并不是韦伯对资本主义发展条件的全部论述。柯林斯（Collins）梳理了韦伯有关资本主义的思想，并认为韦伯对资本主义发展的系统解释大致可归结为四种要素：私有的私营企业、大规模理性化的技术运用、自由流动的劳动者和市场的自由运作。这四大要素则分别需要理性化的法律体系和普遍性的商业伦理来支撑。[1]在韦伯的这一体系中，法律体系代表了硬制度（社会结构）的影响，而商业伦理则代表了软制度（文化观念）的影响。不同国家有着不同的硬制度和软制度，它们相互作用、相互影响，塑造了不同国家的发展道路选择，对历史制度的路径依赖导致了东西

1　Randall Collins, Weber's Last Theory Of Capitalism: A Systematization, *American Sociological Review*, 1980, 45, pp.925-942.

方资本主义发展步调的不一致。

（二）理性选择新制度主义（Rational Choice New Institutionalism）

理性选择新制度主义更重视对制度的探讨，主张古今中外行动者有着相同的动机——经济理性。这一学派从经济人假设出发，将制度看作理性行动者博弈的结果，有较强的功能主义倾向。

该学派的创始人诺斯与温格斯特对英国宪政与经济发展的解释揭示了理性选择在政府行为中的意义。1688年"光荣革命"确立了英国议会制君主立宪制的基本制度设计，但在此之前，王室（中央政府）的滥权导致了严重的信用危机。16—17世纪，英国王室陷入财政困境，为缓解压力，国王利用其在立法、司法上的特权，大举借债、不守信用，民众缺乏与政府合作的积极性，经济活力下降、发展放缓。"光荣革命"后，议会、王室与法官分权制衡，议会监管王室经费开支、参与国家财政管理、督促王室履行职责。信用危机得以缓解，政府财政能力和借款能力极大提高，促进了财政、金融的充分发展，从而客观上帮助英国在英法战争获胜并崛起。

诺斯和温格斯特认为，代议制君主立宪制作为取代君主制的新制度，通过分权与制衡的机制，解决了政府与民众的合作困境，提高了社会效率。这一解释将制度形成的路径看作理性选择的结果，本质是认为新制度比旧制度有更高效的经济表现，因而实现了革新。这一视角承认了理性选择对制度设计的重要性，并提出以"效率改进"作为一种判断制度设计合理性的方法，具有一定的现实意义。

(三)社会学新制度主义(Sociological New Institutionalism)

社会学新制度主义以观念和文化为中心，强调软制度(尤其是观念和认知方式)的作用。该学派将制度看成观念和认知方式传播、普及和制度化的结果，强调文化、符号等象征系统与有形的制度一起界定行为规范。在社会学理论视角的影响下，该学派强调制度塑造行动者的观念和认知框架，即人们对于"什么样的行动是正当的""什么行动有着良好效果"的认知。

社会学新制度主义的代表性研究之一是道宾对美国、英国和法国铁路工业的实证对比研究。作为老牌资本主义国家，美、英、法在19世纪修筑的铁路形态却大为迥异：美国铁路缺少中央计划、管理分散，轨道、安全标准和费用等长期无法实现统一，且长期打击垄断；英国同样有过度自由的铁路形制和规范，但不限制垄断行为；法国则较早拥有统一的路轨、信号和安全标准，并在国家指导下建立了数家地方垄断企业。

道宾认为，铁路形态的差异需追溯到三个国家的制度渊源。联邦制的美国强调地方的自主性，认为地方社区是民主的基石，任何情况下都必须防范中央政府的干预和独裁；同时，三权分立的政治传统使得联邦政府和法庭的职能被限制在"仲裁与监督"的框架内。这些政治传统造就了美国对自由竞争市场的追求，即充分鼓励竞争和充分打击垄断。君主立宪制的英国有自由主义的悠久传统，强调保护个体和企业的权利不受其他个人或企业的侵害，在法律允许的范围内尽可能不干扰企业的生产自由，这使得英国比美国更能容忍垄断的发生。法国则有浓厚的大政府渊源，法国一系列大革命都采取"从中央(巴黎)到地方"的路线，潜移默化地影响了法国人对国家权力的重视。法国的政治观念一向认为，需要通过国家才能克服地方集团对整体利益的干扰，因此中央政府对铁路工业的指导与控制便顺理成章。

习近平总书记在党的十九大报告中指出："中国特色社会主义进入新时代，我国社会主要矛盾已经转化为人民日益增长的美好生活需要和不平衡不充分的发展之间的矛盾。"我国社会主要矛盾的转化揭示了"社会发展明显滞后于经济发展，既有制度安排与经济发展需要不平衡、不协调"的客观事实，政治上的共有更呼唤广泛的制度支撑。

共享发展理念蕴含着公平正义的价值导向，它要求通过更有效的制度安排，为人们提供平等参与现代化进程的权利和机会，激励社会各成员能够"各尽其能"。新制度主义的理论与实证研究提示我们，有效的制度设计与变革应该兼顾硬制度与软制度，并充分考虑路径依赖带来的可能影响；在硬制度方面，需要制定清晰、明确的制度建设目标，关注制度的效率；在软制度方面，则要充分考虑文化和观念等潜移默化的影响，关注制度的适配性。

二、民主与民生：共享发展政治学

（一）自由、民主与民生

自由全面发展是人类社会的价值目标。马克思和恩格斯于1848年发表的《共产党宣言》便提出了"自由人联合体"的理论："代替那存在着阶级和阶级对立的资产阶级旧社会的，将是这样的一个联合体，在那里，每个人的自由发展是一切人自由发展的条件。"马克思和恩格斯已经明确指出，个人自由是全体自由的基础和条件，而全体的自由则是个人发展的归宿。

自由全面发展需要物质基础和社会性需求做支撑，而这些离不开民主制度的保障。阿马蒂亚·森对印度饥荒的实证研究表明，威权制度缺乏保障民生的动力，而民主和政治权利的运作能保障社会的正常运行、保障人民的福祉与生活。马斯洛的需求层次理论也表明，对政治生活的参与能满足人的社交需求、尊严需求与自我实现需求等社会性需求。

改革开放以来，中国探索和建立中国特色社会主义制度，民主制度日臻完善。改革开放时期，中国经历了深刻的政治体制改革，这种改革不涉及根本政治框架的变动，而是"一种以政府治理或政府管理体制为重点内容的改革"[1]。治理变革的主要路线有五个方面：从一元治理到多元治理、从集权到分权、从人治到法治、从管制政府到服务政府、从党内民主到更广泛的社会民主。其中，社会民主（尤其是基层民主）的构建，是共享发展、人民政治共有的重中之重。

（二）构建基层民主，实现政治共有

基层民主直接关切广大人民群众的切身政治权利，是民主政治的基石。同时，发展基层民主、探索经验与理论并向上推行的过程，也有利于社会政治的稳定和积累民主政治经验。在构建基层民主的过程中，需要尤其注意以下几个方面。

基层社会的党政关系。治理主体单一化是改革开放前中国政治的主要特征之一，党政不分、以党代政的专权容易导致管理的低效、创造力和自主性的丧失。十一届三中全会以后，邓小平同志领导下的"党政分开"突破性改革使得党和政府适度分离——党负政治领导责任，政府负行政责任；20世纪80年代的政社分开和政企分开将自治权、自主权下放给城镇、农村的经济事务，80年代末的村

---

[1] 俞可平：《中国治理变迁30年（1978—2008）》，《吉林大学社会科学学报》，2008年第3期，第5—17、159页。

民委员会开启了社区自治,90年代涌现的各类民间组织进一步丰富了基层治理关系。一系列改革与实践带来了如今基层社会的活力。而在新时代,基层社会的党政关系更应当坚持这一路线,坚持党领导、政府行政、社会组织和社区自治积极参与民主生活的框架,在平衡党政关系的过程中进一步提升基层民主的创造力和自主性。

政府管理与群众自治的关系。社会自治是人民群众的自我管理,在现代中国主要表现为城乡居民自治、社区自治、地方自治、行业自治和社会组织自治等形式。社会自治是人民当家做主最直接的表现形式,可以最大限度地激发公民主体意识、促进社会团结,同时也可以减轻政府的社会管理负担,是社会政治进步的正确方向。在社会自治的过程中,政府需要认清自身角色与定位,一方面"把权力关进制度的笼子",建立健全群众自治相关法律法规,用法理适时引导群众;另一方面要通过扩大公民的政治参与渠道、拓宽社会自治的范围、积极培育社会组织等方式引导群众积极、广泛、多元地参与政治生活。

民间组织与政府的关系。中国的公民社会正在形成。公民社会是相对于政治国家而言的社会公共领域,其基础和主体是各种各样的民间组织。民间组织是由共同利益的公民自愿自发组成的非营利性社团,具有非政府性、非营利性、相对独立性和自愿性等四个特征。民间组织的繁荣能够极大地调动基层群众参与政治生活的热情与积极性,但由于中国的公民社会仍未成熟,民间组织的概念与分类相对模糊。要提升群众参与政治生活的积极性,就要求政府对公民社会与民间组织给予正确的定位和合理的分类,修订、完善相关法律法规与政策,以"既积极支持、热情帮助,又正确引导、合理规范"的方式,与民间组织达成深入合作,实现政治共有、民众参与。

第五节 小结

共享发展理念，植根于人类社会对公平、合作的朴素追求。从马克思主义诞生到中国特色社会主义的探索与成就，共享发展理念在历史进程与发展实践的作用下不断更迭、革新，从最早期对经济平等的追求，逐步扩展到经济、政治、文化、社会、生态共享的全面追求。

从学科语境的视阈来看，共享发展是对人类社会发展模式的探讨，其理念内涵的不断丰富，与经济学、社会学、政治学等社会科学的发展史是密不可分的。共享、共治、共有，需基于经济有效增长、社会有序治理、人民有力赋权。图3-5概括了共享发展的理论基础及其与各学科之间的关系，说明了在各学科语境下如何理解共享发展，以及从中可以获取的启示。

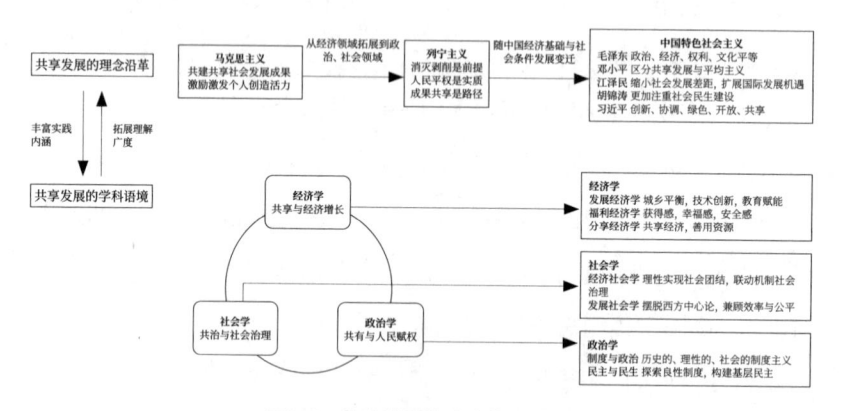

图3-5　共享发展的理论基础图景

发展、福利与分享经济学，从经济增长与分配的角度阐述了共享发展的重要性；经济与发展社会学，向内审视我国的社会团结与治理，向外在国际治理版图中锚定中国位置；制度主义、民主与民生等政治学的经典话题，则溯源政治史，为中国特色社会主义人民共有的基层民主实践提供充足的历史、国际经验。

共享发展理念不是无源之水、无根之萍；正相反，新时代的新发展理念，是基于漫长的社会主义理论与实践探索、丰富的近现代社会科学知识体系而提出的，是适应中国社会发展与历史进程的发展理念。掌握共享发展的理论背景，便可在经济、政治、社会理论建设与实践中拥有体系化、全局化的视野。

参考文献

[1] [德]马克思:《资本论》,中共中央马克思恩格斯列宁斯大林著作编译局译,人民出版社2018年版。

[2] [美]马丁·L.威茨曼:《分享经济——用分享制代替工资制》,林青松等译,中国经济出版社1986年版。

[3] 邴正:《从发展社会学的视角看中国的社会转型——当代社会发展理论研究历程回顾与创新》,《社会科学战线》,2009年第2期。

[4] 董振华:《共享发展理念的马克思主义世界观方法论探析》,《哲学研究》,2016年第6期。

[5] 景天魁、邓万春:《发展社会学的时空视角》,《甘肃行政学院学报》,2009年第6期。

[6] 李惠斌:《分享与共享:建立新时代中国马克思主义政治经济学的一个重要取势——从曹典顺教授的"政治经济学与唯物史观的内在关联"说起》,《经济与管理评论》,2018年第3期。

[7] 颜军、李晓宇:《列宁平等思想的共享发展意涵及其当代创新与启示》,《成都理工大学学报(社会科学版)》,2019年第6期。

[8] 俞可平:《中国公民社会:概念、分类与制度环境》,《中国社会科学》,2006年第1期。

[9] 俞可平:《中国治理变迁30年(1978—2008)》,《吉林大学社会科学学报》,2008年第3期。

[10] 俞可平:《自治与基层治理现代化》,《党政视野》,2016年第7期。

[11] 虞崇胜、周理:《民主与民生——共享发展政治学的深层

逻辑》,《江苏行政学院学报》,2017年第1期。

[12]张孝德、牟维勇:《分享经济:一场人类生活方式的革命》,《人民论坛·学术前沿》,2015年第12期。

[13]周飞舟:《政府行为与中国社会发展——社会学的研究发现及范式演变》,《中国社会科学》,2019年第3期。

[14]邹方斌、何一鸣:《中国分成制案例的经济分析》,《制度经济学研究》,2016年第2期。

第四章

共享发展模式、机制及实现途径*

---

* 感谢房旭平为本章所做工作。

实现共享发展是全国人民的共同期望，也是实现社会主义现代化的内在要求，也是政府未来改革的重要着力点，因此要分析各地在率先实现共享发展实践中总结出来的宝贵经验，从而为其他地区实现共享发展提供借鉴。本章按照共享发展的主体、要素和方法来分别阐释共享发展的要义，主要讨论共享发展的模式、机制和实现途径，所讨论的模式是指主体行为的一般方式；机制是指各要素之间的结构关系和运行方式；实现途径是指实现某个目标的方法和路径。通过政府、企业和其他社会主体等来阐述共享发展模式，主要分为政府主导、产业拉动和社会参与三个动力源，同时这三个动力源的作用方式分别为协同创新、融合创新和开放创新；通过经济、市场和民主这共享发展的核心三要素，来阐述在共享发展过程中制度是如何发挥作用的，以及三项制度如何对共享发展产生巨大作用。最后从共享发展的实现过程出发，来分析如何实现共享发展，具体分为机会共享、分配共享和服务共享。机会共享主要涉及社会流动、弱势群体和民主参与；分配共享主要涉及分配制度、精准扶贫和社会保障；服务共享主要涉及基本公共服务、公共服务均等化和社会服务。

第一节 共享发展模式

模式是主体行为的一般方式，例如，科学实验模式、经济发展模式、企业盈利模式等，是理论和实践之间的中介环节，具有一般性、简单性、重复性、结构性、稳定性、可操作性的特征。模式在实际运用中必须结合具体情况，实现一般性和特殊性的衔接并根据实际情况的变化随时调整要素与结构，才能具备可操作性。本节从政府、企业和其他社会主体三方面来阐述共享发展模式，主要分为政府主导、产业拉动和社会参与三个动力源，同时这三个动力源的作用方式分别为协同创新、融合创新和开放创新。

政府主导协同创新的共享发展模式，主要采用的是省级地方政府的共享发展优秀案例。包括浙江模式、江苏模式和广东模式。产业拉动融合创新的共享发展模式，主要采用的是改革开放以来典型城市的共享发展案例，包括深圳模式和杭州模式，其中，深圳作为改革开放的标志，正是利用了以信息技术革命为核心的全球化资源和市场，并且靠近香港特区、澳门特区和台湾省；苏州模式是作为江苏模式的典型代表，具体有高端装备制造、芯片等产业；杭州模式是作为以阿里巴巴为核心的电子商务代表的新型现代化城市出现的，是浙江模式的典型代表之一。社会参与开放创新的共享发展模式，主要是各个社会主体共同推进的共享发展，包括先富带动后富、苏南模式和中关村模式。

一、政府主导协同创新的共享发展模式

(一) 富民强省：浙江模式

1. 浙江模式的内涵

"浙江模式"是一种内源自发型的区域经济模式，即以改革、开放、搞活为导向，以产权制度改革为突破口，坚持结构调整和多种所有制相互促进、共同发展，形成以民营经济为主体的发展模式。[1] "浙江模式"是在法治框架下市场、政府、企业、民众不断谋求改革创新，自下而上与自上而下有效结合，尊重民间首创精神与政府改革创新精神有效结合形成的发展模式。建设法治浙江、法治社会、法治政府、有限政府，实现治理体系和治理能力现代化是其根本追求。[2]

2. 浙江模式的共享发展特征

（1）民营经济促进先富带动后富。浙江是中国最早开始所有制结构变革的省份之一。20世纪80年代，浙江在坚持公有制主体地位的同时，利用市场机制推动民间力量创办私营企业，率先推动市场化和民营化进程，出现了以"温州模式"为代表的小商品、大市场的民营经济发展主体。改革开放之初，计划经济下的市场自由极其有限，1979年浙江工商个体户8091户，集体经济占全部增加值比重60%左右，非公有制经济比重不到6%。现在浙江所有制经济是典型的"6789"民营经济结构，即民营经济贡献了全省60%以上的税收、70%以上的GDP、80%以上的技术创新和外贸出口、90%以上的城镇就业岗位。温州是"8899"结构，即民营经济创造了80%的税收、80%以上的GDP、90%以上的城镇就业岗位、95%的工业产出和

1　边洁英：《浙江模式对"中原经济区"建设的启示》，《中国经贸导刊》，2011年第4期，第51—52页。

2　杜平、潘哲琪：《"浙江模式"的演进与丰富》，《治理研究》，2019年第35卷第5期，第68—77页。

出口，是最典型的民营经济"富民强市"模式。[1]

（2）块状经济带动均等化共享发展。伴随市场主体的多元化发展，浙江涌现了一大批专业市场，如义乌的小商品市场、永康的五金城、海宁的皮革市场、绍兴的轻纺城等。这些专业市场在地理上高度集中，于是形成了一地一产、一地一特的一大批块状经济或产业集群，如纽扣、领带、服装产业集群，家电、电气、汽摩配产业集群，医药、化工产业集群。块状经济主要效应有二：一是产业集群效应。依托大量中小企业的分工协作，企业群落迅猛发展，成为区域经济发展的重要增长极；二是人口集聚效应。块状经济发展伴随着中小企业的集中，同时必然引起劳动力的集聚。在这一过程中，产业和人才彼此形成市场，以人兴业、以业兴镇、以镇聚人，在有效扩大市场经济规模的同时，也有利于加速浙江城市化进程。

（3）县域经济有力支撑基层共享发展。浙江发达的县域经济，与"省管县"制度密切相关。浙江的"省管县"改革是一个大胆探索、先行试点、逐步推广的渐进过程。1992年、1997年、2002年和2006年，浙江先后实施了四轮"强县扩权"改革，2008年全面推开"扩权强县"，县级政府管理权限的潜能得到充分地挖掘和利用。[2]这一体制性突破，赋予县级政府统筹协调区域发展的更大自主权，包括财政实力和各种资源，极大地调动了地方政府发展经济的积极性和创造性。

1　张天长：《新时代促进温州民营经济高质量发展的十条建议》，《浙江省经济体改办〈改革内参〉》，2018年1月16日。
2　陈晨、段广军：《从浙江经验浅析省管县制度》，《法制与社会》，2008年第2期，第185—186页。

(二)共治共享：江苏模式

1. 民营企业促进经济共享发展

江苏通过改制，培育出了"次生形态"的民营经济。江苏民营经济的发展主要得益于两点：一是20世纪80年代末90年代初，中央政府将民营经济确定为社会主义初级阶段基本经济制度的有机组成部分，打破了厌恶风险的江苏人的"政治枷锁"；二是面对"落地"外资企业的竞争冲击，乡镇企业在技术、内部治理等方面均处于劣势。因此，在政府拉力和企业推力的共同作用下，大量的集体制乡镇企业纷纷改制，成为民营经济发展初期的骨干力量。[1] 江苏模式的路径选择有三个根本性特征：一是整体产业发展紧紧围绕赶超政治而展开。二是整体产业布局主要围绕重工业优先战略而展开。三是社队企业及乡镇工业的崛起和发展，一方面表现为社队企业的制度创新；另一方面利用来自上海的"星期天工程师"，帮助企业实现技术创新突破和企业组织结构创新。

2. 共享服务产业带动共享经济

共享经济（Sharing Economy），又称分享经济，是指利用互联网等现代信息技术，以使用权分享为主要特征，整合海量分散化资源以满足多样化需求的经济活动总和。其本质是通过互联网技术整合线下的闲散物品、劳动力、教育医疗资源等，从而使人们公平享有社会资源，使各类主体以不同的方式付出和收益，共同获得资源红利。近年来，江苏的共享经济飞速发展，出现了如苏宁云商、途牛旅游、运满满等代表性的独角兽企业。江苏的共享经济发达，各服务领域均有所涉及。共享经济主要包括以下类别（见表4-1）。

---

[1] 程俊杰、刘志彪：《中国工业化道路中的江苏模式：背景、特色及其演进》，《江苏社会科学》，2012年第1期，第245—251页。

表4-1 共享经济各类别及其内容

共享经济类别	各类别主要表现
产品分享	如汽车、设备、玩具、服装等，代表性平台企业如滴滴出行、Uber、易科学等
空间分享	如住房、办公室、停车位、土地等，代表性平台企业有 Airbnb、小猪短租、Wework、Landshare 等
知识技能分享	如智慧、知识、能力、经验等，代表性平台企业有猪八戒网、知乎网、Coursera、名医主刀等
劳务分享	主要集中在生活服务行业，代表性平台企业有河狸家、阿姨来了、京东到家等
资金分享	如 P2P 借贷、产品众筹、股权众筹等，代表性平台企业有 LendingClub、Kickstarter、京东众筹、陆金所等
生产能力分享	主要表现为一种协作生产方式，包括能源、工厂、农机设备、信息基础设施等，代表性平台企业有 Applestore、Maschinenring、沈阳机床厂 I5 智能化数控系统、阿里巴巴"淘工厂"、WiFi 万能钥匙等

3. 江苏政务数据整合共享发展

近年来，江苏加快"互联网+政务服务"的深度融合，积极推动政务数据的集中、开放、共享，政务信息资源共享总量增长迅速，为政务大数据整合共享奠定了良好基础。中国电子信息产业发展研究院发布的《中国大数据产业发展评估报告（2018年）》显示，2017年江苏大数据发展指数达60.72，位居全国第二、省区第一。近年来，江苏省政务信息系统整合共享工作加快推进，编制《江苏省政务数据资源共享目录》和《江苏省政务信息资源目录编码规范》，建设数据资源编目系统。

（三）开放发展：广东模式

1. 区域协同发展促进开放共享

为充分发挥粤港澳地区的综合优势，深化区域合作，2017年3月，中央政府工作报告首度提到粤港澳大湾区，明确提出"研究制定粤港澳大湾区城市群发展规划";7月,《深化粤港澳合作 推进大湾区建设框架协议》在香港特区签署,旨在推进粤港澳大湾区高水平参与国际合作,提升在国家经济发展和全方位开放中的引领作用,为港澳发展注入新动能。作为大湾区的核心——广州、佛山两大"超级城市",在市场和政府的合力推动下,已成为全国跨界地区协同发展程度最高的都市区;为响应粤港澳大湾区建设,广州、佛山两市市政府于2017年9月颁布了《广佛同城化"十三五"发展规划(2016—2020年)》,该规划囊括了基础设施、交通、产业、医疗、社保、教育、环保等方面的同城化,并提出广州和佛山将建设成为珠三角世界级城市群核心区和全国同城化发展示范区(见图4-1)。[1]

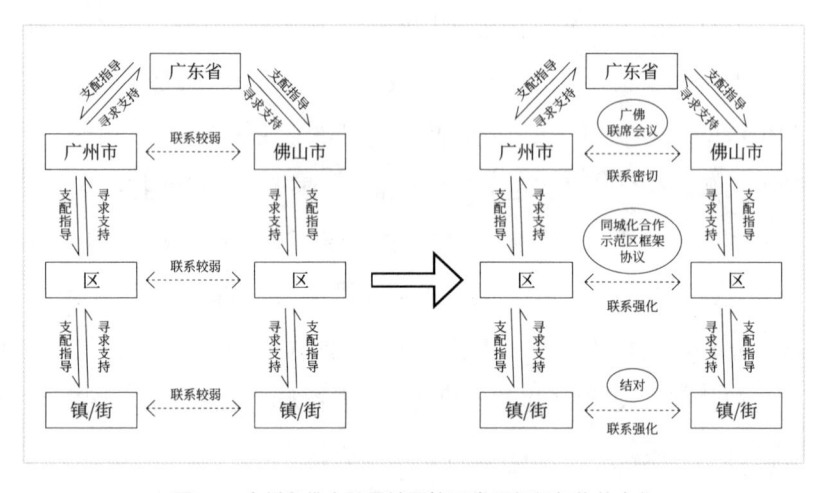

图4-1 广州和佛山跨界地区协同发展组织架构的变化

总体来说,广州和佛山跨界地区协同发展已构筑一套以城市政府为主导、合作载体多元的机制,区、镇街层面也开始了初步的跨

---

[1] 魏宗财、陈婷婷、刘玉亭:《粤港澳大湾区跨界地区协同发展模式研究——以广佛为例》,《城市规划》,2019年第1期,第31—38页。

界合作。两市围绕交通基础设施、水环境保护等领域的合作成效显著，在产业协作、交通共享、社保联网等方面的合作也取得一定进展，合作的抓手从项目延伸到经济合作区，协同发展初现成效。

2. 创新城市治理，推动共建共治共享

随着城市化进程不断加快，城市聚集了巨量产业、生产要素和人口，社会结构发生急剧变化，城市治理难度也逐渐加码。作为城市迅猛发展的典型样本，近年来，广东住房城乡建设部门系统推进以人为核心的新型城镇化，建设绿色城市、智慧城市、人文城市，城市基础设施全面增量提质，与此同时，城市管理服务能力不断加强，城市治理体制机制逐步健全。广州市紧紧围绕干净整洁、平安有序城市环境建设目标，持续加强精细化管理和智慧城管建设，以共享引领共建，以共建推动共享。广州市城市管理委员会制定了《广州市城市管理三年提升计划（2018—2020年）》。

3. 公共法律服务体系建设，多元供给融合开放共建共享

广东已经实现了公共法律服务的普及化、一体化，多元供给的公共法律服务机制和共建共享的服务格局基本形成。自2018年以来，为群众提供公共法律服务600多万次，群众满意度超过98%。经过多年建设，广东现有遍及全省城乡的2.78万个公共法律服务实体平台，拓展进驻法律咨询、公证办理、司法鉴定、法律援助、人民调解等"5+X"服务；省级集约运营的"12348热线"平台，全年无休为全省群众提供7×24小时、涵盖四种语言的法律服务；集网站、手机App、自助终端、微信公众号为矩阵的网络平台，提供咨询、预约、申办等6类服务功能。目前，这三大平台共同向全省城乡居民提供16大类172项"公共法律服务产品"，群众只要有需求，无论何时何地都可以及时获得法律服务。

二、产业拉动融合创新的共享发展模式

(一) 信息产业：深圳模式

1. 深圳的信息产业基础雄厚

伴随着40多年经济的快速发展，深圳信息化发展也实现了质的飞跃。中国电子信息产业前10强总部或区域总部均落户深圳，深圳已成为中国重要的IT产业制造基地、研发基地、出口基地和物流中心。据中商产业研究院发布的《2017—2022年深圳市新一代信息技术产业市场前景及投融资策略研究报告》，2016年，深圳新一代信息技术产业增加值4052.33亿元，增长9.60%，增速保持与同期的GDP持平。2017年深圳新一代信息技术产业增加值将达4931.59亿元。主要产业园区包括深圳软件产业基地、深圳湾技术生态园、坂雪岗科技城等。代表性本土企业包括华为、中兴、海能达（002583）等。

2. 信息技术的应用促进了公共服务共享水平的提高

深圳市民越来越深刻地感受到信息应用的无处不在。查询社保信息、办理学生入学在网上一键完成；一张"深圳通"就可玩转全市公交系统甚至在各零售领域随意使用，未来还有望与香港特区的"八达通"互通公用；手机支付已在公交、电影院和旅游景点等场合实现应用；遍布全市的金融POS机可缴纳水、电、煤、电话、交通违章罚款等多种日常费用。智能卡的"一卡多用"领域正在逐步拓展，给市民生活提供更多便利。此外，与市民生活息息相关的空间地理基础信息系统、社区信息化平台，也有效整合实施了包括基层应用系统、居住证系统、义务教育、"电子病历"、"12345"公共服务呼叫中心、手机短信"敬告式执法"，以及遍布城市街区24小时自助图书馆系统等一批重大项目，有效提升了政府社会管理和公共服

务水平，创新和完善了政府公共文化服务体系。

3. 先进的信息基础设施带动信息资源的全民共享

经过40多年的发展，深圳的信息基础设施已迈向国际先进水平，拥有现代化的通信管道、通信机楼、光纤传输网、宽带城域网和有线电视综合信息网。国标地面数字电视单频网(DTMB)和移动多媒体广播电视网(CMMB)已投入运行。深圳已成为国内城市信息化程度最高的地区之一，部分信息化发展指标已达到发达国家中心城市水平。深圳市统一的电子政务基础网络建设也取得明显成效。全市电子政务网络(包括内网和外网)建设已实现政务内网(机关计算机专网)覆盖到街道办，政务外网(政务公众服务网)覆盖到社区，网络覆盖范围达到1400家单位。

（二）电子商务：杭州模式

1. 电子商务对共享经济发展的作用

从孵化器、众创空间、特色小镇，到"两廊两带"、大湾区、国家自主创新示范区，杭州加快打造"功能错位、整体协同、联动发展"的全域发展格局。杭州的梦想小镇、云栖小镇、山南基金小镇、物联网小镇等创新小镇，成为产城融合的典范。之江实验室、阿里达摩院、西湖大学、北大信息技术高等研究院、北航创新研究院、科大讯飞人工智能研究院等创新大载体相继落地。云栖大会、世界工业设计大会、云栖2050、AI Cloud峰会、云创大会、全球区块链峰会等数字经济展会活动已成为行业风向标。

杭州为全国提供了70%的云计算能力，阿里云已经成为全球第三大云计算服务商，服务全球200多个国家和地区。海康威视、大华技术、宇视科技是全球安防产业风向标，分列全国安防前三强。海康威视数字安防产品市场份额全国第一。人工智能、区块链、机器人等新产业快速发展。凭借近20家国家创新平台和之江实验室、阿里巴巴、中控、新华三、华为杭州研究所等载体，杭州加快建设国家级工业互联网平台体系，赋能全国制造业转型。

2. 共享经济覆盖全民生产、生活和社会服务

在经济领域，杭州作为当代互联科技成果应用的世界高地，它通过"互联网+"的创新路径和创新氛围，不但产生了以阿里巴巴为代表的世界级互联网企业，更孕育了诸多以平台运行、"人人参与"为基本特征的共享经济企业，例如，从事电商服务的"蚊子会"、从事创业服务的"微链"、从事医药咨询服务的"丁香园"、从事社区服务的"空格"，以及众筹、闲鱼、吃几顿、英语说、E袋洗等散布在各领域的具有共享经济性质的群体性创业公司。

在社会领域，杭州以"生活品质之城"的城市品牌为引领，在党政、知识、行业企业、媒体等主要界别间构建了"四界联动"的工作机制。它在推动杭州城市的各项事业进步中发挥了不可替代的重要作用。关联、跨界、开放、参与、合作，逐渐成了这座城市的共识和风尚。

三、社会参与开放创新的共享发展模式

（一）"先富带动后富"

先富带动后富，实际上是在论证先富对后富的一种带动义务。"我们的政策是让一部分人、一部分地区先富起来，以带动和帮助落后的地区，先进地区帮助落后地区是一个义务。"[1]在讲到先富如

---

[1] 《邓小平文选》（第三卷），人民出版社1993年版，第155页。

何带动后富时，邓小平同志指出了两点：一是让"先富起来的地区多交点利税"[1]；二是"发挥先富者的榜样作用"，"让部分人生活先好起来，就必然产生极大的示范力量，影响左邻右舍，带动其他地区、其他单位的人们向他们学习，这样就会使整个国民经济不断地波浪式地向前发展，使全国各族人民都能比较快地富裕起来"[2]；这两个先富带动后富的机制逻辑在某种程度上都是成立的。国家可以通过税收政策向先富的人和先富的地区多收一些税收，这些税收转化为财政收入，可以向后富和后富的地区实施转移支付。[3]

国家"十三五"规划所提出的树立"创新、协调、绿色、开放、共享"五大发展理念力图强调的是改革和发展路径。共享则是改革和发展的出发点也是最终落脚点。现在将共享列为国家发展的基本理念之一，与坚持人民主体地位的首要原则和增进人民团结的时代要求前后呼应，揭示了改革开放以来长期奉行的鼓励部分人先富起来的政策取向，将真正转向以共同富裕为追求目标的共享发展新阶段。这对于化解以往发展进程中客观存在的失衡、差距，以及由此导致的各种社会矛盾与社会问题具有重要意义，将是从源头开始进行的深刻调整。[4]

(二)"苏南"共享发展模式

苏南模式最早由费孝通于1983年提出，通常是指苏南的苏州、无锡、常州和南通等地通过发展乡镇企业实现非农化发展的方式。

---

[1] 《邓小平文选》(第三卷)，人民出版社，1993年版，第374页。

[2] 《邓小平文选》(第二卷)，人民出版社，1994年版，第152页。

[3] 叶敏、奚建武：《从先富带动到共享发展：中国式发展理念的再出发》，《党政研究》，2017年第3期，第81—86页。

[4] 郑功成：《共享：国家发展理念的突破与升华》，《人民论坛》，2015年第S2期，第24—26页。

其主要特征是：农民依靠自己的力量发展乡镇企业；乡镇企业的所有制结构以集体经济为主；乡镇政府主导乡镇企业的发展；以市场调节为主要手段。它是中国县域经济发展的主要经验模式之一。苏南模式的核心内涵是"三为主一共同"，即在所有制结构上以集体经济为主，在产业结构上以乡镇工业为主，在运行机制上以市场调节为主，一个共同就是走共同富裕道路。20世纪90年代末到21世纪初，苏南主动接受国际产业转移，打造以高新技术为主导的国际制造业基地，经济集约化水平迅速提高，形成了新苏南模式。新苏南模式的基本内涵是以"两个率先"为目标，以园区经济为载体，以打造现代国际制造业基地为引擎，坚持快速发展、科学发展、协调发展，在工业化、城市化、信息化、国际化互动并进的过程中，实现城乡经济和社会的一体化。新苏南模式的基本特征是在发展理念上坚持走共同富裕的道路，在发展手段上实行市场的无形之手与政府的有形之手紧密结合，在发展动力上坚持自主创新发展。

苏南模式的转型对我国高质量发展具有引领性意义。苏南在全面建成小康社会的基础上，从高增长进入高质量发展阶段。苏南的高质量发展的引领性体现在以下四个方面：一是引领制造业的高质量。苏南制造业出现了一批具有自主知识产权，处于产业链和价值链高端的制造业。二是引领服务业的高质量。围绕着高端制造业发展现代服务业，二产三产相互促进和联动，加强产业转型升级的高端服务，这就意味着围绕制造业来发展生产性服务，苏南在该领域总体上走在全省前列。三是引领政府治理高质量。快速推进社会治理智能化，形成以人工智能驱动城市治理的新模式。四是引领人民生活高质量。江苏在经济发展的同时，也在积极努力解决先富口袋再富脑袋的问题。苏南模式的转型，成功实现了自身发展的动力变革、效率变革、质量变革，走在了全国前列，对于推动我国高质量发展具有引领性意义。[1]

(三) 中关村共享发展模式

1. 市场导向与政府扶持相结合

中关村科技园区经过多次改革调整最终形成了一区七园三级管理的政府型体制。政府通过制定详细的规划，给予政策上的优惠，对中关村的发展起到了重要的推动作用。特别是国家和北京市先后制定了大量鼓励高新技术产业发展的优惠政策，极大地扶持了北京高新技术产业的发展。如1999年北京市政府制定的《北京市人民政府关于进一步促进高新技术产业发展的若干政策》、2000年国务院颁布的《鼓励软件产业和集成电路产业发展的若干政策》等。北京市政府还通过设立促进官产学研相互联系的协议性机构和组织——如中关村科技园区建设领导小组和五方联络会议，以及大学与政府共建机构（如北京大学首都发展研究院、北京清华工业开发研究院等）——促进政府、企业与研究机构的密切联系，营造了有利于官产学研协同创新的软环境（见图4-2）。

1　成长春：《推动新时代江苏高质量发展的智库担当》，湖南智库网，2018年12月21日。

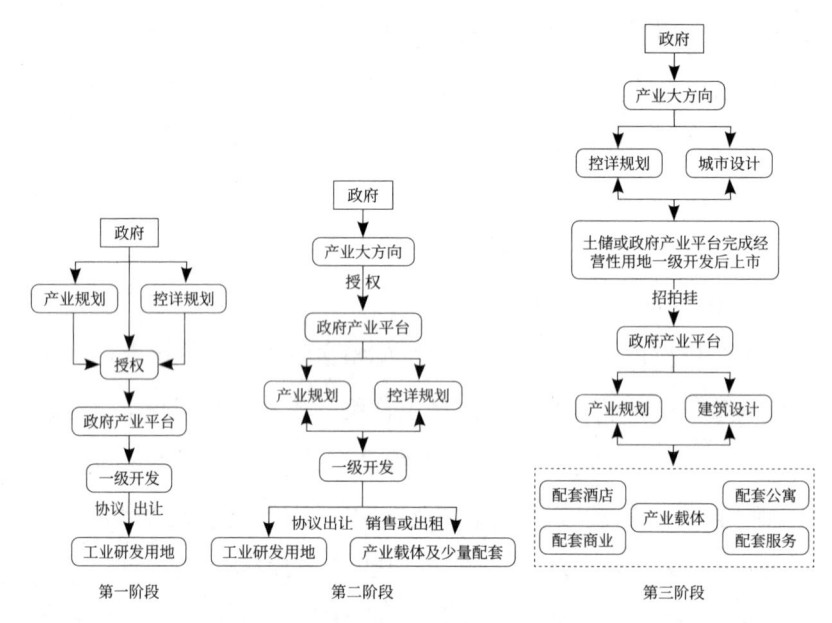

图4-2　政府产业平台驱动的中关村科技园区智慧产业集群集聚模式

2. 以高等院校、科研机构为原动力的内生型发展

内生型发展模式的特点是，主要由当地的大学、科研机构分离出来的高科技企业就近形成高新技术产业群落，富有创新活力的大学和科研机构既是高新区内高新技术产业的发展源泉，也是吸收其他地区高技术企业来本地投资的强力磁石。

中关村区域内拥有北京大学、清华大学等各类高校68所，中国科学院、中国农业科学院等各类研究机构213家，科技人员总量达38万人，其中，两院院士322人，占全国总数的36%，在校学生30余万人。北大方正、清华紫光、联想集团这些高新技术企业都是依托上述高校和科研机构发展起来的。这里密集的高校和科研机构不仅为中关村的发展提供了技术动力，使得这里的企业能够很好地获得国内最新相关技术的进展，能够跟踪、产生中国甚至世界最好的技术，而且向中关村源源不断地输送了大量技术人员和管理人员（见图4-3）。

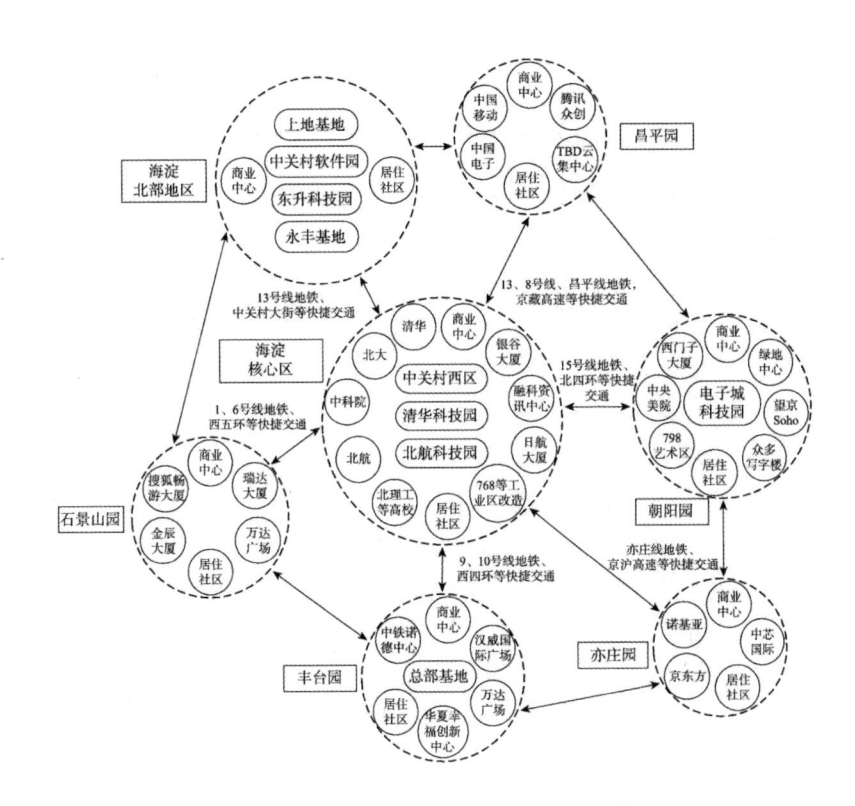

图4-3　生产要素驱动的中关村科技园区智慧产业集群集聚模式[1]

3."以贸养技""以贸养工"，逐渐发展为技工贸一体化

通过初始阶段的"以贸养技""以贸养工"，中关村的科技企业不但及时跟踪了解世界高科技的发展动态，而且积累了相关的技术、资金和销售经验，增强了自身的竞争能力，并且具备了市场营销的知识和销售网络。联想、方正、四通等公司经过周密思考后，

1　苏文松、郭雨臣、苑丁波等：《中关村科技园区智慧产业集群的演化过程、动力因素和集聚模式》，《地理科学进展》，2020年第39期，第1485—1497页。

纷纷进入计算机业。至此,中关村地区以市场为导向,融研究、开发、生产、销售及服务于一体的"技工贸一体化"科技企业正式形成。

目前,随着中关村内主导产业的发展质量及其持续竞争力的提高,区内骨干企业的R&D能力大大加强,各类R&D中心纷纷进入中关村园区内。中关村基本成为以技术创新为源头、以企业市场竞争力为主要驱动力的技术—加工—贸易高新技术开发区,它对北京地区经济发展的影响力乃至对全国的影响力进一步凸显出来。[1]

---

1 齐园:《"中关村模式"的内涵、问题及对策研究》,《开放导报》,2010年第2期,第80—84、92页。

第二节　共享发展机制

机制，是指各要素之间的结构关系和运行方式。具体包括两层含义：一是事物各个部分的存在是机制存在的前提，因为事物有各个部分的存在，就有一个如何协调各个部分之间的关系问题。二是协调各个部分之间的关系一定是一种具体的运行方式；机制是以一定的运作方式把事物的各个部分联系起来，使它们协调运行而发挥作用的。本节主要阐述在共享发展过程中，经济、市场和民主三个方面的制度是如何发挥作用的，这三个方面是改革开放以来最活跃的三个方面，也是改革最为有效的三个方面。所以，本节主要阐释三项制度以及三项制度如何对共享发展发挥巨大作用的。

实现共享发展的机制中，"经济共享"作为"共享"理念的基础和核心，对于深化收入分配改革、消解社会两极分化、满足人民群众美好生活的需要具有重要意义。[1]要以公有制经济为主导，发展多种所有制经济，在初次分配中发挥好公平和效率的作用，同时要深化经济体制改革，着力解决阻碍经济发展的体制机制问题，让经济朝着共享的方向发展，最终实现共享发展的体制机制优势。在坚持社会主义市场经济制度中，把市场当成实现共享发展的主要力量，发挥市场在资源配置中的决定性作用，同时要处理好政府与市场的关系，让政府和市场为实现共享发展同时发挥更大的作用，让实现共享发展的资源充分涌流。实现共享发展离不开民主参与机制的建设，共享发展理念的灵魂就是人民主体思想，两者具有内在的逻辑联系，人民是共享发展的践行者、享有者、评价者，是共享发展中

1　李志、何玉芳：《责任伦理视域下中国特色社会主义经济共享的实现方式》，《甘肃社会科学》，2020年第6期，第213—219页。

一切工作的出发点与落脚点。[1]要坚持基层民主制度和深化基层民主创新，扩大公民的政治参与，实现政治参与的全民共享，着力通过现代网络信息技术发展基层电子政务，实现基层共治共享。

一、经济机制：坚持基本经济制度

（一）以公有制经济为主导

1. 坚持公有制主体地位是社会主义基本经济制度的本质要求

坚持公有制主体地位，是社会主义基本经济制度的核心。马克思主义政治经济学认为，基本经济制度主要体现为生产资料所有制结构，构成一个社会经济制度的基础，决定着一个社会的基本性质。在不同类型的生产资料所有制结构中必定由一种所有制形式占主导地位，影响并决定着整个所有制结构的性质。当前，社会上对于所有制问题存在两种担忧：一是担忧"国进民退"，国有经济发展挤占民营经济发展空间；二是担忧非公有制经济超过公有制经济会动摇公有制主体地位。解除前一种担忧，根本上要营造多种所有制共同发展的制度环境；解除后一种担忧，必须从理论基础上阐明社会主义基本经济制度的科学内涵，厘清公有制经济与非公有制经济的性质、功能及相互关系。[2]

2. 坚持公有制主体地位是实现共享发展的重要保证

习近平同志在中央政治局就马克思主义政治经济学基本原理和方法论进行第二十八次集体学习中明确指出："公有制主体地位不能动摇，国有经济主导作用不能动摇，这是保证我国各族人民共享发展的制度性保证，也是巩固党的执政地位、坚持我国社会主义

1　牛佳佳：《共享发展理念视域下人民主体思想分析》，《兵团党校学报》，2020年第5期，第16—21页。

2　韩晶、裴文：《共享理念、共享经济培育与经济体制创新改革》，《上海经济研究》，2017年第8期，第3—9、20页。

制度的重要保证。"就初次分配而言，公有制经济的重要作用是为以工人阶级为领导的广大劳动者提供直接占有生产资料的物质条件。通俗地讲，劳动者在对自身创造财富的分配中有了更大"话语权"，自然获益更多。就再分配而言，公有制经济意味着国家在税收收入之外，还可以获得国有企业利润等国有资产收益，无疑这将增强国家实施再分配的物质基础。[1]

(二) 多种所有制经济共同发展

就业是民生之本，非公有制经济作为吸纳、创造就业岗位的主渠道，已成为我国多数劳动者获取收入的最重要来源。进入经济新常态以来，在经济持续下行的巨大压力之下，我国就业实现了总体稳定，服务业带动就业岗位的增加是重要原因，非公经济在其中扮演了主力军作用。近年来，农村淘宝、乡村旅游等农村创业形式的兴起，在很大程度上弥补了传统农业人口无法参与市场经济活动和社会分工的缺陷，事实上增加了农村劳动力的有效工作日，不仅为非公经济大发展注入了新动力，也为更好地发挥民众创造创新潜力、通过自己努力收获发展成果提供了现实途径（见表4-2）。

表4-2 不同所有制的就业结构变动(%)

年份	就业总计(万人)	国有企业	集体企业	有限责任公司	股份有限公司	私营企业	外商和港澳台投资企业	个体
2010	34687	19	2	8	3	18	5	13
2011	35914	19	2	9	3	19	6	15
2012	37102	18	2	10	3	20	6	15

1　王庆五主编：《新发展理念研究丛书 共享发展》，江苏人民出版社2016年版。

(续表)

年份	就业总计(万人)	国有企业	集体企业	有限责任公司	股份有限公司	私营企业	外商和港澳台投资企业	个体
2013	38240	17	1	16	5	22	8	16
2014	39310	16	1	16	4	25	8	18
2015	40410	15	1	16	4	28	7	19
2016	41428	15	1	15	4	29	6	21
2017	42462	14	1	15	4	31	6	22
2018	43419	13	1	15	4	32	5	24

数据来源:《中国统计年鉴(2019)》

注:因股份合作单位和联营单位的历年就业占比不足1%,故表中未呈现。

(三) 深化经济制度改革

社会主义市场经济制度是对马克思主义经济理论的突破。习近平同志指出:"坚持和发展中国特色社会主义政治经济学,要以马克思主义政治经济学为指导,总结和提炼我国改革开放和社会主义现代化建设的伟大实践经验,同时借鉴西方经济学的有益成分。"研究我国改革开放的轨迹可以发现,每一次的重大改革都是市场经济理论取得重大突破以后产生的,而且每一次重大突破的改革取向都是调整和优化政府和市场的关系。党的十八届三中全会提出,使市场在资源配置中起决定性作用和更好地发挥政府作用。这是一个重大的理论突破,是我国在市场经济改革进程中具有里程碑意义的创新和发展,同时也是马克思主义经济理论中国化的重要成果。

坚持社会主义市场经济的改革方向需要把握两方面问题:一是如何发挥市场的激励作用,使市场在资源配置中起决定作用;二是如何更好地发挥政府的作用。"共享"理念的发展需要更好地完善社会主义市场经济制度。在"共享"领域如何处理好政府与市场之间的关系，以实现激励机制与约束机制的统一，是目前中国特色社会主义市场经济体制改革创新的核心。

二、市场机制：坚持和优化社会主义市场经济制度

（一）发挥市场在资源配置中的决定性作用

培育共享经济首先需要以市场为基础进行资源配置。市场决定资源配置是市场经济的一般规律。党的十八大报告中提出要继续深化改革，重点是将市场能高效决定而目前由政府决定的事情交还给市场。市场供给和市场需求是社会主义市场经济运行中两个最基本的构成要素。在价值规律、供求规律和竞争规律的交互作用下，市场供求关系调节商品价格，而价格的高低又调节市场供求，供求机制和价格机制相互作用，调节着社会资源的合理配置。共享经济本身是个高度市场化运行的平台，可以通过市场化机制调节供求，让资源流动起来。例如，网约车，实际上就是利用移动互联网技术，把不同的时间和空间上的剩余车辆整合到一个平台上，解决了车辆供给与需求之间的信息不对称问题，从而实现人人随时随地共享车辆。

（二）处理好政府与市场的关系

习近平同志指出，"我国实行的是社会主义市场经济体制，我们仍然要坚持发挥社会主义制度的优越性，发挥党和政府的积极作用"[1]。在市场经济运行中，政府的一个重要职责是市场监管。共享经济作为互联网时代的新生事物，发展变化快，现有的法律法规无法

1　习近平：《关于〈中共中央关于全面深化改革若干重大问题的决定〉的说明》，《人民日报》，2013年11月16日，第1期。

适应共享经济发展的需要。这就要求政府根据共享经济发展实际调整管制政策。例如，共享经济多为平台企业，它们的法律地位和责任界定不清；关于平台的性质认定、行业归类、新型劳资关系、从业者和平台的税收征缴等尚无明确规定。在这种情况下，如果不对现有不合理的法律法规加以修订，就会导致大量的共享经济活动处于灰色地带，甚至有"违法"嫌疑。

（三）加强共享经济协同治理

共享经济作为经济发展新动力、新动能，对促进我国经济质量变革、效率变革、动力变革，推动经济社会高质量发展具有重大意义。与传统经济模式相比，共享经济在生产消费边界、生产关系、消费认知、产业市场结构、经济增长方式等方面背离传统经济规律特征，形成了一系列崭新的特征。这些特征都是由传统经济结构转化而来的，但共享市场的延伸及边界拓展，特别是涉及公共服务或公共产品，对共享经济治理提出挑战和更高要求。共享经济产销者主体的出现，这种依靠颠覆性创新推动、公众参与的经济活动必然难以适应传统的治理模式，推动政府、企业、产销者协同治理就显得尤为必要。

在协同治理过程中，政府要主动作为，规范共享市场、加强监督管理、完善制度法律、优化发展环境；企业要勇于承担社会责任，在做好企业内部管理的同时，积极推动各类创新，为消费者创造更多供给需求；产销者要着重发挥生产经营者和消费者角色作用，以生产经营者角色积极参与共享经济市场，提高社会资源利用效率，以消费者角色主动监督市场行为和政府行为，引导其他用户行为，共同参与协同治理。[1]

三、民主参与机制：深化基层民主

完善基层群众自治制度，发展基层民主，是社会主义民主政治建设的基础。全面深化改革的不少具体举措都要在基层落实，民主政治建设的大量实践都发生在基层，人民群众的利益得失也与基层村社、企事业单位息息相关。因此，完善基层民主制度，在充分发挥社会主义政治制度优越性中有十分重要的基础性作用。"十四五"时期，要在完善农村村民自治、城市居民自治和企事业单位职工代表大会的基层群众自治实践中，不断扩大人民的有序参与，保障人民享有更多更切实的民主权利，实现好、维护好、发展好最广大人民的根本利益，让广大人民群众在参与基层民主政治中有更多获得感。

（一）坚持基层民主制度

广大人民群众在城乡基层各类自治组织中，依法直接行使民主权利，对所在基层组织的公共事务和公益事业实行民主自治，已经成为当代中国最直接、最广泛的民主。基层治理体系中公民的广泛而有效的参与，不仅是在基层民主政治建设中推进共享发展新理念的题中应有之义，也是公民表达合法利益诉求、享有平等发展机会的重要途径。这些新思想、新理念、新要求为我们进一步完善基层民主制度、扩大人民参与指明了方向。[2]

---

[1] 王丽影、张广玲、宋锋森：《共享经济发展演化与协同治理研究——基于产销者视角》，《技术经济与管理研究》，2020年第11期，第45—49页。

[2] 王庆五主编：《新发展理念研究丛书　共享发展》，江苏人民出版社2016年版。

（二）扩大公民参与

积极推进公民参与的健康发展，需要我们认真对待目前公民参与所面临的挑战，解决存在的问题。目前，应从以下几个方面入手，来扩大地方治理中的公民参与。[1]

1. 转变观念，正确认识公民参与

现代公共管理者需要有战略眼光，从公民参与的重要性、公民参与的意义及公民参与的内涵入手，转变对待公民参与的观念，正确认识在不同发展阶段所赋予公民参与的内容。当务之急就是要提高整个社会（尤其是公共管理者）对公民参与的认识水平，更新观念，解放思想。通过加强公民"权利意识"教育，实现人们的权利意识的启蒙，让公共管理者了解到公民参与不仅是公民的权利，更是促成一个公民积极参与的时代的到来。公共管理者只有在思想上提高认识，才有可能在决策和管理实践中做出调整和改变，才愿意做出扩大公民参与的努力，帮助广大民众学习参与政治的必备知识、规则和技能的培训，增强公民的参政能力，发挥公民参与的作用，与公民一起为实现这一积极参与时代的到来而努力。

2. 进一步扫除公民参与载体的束缚

目前，我国已基本形成村委会、居委会与社会团体三大公民参与的载体。这三大载体建构对公民社会的发育、公民权利意识的培养起到了启蒙和促进作用。个体公民参与的力量是有限的，只有组织化的参与行动才是适当和有效的。一个公民参与的健康社会的发展，需要足够的具有代表性的团体或组织来承载。因此，目前的村委会、居委会及社团组织的改革步伐还需加快。要明确村委会与居

---

[1] 陈芳、陈振明：《当代中国地方治理中的公民参与——历程、现状与前景》，《东南学术》，2008年第4期，第111—120页。

委会作为基层自治组织的职责与功能，摆脱其"影子政府"的身份，真正成为基层群众自治组织，社团组织的建设也需要鼓励和规范，并确保其独立的地位不受干涉。

3. 引进和应用公民参与的新技术和策略

一方面要加强公民参与技术改进的基础设施建设，如提高公民网络参与所必需的网络基础设施建设和数据库建设等；另一方面要强化提高公民参与技术与策略的"软件"投入，组建公民参与技术与策略研究团队，开设强化公民参与技术与策略的培训课程，鼓励各地公民成功参与经验的总结与推广；等等。

（三）发展基层电子政务

1. 发展基层电子政务，是构建服务型政府的必然要求

2017年10月18日，习近平同志在十九大报告中指出，坚持全面深化改革，在全面深化改革涵盖的15个领域中，重点提到要建设服务型政府。推行基层电子政务平台建设，一方面，可以促进基层政府转变思想观念，提高服务意识；另一方面，也为基层政府向民众提供更好的服务创造了必要的条件。通过电子政务平台的建设，基层政府可以充分利用网络的便捷性和互动性，打破地域的限制，为基层群众提供信息咨询、业务办理等服务。

2. 发展基层电子政务，是搭建民声平台的重要途径

近年来，随着网络的日益普及，互联网在民众的政治、经济和社会生活中扮演着日益重要的角色，群众以网民的身份越来越频繁地通过互联网行使知情权、参与权、表达权和监督权，逐渐形成网络问政、网民议政的良好格局。网络问政是政府倾听民意的重要途径，政府依托电子政务平台，倾听网络民意，实现科学决策、民主

决策，达成网络问政的最终目的。网民议政则是民众参与国家治理的重要形式，也凸显了公民意识的成长。民众通过政府搭建的电子政务平台不仅能够畅所欲言，时时关注国家各项政策工作落实情况，而且能够对广大党员干部进行监督，进一步提升党员干部工作作风。建设基层电子政务平台，为群众和政府之间搭建了有效沟通的桥梁，方便群众为基层治理建言献策，同时也有助于化解群众矛盾、减少上访事件、维护基层稳定。

第三节　共享发展实现途径

实现途径是指实现某个目标的方法和路径，通常情况下包含多个主体和多个要素。实现共享发展既是全国人民的共同期望，也是实现社会主义现代化的内在要求，更是未来政府改革的重要着力点，因此要分析各地在率先实现共享发展实践中总结出来的宝贵经验，从而为其他地区实现共享发展提供借鉴。共享发展是一个过程，也是一个结果，从价值取向范畴来看，这个过程应包括：(1)"全民共享"，让每一位中国人享有人生出彩的机会；(2)"全面共享"，实现人的全面发展、社会全面进步；(3)"共建共享"，人人参与、人人尽力、人人享有；(4)"渐进共享"，逐步消除不平衡、不充分发展，达到共同富裕。[1]在具体实践过程中，全民共享意味着机会共享，全面共享意味着分配共享，共建共享和渐进共享意味着服务共享。本节从共享发展的实现过程出发，分析如何实现共享发展，具体分为机会共享、分配共享和服务共享。机会共享主要涉及社会流动、弱势群体和民主参与；分配共享主要涉及分配制度、精准扶贫和社会保障；服务共享主要涉及基本公共服务、公共服务均等化和社会服务。

一、机会共享

"机会是指接近和获得资源的可能性和权利。"[2]习近平总书记指出，要让"生活在我们伟大祖国和伟大时代的中国人民，共同享有人生出彩的机会，共同享有梦想成真的机会，共同享有同祖国和

---

[1] 李茂平：《共享发展理念的思想渊源与价值取向》，《湖南财政经济学院学报》，2020年第6期，第44—52页。

[2] 王春光：《建构一个新的城乡一体化分析框架：机会平等视角》，《社会学》，2015年第4期。

时代一起成长与进步的机会"[1]。实现机会共享，就是要为所有社会成员创造一个公平的发展机会和环境，让所有社会成员都有成就辉煌的条件和可能。如果政府采取一系列补偿机制和措施，抑或通过制度的安排消除某些机会不公的事，从而使绝大多数社会成员获得基本权利机会，这是对实现机会共享最好的诠释。

（一）促进社会阶层流动

现代社会应是阶层结构开放的社会，即不同社会阶层的成员可以自由流动，既可上下流动，也可代际流动。让更多的低阶层人民有机会流动，是衡量阶层流动好坏的基本标准也是最重要的标准，这是机会公平而非结果公平。[2]合理、通畅的社会阶层流动可以为处于中下层的社会群体提供向上流动的机会，使他们可以通过个人努力改变自身的命运、实现自己的人生理想。同时，也可以提高社会资源配置的效率、增强社会活力、消减社会矛盾、促进社会公平正义的实现。因此，推进户籍制度改革和促进教育机会公平是促进社会阶层合理流动（尤其是促进底层社会成员向上流动）、突破社会阶层固化的壁垒、保障人民群众公平享有获取社会资源和利益的机会的重要一环。

1. 推进户籍制度改革

城乡分割的户籍管理制度直到改革开放后才逐渐破冰。20世纪80年代后期，随着农村家庭联产承包责任制的实行以及城镇化进程的加快，农村大量剩余劳动力开始向城市转移。自90年代开始，我国出现了以"农民工"为主体的全国范围的大规模人口流迁现象。

1　《习近平谈治国理政》，外文出版社2017年版，第40页。
2　郑杭生、邵占鹏：《舆论焦点掩盖下的中国阶层流动现实》，《人民论坛》，2014年第2期，第8—11页。

在此背景下，国家对二元户籍制度进行了改革探索，户籍严控制度开始松动，随即要求户籍制度改革的呼声也越来越高。然而，中国户籍改革之路并非想象中的将农村户口换成城市户口那样简单。它是一个系统性工程，不仅需要兼顾各方利益，还需要针对改革中存在的障碍，进行相关配套制度改革，解决好教育、医疗、就业等配套保障。第一，解决好农业转移人口的市民化问题。第二，依法维护进城落户农民在农村享有的既有权益。第三，解决好进城落户农民的生计问题。

2.促进教育机会公平

教育公平是最大的公平，教育机会不公是最大的不公。教育机会的不均等、教育资源分配的不合理以及教育结果的不公平，不可避免地造成中下层社会成员（尤其是底层社会成员）上升通道的堵塞，从而导致社会阶层固化。因此，要突破社会阶层固化的壁垒，必须着力推进教育机会公平。教育公平是社会公平的底线，关系着社会信心的塑造。我们要多措并举，通过推进教育机会公平，促使中下阶层社会成员有序向上流动，让每个人都有机会通过教育改变自身命运，从而打破阶层固化的樊篱。第一，努力实现义务教育资源的均衡发展。第二，保障弱势儿童少年接受义务教育。第三，进一步完善国家助学体系。第四，完善高校贫困毕业生就业创新帮扶政策。

(二) 关注社会弱势群体

一般认为，弱势群体主要是指在社会生活领域中占有的社会资源少、实现权利能力弱的人。其具体表现为：社会弱势群体的个人及家庭生活达不到社会认可的最基本标准；社会弱势群体依赖自己的力量无法改变目前的弱势地位；要改变弱势群体的生存状况，需要国家和社会力量给予帮助或支持。[1]因此，要实现所有社会成员共同享有人生出彩的机会、共同享有梦想成真的机会、共同享有同祖国和时代一起成长与进步的机会，就必须在尊重社会成员各自能力和发展机会不同的基础上，对那些能力素质较弱的社会成员和群体给予必要的机会倾斜。

1. 为弱势群体提供平等就业机会

就业是民生之本。就业机会平等，即给每个人公平发展的机会，使人尽其才，对和谐社会的构建至关重要。因此，除了为弱势群体提供"兜底"社会保障，还要通过实施积极就业政策，帮助他们提高劳动技能，增加他们的就业机会，让社会弱势群体积极参与到社会劳动中并获得稳定的收入，从而使他们活得更有尊严，这是保障弱势群体公平享有获取经济社会发展成果机会的重要内容。与建立健全最低生活保障制度相比，为弱势群体提供平等的就业机会一方面可以发展弱势群体的潜能，帮助他们更好地融入社会；另一方面能够帮助弱势群体提高劳动技能，增强其自我生存和发展的能力。第一，政府直接或间接为弱势群体提供公益性的就业岗位。第二，为弱势群体免费开展有针对性的劳动技能培训。第三，促进弱势群体自主创业。

2. 为弱势群体提供诉求表达途径和法律援助

弱势群体之所以弱势的重要原因就是社会权利表达不畅甚至不通。主流的话语体系中没有弱势群体的地位，这也是弱势最明显的表现。法律援助是由政府设立的法律援助机构组织法律援助人

---

[1] 刘大椿：《人文社会科学主旨问题报告》，首都师范大学出版社2014年版。

员，为无力支付诉讼费用或特殊案件的当事人给予减、免费用提供法律服务的一项法律保障制度，其目的是维护他们的合法权益，实现"法律面前人人平等"。对于社会弱势群体来说，法律援助至关重要。出于经济困难或其他一些原因，弱势群体的权益受到侵害，却无力维护的事情屡见不鲜。通过法律援助对弱势群体进行保护和救济，使他们也能和其他社会成员一样充分保护自己的权益。

（三）扩大社会民主参与

通过选举以外的制度和方式，让人民参与国家政治生活和社会生活的管理同样十分重要。习近平总书记指出："人民只有投票的权利而没有广泛参与的权利，人民只有在投票时被唤醒，投票后就进入休眠期，这样的民主是形式主义的。"实际上，随着我国政治、经济、文化的发展和社会主义民主政治实践的深入，人民群众政治参与的积极性空前提高，无论是基于对公共事务的关注还是基于自身利益的考量，都具有强烈的表达意愿，其参与民主管理国家的能力也越来越强。他们仅仅通过间接民主形式的代议机关来管理国家已显得越来越不够，还必须直接而广泛地参与国家事务和社会事务的管理。现阶段我们必须在充分发挥人民代表大会密切联系代表和群众的民意机关功能作用的同时，采取直接民主与间接民主相结合的形式，努力发展参与式民主，扩大公民有序参与政治，最广泛地动员和组织人民依法管理国家事务和社会事务、管理经济和文化事业。[1]在扩大社会民主参与的过程中，应着力健全社会主义协商民主制度和扩大基层民主，以及发展电子政务。

1　梁华：《浅谈扩大公民有序政治参与——学习习近平总书记关于社会主义民主政治建设重要论述的体会》，《楚天主人》，2016年第7期。

1. 健全基层社会主义协商民主制度

共享发展理念对基层协商民主建设提出新要求。一是积极推进基层协商创新发展。坚持共享发展，一项基础性工作是加快建立完善对保障社会公平正义具有重大作用的相关制度，建立健全以权利公平、机会公平、规则公平为主要内容的社会公平保障体系。基层协商民主可以在这方面发挥作用、发挥优势。应在共享发展理念下积极拓展基层协商内容、创新基层协商形式。在内容上，坚持有事多商量、遇事多商量、做事多商量，涉及改革发展稳定的重大问题（特别是事关人民群众切身利益的问题）要进行充分协商，增强协商的广泛性、针对性。二是加强对基层协商的领导。社会主义协商民主是我国社会主义民主政治的特有形式和独特优势，是党的群众路线在政治领域的重要体现。推进基层协商民主，必须坚持党的领导、人民当家做主、依法治国有机统一，切实加强党的各级组织建设，强化基层党组织功能作用。坚持依法有序、积极稳妥，确保协商有制可依、有章可循。[1]

2. 扩大基层民主，发展电子政务

随着网络的日益普及，互联网在民众的政治、经济和社会生活中扮演着日益重要的角色，群众以网民的身份越来越多地通过互联网行使知情权、参与权、表达权和监督权，逐渐形成网络问政、网民议政的良好格局。网络问政是政府倾听民意的重要途径。互联网是做事情、做决策，了解民情、汇聚民智的一个重要渠道，政府依托电子政务平台，倾听网络民意、实现科学决策、民主决策是网络问政的最终目的。网民议政则是民众参与国家治理的重要形式，另

---

[1] 王利中、王儒柳：《人民日报专题深思：以基层协商促进共享发展》，人民网，2015年12月16日。

外也凸显了公民意识的成长。民众通过政府搭建的电子政务平台能够畅所欲言，时时关注国家各项政策工作落实情况。建设基层电子政务平台，为群众和政府之间搭建了有效沟通的桥梁，让群众能够更多地为基层治理建言献策，同时也能够化解群众矛盾、减少上访事件、维护基层稳定。[1]

二、分配共享

改革开放以来，随着我国经济发展水平以及综合国力的逐步提升，人民群众的物质文化生活水平有了普遍提高，幸福指数和获得感与日俱增，但同时我们也要看到，诸如，社会分配不公平、收入差距扩大等问题仍然较为突出，社会成员在实现共享发展方面还有许多亟待解决的困难和问题。尤其是收入分配领域中存在的矛盾以及我国仍有相当数量的贫困人口，使得共享发展的实现面临巨大挑战。一个和谐的社会一定是一个利益共享的社会。如果一个社会的发展结果是少数人受益、多数人受损，那么这个社会的发展便失去了最基本的意义。此外，共享作为以社会公平正义为导向的发展方式和分配理念，是新时代社会分配正义的中国表达，是成果共享与风险共担的统一。共享对于化解风险认知不正义、风险—财富的非对称分配、风险分配中的不平等、社会失序等不正义具有重要的价值。为此，要借助于合理的制度设计和安排，构建共责共担的分配治理系统，提升弱势群体的风险应变能力，在共享中推进风险分配正义。[2]因此，我们要实现共享发展就必须进行科学、合理和有效的制度设计和制度安排，以确保全体社会成员都能够公平合

1 　秦灼：《对基层电子政务发展的几点思考》，罗山县人民政府网，2019年4月15日。
2 　范迎春：《共享与分配：风险分配相关问题之考察》，《云南行政学院学报》，2020年第5期，第160—166页。

理地享有经济发展成果。

（一）深化收入分配制度改革

收入分配制度改革是一个世界性的难题，特别是对我国这样一个发展中大国来说，各种错综复杂的实际情况决定了我国收入分配制度改革的艰巨性和复杂性。然而，收入分配制度改革关系人民群众的福祉，关系人民群众共享经济发展成果的实现。[1]我们要吸收借鉴其他国家和地区缩小收入差距、增强分配公平的经验，在广泛征求民意中达成社会共识，逐步实现收入分配的合理局面，进而达到共同富裕的目标。

1. 完善按劳分配为主的初次分配制度

第一，适当提高初次分配中劳动报酬的比例。[2]从这个意义上说，提高初次分配中劳动报酬的比例、提高低收入者收入水平，是完善初次分配、实现经济成果共享的重要措施。要提高分配率，应重点从以下几个方面着手：一是逐步提高最低工资标准；二是建立职工工资正常增长机制；三是对农民工实行同工同酬；四是完善工资支付保障制度。

第二，多渠道增加城乡居民财产性收入。具体包括：一是规范和发展多层次资本市场；二是进一步拓宽投资范围，降低投资门槛，使低收入群体也能通过财产转化获得财产性收入；三是确保农村居民财产性收入的稳步增长。

第三，建立健全国有资本收益共享机制。其主要体现在：一是逐步提高国有资本收益上缴公共财政比例；二是国有企业上缴利

1　《李克强总理会见采访两会的中外记者并回答提问》，《人民日报》，2013年3月18日，第2版。

2　胡放之：《提高初次分配中劳动报酬比例促进经济健康发展》，《贵州社会科学》，2009年第6期，第63—67页。

润应更多调入公共财政预算,主要用于保障和改善民生。

2. 健全公平为核心的二次分配制度

第一,加大税收调节力度。税收是政府宏观调控的重要工具,也是再分配的重要手段。[1]一是要完善个人所得税制,设立个人所得税的目的是调节居民收入分配、缩小贫富差距。二是完善财产税。三是加大税收征管力度。

第二,规范和完善转移支付制度。一是完善现行转移支付的制度性缺陷。二是优化转移支付结构。要通过整合现有转移支付种类、剥离专项转移支付中不属于专项性质的转移支付、适当减少预算内专项转移支付规模等方式,扩大一般性转移支付总量和比重。三是建立健全转移支付的考评监督机制。要对财政转移支付资金进行全方位、全过程的监督,对资金管理过程中存在的违规行为(如截留、冲抵、挤占、挪用资金)应责令相关部门及时纠正,并对相关责任人依法处理。

(二)推进建立精准扶贫长效机制

实现经济发展成果由全体人民共享,就是要消除社会的贫富差距,在朝着共同富裕目标前进的过程中不让任何一个人掉队。扶贫工作的本质是消除贫困地区和贫困人口,改善民生,最终实现共同富裕。从这个意义上说,打赢扶贫攻坚战是实现经济发展成果由人民共享的重要抓手。

探索建立科技助力精准扶贫的长效机制,是落实精准扶贫、精准脱贫的基本方略,推进贫困地区创新驱动发展的有效途径。具体

1　马国强、王椿元:《收入再分配与税收调节》,《税务研究》,2002年第2期,第7—11页。

而言，应围绕"产业扶贫、智力扶贫、创业扶贫、协同扶贫"进行。第一，构建产业技术支撑体系，支持产业扶贫；第二，建立科技人才支撑体系，促进智力扶贫；第三，完善创新创业服务体系，助力创业扶贫；第四，创新科技扶贫工作机制，推进协同扶贫。协同扶贫既包含纵向的基于流程的协同，还包括跨部门和跨区域的横向协同。[1]

(三) 完善社会保障制度

作为分配的一项基本制度，社会保障的突出功能是推进公平正义，"有效的国家社会保障体系被认为是提供收入保障，防止和减少贫困与不平等、促进社会包容和尊严的强大工具"[2]。改革开放以来，我国社会保障制度经历了从传统的国家保障到单位保障，再到现代意义的社会保障制度，初步形成了以社会保险为主体，包括社会救助、社会福利、优抚安置、住房保障和社会慈善事业在内的社会保障制度框架。然而，不容忽视的是，我国社会保障制度依然存在覆盖范围窄、城乡发展不平衡、社会保障资金压力大、管理体制不健全等问题，与人民群众的需求和期望值相比还有较大差距。

1. 促进社会保障从制度全覆盖到人群全覆盖

社会保障全覆盖主要包括制度全覆盖和人群全覆盖两个层面。"制度全覆盖，意味着全体国民都拥有相应的社会保障制度安排，不分城乡、不分地域、不分性别、不分工作与否、不分从事何种工作，所有居民都可以根据自己的情况在各种'制度组合'中对号入座，参加社会保险，获得基本保障。"人群全覆盖是指符合制度覆

---

[1] 易明、杨树旺：《探索建立科技助力精准扶贫的长效机制》，人民网，2018年5月10日。
[2] 国际劳工组织编：《争取社会正义和公平全球化的社会保护底线》，国际劳工局2012年版。

盖范围的各类人员几乎都能够依法参加或被纳入相应的制度体系，真正实现应保尽保、人人享有。除了全民医保基本实现，其他社会保障项目离人群全覆盖还有一定距离，特别是一些低收入群体和贫困人员、流动人口、农村人口还难以享受到社会保障待遇。因此，社会保障覆盖面的扩大还应瞄准重点人群，以实现人群全覆盖的目标。

2. 发展社会救助和社会慈善事业

一般认为，慈善事业是社会组织、团体和社会成员基于人道主义原则，以无偿捐赠为经济基础、以扶危济困为宗旨的民间性社会公益事业。慈善是我国社会保障制度的重要组成部分，应加强慈善立法的顶层设计，在完善现行法律法规的基础上，推进与慈善相关法律法规的制定进程，以形成慈善法律法规体系，为我国慈善事业的可持续发展提供保障；要加强对慈善组织的监管力度，如建立健全慈善信息统计制度、定期发布慈善事业发展报告、推进慈善信息公开制度建设；完善捐赠款物使用的查询、追踪、反馈和公示制度；加强对公益慈善组织的年检和评估工作，重点加强对信息披露、财务报表和重大活动的监管。

三、服务共享

（一）完善基本公共服务制度

共享发展不仅体现在使社会成员在合理差异和互惠互利的基础上公平享有经济发展成果，而且体现在全体社会成员能够均等地享受到政府为之提供的基本公共服务。所谓基本公共服务，就是指"建立在一定社会共识基础上，由政府主导提供的，与经济社会发展水平和阶段相适应，旨在保障全体公民生存和发展基本需求的公共服务"。[1]其范围主要包括公共教育、劳动就业、社会保障、医疗卫生、人口计生、住房保障、文化体育、环境保护、基础设施、公共安全等领域。与一般性公共服务不同，这些领域是公共服务中的基础和核心部分，主要解决的是广大人民群众基本的生存和发展问题，具有极其重要的作用。

1. 建立健全基本公共服务体系

全民均等享有的基本公共服务体系的构建是一个逐步推进的过程，以政府转型为契机，在构建服务型政府的过程中，不断推进公共服务体系的建立。探索与我国国情相适应的公共服务增长模式。第一，以提供良好的基本公共服务为导向，加快推进向公共服务型政府转型的步伐。基本公共服务的提供需要遵循效率原则，也就是在既定财政收入的基础上，尽可能多地满足绝大多数人的最基本需要。第二，转变行政观念，以公平的服务理念构建全民均等享有的基本公共服务体系。世界许多国家的实践表明，在经济刚刚起步时，可以牺牲一部分公平来取得效率的提高，但是当发展到一定阶段之后，社会出现的不公平现象会严重制约经济的发展，如果处理不当会给社会带来毁灭性的灾害。第三，在公共服务体系建立过程中，建立科学的行政问责机制。追究政府行政机关和官员在公共服务职能方面失职的责任，保证公共服务执行的力度。[2]

2. 完善以政府为主导的多元公共服务供给体系

第一，政府在基本公共服务供给中负有最终责任。现代政府以向公民和社会提供优质高效的公共服务为宗旨和目标。公共服务分

---

1 《国家基本公共服务体系"十二五"规划》，《光明日报》，2012年7月20日，第9版。
2 宋迎法：《论构建全民均等享有的基本公共服务体系》，《中共南京市委党校南京市行政学院学报》，2007年第2期，第57—61页。

为基本公共服务和非基本公共服务两类。基本公共服务旨在保障全体公民生存和发展最基本的公共需求。第二，培育和吸纳各种社会组织积极提供公共服务。第三，充分发挥社区公共服务供给作用。发展便民利民服务和社区志愿服务，完善社区服务网络，不断提高社区服务水平。

（二）促进公共服务均等化

近些年来，随着我国经济社会的快速发展以及政府对基本公共服务重视程度的不断提高，基本公共服务的质量和供给水平有了很大程度的提升，基本公共服务体系建设也取得了显著成效。但是总体上看，基本公共服务供给不足、资源占有不均衡、质量效率不高等问题依然突出，广大人民群众还没能普遍、公平地享受到基本的公共服务，特别是目前基本公共服务在城乡、区域之间还存在较大差距，需要重点突破。

1. 推进城乡基本公共服务均等化

第一，推进城乡基本公共服务均等化，保障农民的生存权和发展权。第二，推进城乡基本公共服务均等化，提升农民的幸福感。第三，推进城乡基本公共服务均等化，有助于补齐农村这块全面建成小康社会的"短板"，让广大农民平等、公平地分享现代化成果。

2. 推进区域基本公共服务均等化

推进区域基本公共服务均等化，改善欠发达地区经济发展环境，进而在相当程度上缓解欠发达地区人口的贫困程度，改善人们的生产、生活条件，拓宽发展机会，这就能从根本上缩小欠发达地区与发达地区之间的经济差距，并为这些地区走出贫困、走向富裕奠定基础。推进区域基本公共服务均等化，能够满足欠发达地区群众对医疗、教育、卫生、养老、公共服务、生活环境，以及个人全面发展等方面提出的新要求，保障欠发达地区群众的基本生存权和发展权。因此，推进基本公共服务均等化更应当关注和倾向于弱势群体，引导更多的财力与公共资源向他们倾斜。只有补齐这块"短板"，共享发展才能公平普惠。

(三) 促进社会服务创新

鼓励发展互联网医院、数字图书馆、数字文化馆、虚拟博物馆、虚拟体育场馆、慕课等，以数字化转型扩大社会服务资源供给。"互联网+社会服务"代表一种新的社会形态，即充分发挥互联网在社会资源配置中的优化和集成作用，将互联网的创新成果深度融合于经济、社会各领域，提升全社会的创新力和生产力，形成更广泛的以互联网为基础设施和实现工具的经济发展新形态。

1. 建立社会服务激励机制

为有效解决社会服务资源相对短缺、优质服务资源供给不足问题。应激发"互联网+"对优质服务生产要素的倍增效应。进一步拓展社会服务便捷化、智能化、个性化、时尚化消费空间，加快新型数字基础设施建设，以技术创新推动产品创新、应用创新，有效培育新业态、激发新动能，更好地满足人民群众对高品质社会服务的需求。加强教育培训，增强数字技能。鼓励依托各类高等学校、职业院校和研究机构建立"互联网+网站开发社会服务"试验平台和培训基地，加强技术技能人才培训。

2. 促进社会服务模式创新

第一，以数字化转型扩大社会服务资源供给。加快社会服务资源数字化，加大公共数据开放力度，推动服务主体转型，扩大社会服务资源覆盖范围，提升资源配置效率，有效解决社会服务资源相对短缺、优质服务资源供给不足问题。第二，以网络化融合实现社会服务均衡普惠。针对城乡、区域间优质社会服务资源配置不均衡问题，继续推进欠发达地区网络接入和基础能力建设，充分运用互联网手段加快社会服务在线对接、线上线下深度融合，促进优质社会服务惠及更广大人民群众。第三，以智能化创新提高社会服务供给质量。进一步拓展社会服务便捷化、智能化、个性化、时尚化消费空间，加快新型数字基础设施建设，以技术创新推动产品创新、应用创新，有效培育新业态、激发新动能，更好地满足人民群众对高品质社会服务的需求。[1]

1　《七部门印发〈关于促进"互联网+社会服务"发展的意见〉》，中国政府网，2019年12月12日。

第四节 小结

本章主要探讨了共享发展的模式、机制和实现途径。共享发展模式既是共享发展实践经验的总结,也是全国人民在建设社会主义现代化国家征程上的智慧结晶,当前主要有三种共享发展模式:政府主导协同创新模式、产业拉动融合创新模式和社会参与开放创新模式。共享发展机制是共享发展持续稳定发展的保障,是国家治理体系与治理能力现代化的机制体现,当前共享发展核心机制主要包括经济机制、市场机制、创新机制和民主参与机制。共享发展实现路径是共享发展的方式方法,是创新驱动发展在社会领域的探索,主要包括机会共享、分配共享和服务共享。

政府主导协同创新下的浙江模式、江苏模式和广东模式在共享发展中积累了一定的经验,特别是在民营企业发展、创新城市治理和共享经济方面值得学习和借鉴。产业拉动融合创新下的深圳模式和杭州模式为城市共享发展开拓出了具有中国特色的共享发展道路。社会参与开放创新下的先富带动后富、苏南模式和中关村模式为地方特色共享发展提供了新思路。

共享发展的本质是发展,经济机制、市场机制和民主参与机制是核心,我们要继续坚持基本经济制度,让市场在经济中发挥决定性的作用,创新驱动经济发展,同时还要深化基层民主,扩大公民参与,实现发展的共享。机会共享、分配共享和服务共享既是实现共享的基本途径,也是实现共享发展的基本路径,在具体过程中我们要促进社会阶层流动、关注社会弱势群体、扩大社会民主参与、深化收入分配制度改革、完善社会保障制度和深入推进精准扶贫战略等。

参考文献

[1]《邓小平文选》(第二卷),人民出版社,1994年版。

[2]《邓小平文选》(第三卷),人民出版社,1993年版。

[3]《国家基本公共服务体系"十二五"规划》,《光明日报》,2012年7月20日,第9版。

[4]《李克强总理会见采访两会的中外记者并回答提问》,《人民日报》,2013年3月18日,第2版。

[5]《七部门印发〈关于促进"互联网+社会服务"发展的意见〉》,中国政府网,2019年12月12日。

[6]《习近平谈治国理政》,外文出版社2017年版。

[7]边洁英:《浙江模式对"中原经济区"建设的启示》,《中国经贸导刊》,2011年第4期。

[8]陈晨、段广军:《从浙江经验浅析省管县制度》,《法制与社会》,2008年第2期。

[9]陈芳、陈振明:《当代中国地方治理中的公民参与——历程、现状与前景》,《东南学术》,2008年第4期。

[10]程俊杰、刘志彪:《中国工业化道路中的江苏模式:背景、特色及其演进》,《江苏社会科学》,2012年第1期。

[11]杜平、潘哲琪:《"浙江模式"的演进与丰富》,《治理研究》,2019年第5期。

[12]国际劳工组织编:《争取社会正义和公平全球化的社会保护底线》,国际劳工局2012年版。

[13]韩晶、裴文:《共享理念、共享经济培育与经济体制创新改革》,《上海经济研究》,2017年第8期。

［14］何显明:《共享发展》,中国社会科学出版社2018年版。

［15］胡放之:《提高初次分配中劳动报酬比例促进经济健康发展》,《贵州社会科学》,2009年第6期。

［16］李茂平:《共享发展理念的思想渊源与价值取向》,《湖南财政经济学院学报》,2020年第6期。

［17］梁华:《浅谈扩大公民有序政治参与 ——学习习近平总书记关于社会主义民主政治建设重要论述的体会》,《楚天主人》,2016年第7期。

［18］刘斌:《民生视域下共享发展理念研究》,人民出版社2019年版。

［19］刘大椿:《人文社会科学主旨问题报告》,首都师范大学出版社2014年版。

［20］刘建武主编:《新时代共享发展报告(湖南篇·2018版)》,社会科学文献出版社2018年版。

［21］马国强、王椿元:《收入再分配与税收调节》,《税务研究》,2002年第2期。

［22］牛佳佳:《共享发展理念视域下人民主体思想分析》,《兵团党校学报》,2020年第5期。

［23］齐园:《"中关村模式"的内涵、问题及对策研究》,《开放导报》,2010年第2期。

［24］秦灼:《对基层电子政务发展的几点思考》,罗山县人民政府网,2019年4月15日。

［25］宋迎法:《论构建全民均等享有的基本公共服务体系》,《中共南京市委党校南京市行政学院学报》,2007年第2期。

［26］苏文松、郭雨臣、苑丁波等:《中关村科技园区智慧产业

集群的演化过程、动力因素和集聚模式》,《地理科学进展》,2020年第39期。

[27]王春光:《建构一个新的城乡一体化分析框架:机会平等视角》,《社会学》,2015年第4期。

[28]王丽影、张广玲、宋锋森:《共享经济发展演化与协同治理研究——基于产销者视角》,《技术经济与管理研究》,2020年第11期。

[29]王利中、王儒柳:《人民日报专题深思:以基层协商促进共享发展》,人民网,2015年12月16日。

[30]王庆五主编:《新发展理念研究丛书 共享发展》,江苏人民出版社2016年版。

[31]魏宗财、陈婷婷、刘玉亭:《粤港澳大湾区跨界地区协同发展模式研究——以广佛为例》,《城市规划》,2019年第1期。

[32]习近平:《关于〈中共中央关于全面深化改革若干重大问题的决定〉的说明》,《人民日报》,2013年11月16日,第1期。

[33]叶敏、奚建武:《从先富带动到共享发展:中国式发展理念的再出发》,《党政研究》,2017年第3期。

[34]易明、杨树旺:《探索建立科技助力精准扶贫的长效机制》,人民网,2018年5月10日。

[35]于昆:《共享发展研究》,高等教育出版社2017年版。

[36]张琦:《中国共享发展研究报告 2017版》,经济科学出版社2018年版。

[37]张天长:《新时代促进温州民营经济高质量发展的十条建议》,《浙江省经济体改办〈改革内参〉》,2018年1月16日。

[38]郑功成:《共享:国家发展理念的突破与升华》,《人民论

坛》,2015年第S2期。

[39] 郑杭生、邵占鹏:《舆论焦点掩盖下的中国阶层流动现实》,《人民论坛》,2014年第2期。

[40] 中共中央组织部干部教育局:《共享发展》,党建读物出版社2018年版。

第五章
共享发展与公正发展*

---

*　感谢曹梦迪为本章所做工作。

"十三五"期间以新发展理念为引领，提出共享发展的阶段性目标，这是基于中国新时代经济社会发展中出现的一系列突出矛盾和问题而提出的。而在"十四五"阶段，共享发展实现的突破口之一在于公正发展，因其可以从起点、程序、结果多方面实现共享发展的目标。基于此，本章将对公正发展与共享发展进行详细讨论。第一节是对公正及公正发展基本概念、内涵和相关理论的梳理，并基于此讨论了何为中国特色社会主义公正观。第二节对共享发展和公正发展的关系进行详细阐述，并从机会公正、程序公正和结果公正三个角度分析了公正发展在中国已经取得的成就。第三节是对上节内容的进一步延伸，在对何为共建共治共享的社会治理格局进行解释后，提出了中国社会存在的公正问题及其原因，并基于以上讨论提出了相关建议。第四节为对本章的小节。本章从理论和实践双重视角讨论共享发展和公正发展，通过阅读本章，读者一方面能够从自由主义、功利主义和马克思主义等理论层面了解公正的内涵；另一方面可以从中国的实践经验中了解在机会公正、初次分配公正和再分配公正方面已经取得的成就，以及在建设共享社会背景下，中国社会现存的地区差距、城乡差距和行业差距及其制度因素和制度建议。

第一节　公正及公正发展

本节首先对公正的概念及相关理论进行解释，进一步探究了公正发展的内涵，并基于以上讨论，对中国特色社会主义公正观进行总结。

一、公正的概念

人们在日常生活中需要遵守社会准则，来维持和保障社会公共生活的正常秩序。社会准则是人类在数百年乃至数千年的长期社会生活实践中形成和发展起来的，它表现为一个民族乃至整个人类稳定的传统风尚和行为惯例。公正就是社会准则之一，它在不同的历史时期有不同的具体内容。

关于古人所崇尚的公正，宋代理学家朱熹曾有过明确的阐述。在《朱子语类》中，学生问："《论语章句集注》在《里仁》'唯仁者能好人，能恶人'的注中引程子所谓'得其公正是也'是为何意？"朱熹回答说："只是好恶当理，便是公正……程子只着个'公正'二字解，某恐人不理会得，故以'无私心'解'公'字，'好恶当于理'解'正'字……"朱熹对公正的理解可以视为对自先秦以来各家关于"公正"思想的总结和概括。古人所讲的"公正"是"公"与"正"的复合。公即是没有偏私，正即是处事以理为依据，是以公正二字虽然各有其意，却又不可分割。

现代汉语中的"公正"一词，延续了古代对公正的理解。《汉语词典》对公正的解释是："公平正直，没有偏私。"这其中也分别对"公"和"正"做出了公平和正直的解释。但是《汉语词典》中的解释较为简单，更加深入的理解可以从不同学科中洞悉，政治学、经济学、社会学等对于公正理解的侧重点不同，但是有其共通之处。政治学对"公正"的研究已经非常丰富，关于何为"公正"的讨论非常激烈，讨论的主题是围绕个人权利的界定。[1]以罗尔斯党的思想为代表，他认为公正是要在保证社会全体成员机会公平的前提下对社会的最少受惠者进行补偿，他的思想中包含着平等主义的认识。[2]经济学关于"公正"的认识是以福利经济学为代表，其主要思想是分配越均等，社会福利就越大。[3]社会学强调"公正"不仅需要做到结果公正，在分配过程中也需要公正。[4]尽管各个学科关于公正的理解存在差异，甚至在学科内部都没有一个统一的认识，但是值得关注的是，分配是各个学科讨论的主要内容。因此关于公正的讨论，也是关于如何分配的讨论。

想要对"公正"的理解更加准确，就需要将公正与公平、正义区分开来。如表5-1所示，展示了三个名词之间的关系。公正和公平在英文中的表达都是justice，但是在汉语中，二者存在一定区别。"正义"是一个侧重于哲学价值观层面的问题；"公正"则是以正义为依据，把"理想"与"现实"融为一体，是一个侧重于社会制度层面的问题。正义具有跨时代的、相对恒定的特征，而公正的具体内容则会随着时代条件的变化有所变化。"公平"与"公正"相比则带有明显的"工具性"，它所强调的是衡量标准的"同一个尺度"，即

1　张国清：《分配正义与社会应得》，《中国社会科学》，2015年第5期，第21—39、203—204页。王聪：《论当代自由主义权利观的理论嬗变：以罗尔斯、诺齐克、德沃金的权利观为主线》，博士学位论文，吉林大学，2014年。徐友渔：《评诺齐克以权利为核心的正义观》，《中国人民大学学报》，2010年第1期，第2—8页。

2　胡万钟：《个人权利之上的"平等"与"自由"——罗尔斯、德沃金与诺齐克、哈耶克分配正义思想比较述评》，《哲学研究》，2009年第5期，第117—120页。

3　Varian H. R., "Distributive justice, welfare economics, and the fairness", *Philosophy & Public Affairs*, 1975: 23-247.

4　Thibaut J. W., Walker L., *Procedural justice: A psychological analysis*, L. Erlbaum Associates, 1975. Adams J. S., Towards an understanding of inequit, *The Journal of Abnormal and Social Psychology*, 1963, 67(5): 422.

用同一个尺度衡量所有的人或事，或者说是强调一视同仁，用以防止对于不同的人或事采取不同标准的情形。至于尺度本身是不是合理、正当的，公平不予以考虑。所以，凡是公正的事情必定是公平的事情，但是公平的事情不见得是公正的事情。这是公正和公平的最为重要的区别。

表5-1　公正与公平、正义的关系

	公正	公平	正义
英文表述	Justice	Fairness	Justice
应用范围	社会制度层面	作为衡量工具	哲学层面
内涵特征	随时代改变	随时代改变	超越时代的稳定
与公正的关系	本身	包含公正的内容	公正的依据

在古代和现代汉语语境中，为了更加完整地解释公正，都是分别理解"公"与"正"二字，"公"即是没有偏私，"正"则是合乎于理。公正与公平、正义等词汇语义相近，但是也有不同于二者的特征，比如，前者多应用在社会制度层面，内涵会随着时代改变，等等。因此，根据从多个角度对公正的理解，本章将公正解释为应用在现实制度中的没有偏私、合乎于理的分配原则。

二、公正理论

公正理论的近现代开端普遍被认为以美国哲学家罗尔斯在1971年发表的《正义论》为标志，它使得公正理论成为当代西方哲学中最活跃、最引人注目的领域，使得被许多人不看好的自由主义重新充满活力。此后，多位学者对公正问题进行讨论，并形成了不同的公正思想。

（一）自由主义——尊重个体权利

自由主义的公正观具体分为自由至上主义（Libertarianism）和自由平等主义（Liberal equalitarianism）。自由至上主义认为，每个人都有自己的生活，因此他们有权选择自己做什么，除非他们的行为干扰了其他人按照自己选择行事的自由。自由至上主义的代表人物有诺齐克和哈耶克等。诺齐克认为，个人的权利高于一切，不论是个人还是国家都没有权利强迫他人为社会公益做出牺牲，他反对通过强权掠夺和诈骗手段获得财产，但是自愿地转让、交换、馈赠所有权是合法的，同时对于以不合理方式获得所有权的行为需要进行矫正。[1]哈耶克的观点与罗尔斯一脉相承，他认为任何形式的再分配行为都会导致国家权力的强化，这可能会导致权力的滥用，所以他也是反对国家干预分配的代表之一。自由至上主义的核心观点是个人权力的至高无上和对再分配的极力反对。[2]

自由平等主义与自由主义在一定程度上是对立的，虽然自由平等主义反对完全的国家的集中计划，但是支持对于社会财富的部分再分配，认为国家干预也是实现公正的一部分。罗尔斯是自由平等主义的典型支持者，他提出两个关于公正的原则：第一原则，通常被称为平等自由原则，即"每个人都应该有平等的权利，去享有最广泛的基本自由权，而其所享有的基本自由权与其他每个人所享有的同类自由权相容"；第二原则包括差别原则与机会均等原则。差别原则，即"社会中处于最劣势的成员收益最大，并与公平救济原则相容"；机会均等原则，即"各项职位及地位必须在机会平等下，对所有人开放"。两条原则的地位并不一样，第一条原则高于第二

---

[1] Robert Nozick, Property, justice and the minimal state, John Wiley & Sons, 2018.

[2] Hayek F. A., *The road to serfdom: text and documents,* The definitive edition, Routledge, 2014.

条原则；第二条原则中，机会平等高于差别原则。[1]德沃金也是自由平等主义学派的代表人物之一，他也提出社会和经济的不平等需要被干预，以实现以最小的成本获得最多的利益以及机会公平条件下对所有人开放的职位。[2]罗尔斯和德沃金都认为，为了实现社会整体利益的增进，资源的再分配是合理的，他们都追求机会平等。

虽然自由至上主义和自由平等主义存在一定差别，但是二者都认为个人的权利是第一位的，合法的权利是不能够被侵犯的，这也是自由主义公正观的特点。

(二) 功利主义——追求福利最大化

功利主义理论自提出以来就迅速成为道德与政治理论中占据支配地位的理论，这出于功利主义吻合人们对实效和功用的重视，吻合人们的自然思维，故而容易引发人们的认同。边沁是功利主义的代表人物，他的观点是道德的最高原则就是使幸福最大化，是快乐总体上超过痛苦。对边沁而言，正当的行为就是任何使功利最大化的行为。这里的功利指任何能够产生快乐或幸福，并阻止痛苦或苦难的东西。

我们都喜欢快乐而厌恶痛苦。功利主义理论意识到了这一点，并使其成为道德和政治生活的基础。功利最大化不仅是个人的原则，同时也是立法者的原则。一个政府在决定要制定什么样的法律和政策时，它应当要做任何能够使作为整体的共同体的幸福最大化的事情。那么，什么是共同体呢？边沁认为，它是一个"想象的集

---

1 Rawls, "Justice as Fairness," in *Contemporary Political Philosophy: An Anthology*, eds. Robert E. Goodin & Philip Pettit, Oxford, UK: Blackwell Publishers, 1997, pp. 187-199.

2 Dworkin, "What is Equality? Part 2: Equality of Resources", *Philosophy and Public Affairs*, No. 4, 1981, pp. 283-345.

体，由组成的个体总数所构成"。因此，公民和立法者都应当扪心自问这样一个问题：如果我们将这项政策的所有收益相加，再减去它所消耗的，它会比其他政策产生更多的幸福吗？

边沁还在为"我们应当使功利最大化"这一原则进行论证时，做出了大胆的断言：我们没有合适的理由以反驳之。他主张任何道德论证都必须含蓄地利用使幸福最大化这一理念。人们可能会说他们相信某些绝对的、无条件的义务或权利；可是除非他们相信，尊重这些义务和权利将使人类的幸福最大化，否则他们就没有任何基础来维护这些义务和责任。因此，功利主义的正义观是基于整体的角度考虑的，但正是这一点也受到了批判，认为其忽略了个体之间的差异，可能会导致社会利益中个人分配的不公正。

（三）马克思主义——实现共产主义

关于什么是公正，马克思主义的公正观体现为三个特点。[1]第一，公正是一种社会意识，具有历史性和阶级性。在马克思主义看来，公正是一种社会意识，是对特定社会存在状况的观念反应，它产生于现实的社会经济生活，是人类运用思维能力对社会关系的理论抽象，不存在生来就有的和永恒不变的公正原则。公正作为一种社会意识，在阶级社会中不可避免地具有阶级性。在不同的历史时期，不同的阶级由于在社会生产体系中处于不同的地位，他们往往从自己的阶级利益出发，运用自己的公正观念去衡量、取舍和限定现存的各种社会关系。所以，在阶级社会中，公正只能是带有"阶级性的公正"，"它或者为统治阶级的统治和利益辩护，或者当被压

---

[1] 阮博：《马克思主义公正观的三维透视》，《攀登》，2012年第4期，第25—28页。

迫阶级变得足够强大时，代表被压迫者对统治者的反抗和他们的未来利益"。也就是说，任何统治阶级都会宣称自己所统治的社会是公正的，并极力为之辩护；而任何试图想成为统治阶级的被统治阶级都会激烈抨击现存社会的不公正，并精彩勾勒未来社会的公正图景。

第二，公正的根本评判标准是生产方式。马克思主义公正观主张公正的历史性和阶级性，并不意味着承认公正是相对的、随意的和不可评判的，而是要说明公正的评判并不取决于人们的主观意志和阶级利益等这些主观因素。在马克思主义看来，公正的根本评判标准是生产方式。"只要与生产方式相适应，相一致，就是正义的；只要与生产方式相矛盾，就是非正义的。"在马克思看来，资本主义的生产方式是当时最先进的生产方式，决定了资本主义的分配方式也是当时唯一"公平"的分配。马克思主义之所以将生产方式作为评判公正的根本标准，是因为生产方式既是人类社会存在的根本基础和发展的根本动力，也是衡量社会发展水平和发展阶段的根本尺度，还是人的解放程度和自由状态的根本标志。

第三，公正是一种价值理想，只有在共产主义社会才能完全实现。在马克思主义看来，公正是人类的一种价值理想，是对现实生活中各种不公正的反叛和抵抗，是对未来美好社会的一种向往和憧憬。公正为人们提供了一种价值目标，指引着人们的努力方向，并给人们以精神动力。在前共产主义社会，由于不公正的根源——私有制的存在，各种努力只能部分地实现公正，人们依然处于各种不公正的包围和封堵中。"真正的自由和真正的平等只有在共产主义制度下才可能实现；而这样的制度是正义所要求的。"共产主义社会之所以能完全实现公正，是因为"共产主义是私有财产即人的自我异化的积极的扬弃，因而是通过人并且为了人而对人的本质的真正占有；因此它是人向自身、向社会的(即人的)人的复归，这种复归是完全的、自觉的而且保存了以往发展的全部财富的"。共产主义社会可以"把生产发展到能够满足所有人需要的规模；结束牺牲一些人的利益来满足另一些人的需要的情况；彻底消灭阶级和阶级对立；通过消除旧的分工，进行产业教育，变换工种，所有人共同享受大家创造出来的福利，通过城乡的融合，使社会全体成员的才能得到全面的发展"。换言之，共产主义社会具备了这些完全实现公正的基本条件。

马克思主义公正观，从阶级和生产方式的角度解释社会分配，认为在社会主义甚至共产主义中是不存在阶级剥削的，按劳分配是最为公正的生产方式，这为中国特色社会主义公正观提供了理论基础。

综上所述，表5-2对自由主义、功利主义和马克思主义关于公正的观点进行了总结与对比，此三类学说由于对公正的判断标准存在差异，因此对个人与整体关系的认识和如何实现公正的观点都有所不同。

表5-2 自由主义、功利主义与马克思主义对比

	自由主义	功利主义	马克思主义
代表人物	诺齐克、哈耶克、罗尔斯、德沃金	边沁	马克思、恩格斯
公正的判断标准	对个人权利的尊重程度	功利是否增加	是否与生产方式相适应
对个人权利的观点	个人权利至高无上	重视整体，忽略个人	集体利益高于个人利益

(续表)

	自由主义	功利主义	马克思主义
对政府干预的观点	自由至上主义极力反对再分配；自由平等主义支持一定程度的国家干预	社会再分配可以提高整体幸福	为了实现共产主义可以进行再分配

三、中国特色社会主义公正观

中国特色社会主义现代化大厦有赖于政治民主、经济发达、文化繁荣、社会公正这四根巨柱的支撑，其中，社会公正又是经济、政治、文化结构及其运行结果的综合性评价和总体性目标，内容十分丰富，涵盖了经济、政治、文化、教育、法律以及社会生活的其他领域。因而，实现中国的社会公正目标，不仅需要我们从伦理学，而且还要从多学科、多视角进行综合研究，建构中国特色社会主义公正观的理论体系，这是继承、发展和创新马克思主义公正观的客观要求，也是建设中国特色社会主义的重大理论课题。

马克思主义公正理论是建构中国特色社会主义公正观的指导思想。马克思、恩格斯在分析、批判资本主义工业文明初期社会不公现象的过程中，对社会公正问题提出了一系列精辟的思想观点，形成了马克思主义的社会公正观。作为马克思主义的一个重要组成部分，马克思、恩格斯的公正思想（尤其是他们关于社会主义公正的思想），为我们提供了运用唯物史观认识和解决社会公正问题的科学思维方式，对于我们正确认识社会主义初级阶段的社会公正问题，揭示和把握社会主义社会公正的本质及其建设的规律，探索社会主义市场经济条件下社会公正的实现途径，进而建构中国特色社会主义公正观的理论体系具有重要的世界观和方法论意义。

现代西方正义理论是建构中国特色社会主义公正观的"他山之石"。西方正义学说为我们建构中国特色社会主义公正观提供了许多可资借鉴的思想。比如，新自由主义关于按照自由选择的个人贡献方式分配经济负担和经济利益的思想，对于我们确立社会主义初级阶段多种所有制和多种分配方式并存条件下的社会公平分配原则具有重要启示。但是，必须同时看到，西方的正义理论建立在唯心史观的基础之上，割裂了正义观与社会历史的有机联系，因此并不能够完全借鉴，而是要取其所长。

保障主体权利平等是建构中国特色社会主义公正观的核心理念。现代公正观的核心要求是权利平等，也就是平等地分配所有社会成员的权利和义务。"没有无义务的权利，也没有无权利的义务。"在这个意义上，我们可以说"公正就是权利平等"，"公正就是为一定社会的道德体系所确认的对社会成员之权利和义务的恰当分配"。有了社会成员的权利平等，才有他们参与社会竞争的起点平等和分享社会利益的机会均等。在当今社会，无论在理论上还是实践上，公正同权利都是密不可分的。哪里有公正问题，哪里就有权利问题。没有权利平等，就决无公正可言。所以，保障社会成员的权利平等是现代社会道德的基本原则。

共同富裕是建构中国特色社会主义公正观的目标取向。社会主义的本质，是解放生产力，发展生产力，消灭剥削，消除两极分化，最终达到共同富裕。实现共同富裕，既是社会主义区别于资本主义以及一切剥削阶级社会的重要标志，也是社会主义作为共产主义第一阶段要始终为之奋斗的最终目标。社会主义正因同共产主义相联系，为实现人类大同的美好前程走共同富裕的道路，才使其本质充分体现出来。也正因为这样，邓小平同志多次指出："社会主义最大的优越性就是共同富裕,这是体现社会主义本质的一个东西。"

因此,中国特色社会主义公正观是以马克思主义为基础、西方公正理论为借鉴、保障主题权利平等为核心、实现共同富裕为目标的公正思想。

四、公正发展

目前,对于何为公正发展并没有统一的界定,学者对于该概念的认识各有不同。张玮祎认为,发展公正是对人与人的关系而言的,发展能否形成合理的人与人之间的社会关系。发展的公正性实质上是对人的生存和发展方式及社会关系合理性的追问。

景天魁提出了一个新概念"作为公正的发展",并提出公正是社会发展的核心价值、社会发展的根本动力、社会发展的最佳状态,并阐释公正与发展之间的关系。

本章将公正发展理解为以公正为判断标准的发展,并结合公正理论从以下三方面界定公正发展。

(一)公正发展的内涵

发展机会公正。发展机会公正也是发展起点公正,这里的起点指的是后天的机会而不是先天的天赋。因为人的天资禀赋本身具有很大的差异性,因此要求发展起点整齐划一的绝对平等公正是不现实的,也不是真正意义上的发展公正。受后天因素影响的相对公正是我们所追求的发展机会公正。发展机会公正是人们通常所追求的最基本的公正,机会的不平等背后实际上剥夺了人们的选择权利,也意味着剥夺了人们参与市场平等竞争的机会和资格。要实现发展机会公正必须要遵循两个基本原则:一是普遍性原则,即机会不能只向一部分人开放，所有满足条件的社会成员都应该享受同等的机会；二是后致性原则，也就是说一个人的社会荣誉与社会地位并不是由先天决定的，而是需要后天的努力才能够得到。

发展程序公正。发展程序公正可以理解为按贡献进行的初次分配公正。公正的初次分配使得发展机会公正得以实现，使发展结果公正具备基本基础，因此发展程序公正是一个承上启下的分配过程。初次分配使社会成员通过生产要素的投入和自己的劳动，对社会做出贡献后能获得直接收益。由于每个社会成员投入的劳动的数量、质量以及投入的生产要素不可能完全相同，因此对社会发展所做的贡献也是存在差异的，而公正的初次分配，就是根据社会成员不同的社会贡献而直接进行的有差别分配，它也因此最直接、最直观地体现了公正原则的兑现程度。

发展结果公正。发展结果公正实质上是一种社会调剂手段，也就是立足于社会的整体利益，对初次分配之后的利益格局进行一些必要的调整，使广大社会成员普遍地不断得到由发展所带来的利益，进而不断提升社会的质量。实现发展结果公正的过程就是社会利益再分配的过程。再分配能够消除许多不公正因素，实现社会的良性发展。合理的社会调剂能够扩大利益的覆盖面，保证利益的均衡分配，弥补初次分配只重贡献的不足，使社会更加关注弱势群体，缩减贫富差距。

因此，发展机会公正是发展程序和发展结果公正的前提条件，发展程序公正进一步促进发展结果公正，发展结果的公正又为发展机会公正提供了基础，因此三者相辅相成、互相促进，彼此影响，在社会发展过程都不容忽视（见图5-1）。

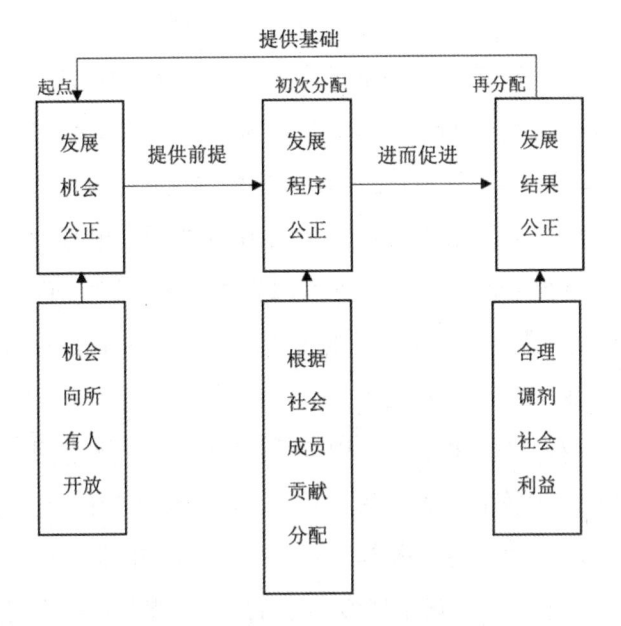

图5-1　发展机会、程序、结果公正关系

(二) 中国公正发展的重要性

改革开放以来，中国经济实现跨越式发展，但是社会的贫富差距也在不断拉大，在公正发展的过程中出现了一些问题。

在发展机会公正中，尽管中国已经做出了很多努力（如义务教育等），但是在高等教育、城乡社会保障、城乡医疗保障等方面仍然存在差距，在未来还需要更多的行动为机会公平创造空间。

在发展程序公正中，由于社会主义市场经济体制还不完善，相当一部分初次分配的差距并不是市场竞争、优胜劣汰的结果。影响初次分配公正性的问题之一是资源和要素价格形成机制不合理、不健全。很多资源价格不能反映资源稀缺程度、市场供求关系和环境损害成本，这就导致极少数人不当得利，而大多数人利益受损，从而形成不合理的收入差距，并损害资源配置效率。另一个问题是国民收入分配向资本和垄断行业过度倾斜。一段时间以来，居民收入占国民收入的比重不断下降，而企业利润（特别是大型垄断企业的利润）占国民收入的比重不断攀升。垄断不仅妨碍公平竞争、降低社会经济效率，而且成为收入分配差距拉大的重要根源。

在发展结果公正中，税收作为调节收入差距的再分配工具，也没能完全发挥作用。如再分配的主要税种，个人所得税、车船税、房产税、土地增值税等的比重过小，而同样具有收入分配调节作用的社会保障税、财产税、赠予税和证券交易税等尚未启用。这就使得体现税收收入分配职能的税种收入在总税收中的比重过低，税收公平分配功能的发挥空间相当有限，对于贫富差距扩大而税收调节乏力。再加上，诸多再分配政策存在的逆向调节功能，使得居民收入差距难以通过再分配环节得以有效缓解。

因此，在公正发展的三个方面中国仍然存在不足之处，解决当前存在的公正问题，为社会成员提供更加公正的生存环境是社会良性发展的必要条件。

第二节　共享发展与公正发展

本节将对共享发展与公正发展的关系进行讨论，并从实践层面介绍中国在机会公正、程序公正和结果公正方面已经取得的成就。

一、共享发展与公正发展的关系

共享发展在前文中被定义为全体民众在社会的各个方面的贡献与努力所获得的成果，能够以相对公平的方式为全体民众所享受的过程，其内涵包括了全民共享、全面共享、共建共享和渐进共享。在概念的界定中共享的主体是全民，共享的领域是全面，共享的方式是共建和渐进。基于这一概念理解，图5-2对共享发展与公正发展之间的关系进行了总结。一方面，公正发展是共享发展的核心价值；另一方面，公正发展是共享发展的实践皈依。后文将对此进行具体阐述，以更明确地揭示共享发展与公正发展的关系。

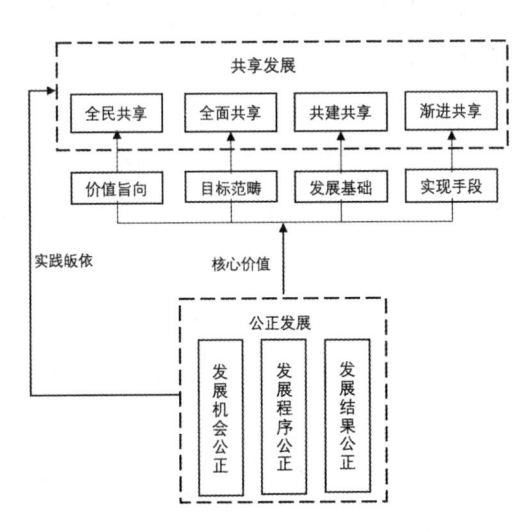

图5-2　共享发展与公正发展的关系

(一) 共享发展的核心价值

公正,是人们对公共事务的社会分配合理性诉求的一种客观价值准则和价值标准。公正维护着社会健康持续运转,体现了社会主义社会的本质特征。习近平总书记强调:"公平正义是我们党追求的一个非常崇高的价值,全心全意为人民服务的宗旨决定了我们必须追求公平正义,保护人民权益,伸张正义。"公正在中国社会的价值内涵通过共享发展的四个方面体现。

公正是共享发展的核心价值追求,在"四个全面"战略布局持续推进、五大发展理念深入贯彻落实的改革发展新实践下,被赋予了更加丰富的内涵要求。在社会公正与共享发展的关系上,普遍将社会公正作为共享发展的价值皈依,突出公正发展这一理想目标,具体体现在公正在共享发展的四个内涵中都有价值展现。

全民共享体现了公正的价值旨向。维护和满足每一位包括弱势群体在内的社会成员的基本生活条件和基本利益,保障他们享有基本相同的社会福利保障;同时创造公平的发展机会和发展条件,激发其他有能力的社会成员的主动性、创造性,促进个人自由全面的发展。

全面共享体现了公正的目标范畴。共享发展是在更广范围内的平等、全方位的共享,经济上增进物质收益、政治上保障民主权利、文化上满足精神需求、社会上促进机会平等、生态上分享绿色福利,是五位一体总布局促进人的全面发展的客观要求。

共建共享体现了公正的发展基础。共建是共享的前提,共享是共建的结果。共建就是要努力释放一切生产要素的发展活力,尽可能地激发每个市场主体的潜在能力,让一切创造社会财富的源泉充分涌流,不断提升创新能力,推动社会经济发展,为实现社会生产成果的共同享有创造前提。

渐进共享体现了公正的实现手段。我们追求共享发展的过程不是一蹴而就的，不能急于求成，而是需要阶段性地完成目标，最终才能更好地实现共享发展。因此，在实现共享发展的过程中，公正发展也是渐进的，从发展机会公正、发展程序公正到发展结果公正，政府需要在不同社会发展阶段颁布相应的配套政策以实现符合当前情况的公正需求，从而为共享发展助力。

在推动共享发展的过程中既要防止贫富差距过大，又要防止搞平均主义制约社会发展活力；在保障弱势群体的基本权利的同时，拓展其他群体发展的空间，任其发展的主观能动性自由发挥；在制度设计上，以"公正"作为"应然"的社会发展目标，立足于经济社会发展的客观水平，渐进式地推进共享发展的均衡、协调、可持续，做到公正的相对性和绝对性的统一。

(二) 共享发展的实践皈依

公正涉及人的价值、尊严和发展等根本问题的政治范畴，是人类正义愿望和原则的制度安排、实践准则。"如果说正义属于'应然''纯粹'的最高价值观层面，公正则是将'应然'与'实然'结合在一起，遵循'应然'的基本价值观进行现实社会基本制度安排的范畴。"[1]马克思主义强调社会公正的实践属性，认为公正是由一定生产力水平决定的经济关系和社会关系，"是不同实践主体在社会活动中按双方都能接受的规则和标准采取行动和处理他们之间关系的准则"，并在实践中不断发展。

---

1 吴忠民：《社会公正论》(上卷)，山东人民出版社2012年版。

共享发展，需要促进并实现发展机会公平。党的十八大报告中指出："逐步建立以权利公平、机会公平、规则公平为主要内容的社会公平保障体系，努力营造公平的社会环境，保证人民平等参与、平等发展的权利。"这是为了让全民都能有同样的机会施展才华。从教育资源的重新分配到户籍政策和生育政策的改革，都表明了中国在维护发展机会公平方面的决心。在当前人民群众需求多样化的现实下，只有继续加强政府的顶层设计，才能进一步实现人人享有平等的机会参与社会生活。

共享发展，需要促进并实现初次分配和再分配的公正。这里的分配主要指经济层面的制度，如果缺乏经济上的"共享"作为支持，其他方面的共享也无法实现。中国在做大经济这块"蛋糕"的同时，也要切好这块"蛋糕"，也就是做好分配，如何对社会财富逆向分配历来是判断社会文明程度的重要指标。政府政策文件中提到的"共同富裕""共享改革发展成果""一个都不能少"都需要公平合理的分配制度做保障。

共享发展，需要促进并实现精神文化资源公正。与经济、政治相区别，文化具有共享的特点，具体表现为渗透性、扩散性、传递性、继承性和习得性，这些都使得文化能够被一个群体共享。为了更好地发挥文化的共享特性，应从文化服务和产品两方面实现更高水平的文化共享于全人类。

二、中国以公正发展为实践依托的共享发展成就

(一) 机会公正

机会公正指每个人在发展权上享有同样的机会。发展权涵盖经济、政治、文化等诸多方面。个人拥有相同的发展权就能够在同一

起点参与社会生活。机会公正最典型的代表就是教育，中国教育制度的不断改进体现了机会公正的进步。

自1986年义务教育开始普及至今，中国义务教育的学生数量已经发生了质的改变。小学教育和初中教育作为义务教育的两个阶段都已取得了跨越式的进步，从图5-3和图5-4中可以看出，小学和初中教育的入学率呈现自1950年起稳步增长趋势并已经接近100%。除了义务教育，学前教育现已成为普惠教育，政府对幼儿园进行改革以期实现覆盖面更加广泛的学前教育。图5-5展示了1950年至今，不论是数量还是比例，幼儿教育都在持续进步。

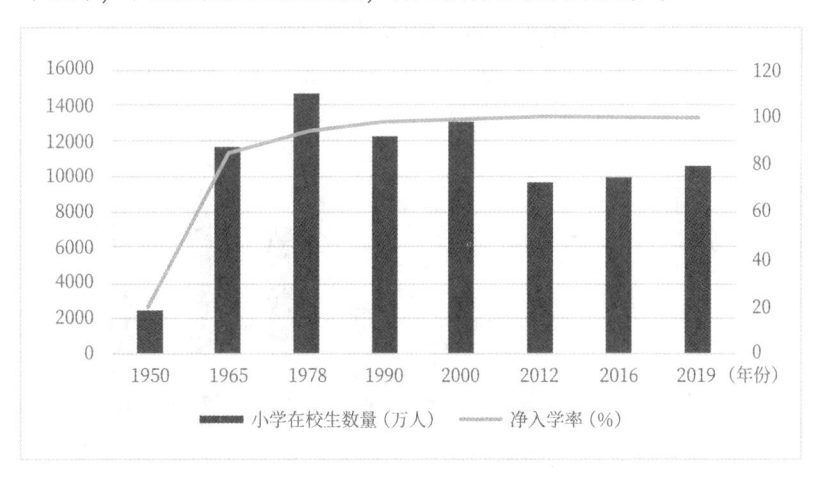

图5-3　小学在校生数量和净入学率

机会公平的评价标准，除了是否入学一项，所受教育质量的高低也是衡量标准之一，同时它也是近年教育的更高目标。《国家中长期教育改革和发展规划纲要（2010—2020年）》提出，"把促进公平作为国家基本教育政策""把提高质量作为教育改革发展的核心任务"，这是首次从国家层面主动提出将教育质量作为教育改革发展的核心。国家每年都会出台教育相关的文件，且都对教育质量做

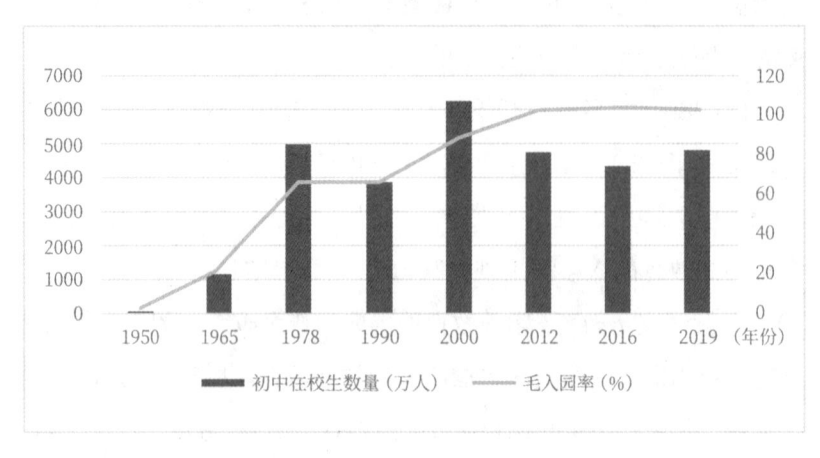

图5-4　初中在校生数量和毛入学率

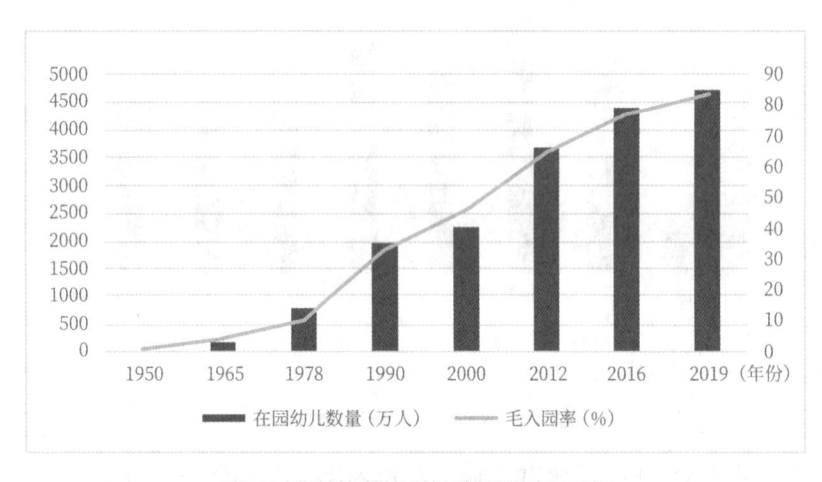

图5-5　学前教育在园幼儿数量和毛入园率

数据来源:《中国统计年鉴》

出了要求。2019年6月,中共中央国务院颁布的《关于深化教育教学改革全面提高义务教育质量的意见》中在开篇就提到"义务教育质量事关亿万少年儿童健康成长",在正文中又再次强调"切实提高课堂教学质量""深化教育关键领域改革,为提高教育质量创造条件"。多项政策和建议的出台表明中国已经采取措施提高整体教育质量,企图在更高水平实现教育机会公平。下文以四川成都一所高中的案例介绍了推动教育资源在地区间均衡分配的一种尝试。

学校联动利用新兴技术提高教育质量

成都市武侯区的成都七中拥有舒适的学习环境、优美的校园环境、丰富的课程设置、高质量的教育师资,以及同样优秀的学校生源。但是,四川贫困地区的248所高中,他们的教育资源及生源与成都七中相比都相差甚远,也正因此,不同学校的学生学习水平差距非常大。

早在2002年,四川省就将远程教育作为促进公平的重要举措,成都市作为省会率先将远程教育运用到学生的日常学习中,成都七中与另外248所中学的合作就是成功的试点。成都七中作为具有优质教育资源的学校,利用直播和电视屏幕,将课堂上老师所教授的内容传送至其他学校,最终实现了尽管身处不同学校,但学生们却听着同一堂课的效果。虽然改革初期,多数贫困地区学生难以跟上成都七中老师讲课的节奏并感到挫败,但是学校间同步的快节奏在学生适应后明显提高了学生的学习效率和质量。

以禄劝一中为例,学校的中考控制线是385分,比昆明市区最差的学校还低大约100分,因此生源质量并不高,但是经

> 过直播教育改革后，学校的本科升学率成倍数上升。在200多所学校中，有的学生考上了清华、北大，甚至成了省状元，升学率最高提高了几十倍。

在短时间内提高落后地区的教育质量是很难的，教育水平的提高是一个漫长而艰难的过程。四川省的教育实践经验证明，虽然难以通过传统的教育方式使得教育质量快速提高，但是互联网和直播作为新兴的教育模式可以对下一代的教育产生质的影响。因此，政策与技术的结合为教育机会公平提供养料，在此基础上，教育质量得到显著的提升，在未来，这种结合的方式也将进一步促进机会公平。机会公平与全民共享的内涵不谋而合，二者都体现了以人民为中心的思想，都是期望提供给整个社会中每个人相同的机会，并在同一起跑线上竞争。以教育为例，促进教育机会公平的目的在于让更多的人共享教育改革和发展的成果，进而实现自身的价值。

（二）程序公正

程序公正体现在初次分配时的公正。对企业来说，营造公平竞争的营商环境是实现初次分配公正的基础；对个人来说，保证收入合理分配是实现初次分配公正的基础。

近年来，中国在营商环境的改善方面取得了巨大成就。在司法保障上，通过出台首个国家级优化营商环境行政法规，在制度层面为优化营商环境提供了更加有力的保障和支撑。[1] 在放权改革上，落

---

1 《商务部外资司负责人谈2019年1—9月全国吸收外资情况》，商务部网，2019年10月18日。

实了多项营商环境权力下方的行政许可事项。[1]在硬件支持上，国家政务服务平台主体功能建设初步完成，实现了企业与国家政务服务平台的全面对接。[2]在政策支持上，更大规模的减税降费政策落地实施，激发企业经营活力。[3]以上多方面对营商环境的优化，为企业的发展提供了一个公平合理且良性健康的平台。在此基础上的企业间的竞争以及资金在市场中的流动受到了政策的保护，一定程度上避免了垄断，更加符合初次分配公正的要求。

阿里巴巴垄断案

阿里巴巴集团成立于1999年，至今已发展成中国最具有影响力的线上平台之一。但是其在参与平台经济的过程中，一步步打破公平竞争的营商环境，自2015年以来，阿里巴巴集团滥用其在市场中的支配地位，对平台内商家提出"二选一"要求，禁止平台内商家在其他竞争性平台开店、参加促销活动，并借助市场力量、平台规则和数据、算法等技术手段，采取多种奖惩措施保障"二选一"要求执行，维持、增强自身市场力量，获取不正当竞争优势。

关于"二选一"事件的时间线如下：2015年11月，京东向原国家工商总局进行了实名举报，举报称，阿里巴巴胁迫商家进行"二选一"操作，这是对市场秩序的扰乱。2017年7月，京东和唯品会共同发表声明抵制阿里的"二选一"举措。2018

---

1 《商务部外资司负责人谈2019年1—9月全国吸收外资情况》，商务部网，2019年10月18日。
2 《林丽鹂：上半年我国日均新设企业1.94万户》，《人民日报》，2019年7月8日。
3 《"一网通办"和"一网通管"建设进入关键节点》，《经济参考报》，2019年7月11日。

> 年10月,拼多多联合创始人孙沁表示,拼多多平台的商家大多遭遇了二选一,导致在拼多多3周年活动期间,大批的品牌商家被迫退出活动、下架商品,甚至要求关闭旗舰店。2019年6月,格兰仕发表声明怒斥天猫的"二选一"举措。
>
> 阿里巴巴集团"二选一"举措排除、限制了中国境内网络零售平台服务市场的竞争秩序,妨碍了商品服务和资源要素自由流通,影响了平台经济创新发展,侵害了平台内商家的合法权益,损害了消费者利益,构成《反垄断法》的第17条第一款第(四)项禁止"没有正当理由,限定交易相对人只能与其进行交易"的滥用市场支配地位行为。2021年4月10日,国家监管总局对阿里"二选一"的垄断行为依法作出行政处罚决定,责令阿里巴巴集团停止违法行为,并处以其2019年中国境内销售额4%的罚款,共计182.28亿元。

想要打造一个公平正义的营商环境,虚拟网络的市场监管相比实体经济更加困难,这就对企业的自觉性提出了更高的要求。阿里巴巴的"二选一"行为严重扰乱了中国社会的经济秩序,其倚仗自身的支配地位,对平台经济进行垄断,打压其他平台经济企业的经营以及限制入驻平台的实体运营商的选择,从而实现自身利益的最大化。阿里巴巴在初次分配过程中打破了公平的竞争环境,造成了程序不公正,因此政府对其采取的行政处罚是对恢复公正的营商环境的正确措施。

在保证收入合理分配方面,中国自1993年起开始实施最低工资制度,在《劳动法》中明确规定了劳动者在法定工作时间或依法签订合同并提供正常劳动的前提下，用人单位依法应支付的最低劳动报酬。最低工资标准由于地区经济发展存在差距，各地标准有所不同，但相同的是，标准随着经济的发展也在不断上调，这一方面证明了经济发展积极态势，另一方面意味着初次分配中个人收入的公正从未被忽视。例如，以北京市为例，自1994年制度开始实施起，最低工资标准逐年上升，2019年已增长至2200元/月，图5-6展示了其历年最低工资标准变化趋势。

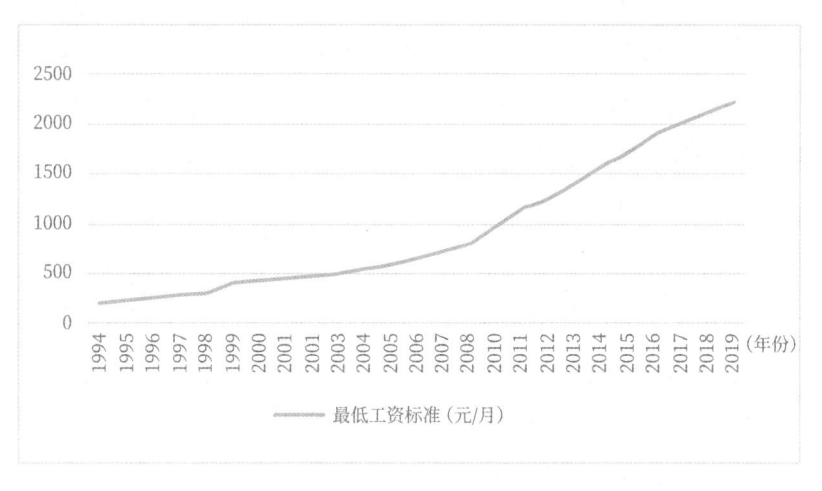

图5-6 北京历年最低工资标准

数据来源：《中国统计年鉴》

最低工资标准能够充分体现劳动过程中的公正，因为通过这种方式，国家一定程度上矫正了劳动关系中表面上的形式平等但实际存在贫富差距过大的实质不平等问题。按劳分配是社会主义公有制经济的分配方式，然而在现实中依然存在着尽管付出了同样的劳动，但因行业或地域差异，导致劳动者收入差距巨大的情况。最低工资制度就有效地保护了在初次分配中最为弱势的群体。

(三) 结果公正

结果公正是社会再分配过程的公正，目的是让社会中较为弱势的群体能够获得更为体面的生活。中国在减贫事业方面已经取得了许多成就，其中最为声势浩大且公正的举措就是精准扶贫政策。

2015年1月，习近平同志在云南考察时指出，扶贫开发是我们第一个百年奋斗目标的重点工作，是最艰巨的任务。因此，新的扶贫机制——精准扶贫政策应运而生。政策要求，截至2020年，中国仍然没有脱贫的7000万贫困人口需要实现全部脱贫，以实现2020年中国消除绝对贫困的目标。精准扶贫是一次有针对性的国家收入再分配，目的是让发展成果更多、更公平地惠及全体人民，使老百姓有更多"获得感"，实现最大范围的公平和合理，并最终回归到社会公平正义上来。在实现全面脱贫的过程中，国家投入了大量的人力、物力和政策支持以实现贫困地区人民的收入增长。政府以"五个一批"政策作为脱贫路径向贫困地区倾斜。一是发展生产脱贫一批，二是易地搬迁脱贫一批，三是生态补偿脱贫一批，四是发展教育脱贫一批，五是社会保障兜底一批。这五项举措都是通过对社会财富的再分配，通过国家政策性资金的扶持，帮助贫困人口发展产业、建设新居、发展生态产业，享受教育补贴和生活保障资金，以此针对特定人群采取针对性措施，利用再分配手段提高最低收入人群的收入。在这一过程中，作为弱势群体的贫困人群的营收能力提高，生活质量上升，实现了再分配阶段的社会公正。下面以贵州省的扶贫实践为例，介绍精准扶贫政策是如何帮助实现结果公正的。

贵州生态产业扶贫提高收入

党的十八大以来，各级林草部门深入践行绿水青山就是金山银山的理念，大力推进生态补偿、国土绿化扶贫、生态产业扶贫，建立了中央统筹、行业主推、地方主抓的生态扶贫格局。

贵州省贯彻中央关于生态扶贫的建议，大力支持发展油茶等木本油料、生态旅游和森林康养、林下经济、竹藤、种苗花卉等生态产业，广大脱贫地区通过"企业+合作社+基地+贫困户"模式，形成稳定的利益联结机制。

盘锦市盘官镇贾西村在扶贫阶段积极发展生态产业，村庄依靠种植刺梨提高了农民收入。不仅如此，在种植的基础上还进一步延长了产业链，形成生产、加工、销售为一体的全产业链，包括榨汁、饮料、口服液、果脯、原汁、含片等8条生产线。刺梨产业研究院也已成立，用于研发刺梨系列产品50余项，获批知识产权553项，获批产品专利67项，制定了包括刺梨培育、种植及生产加工等在内的15项刺梨产业标准体系。

截至2019年底，贾西村刺梨种植面积达6600多亩，辐射带动周边3.12万亩刺梨种植，产业覆盖8个村3498户，创造就业岗位近400个，稳定脱贫257户，2019年全村人均收入达到12044元，贫困户全部实现脱贫。

从上述案例可以看出，扶贫政策是政府对社会财富进行二次分配，把财政资金投入相对弱势群体的整体福利提升的事业中。贵州省贾西村的生态产业扶贫是以政府的支持和政策的引导为基础，帮助贫困户寻找增收机会，并提供资金补助。在政府进行社会财富再分配的扶持下，村民发挥自身能动性，积极参与刺梨产业的发展，并开发出附加值更高的产品。因此，财富的再分配为弱势群体提供了发展机会，带动具有自主发展意愿的人群获得更高的收入。

截至2020年末，全国农村贫困人口实现从2013年的9899万人到贫困人口归零；贫困发生率从2013年的10.2%下降至0。国家通过再分配向作为弱势群体的贫困人口提供支持，由此实现了减贫事业的成功，以及发展结果公正的目标（见图5-7）。

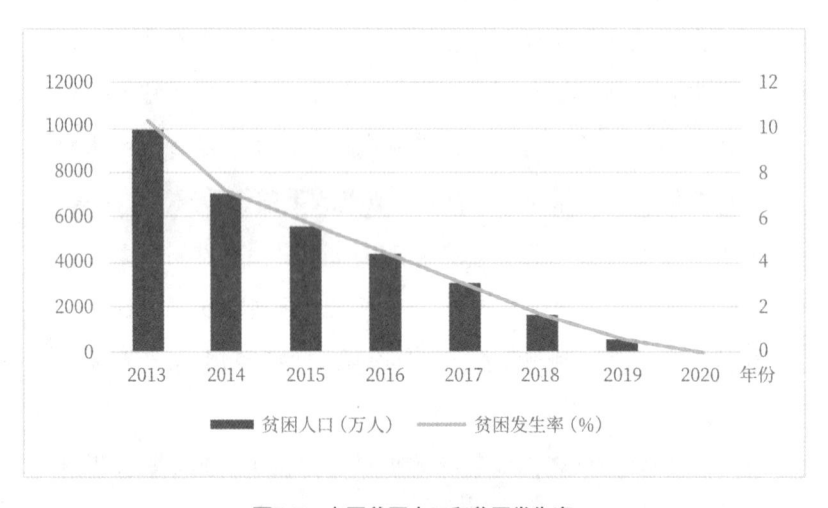

图5-7 中国贫困人口和贫困发生率

数据来源：《中国精准扶贫发展报告》

第三节　共享社会和公正社会

公正发展既是共享发展的价值追求又是实践要求，然而，对于中国存在的公正问题，如果要对症下药，还需从整体制度结构的角度分析公正问题并探求原因。本节是对上一节内容的升华，在对已经取得一定公正发展的成就给予肯定的前提下，进一步分析社会仍然存在的公正问题及其产生的原因，并提出未来的应对措施。

一、共建共治共享的社会治理结构

一个开启现代化新征程的国家，不仅要建设现代化经济体系，而且要在重视经济建设的同时构建一个现代化的社会结构。党的十九大报告中提出要："打造共建共治共享的社会治理格局"，这既是对社会治理已有经验的总结，也是对新时代社会治理做出的崭新谋划。从其概念框架上看，共建、共治、共享的社会治理格局主要强调的是主体一核多元、过程的公共参与和结果的共同享有。

在"共建、共治、共享"三个关键词中，共享是社会治理结构的目标导向。中国政府治理的根本目标在于提升全国人民的幸福感，让所有人都能够参与社会治理，共享治理成果，提高自身获得感，而不是只让一小部分人获益。这不仅是共享这一概念的本质内涵，也是中国特色社会主义与西方国家相比的最大区别和优越性。正如十九大报告中所指出的，坚持人人尽责、人人享有，不断满足人民日益增长的美好生活需要，不断促进社会公平正义，形成有效的社会治理、良好的社会秩序，使人民的获得感、幸福感、安全感更加充实，更有保障，更可持续。

共建和共治都是为了最终实现共享而采取的方式方法。共建不仅是共享发展的内涵之一，也是现代社会治理结构的基本要求。共建要求社会共同参与建设，在医疗、就业、社保、教育等领域，政府应与社会合作且政府处于主导地位。共治是各大主体通过协商、合作的方式，而不是简单的硬碰硬的办法来共同参与公共事务治理，妥善解决矛盾纷争，进而达成一致性意见、采取一致性行动。激发和引导多元主体共同参与社会事务治理，既是现代社会治理的内在要求，也是提升社会治理能力水平的必然途径。共建与共治的区别在于共建强调的是社会多方主体的共同合作，共治强调的是政府与民众的合作，但二者都是社会治理的途径，为的是实现共享的目标（见图5-8）。

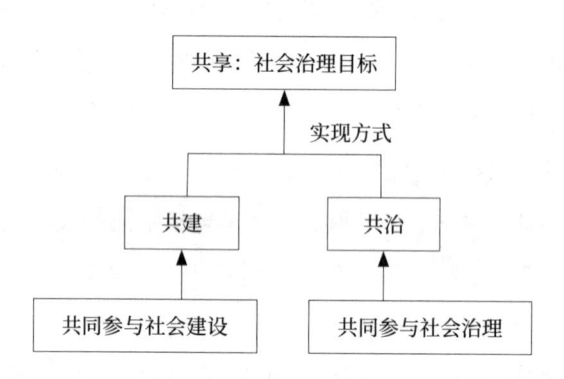

图5-8 共建、共治和共享的关系

二、共享社会的社会公正

（一）共享社会的社会公正问题

公正是共享社会的实践方式，诚如前文所言，公正的标准在不停变化。随着社会的不断发展，人们对社会公正不断在提出新的要求。现阶段，我国正处于新的历史起点，战略机遇和各方面矛盾更加突出的时期，因此如何更好地统筹各方面的利益相比于以前则更加困难，也因此社会公正问题就更为突出。中国当前面临的社会公正问题表现在政治、经济、法制等多方面，然而最显著的问题仍然表现为中国一直以来存在的贫富差距过大、两极分化严重的经济不公正。

1. 地区差距

由于经济发展基础、要素禀赋、制度设计等不同，各地经济发展水平也不尽相同。改革开放以前，中国区域经济发展差距并不明显。改革开放以后，中国区域经济的差距主要体现在东西差距，随着缩小东西差距政策的不断深入，南北差距逐渐成为主要区域经济问题。

随着改革开放的深化，国家开始注重协调发展，先后提出西部大开发战略、振兴东北地区等老工业基地战略、促进中部地区崛起战略，旨在促进中西部地区和东北地区快速发展。整体趋势呈现东中西部的差距在持续缩小，但是东部地区的GDP仍占全国总水平的一半以上，因此东中西部的地区差距问题仍然存在。

1978年改革开放后，沿海地区率先实行改革开放，5个经济特区、14个沿海港口城市中有9个位于东南沿海地区，这也就造成了南方经济发展呈现快速增长的趋势，尽管,在20世纪90年代到21世纪初，北方地区也实现了全方位开放，但是南北方经济差距仍然很大。到2014年之后，由于中国经济进入新常态，经济体制改革将南北方差距进一步拉大，南方地区GDP占比呈现急剧扩大的态势。2016年，南方地区GDP占比首次超过60%，达60.3%。2019年，南方地区GDP占比64.56%。因此，南北方的经济差距形势更加严峻（见图5-9）。[1]

---

1 《2019年中国统计年鉴》。

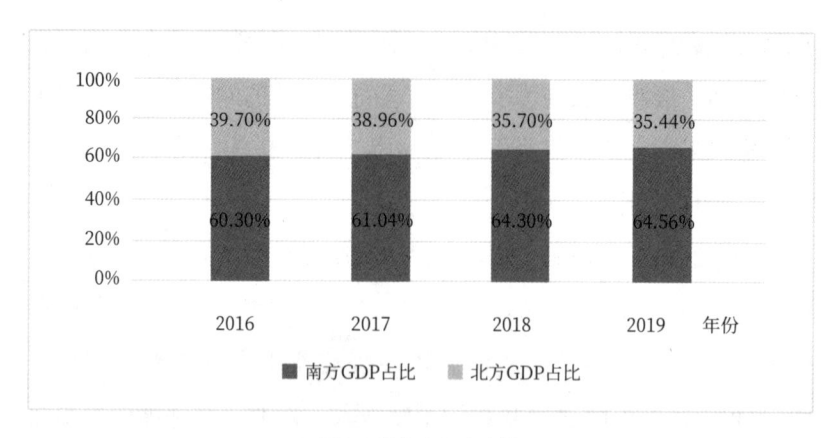

图5-9 南北方GDP占比

数据来源：《中国统计年鉴》

2. 城乡差距

由于城乡二元体制的长期存在，中国的城乡差异问题也一直是发展收入不平等的重要特征之一。中国自20世纪70年代末恢复高考制度后，人们可以通过考入大学进而进入政府部门工作。1999年开始的高考扩招促使越来越多的人通过教育实现阶层的跨越。20世纪90年代初期开始，劳动力流动限制被解除，粮票制度被废除，农村劳动力可以自由到城市找工作并获得工资性收入，这使得生产力得以释放。然而，伴随着我国经济的高速发展，收入不平等的现象日益突出，基尼系数在2008年达到了峰值0.49。随后政府采取了如取消农业税、对农村贫困家庭的学生减免学费、推进贫困地区脱贫等一系列措施，扩大农村居民的社会保险覆盖范围，基尼系数在近年才有所下降，收入不平等的趋势自2013年之后开始有所扭转，但仍在0.4以上的高位。

如图5-10所示，最近十年来，无论城市还是农村，居民的人均可支配收入都在增加，城乡差异得以逐渐缩小。但是，自2015年起，城乡收入比下降速度明显减缓，至2019年，城乡收入比仍高达2.64，证明城乡收入差距大的问题依然严峻，且缩小收入差距已经进入平台期，需要采取更加有效和结构性的手段在下一阶段缩小差距。

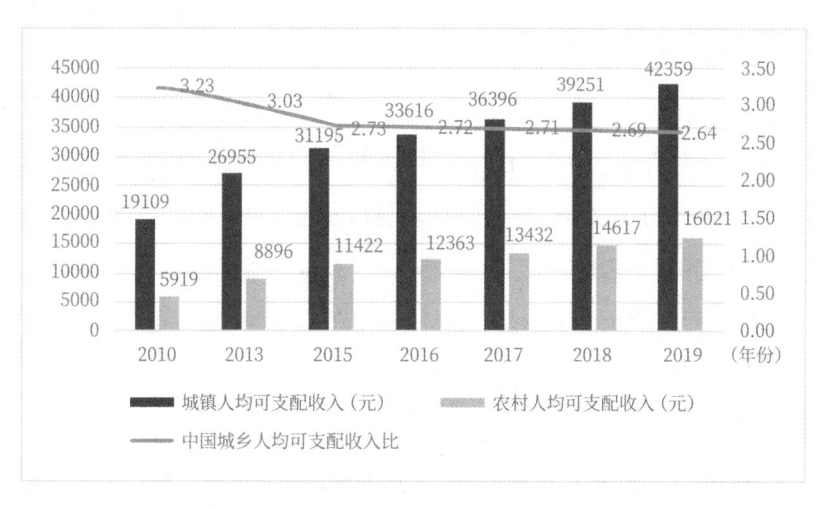

5-10　中国城乡人均可支配收入比较

数据来源：《中国统计年鉴》

3. 行业差距

我国各行业之间收入差距问题由来已久，在传统经济体制时期，行业之间的收入差距还不是很显著，当时收入水平普遍比较低。但是改革开放以后，不同行业职工的收入差距逐渐扩大。在改革开放初期，电力、煤气、建筑业等为高收入行业，而金融、保险、房地产等行业的收入则低于全国平均水平，随着改革开放和经济全球化的逐步深化，不同行业之间的差距越来越大，并有继续扩大的趋势。鉴于工资是绝大多数人的主要收入来源，我们可以从各行业平均工资水平的变化情况来加以考察。按照《中国统计年鉴》中对行业的划分标准，从图5-11可以清晰地看到，自改革开放以来，人均工资最高的行业包括电力煤气、采掘、金融与信息计算机软件业，而近些年又以金融业以及信息计算机软件业为主。这些行业大体呈现出两个特征：一是属于知识与资本密集领域；二是带有垄断性和资源性。尤其近几年，信息行业一直占据最高工资行业的龙头，收入的增幅也在不断提高。相比之下，农林牧渔业的平均工资几乎始终为所有行业中的最低，这可能与农产品的低附加值与劳动密集型特点有关。2017—2019年农林牧渔业的平均工资收入仅增加不足3000元，2019年工资增幅仅为7.9%，而信息行业工资增加了28202元，增幅为9.2%。农林牧渔业的工资增长值远低于高薪行业，同时增幅也较低，因此造成低薪行业与高薪行业之间的收入差距越来越大。

中国行业收入差距基尼系数在1985年为0.0624；到了1988年，行业收入差距的基尼系数有所好转，降低到0.0486；但是随后几年呈增大趋势，1995年略微有所降低，到了2015年已经高达0.1356。[1] 从多个角度看，中国的行业收入差距的不公正问题依然存在，且形势十分严峻。

（二）共享社会的社会公正制度因素

1. 体制性的非市场因素——二元户籍制度

二元户籍制度将公民区分为"城镇人口"与"农村人口"，身份

---

[1] 鲁晓东：《我国对外开放与收入差距：基于地区和行业的考察》，《世界经济研究》，2007年第8期，第3—10、86页。

上带有终身制和世袭制的色彩。户口成为社会身份和社会地位的象征。公民从出生就被烙上不同的身份，长时间被赋予不同的地位、待遇、权利和义务。二元户籍制度阻隔在城乡之间，成为以牺牲农业和农民利益为代价发展工业的保护伞，同时造成农业人口与非农业人口在政治、经济、文化等方面的不公正。

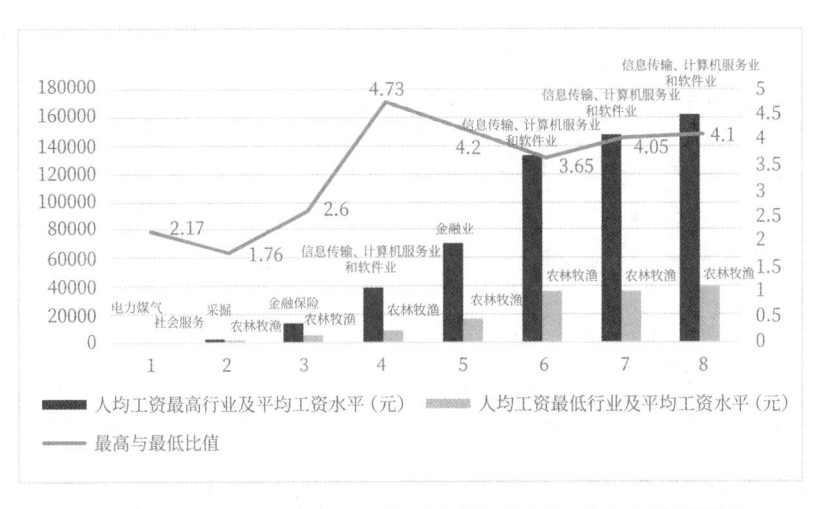

图5-11　1978—2019年按行业分城镇非私营单位人均工资最高与最低统计

数据来源：《中国统计年鉴》

现实的户籍管理制度附加了各种各样行政的、经济的、社会保障的管理行为，造成医疗、教育、就业等的不平等性。从教育经费投入看，我国城乡教育福利的差异甚为显著。我国义务教育实行的是在国务院领导下的地方负责、分级管理的体制，义务教育的经费主要由地方政府承担。我国传统的城乡二元户籍制度阻碍了生产要素的自由流动，造成经济发展水平的巨大差异，因此城市义务教育经费能够实现各级财政投入的足额到位，而农村义务教育经费不足和办学困难问题却一直长期存在。此外，一些单位、部门或企业，甚至是国家机关招收公务员考试，也有相应的户口限制，如果不是某地的户口，就没有参加考试的资格和被录用的机会。这样，既限制了人才的流动，同时也使考生失去了同等或平等竞争的机会。

非京籍上学难

非京籍学生，即父母双方在北京工作，家庭在北京生活，需要在北京完成学业的学生。2018年北京中考报名人数为6.5万人，其中，非京籍报名人数仅为1.2万人。尽管非京籍学生与京籍学生相比只存在户籍上的差别，但是其上学的困难程度要远高于京籍学生。

在义务教育阶段，只有符合一定条件的学生才能够作为随迁子女具有在北京上学的资格，但这仅仅只是一块上学的敲门砖。随着二胎政策的放开，北京新生儿数量迅速增加，北京房产市场进入新一轮增长，学区房再次刷新纪录，最高价格甚至超过20万元/平方米。为了控制局面，很多热门小学入学条件从过去的"有房"，变成至少要持有房产本三年以上，这进一步加大了学生上学的难度。尽管有的父母高价购得学区房，但入学名额仍然是北京市户口优先，非京籍学生在第二梯队等待被选择。

在高中阶段，非京籍学生面对的上学难题则更加艰巨，只有符合九类条件之一的学生才具有在北京就读高中的机会，其余多数学生都只能返回原籍就读。尽管部分学生能够在北京完成高中教育，但是高考只能且必须回原籍所在地参

> 加，如此就将面临学科教材不同，重新适应当地学习生活的问题。
>
> 由于以上非京籍学生受教育的困难，学生可能面临学习不适应或与父母分离的问题，但是更多的重担则是落在了父母身上，他们需要强大的资金支持才能够让孩子在北京有学上，或是选择直接出国读书这另一条路。

北京地区学生上学难问题在全国各省市中是最为突出的，原因就是户口迁移限制条件多，落户难。但是这一问题不仅出现在北京，在其他一线城市同样存在。由于户籍问题，同一水平的学生能接受的教育资源存在较大的差别，如果想要接受同样的教育，那么父母就需要承受更重的经济负担。教育不公正只是户籍制度的负面影响之一，在医疗、住房、社会保障等其他方面，户籍也在牵绊着外来务工人员。只有从根源上解决户籍制度造成的社会分化才能有效解决各方面的不公正问题。

2. 政策性的不平等因素——免税让利政策等导致地区发展差距

十一届三中全会以来，党和国家开始以经济建设为中心，实行改革开放。由于东部地区工业体系完善，基础设施发达，教育水平和劳工素质相对较高，可以降低开发成本，因而，获得了率先发展的机会。

1979年，党中央、国务院决定对广东、福建两省的对外经济活动给予特殊政策支持，充分发挥优越条件，率先搞好经济。1980年，中央决定在深圳、珠海、厦门、汕头成立经济特区，拉开了改革开放的大幕。随后,又相继开辟了大连、天津、青岛等沿海城市,使得对外开放不断向内陆推进。1999年,中央提出了"西部大开发"战略,"把东部沿海地区的剩余经济发展能力,用以提高西部地区经济和社会发展水平、巩固国防"。从开辟沿海经济特区到"西部大开发",整整间隔了20年。这种梯度推进的改革开放政策,一方面使东部地区得以迅速发展,另一方面也拉大了地区间的经济差距。因此,在21世纪,中国加大对中西部地区的政策扶持力度。例如,中西部地区由于基础设施相对落后,吸引社会投资的能力也落后于东部地区,因此,中央政府应给予投资优惠、税收减免等制度支持,促使更多企业投资于中西部,拉动中西部经济增长,为这些地区提供更多的工作岗位。另外,政府应继续推进西部大开发战略、中部崛起战略、振兴东北老工业基地战略,鼓励各地区结合自身优势,发展优势产业。但是,地区发展差异仍然显著,西部、中部和北部地区仍然处在承接东部地区淘汰产业的发展过程中。

3. 市场经济发育不完善——市场经济发展不充分、不规范

有一部分人认为分配不公是市场经济发展的必然结果,认为追逐经济效率必然牺牲分配公正。事实上,市场经济的确有优胜劣汰、拉开差距的效应,但是由垄断引起的分配不公说明:分配不公不仅不是发展市场经济的结果,恰恰相反,这正是因为市场经济发展不够充分和不够规范。

其中典型的行业垄断主要为两大类型:一种是受国家直接控制的行业,如电力、铁路、民航、烟草、证券等行业;另一种是在资源占有和开发方面具有垄断性质的行业,这部分行业是国家经济改革与转型时期的阶段性、政策性产物,如房地产行业、互联网行业。无论是哪种类型的垄断,垄断企业都获得了高额利润,它破坏了市

场规则，以其违背市场竞争原则的垄断优势消解了市场公正，扰乱了公平竞争的市场环境。

这些"独家经营"的行业，垄断行为主要表现为：一方面，垄断价格的存在增加了人们的负担，直接危害了大多数社会群体的利益。一般垄断性行业关系国计民生，在国民经济中具有特殊地位，除了其生产和经营受到国家政策保护，还享受国家投入的大量人力、物力以及财力支持，因此在市场上坐稳了垄断经营的地位。当然政府支持和保护某些行业的初衷是对经济社会发展起到稳压器的作用，结果往往由于监管不力、经营管理不科学及官商勾结等问题，导致行业垄断不仅没有起到稳定经济的作用；相反，有些行业和企业经营效率和效益并不高，甚至长期处于亏损或微利状态。所以这些行业垄断的存在，不仅没有给全社会的公民带来福祉，反而垄断经营带来了市场信号的扭曲，市场机制无法充分发挥作用。从长远看，必然阻碍经济的发展，也使初次分配注重效率成为一句空话。另一方面，部分行业的垄断经营，凭借生产要素的初始占有的差异，获取大量国有资源的高额垄断收入。这样的行业（特别是占有较多紧缺资源的垄断性经营行业），其职工的收入遥遥领先于农林牧渔等行业的职工，行业垄断的高收入造成了收入差距拉大的事实，从而形成行业之间、企业之间个人收入差距不合理扩大，直接损害了社会公平。由于行业垄断的经营往往被社会强势集团控制，不乏出现权力寻租现象，大量攫取超额利润，导致巨大的经营利益流入社会强势集团手里。所以他们的员工享受着高工资和各种福利性质的金融和物质收入，严重违背了市场规律。不仅造成国家的经济损失，滋生了严重的腐败，制约了社会整体利益的提高，还直接造成了收入分配差距畸形拉大。

(三) 现代治理格局中对公正社会的制度要求

1. 打破城乡二元，加大权利公正建设水平

城乡差距过大是我国当前面临的突出问题之一，它不仅阻碍了改革更加深入发展，也同时是社会不公正的根源之一。缩小城乡之间的差距首先要消除制约人口自由流动的户籍制度，建立城乡统一的户籍管理制度，使人口能够不受户口的限制而自由流动。农村居民能够享受到与城市居民一样的教育、医疗、社会保障等资源。城乡差距除了制度上的体现，在就业上也存在农村居民就业收入水平低的问题。因此，应建立城乡劳动者统一的就业平台，为农村居民提供更多的职业培训，提高其受教育程度，使其通过掌握技术而获得更高的收入，同时也应制定并实施相关配套政策，在福利保障、子女教育等方面提供支持，维护农民的权益。同时，农村居民在进城后还面临着原有土地和宅基地的处置问题，应制定相关政策促进土地和宅基地的流转和置换，使农民能够更加不受限制地向城市流入。

2. 协调政策资源，建立有针对性的区域政策

东西部地区的经济发展政策在一定程度上缓解了区域发展差距，但是东西、南北部仍存在较大差异。促进区域协调发展需要从全国出发，指定更有针对性的、差异化的宏观区域政策。第一，东部地区应将产业逐渐转移至中西部地区，以促进中西部地区的产业发展和升级，其自身也要在创新产业发展的同时避免过度去工业化。第二，西部地区要加强产业竞争力，充分利用西北和西南地区的资源优势，承接东部地区的产业，实现自身的产业升级。第三，中部地区要利用交通优势和人口优势，重点发展先进制造业和现代农业。第四，东北地区要提高经济发展活力，深化体制改革，推进

结构调整。除了中国整体区域政策的划分，也要在每个区域内的各个地区建立更加具体和精细化的政策体系，发挥区域比较优势，细化区域政策尺度，以提高财政、产业、土地、环保、人才等政策的精准性和有效性。

3. 完善市场经济，提供公平良性的发展环境

社会不公正的制度因素之一是市场经济发展的不充分，但经济的发展和社会的和谐有依赖于公平竞争的市场环境。公正社会的内涵并不是均等化，而是机会、程序和结果的公正。在市场经济体制中，公平竞争是政府出台政策采取措施的最重要目标，但是市场中的竞争更难以做到完全公正，因此，政府应采取措施不断改善营商环境以及完善市场经济体制。但是为了实现公正的市场经济，回到计划经济时代是不现实也是不符合当前发展阶段的。因此，只有在继续支持市场化经济的前提下进行更加深入的改革，用完善市场的方式来消除市场的不公。具体做法为人民代表大会要发挥自身的立法和监督职能，通过立法为市场经济的发展提供良好的法制环境；政府要制定有利于市场经济良性发展的法律法规，打破妨碍市场经济发展的垄断等不正当行为。但是政府相关部门在进行行业约束的同时也要给予市场充分的发展空间，不要进行过多的行政干涉，要充分发挥市场配置资源的功能，推动经济结构良性发展。

第四节 小结

本章以公正为关键词，主要讨论了公正与本书主体共享之间的关系。从古至今，从西方到东方，对公正的探究从未停止过，也从未达成一个统一的认识，但是学者对其理解也有共通之处，那就是公正是对公平合理的分配的追求。基于此，多学派开展了关于公正的理论的讨论。自由主义学派强调尊重个体权利；功利主义学派强调社会总体福利的最大化；马克思主义学派作为中国特色社会主义公正观的奠基者认为，公正是要最终实现共产主义。由公正延伸出的公正发展则是判断是否实现公正的标准。本文认为公正发展的内涵包括三方面，即发展机会公正、发展程序公正和发展结果公正，这也是判断公正发展的三个更加详细的指标。

在中国的社会环境下，公正发展对于实现共享发展来说至关重要。一方面，公正发展是共享发展的核心价值，在共享发展的全民共享、全面共享、共建共享和渐进共享四个内涵中都有体现；另一方面，公正发展是共享发展的实践皈依，共享发展只有通过实践层面的公正发展才能实现。

中国在公正发展方面已经取得了巨大的成就。首先，在机会公正方面，数量和质量双重提高的教育制度为所有学生提供了受教育的机会公平。其次，在程序公正方面，不断优化的营商环境为个人或企业获取收入提供了基础。最后，在结果公正方面，倾向于贫困弱势群体的精准扶贫政策实现了再分配阶段的减贫事业的成功。

建设共建、共治、共享的社会治理机构对共享提出了更高的目标，对公正的要求不仅是发展层面的，也是社会整体治理结构方面的。共享作为社会共建共治的追求目标对公正社会提出了更高的要求。但是，我国仍然存在着严峻的社会公正问题，地区差距、城乡差距和行业差距依然显著，这些是体制性的非市场因素、政策性的不平等因素和市场经济发育的不完善导致的。针对于此，本文提出了未来需要进一步转变政府职能，促进基本公共服务均等化；深化分配改革，提高普通劳动者收入；政策向弱势倾斜，保障全民基本生存权益的应对措施。

参考文献

[1]《"一网通办"和"一网通管"建设进入关键节点》,《经济参考报》,2019年7月11日。

[2]《马克思恩格斯选集》(第2卷),人民出版社1995年版。

[3]《商务部外资司负责人谈2019年1—9月全国吸收外资情况》,商务部网,2019年10月18日。

[4]程立显:《社会公正论》,北京大学出版社1992年版。

[5]胡万钟:《个人权利之上的"平等"与"自由"——罗尔斯、德沃金与诺齐克、哈耶克分配正义思想比较述评》,《哲学研究》,2009年第5期。

[6]景天魁:《作为公正的发展》,《社会科学战线》,2003年第6期。

[7]鲁晓东:《我国对外开放与收入差距:基于地区和行业的考察》,《世界经济研究》,2007年第8期。

[8]罗浩波:《中国特色社会主义公正观的理论建构》,《西北民族大学学报(哲学社会科学版)》,2005年第5期。

[9]林丽鹂:《上半年我国日均新设企业1.94万户》,《人民日报》,2019年7月8日。

[10]阮博:《马克思主义公正观的三维透视》,《攀登》,2012年第4期。

[11]王聪:《论当代自由主义权利观的理论嬗变:以罗尔斯、诺齐克、德沃金的权利观为主线》,博士学位论文,吉林大学,2014年。

[12]吴忠民:《社会公正论》(上卷),山东人民出版社2012

年版。

[13]习近平:《决胜全面建成小康社会 夺取新时代中国特色社会主义伟大胜利——在中国共产党第十九次全国代表大会上的报告》,人民出版社2017年版。

[14]徐珮琦:《浅析中国行业收入差距的成因及对策》,《中国商论》,2016年第22期。

[15]徐友渔:《评诺齐克以权利为核心的正义观》,《中国人民大学学报》,2010年第1期。

[16]洋龙:《平等与公平、正义、公正之比较》,《文史哲》,2004年第4期。

[17]张国清:《分配正义与社会应得》,《中国社会科学》,2015年第5期。

[18]张玮祎:《公正及发展公正的概念界定》,《商业文化》,2014年第17期。

[19] Adams J.S., "Towards an understanding of inequity", *The Journal of Abnormal and Social Psychology*, No.5, 1963, p.422.

[20] Dworkin, "*What is Equality? Part 2: Equality of Resources*", *Philosophy and Public Affairs*, No.4, 1981, pp. 283-345.

[21] Hayek F. A., *The road to serfdom: text and documents,* The definitive edition, Routledge, 2014.

[22] Rawls, "Justice as Fairness", in *Contemporary Political Philosophy: An Anthology, Oxford*, UK: Blackwell Publishers, 1997, pp.187-199.

[23] Thibaut J.W.&Walker L., *Procedural justice: A psychological analysis*, L. Erlbaum Associates, 1975.

［24］Varian H. R., Distributive justice, welfare economics, and the theory of fairness, *Philosophy & Public Affairs*, 1975, pp.223—247.

［25］Robert Nozick, *Property, justice and the minimal state*, John Wiley & Sons, 2018.

第六章

共享发展与可持续发展*

---

* 感谢徐子杰为本章所做工作。

发展是共享的前提。当前，中国仍处于重要的战略机遇期，面临诸多矛盾和挑战。如何实现更高质量、更协调和更加可持续的发展，是解决人民日益增长的美好生活需要和不平衡不充分发展之间矛盾必须要思考的问题，也是贯彻共享发展理念的重要基础。本章从可持续发展的角度，探究可持续发展与共享发展之间的共性和理论联系。可持续发展从代际公平的理念中衍生出来，与共享发展互相交融、互相联系。一方面，共享发展蕴含了可持续发展理念，重视人的内在目的和价值，关注社会公平正义，体现出整体性、全面性、均衡性和渐进性的特点；另一方面，共享社会的实现离不开可持续发展理论的指导，解决发展不平衡不充分问题必须坚持以人为本的可持续发展观，坚持"五大新发展理念"的指导，遵循经济规律、自然规律和社会规律。在庆祝中国共产党成立100周年大会上，习近平总书记庄严宣告"在中华大地上全面建成了小康社会"，中国将迈向实现第二个百年目标、实现共同富裕、建设共享社会的新征程。发展理念是发展行动的先导。站在两个一百年目标的交汇点，面对中国发展不平衡、不充分的现实背景，本章提出应继续坚持和发展可持续发展理论，将可持续发展与共享发展有机结合，争取更高质量的发展。

第一节　代际公平

一、代际公平的内涵

习近平总书记在中国共产党第十九次全国代表大会报告中强调指出"生态文明建设功在当代、利在千秋"[1]。党的十九大首次将"美丽"写入建设社会主义现代化强国目标，将时间维度纳入生态文明建设考量，把建设生态文明提升为中华民族永续发展的"千年大计"，是党人民至上和代际公平生态理念的高度体现。

代际公平理念最早从伦理道德层面被哲学家广泛讨论，为代际公平赋予了道德色彩。洛克（Locke）关于后代的观点认为，自然状态中的人们在道德上是公平的，人们可以公平地拥有土地，但条件是保证使用土地而不浪费土地，要给他人"留下富足的土地和资源"。[2]休谟（Hume）主张要将我们"置于过去和未来之间的地带，并想象我们的祖先站在我们之前，而后代站在我们之后"。[3]罗尔斯（Rawls）基于社会契约论，否定了以损害后代人利益为代价发展的正当性，现代人的发展需要受到用以界定不同时代人之间的正义原则的约束。罗尔斯建立了一种作为公平的正义原则，即"每个人都拥有享有最广泛、和他人一样的基本自由的平等权利"。[4]其"正义储存原则"号召一代人在保持文化和文明成果、维持业已建立的正义制度之外，还要为后代人积累资本。戈尔丁（Golding）（1972）和卡拉罕（Callahan）（1971）同样从道德层面强调了现代人对后

1　《习近平：加快生态文明体制改革，建设美丽中国》，共产党员网，2017年10月18日。
2　Locke J., *Two treatises of government*, Yale University Press, 2008.
3　Hume D., *A treatise of human nature*, Courier Corporation, 2003.
4　[美]约翰·罗尔斯：《正义论》，何怀宏等译，中国社会科学出版社1988年版。

代的责任，不能做损害后代潜在利益和危及后代生存的事情。

相比从横向加以考量的代内公平概念，代际公平从纵向视角加以审视，关注当代人与后代人之间在资源分配、环境保护和制度政策等方面利益分配的公平性。"代际公平"这一概念最早在20世纪80年代由佩基（Page）（1977）提出。为了使当前决策的后果能在后代人之间进行公平分配，佩基提出"代际多数原则"，即应由多代人中的多数对涉及多代人利益的决策进行决策。由于子孙后代相对于当代人永远是多数的，"代际多数原则"实则为"后代优先原则"。在此之前，国际自然资源保护联盟起草的《世界自然保护大纲》（1980年3月5日）和《世界自然宪章》（1982年10月28日）中，就已经体现出对代际公平问题的关注和思考。两项纲领性文件意在使公众认识到自然资源和生态系统支持能力的有限性，号召公众和国家在谋求经济发展和享受自然财富的同时考虑子孙后代的利益，通过保护实现地球永续开发利用，支持所有生物的生存能力。随后，布朗·魏伊丝（Brown Weiess）于1984年提出"行星托管理论"，认为每一代人作为后代地球权益的托管人，有利用地球的权利，也有保护地球的责任。她还将子孙后代的权利纳入国际人权法[1]，认为每代人在开发、利用自然资源方面拥有平等的权利。米都斯（Meadows）[2]在《增长的极限——罗马俱乐部关于人类困境的报告》里提及未来均衡社会的特点是"不仅考虑现在的人类价值，而且也考虑未来人类的价值"，需要在有限的资源下合理权衡。在《公共行政的精神》一

1　Weiss E. B., Intergenerational equity and rights of future generations, *Seminário De Direitos Humanos*, 1996, pp. 601–619.

2　[美]丹尼斯·米都斯等：《增长的极限——罗马俱乐部关于人类困境的报告》，李宝恒译，吉林人民出版社1997年版。

书中，弗雷德里克森（Frederickson）[1]更是进一步从政府活动和政策制定角度提出考虑后代人的利益是公共行政的一种责任的观点。由于现世的决策者和公共管理者要为后世的人承担责任，决策者应竭力采用和实施那些有利于代际之间社会公平的政策。

从根本上说，"代际公平"由三项基本原则[2]组成：保存选择原则、保存质量原则和保存接触和使用原则。保存选择原则要求当代人为后代人保存自然和文化资源的多样性，不损害和限制后代人选择权利的多样性。保存质量原则表明当代人有义务保证递交给后代人的地球的质量，地球的资源和环境不能在当代人手中受到破坏。保存接触和使用原则体现了代际之间的传承性，每一代人有权平行了解、接触和使用前代人的遗产并从中受益，也应该为后代人保存隔代遗留下来的东西。

二、可持续发展与代际公平

1977年，罗杰斯（Rogers）出版了《亚洲环境质量观测》一书，书中详细描述了实现可持续发展的九条途径，其中就把考虑代际公平问题作为可持续发展的实现途径之一，要求"留给后代的选择余地与发展空间和我们现在的处境一样好"，希望不损害后代发展的权利[3]。

1987年《我们共同的未来》报告中正式提出了可持续发展模式，明确阐述其概念为"既能满足当代人的需要，又不对后代人满足其

1　[美]乔治·弗雷德里克森：《公共行政的精神》，张成福等译，中国人民大学出版社2003年版。
2　[美]爱蒂丝·布朗·魏伊丝：《公平地对待未来人类：国际法、共同遗产与世代间衡平》，汪劲等译，法律出版社2000年版。
3　[美]彼得·P.罗杰斯、[美]卡济·F.贾拉勒：《可持续发展导论》，郝吉明、邢佳、陈莹译，化学工业出版社2008年版。

需要的能力构成危害的发展"[1]。这一概念中关于当代人与后代人关系的阐述，体现出可持续发展的实质与核心就是实现代际公平。

2015年，联合国可持续发展峰会上通过的《变革我们的世界：2030年可持续发展议程》拟定了17项可持续发展目标。虽然，该纲领性文件所述目标多指向"代内公平"，但同时也将可持续发展的意义赋予了"代际公平"的内涵。包括在"地球"这一部分提及要以可持续的方式进行消费和生产，以"使地球能够满足今世后代的需求"；在"新议程"部分第18条提及执行议程的目的在于"全面造福今世后代所有人"；在"行动起来，变革我们的世界"部分第53条将人类和地球的未来寓意为火炬的传承，希望这一代能按照已经绘制好的可持续发展路线圆满完成这一代的征程。

代际公平与可持续发展的关联也体现在可持续发展的三原则上，即公平性原则、持续性原则和共同性原则。推进实现代际公平，是可持续发展三原则的必然要求。首先，可持续发展的公平性原则包括同代人、代际间和人与自然的公平。代际公平构成可持续发展公平性要求的核心内容，既要保证当代人之间的公平，也需要处理好代际之间的利益分配问题。其次，可持续发展的持续性原则主要指人类的经济活动和社会发展必须保持在资源和环境的承载力之内，而可持续性的实现必然要求充分考虑后代人利用资源的权利，不损害后代满足其需求能力的发展。最后，可持续发展的共同性原则要求通过全人类的共同努力走上可持续发展道路，世界各国都要积极参与到发展经济和保护环境的任务当中。实际上，共同性原则并不局限于当代人。"以人为本"是可持续发展最核心的理念，这里

---

[1] The World Commission on Environment and Development, *Our Common Future*, Oxford University Press, 1987, 11(1):53-78.

的"人"既包括当代人，也包括后代人。这意味着可持续发展的实现既要处理好代内关系，也要保证代际公平。

可持续发展与代际公平之间的关系错综复杂。综合起来，图 6-1对可持续发展与代际公平对两者之间的关系进行了简略的勾画。可以认为，代际公平构成了可持续发展的核心内容，是实现可持续发展不可或缺的关键性要求；同时，可持续发展的实质和核心就是实现代际公平，坚持走可持续发展道路必将更好地实现发展利益在代际之间的分配。

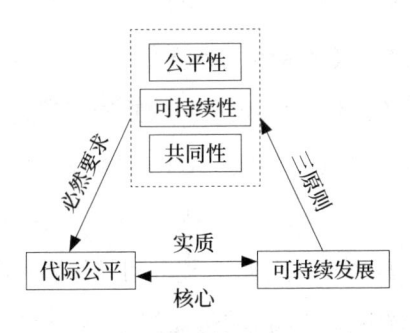

图 6-1　可持续发展与代际公平

第二节　可持续发展

一、可持续发展的内涵

（一）概念的提出

"可持续发展"概念的提出有深刻的历史背景和迫切的现实需要。随着工业革命的推进和世界人口数量的急剧膨胀，经济发展和资源环境的矛盾逐步加深。1943—1984年在美国、英国、日本、印度等国家发生的恶性环境污染事件，均造成大面积污染和大量民众伤病死亡，诸多事故引起了人们的思考。站在经济发展的十字路口，人类面临着是继续坚持传统经济发展观，还是谋求建立人与自然和谐相处、协调发展的经济发展新模式的艰难选择。

1980年，《世界自然资源保护大纲》的编撰，为可持续发展概念的形成奠定了基础。1987年，世界环境与发展委员会（WCED）发表的《我们共同的未来》报告成为建立可持续发展概念的起点，并对可持续发展思想的最终形成和传播起了极大推动作用。报告正式提出"可持续发展"的概念："既能满足当代人的需要，又不对后代人满足其需要的能力构成危害的发展。"[1]这一时期，可持续发展仍停留在对经济发展与环境保护二者关系的讨论上。从生态角度理解可持续，研究人类发展和生态环境系统之间的一种规范或模式成为可持续发展的核心。1992年6月，联合国"环境与发展大会"通过了以可持续发展为核心的《里约环境与发展宣言》和《21世纪议程》等纲领性文件。2015年9月，联合国大会通过《变革我们的世界：2030年可持续发展议程》，正式提出17个可持续发展目标和169个

---

[1] The World Commission on Environment and Development, *Our Common Future*, Oxford University Press, 1987.

具体目标，寻求经济、社会和环境多元化目标的可持续发展，其中17个大目标如图6-2所示。

图 6-2 联合国17个可持续发展目标

(二) 对经济、环境和社会要素间关系的认识

可持续发展通常由三部分组成：经济、生态环境和社会。皮尔斯（Pearce）等（1989）从经济角度解释可持续发展，认为可持续的经济增长是指在不受自然因素（污染、资源退化）或社会影响的前提下，实际人均国民生产总值的持续增长。世界银行早期在穆纳辛赫（Munasinghe）和卢茨（Lutz）（1991）一文里给出的有关可持续发展的定义中，从经济和环境的角度考量而忽视了社会层面。斯特朗（Strong）等（1992）提出了跨经济、环境和社会界限的定义，即可持续发展涉及在政治、社会、经济、制度及技术序列的一系列深刻意义上的重大变革，还包括重新定义发达国家与发展中国家的关系。这一定义被《布伦特兰报告》和《里约环境与发展宣言》采纳。罗杰斯（Rogers）（2015）将可持续发展内涵界定为"在受限制的条件下，实现经济、社会和环境利益的最大化"，其对三部分要素可持

续发展目标的界定如下。

(1) 经济：保持固定资本恒定或增加的情况下，将收入最大化；

(2) 生态环境：维持生态及自然系统的恢复力及耐久性；

(3) 社会：维持社会文化系统的稳定。

关于可持续发展中经济、生态环境和社会要素三者之间的关系，吉丁斯（Giddings）等（2002）认为，不能以孤立或割裂的视角看待，可持续发展的关键在于整合三部分要素。图6-3展示了经济、社会和环境要素从作为独立要素互相嵌套的嵌套模型到互相融合为一个整体的融合模型的变化过程。嵌套模型以经济为中心，把经济当作社会和环境要素的子集并依赖于两要素，形成层层嵌套的关系。再进一步，吉丁斯（Giddings）等（2002）认为，对可持续发展的理解还应该是多层次与多方面的，多样性也是人类可持续性的重要组成部分。简单分为经济、环境与社会三个独立部门，把经济看作人类活动的独立部分，或认为人类活动与环境是分开的等观点均成为迈向可持续发展的障碍。因此，消除经济与其他人类活动相分离的弊端，就可以获得一个融合社会和经济，存在于开放环境下的关系模型。可持续发展从长远来看，就应该是一种综合的、有利于人类社会与我们生活环境的原则的观点。

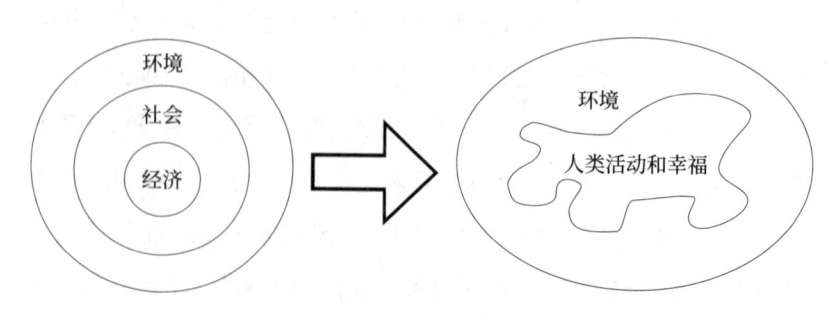

图6-3　嵌套和融合关系模型下的可持续发展

二、可持续发展与当代中国

中国历来重视生态环境保护，早在20世纪70年代就逐步开始制定环境保护政策，以实现经济和环境的协调发展。图 6-4展示了可持续发展在当代中国理论和实践发展进程的时间线。可持续发展理念在中国的发展大致可以分为四个阶段，即初步探索阶段、与国际接轨的深入发展阶段、现代化建设阶段以及攻坚克难阶段和迈入后疫情时代。

初步探索阶段（1973—1990年）
- 1973年：确立了第一个关于环境保护的战略房展
- 1983年："环境保护"确立为基本国策

与国际接轨的深入发展阶段（1991—1996年）
- 1994年：颁布《中国21世纪议程—中国21世纪人口、环境与发展白皮书》

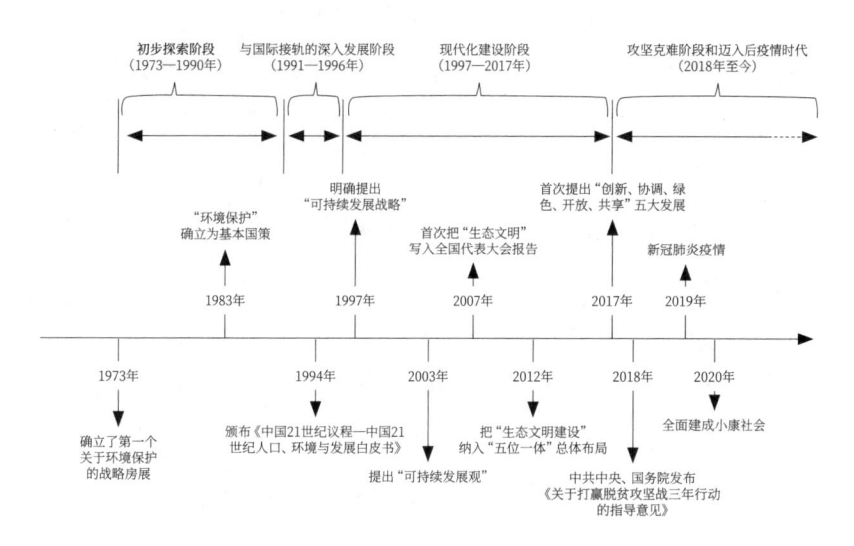

现代化建设阶段（1997—2017年）
- 1997年：明确提出"可持续发展战略"
- 2003年：提出"可持续发展观"
- 2007年：首次把"生态文明"写入全国代表大会报告
- 2012年：把"生态文明建设"纳入"五位一体"总体布局
- 2017年：首次提出"创新、协调、绿色、开放、共享"五大发展

攻坚克难阶段和迈入后疫情时代（2018年至今）
- 2018年：中共中央、国务院发布《关于打赢脱贫攻坚战三年行动的指导意见》
- 2019年：新冠肺炎疫情
- 2020年：全面建成小康社会

图 6-4　可持续发展在中国的发展历程

（一）初步探索阶段（1973—1990）

1973年8月，第一次全国环境保护会议在北京召开，确立了中国第一个关于环境保护的战略方针。1974年，中国历史上第一个环境保护机构正式成立。1983年第二次全国环境保护会议正式将环境保护确立为基本国策，提出具有鲜明中国特色的三大环境政策（"预防为主，防治结合""谁污染、谁治理"和"强化环境管理"）。

1989年，第三次全国环境保护会议在总结环境保护工作经验和客观评价当前环境保护形势的基础上，提出加强制度建设、深化环境监管以促进经济与环境协调发展的要求。

这一阶段是中华人民共和国成立以来，把保护环境上升为国家战略方针政策的初步尝试。环境保护在国家层面受到广泛关注，中国开始推进环境保护的制度建设进程。

(二) 与国际接轨的深入发展阶段（1991—1996）

面对改革开放以来人口持续增长和经济发展不断给环境带来的新压力，1991年《北京宣言》的发表展现了中国对环境与发展关系的深刻思考，彰显了中国在促进经济社会全面发展，实现经济、生态和社会效益协调统一上的努力和决心。1991年12月，国家环保局发布《中华人民共和国环境与发展报告》[1]，基于中国环境与经济社会发展现状，阐明了中国对全球环境与发展问题的原则、立场和希望，提出了中国实现环境与经济协调发展的对策和战略措施。1994年7月，国务院正式颁布《中国21世纪议程——中国21世纪人口、环境与发展白皮书》[2]，首次将可持续发展战略纳入我国经济社会发展的长远规划，构建了一个综合性、长期性和渐进性的可持续发展战略框架和相应对策。白皮书明确指出，作为发展中国家，中国可持续发展战略的首要目的是发展，即以经济建设为中心。在达成经济建设目标的同时，保护自然资源和改善生态环境，做到自然资源的合理开发利用与保护相协调。同时，中国的可持续发展战略也注重谋求社会可持续发展，关注教育、卫生与健康和农业农村等

---

[1] 中华人民共和国环境与发展报告编写组：《中华人民共和国环境与发展报告》，中国环境科学出版社1992年版。

[2] 《中国21世纪议程：中国21世纪人口、环境与发展白皮书》，中国环境科学出版社1994年版。

方面的可持续发展。1996年，国务院做出《关于加强环境保护若干问题的决定》[1]，明确了跨世纪环境保护工作目标、任务和措施。第四次全国环境保护会议明确了"坚持污染防治和生态保护并重"的方针，在全国展开大规模的污染防治及生态建设和保护工程。

这一阶段，中国的可持续发展道路开始与国际并轨，对联合国《21世纪议程》等纲领性文件给予了明确的回应，彰显了中国在推进全球环境治理方面的决心和谋求共同发展的愿景。中国的环境保护工作进入崭新阶段，为推进生态文明现代化建设奠定了良好基础。

(三) 现代化建设阶段 (1997—2017)

1997年9月，中共十五大会议首次将可持续发展战略纳入我国现代化建设中，中国的可持续发展道路开始步入现代化建设新时期。2002年11月，中共十六大会议将"增强可持续发展能力、改善生态环境、提高资源利用效率和促进人与自然和谐"作为全面建设小康社会的四大目标之一。2003年，党的十六届三中全会提出"坚持以人为本，树立全面协调可持续"的科学发展观。"全面协调可持续"作为科学发展观的基本要求，在党的十七大报告中，成为我国经济社会发展的重要指导方针和发展中国特色社会主义重大战略思想的重要组成部分。全面协调可持续发展要求全面推进经济、政治、文化和社会四位一体建设，实现四个协调统一[2]，建设资源节约型和环境友好型社会。

---

1 中华人民共和国生态环境部:《国务院关于环境保护若干问题的决定（摘录）》[国发1996·31号], 1996年8月3日。
2 即现代化建设各个环节和方面相协调，生产关系和生产力、上层建筑与经济基础相协调，经济发展速度和结构质量效益相统一，经济发展与人口资源环境相协调。

党的十七大首次把"生态文明"写入全国代表大会报告。2012年，中共十八大再次将"生态文明建设"纳入五位一体总体布局，提出构建社会主义和谐社会、加快生态文明建设，形成中国特色社会主义事业总体布局的要求。在经济建设方面，开始转变经济发展方式，着力解决制约经济持续健康发展的重大结构性问题，更加注重经济发展的平衡性、协调性和可持续性。在政治建设方面，将科学发展观体现到党的建设各方面，加强党的执政能力、先进性和纯洁性建设，加强政治体制改革和民主政治建设。在社会建设方面，对教育、就业和社会保障提出了更高要求；推动实现城乡发展一体化、统筹城乡社会保障体系建设；建立可持续的新型工农、城乡关系，着力解决收入分配差距过大问题；加大扶贫力度、走共同富裕道路。在文化建设方面，提升文化软实力，从"引进来"到"走出去"，建设社会主义文化强国。在生态文明建设方面，可持续发展与两型社会建设联系更紧密，着力推进绿色、循环和低碳发展。2017年，中共十九大首次提出创新、协调、绿色、开放、共享五大新发展理念，提出"防范化解重大风险、精准脱贫和污染防治"全面建成小康社会三大攻坚战。生态文明建设成为中华民族永续发展的千年大计，建设美丽中国成为建立社会主义现代化强国的目标之一。

这一阶段，可持续发展开始被赋予更多元化的内涵，成为中国社会主义现代化建设的重要组成部分。坚持经济建设为中心，科学发展为主题，全面推进五位一体建设，实现以人为本、全面协调可持续的科学发展成为新时期夺取中国特色社会主义新胜利的基本要求。同时，可持续发展战略也成为全面建成小康社会决胜期的七大战略的重要组成部分，可持续发展理念融入了新发展理念的方方面面。

(四) 攻坚克难阶段和迈入后疫情时代（2018年至今）

中共十九大报告中指出，中国特色社会主义进入了新时代。从十九大到二十大，是"两个一百年"奋斗目标的历史交会期，中国可持续发展进入两个"百年目标"的攻坚克难阶段。2018年，中共中央、国务院发布《关于打赢脱贫攻坚战三年行动的指导意见》，为未来三年的脱贫攻坚工作做出重大部署和安排，全面打响脱贫攻坚战。

2020年初开始，新型冠状病毒肺炎疫情开始在全球蔓延。截至北京时间2020年4月3日，全球新冠确诊病例已经突破100万例，新冠肺炎疫情成为当代全球最大规模的公共卫生危机。疫情给国际社会（尤其发展中国家）带来了多重危机和挑战。2021年，联合国发布的《2021年可持续发展目标报告》揭示了疫情对可持续发展目标达成所产生的严重影响。在贫困和饥饿方面，疫情使1.19亿—1.24亿人口被迫再次陷入贫困，饥饿人口数量扩大为0.83亿—1.32亿人，营养不良孩子的数量从2019年的6.88亿人上升至7.71亿—8.2亿人。在教育方面，未能达到最低阅读熟练水平的儿童和青年人数新增1.01亿人，新冠肺炎疫情抹去了近20年来在教育领域取得的发展成果。在就业和社会稳定方面，危机加剧了不平等和贫困人口的困境，2.55亿个全职工作岗位流失，16亿非正规经济领域劳动者的生计受到威胁。在经济发展方面，全球制造业产量骤降6.8%、贸易额预计下滑5.6%，大部分国家的经济发展状况至少需要2—3年才能恢复至疫情前的水平。在生态环境方面，疫情引发的经济放缓并没有缓和气候危机，2020年，全球主要温室气体浓度持续上升，导致平均气温比工业化前提升了1.2摄氏度，逼近《巴黎协定》所设立的1.5摄氏度的升温上限。生物多样性持续丧失，2015—2020年的5年间，全球平均损失1000万公顷森林。

在国际社会可持续发展目标不及预期的同时，中国在疫情冲击下迎难而上，取得了全面建成小康社会、实现脱贫攻坚的巨大胜利，完成了迈向中华民族伟大复兴的关键一步。这一时期中国可持续发展目标主要进展可以总结为五点。

一是历史性地消除绝对贫困，全面建成小康社会。中国坚持开发式扶贫，把发展作为解决贫困的根本途径，提出精准扶贫、精准脱贫的基本方略，走出一条具有中国特色的减贫道路。图6-5所示为中国2015—2019年人口贫困状况及其变化的描述。中国的贫困发生率从1978年的97.5%下降至2019年的0.6%。2021年2月，全国脱贫攻坚总结表彰大会正式宣告中国脱贫攻坚战取得全面胜利、步入全面小康社会，提前10年完成联合国2015年通过的《2030年可持续发展议程》提出的减贫目标。《中国的全面小康》白皮书指出，中国的全面小康体现了发展的平衡性、协调性和可持续性，是五位一体全方位协调发展的小康社会，为构建人类命运共同体贡献了中国智慧和中国力量。

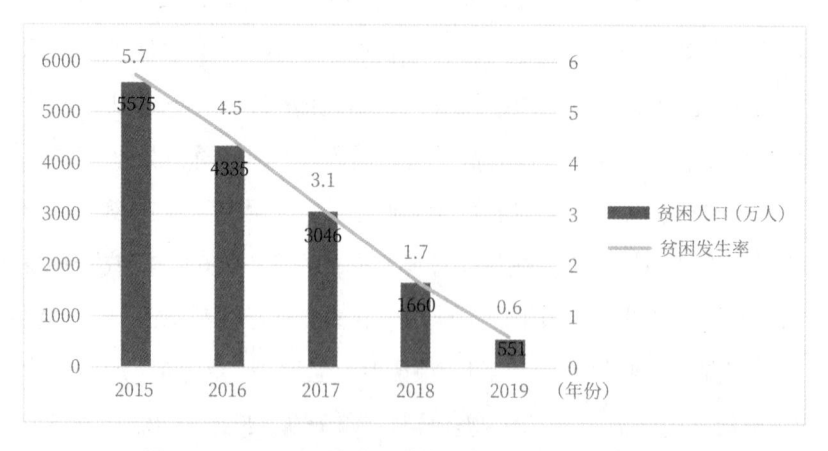

图 6-5 2015—2019年全国农村贫困人口数量和贫困发生率

数据来源：国家统计局《中华人民共和国2019年国民经济和社会发展统计公报》

二是国民经济持续增长，发展韧性进一步增强。图6-6直观地描述了中国2018—2021年各季度国内生产总值和三产的增长情况。随着经济结构不断优化、调整，有序推进疫情后复工复产，使中国成为2020年全球唯一实现经济正增长的主要经济体和全球经济复苏的主要力量。

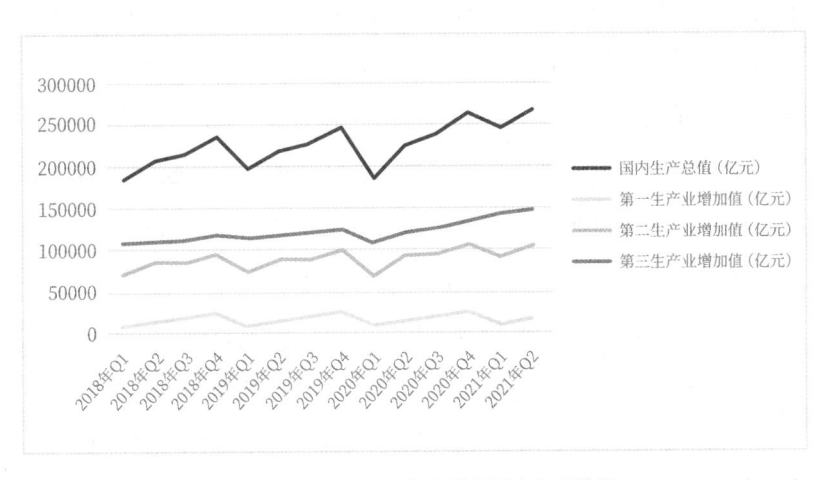

图6-6　2018—2021年各季度国内生产总值

数据来源：国家统计局统计数据

注：三次产业分类依据国家统计局2018年修订的《三次产业划分规定》。

三是居民收入和公共服务全面改善，人民物质和文化生活水平不断提高。中国逐步建立起覆盖全民、统筹城乡、公平统一、可持续的多层次社会保障体系，促进社会保障事业高质量、可持续发展，与时俱进的社会保障体系改革满足了人民群众社会保障多元化的需求。

以我国交通运输业的可持续发展建设为例。在民航基础设施方面[1]，截至2020年底，已与包括100个"一带一路"国家在内的128个国家或地区签署了双边航空运输协定，全国航线达5581条，航空服务覆盖了全国92%的地级行政区、88%的人口和93%的经济总量。同时，中国民航逐步迈向绿色化，2019年运输航空每吨公里碳排放仅0.898千克，233个机场和主要航空公司基本实现无纸化出行。在水运交通方面[2]，中国的港口货物吞吐量以145.5亿吨位居世界第一，国际海运量占全球海运总量的1/3，运力规模位居世界第二，全国航道通航里程位居世界第一。"十三五"以来，中国内河水运基础设施补短板力度不断加大，基本建成以长江干线、西江航运干线、京杭运河、长三角和珠三角高等级航道网为主体，干支衔接、通江达海的内河航道体系。自动化、智慧化、绿色化逐步成为中国沿海港口的"标配"，运输结构调整实施以来，港口集装箱铁水联运量不断增加，建立起清洁低碳的港口用能体系。具有运能大、成本低、能耗小、污染少等显著优势的水运运输，为中国低碳经济和节能减排做出了积极贡献。

四是生态环境总体优化，加快发展方式绿色低碳转型。表6-1列举了2017—2020年中国国民经济和社会发展统计公报中主要资源和环境指标数据，图6-7是中国近5年来清洁能源使用情况。数据显示，中国清洁能源占比逐年上升，2020年占比达24.3%。2017—2019年，全国万元国内生产总值二氧化碳排放量、用水量和万元工业增加值用水量呈现逐年下降趋势，城市空气质量和海水水质有所改善，全年平均气温上升得到有效控制。

1　邱超奕：《我国航空网络加快完善，大踏步迈向世界航空运输强国》，光明网，2021年10月17日。
2　《巨轮穿梭水运兴（中国交通可持续发展）》，《人民日报》，2021年10月4日，第2版。

表 6-1　2017—2020年中国主要资源和环境指标数据

指标	2017年	2018年	2019年	2020年
全年总用水量（亿立方米）	6090	6110	5991	—
万元国内生产总值用水量（立方米）	78	73	67	—
万元工业增加值用水量（立方米）	49	45	42	—
当年完成造林面积（万公顷）	736	707	707	677
全年能源消费总量（亿吨标准煤）	44.9	46.4	48.6	49.8
达国家一、二类海水水质标准的监测点占比（%）	67.8	74.6	76.6	77.4
城市空气质量达标的城市占比（%）	29.3	35.8	46.6	59.9
细颗粒物（PM2.5）未达标城市年平均浓度（微克/立方米）	48	43	40	37
全年平均气温（℃）	10.39	10.09	10.34	10.25

注：2020年部分未公布数据以"—"注明

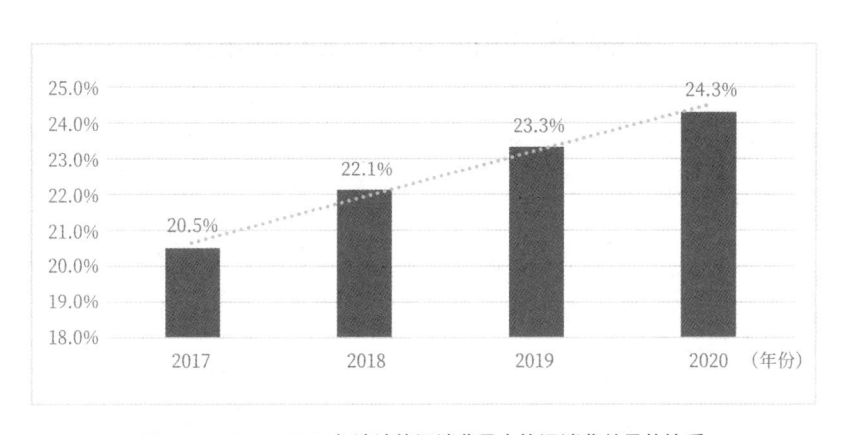

图 6-7　2017—2020年清洁能源消费量占能源消费总量的比重

数据来源：国家统计局《2018—2020年国民经济和社会发展统计公报》

五是加强国际合作，促进高质量共建"一带一路"与2030年议程协同增效，力所能及地帮助其他发展中国家实现可持续发展目标。中国在寻求国内全方位可持续发展的同时，积极推进国际协作和构建人类命运共同体，力争推进世界经济融合、发展联动、成果共享。

面对国内外疫情冲击，中国可持续发展开始步入攻坚克难阶段并迈入后疫情时代。该阶段中国的可持续发展仍以发展优先，以人民为中心。同时，也可以看出，中国开始积极开辟国际发展合作前景，秉持包含了共同利益观、可持续发展观和全球治理观的人类命运共同体理念，推动构建人类命运共同体，为营造包容联动的发展环境和开放型世界经济而努力。这一阶段，中国在全面建成小康社会和17个可持续发展目标上取得重大进展，在国际社会中展现了中国力量、总结了中国经验、贡献了中国智慧。

全球合作抗疫中的中国主张和阻碍因素

"以人民为中心"是共享发展理念的首要内涵，中国不仅重视维护本国人民的根本利益，还致力于维护世界人民的根本利益。在新冠肺炎疫情全球蔓延的背景下，习近平总书记站在共同构建人类命运共同体的战略高度，提出"构建人类卫生健康共同体"的倡议，希望世界各国联手共同抗疫、守护世界人民生命健康。如表6-2所示，中国始终呼吁国际社会沟通合作，及时共享疫情信息，分享抗疫经验，向国际社会提供抗疫物资援助，积极推动国际科研交流合作。

表6-2 国际抗疫合作中的中国举措[1]

政策主张	具体举措
高层沟通	习近平总书记在国际大会提出合作倡议、宣布援助措施
分享疫情信息和抗疫经验	向世卫组织、有关国家和地区组织主动通报疫情信息 开展70多次跨国家、地区、组织的疫情防控交流活动 与世卫组织联合举办"新冠肺炎防治中国经验国际通报会"，编译诊疗和防控方案并共享给全球180多个国家、十多个国际和地区组织 举办英文专题发布会，邀请专家和一线医护人员分享中国抗疫经验 搭建交流平台，媒体开设"全球疫情会诊室""全球抗疫中国方案"等栏目 组织实地考察，与世卫组织共同调研北京、成都、广州、深圳和武汉等城市疫情防控工作
提供人道主义援助	向世卫组织提供两批共5000万美元现汇援助 积极开展对外医疗援助，向27个国家派出29支医疗专家组 向150个国家和4个国际组织提供抗疫援助 援外医疗队举办400余场线上线下培训 地方政府、企业和民间机构、个人通过各种渠道向150多个国家、地区和国际组织捐赠抗疫物资
有序开展防疫物资出口	3月1日至5月31日，中国向200个国家和地区出口防疫物资，包括口罩706亿只，防护服3.4亿套，护目镜1.15亿个，呼吸机9.67万台，检测试剂盒2.25亿人份，红外线测温仪4029万台
开展国际科研交流合作	智库、专家通过多种方式开展对外交流 科技部、国家卫生健康委、中国科协、中华医学会联合搭建"新型冠状病毒肺炎科研成果学术交流平台"，供全球科研人员发布成果、参与研讨，截至5月31日，共上线104种期刊、970篇论文和报告 中科院发布的"2019新型冠状病毒资源库"、"新型冠状病毒国家科技资源服务系统"和"新型冠状病毒肺炎科研文献共享平台"为全球超过37万用户提供了近4800万次下载、浏览和检索服务 中国医疗机构、疾控机构和科学家在《柳叶刀》《科学》《自然》《新英格兰医学杂志》等国际知名学术期刊上发表数十篇高水平论文，及时发布新冠肺炎首批患者临床特征描述、人际传播风险、方舱医院经验、药物研发进展、疫苗动物实验结果等研究成果

疫苗是战胜新冠肺炎疫情的有力武器，但是全球面临疫

---

[1] 中华人民共和国国务院新闻办公室：《抗击新冠肺炎疫情的中国行动》白皮书，2020年6月7日。

> 苗分配不均、接种不平衡的问题。一些发达国家甚至十分顽固地奉行"疫苗民族主义",过量囤积疫苗,导致发展中国家疫苗短缺,接种率低,疫情的全球传播呈现不平衡性,发展中国家被迫承担疫苗接种和防控能力差异带来的疫情风险。

新冠肺炎疫情在全球的传播蔓延,不仅给全人类的生命健康带来威胁,还对世界经济发展造成巨大冲击,国际间人员流动、跨境贸易受到阻碍和冲击,金融市场动荡,"一带一路"规划的落实延缓甚至停滞,身处全球产业链的各国都难逃疫情蔓延带来的负面影响,世界经济全面衰退。在此背景下,中国从全人类利益出发、贯彻落实共享发展理念的行为屡遭重创。事实证明,与共享发展相对立的国家主张和行为最终将危及全人类的整体利益。一方面,"疫苗民族主义"等行为不但不利于缓解本国疫情形势,还将为其他国家带来更严峻的风险;另一方面,"脱钩""筑墙"等"去全球化"的态度和行为,不但无法帮助一些国家自保,反而对全球整体发展和自身发展都产生了更大的负面影响。

第三节　共享发展与可持续发展

一、共享发展中的可持续发展理念

党的十八届五中全会提出"创新、协调、绿色、开放、共享"五大发展理念，鲜明地回答了中国"实现什么样的发展、怎样发展"这个根本问题，将"共享"作为中国社会发展的目标和归宿。本章在第二节回顾了可持续发展理念的诞生及在中国的发展脉络，共享发展作为当代发展伦理的"中国回答"区别于可持续发展，但其"全民共享、全面共享、共建共享和渐进共享"四方面内涵传递的发展理念与可持续发展高度吻合。

从社会发展的主体视角来看，共享发展与可持续发展更加重视人的内在目的和价值，强调社会主体在经济社会发展中的共同参与。首先，两种发展理念均超越了传统"唯GDP"的狭隘发展观，摒弃了以牺牲和剥削部分人为代价的发展，将人的尊严作为发展伦理的逻辑起点和最高价值。在经济增长外，更加强调社会经济发展在人们日常生活中的落实。可持续发展关注代内公平和代际公平问题，重视人在横向和纵向两个维度上的价值。共享发展则反映了中国共产党"以人为本"的发展思想，中国的共享发展是"全民共享"，发展依靠人民、发展为了人民、发展成果由人民共享。其次，共享发展也是"共建共享"，与可持续发展的"共同性"原则相吻合，可持续发展的实现需要多代人的共同努力和全球合作。两种发展理念在重视人的价值的基础上也要求发挥人民的创造力，为发展目标的实现贡献集体力量和集体智慧。

从社会发展的价值观视角来看，共享发展与可持续发展均暗含着对社会公平正义的关注。人作为社会性的存在，享有共同发展的权利和机会,是实现自我价值的必要要求。新发展理念中的"共享"理念的主要任务在于解决社会公平正义问题。共享不仅是物质财富的共享,更是发展权利和发展机会的共享,强调社会成员享有平等的发展权利和发展机会,与可持续发展的公平性原则要求一致。

从社会发展的维度来看,共享发展与可持续发展都关注政治、经济、文化、社会和生态方方面面的发展,体现出整体性、全面性和均衡发展的理念。中国的共享发展是"全面共享",共享不仅是分享物质层面经济发展的成果,更是对人民美好生活需要的全面把握,是对人民各方面合法权益的充分保障。可持续发展理念最初聚焦于生态层面,从联合国提出的17个可持续发展目标可以看出,随着社会经济发展,可持续的维度日益广泛。多元化的维度体系,体现了发展理念对时代特征的关注以及与社会实践的融合。

"到博物馆去"成为中国社会新风尚[1]

"十三五"期间,中国博物馆事业呈现免费开放深入推进、文物保护能力日益增强、公共服务效能显著提升、社会影响力不断提高等特点,如期实现平均每25万人拥有一座博物馆的发展目标,基本完成既定的主要任务、重大项目和定量指标。类型丰富、主体多元的现代博物馆体系基本形成:全国备案博物馆由4692家增涨至5788家,增幅23.4%。其中国家一、二、三级博物馆1224家,非国有博物馆1860家,免费开放博物馆5214家。同时,博物馆社会功能有效发挥:2020年

---

[1] 《进一步激发博物馆发展活力》,《人民日报》,2021年5月26日,第2版。

全国博物馆举办2.9万余场展览，策划22.5万余场教育活动，在疫情防控常态化情况下，接待观众5.4亿人次，其中，未成年人观众1.3亿人次。

统筹协调博物馆建设体系，实现高质量、个性化发展。统筹不同地域、层级、类型博物馆发展，加强博物馆适老化服务、分众服务，使博物馆服务于基层文化建设。为解决老年人出行不便问题、保障老年人基本文化权益，多地博物馆推出老年观众优待政策，比如，上海科技馆、上海自然博物馆自2019年6月实施全网售票后，为老年人等观众设置了票务服务专窗。

改革创新博物馆服务手段，推动跨界融合。突出博物馆事业的公益属性，推动博物馆与教育、科技、媒体等领域跨界融合，实现公共文化服务均等化、便捷化、多样化，让人民群众共享博物馆发展成果。新冠肺炎疫情限制了各地博物馆的观众数量，常态化疫情防控期间，为满足人民群众精神文化需要，各地博物馆创新服务手段，利用网络开展博物馆在线教育，各地博物馆在抖音、B站等视频平台开设官方账号，以短视频、网络直播等形式最大限度整合社会资源，使文化资源更广泛地惠及人民群众，如2020年"5.18国际博物馆日"，南京博物院作为中国主会场探索云端传播模式，网络直播开幕式、论坛、展览、奇妙夜等活动，湖北省博物馆开展"珍宝大拜年""打call镇馆之宝""我心中的镇馆之宝"等线上活动。

开放共享博物馆资源要素，加强合作交流。在科学研究、人才培养、对外交流等方面深入交流合作，优化博物馆资源

> 配置，激发博物馆发展活力。在科学研究方面，故宫博物院、中国国家博物馆等文博机构设立开放课题，吸引青年学者参与博物馆科研与建设工作。在人才培养方面，促进高校与文博机构合作，教育部在"研究生学位授予学科目录"（征求意见稿）中将"博物馆"科目单列，切实提升博物馆学科地位。在对外交流方面，在世界范围内开放共享中国博物馆资源，2021年开展13项文物出境展览，举办第二届国际博物馆高级别论坛、国际博物馆协会藏品保护委员会（ICOM-CC）第19届大会、博物馆与可持续发展国际研讨会等活动。
>
> 中国博物馆上下联动、横向联合，实现了高质量、个性化发展，"到博物馆去"成为中国社会新风尚。

中国博物馆事业，在实现高质量发展的过程中贯彻落实了共享发展理念，反映了中国社会共享发展在全面这一维度的三个特点：一是由经济领域的"共同富裕"拓展至文化领域的"文化共享"；二是盘活各领域资源，调动各方力量，促进跨界融合；三是统筹各地、服务基层，满足不同层次人民群众的差异化需求。

从社会发展的时间跨度来看，共享发展与可持续发展都是渐进性的发展，不可能一蹴而就。两种发展理念均突出问题导向的思考方式，以解决现实问题为落脚点。习近平总书记在贯彻十八届五中全会精神专题研讨班上指出，"落实共享发展是一门大学问，要做好从顶层设计到'最后一公里'落地的工作，在实践中不断取得新成效"[1]。可持续发展是在遵循经济规律、自然规律和社会规律基础

---

1 《习近平：落实共享发展是一门大学问》，央视网，2016年5月14日。

上循序渐进的过程，中国的共享发展同样是"渐进共享"，两者都是一个从低级到高级、不断推进的过程。中国的共享发展经历了由低水平到高水平、由不全面到全面、由发展很不平衡到发展均衡的一个渐进性过程。从《21世纪议程》到《变革我们的世界：2030年可持续发展议程》，国际社会层面对可持续发展的规划蓝图日渐明晰，助推可持续发展目标不断完善、向更深层次发展。

二、可持续发展助力共享社会构建

习近平总书记指出："发展理念是发展行动的先导。"随着中国特色社会主义进入新时代，中国经济发展也进入了新时代。十九大报告中强调，中国社会主义矛盾已经转化为人民日益增长的美好生活需要和不平衡不充分的发展之间的矛盾。这一矛盾不仅制约着人民美好生活需要的增长，也成为推动经济高质量发展、实现经济持续健康发展亟待解决的难题。

着力解决好发展不平衡、不充分的问题，必须坚持以人为本的可持续发展理念。共享社会重视人民在共享中获得的认同感、满足感、参与感和成就感，注重解决社会公平正义的问题。"共享"作为中国特色社会主义的本质要求，其目标是实现共同富裕和公平正义。共享目标的实现要求必须坚持以人为本的可持续发展理念，从纵向和横向两个维度确保代内和代际群体均拥有平等的发展权利和发展机会，为人的尊严生活和价值实现创造有利条件，营造"人人参与、人人尽力、人人共享"的社会环境，发挥人民的主体地位，尊重人民首创精神。

着力解决好发展不平衡不充分的问题，必须坚持以新发展理念为引领。可持续发展理念已经融入新发展理念的方方面面。五大发展理念互相依存、相辅相成、相得益彰，增强了中国发展的整体性、协调性、平衡性、包容性和可持续性，从内涵和外延两方面改革升级传统发展理念。

创新：创新是引领发展的第一动力。发展动力决定发展速度、效能和可持续性，必须把创新摆在第一位，通过创新培育发展新动力。习近平总书记指出："坚持创新发展，是我们应对发展环境变化、增强发展动力、把握发展主动权，更好引领新常态的根本之策。"图6-8是对中国近5年来创新投入现状的描述；图6-9则展示了中国研究与实验发展（R&D）经费支出占GDP比例的变化情况。据国家统计局发布《2018年国民经济和社会发展统计公报》，中国研究与实验发展（R&D）经费支出19657亿元，占GDP比重升至2.18%，仅次于占比2.8%的美国[1]，创新驱动战略展现出了巨大的经济效益。

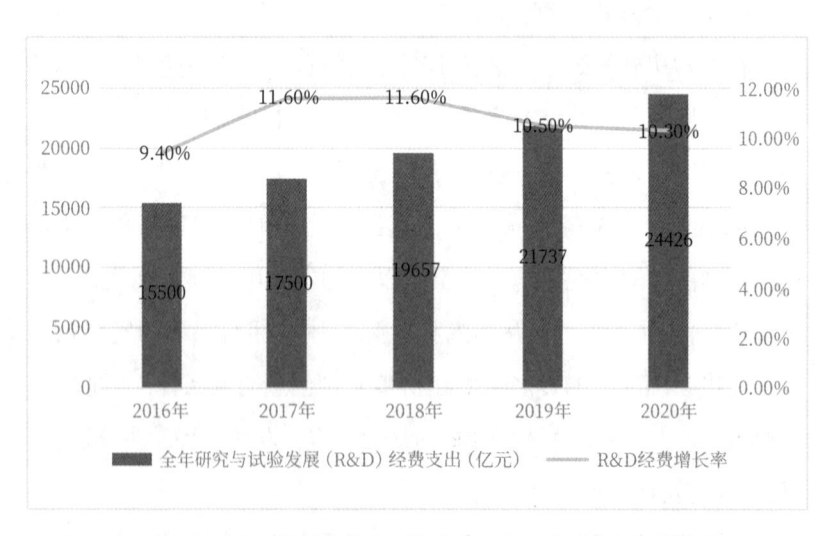

图6-8 2016—2020年全年研究与实验发展（R&D）经费支出及增长率

---

[1] 南生今世说：《2018年中国研发费用占GDP比重升到2.18%，美国是2.8%》，搜狐新闻，2019年3月13日。

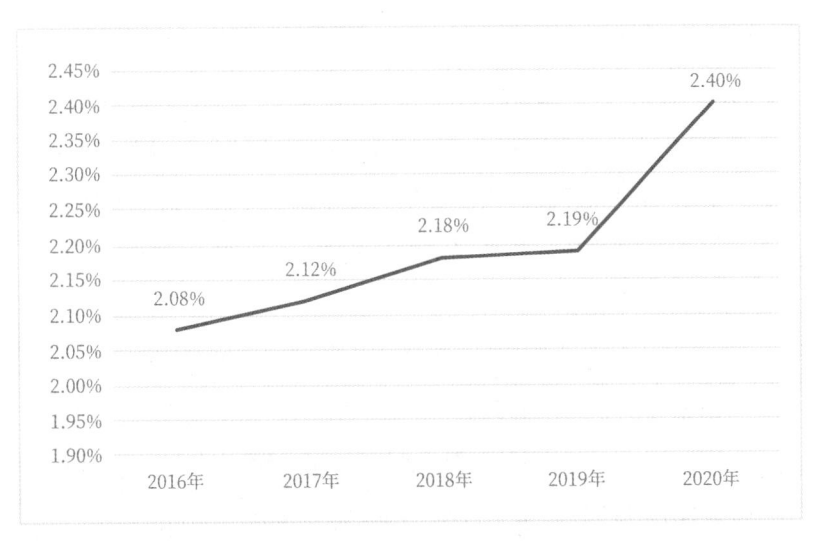

图6-9　2016—2020年全年研究与实验发展（R&D）经费支出占GDP比例

数据来源：国家统计局《2018年国民经济和社会发展统计公报》

协调：协调既是发展手段和发展目标，也是评价发展的标准和尺度[1]，更是持续健康发展的内在要求。协调发展注重发展机会公平和资源配置均衡，强调经济发展的整体性、全面性和协调性，要求处理好局部和全局、当前和长远、重点和非重点的关系。中国发展不平衡、不充分体现在社会经济发展的各个领域，协调发展要求必须加强中国特色社会主义事业"五位一体"总体布局全方面建设，坚持全面协调可持续的发展观念，从经济发展成果、社会公平正义、精神文明成果、社会和谐环境和美丽生态空间等方面满足社会主体对发展成果的全面共享。

绿色：绿色是永续发展的必要条件。绿水青山就是金山银山，

1　《习近平：深入理解新发展理念》，人民网，2019年5月16日。

绿色发展就是要解决好人与自然和谐共生的问题，必须要尊重自然、顺应自然、保护自然。绿色发展要求在制度上必须坚持节约资源和保护环境的基本国策，加快建设资源节约型和环境友好型社会，推进美丽中国建设，为全球生态安全做出中国贡献。在经济发展模式上，必须改变粗放型经济增长模式，实现绿色、低碳、循环和可持续的经济发展方式。

开放：开放是国家繁荣发展的必由之路。国家要富强、民族要振兴，最重要的是顺应时代潮流，掌握历史前进的主动权。面临新的国际国内形势，要不断提高把握国内国际两个大局的自觉性和能力，提高对外开放的质量和水平，构建对外开放新格局。

共享：共享是中国特色社会主义的本质要求。共享理念实质就是坚持以人民为中心的发展思想，是实现共同富裕的必然要求。共享是全民共享、全面共享、共建共享和渐进共享。落实共享发展理念一方面要求不断把"蛋糕"做大，充分调动人民群众的积极性、主动性和创造性；另一方面要求不断把"蛋糕"分好，让人民群众拥有更多的获得感、幸福感和安全感。

着力解决好发展不平衡不充分的问题，必须遵循客观规律。中国的共享发展，必须是遵循经济规律、不断增强我国经济创新力和竞争力的科学发展，必须是遵循自然规律、把建设生态文明作为中华民族永续发展的千年大计的可持续发展，必须是遵循社会规律、让改革发展成果更多、更公平地惠及全体人民的包容性发展。[1]

在经济层面，可持续发展体现在积极转变经济发展方式、优化经济结构，以供给侧结构性改革为主线，推动经济高质量发展，把

---

[1] 《遵循客观规律，解决好发展不平衡不充分问题》，光明网，2018年8月13日。

创新驱动发展战略放在突出位置上，实现由"中国制造"向"中国创造"、"中国速度"向"中国质量"、"制造大国"到"制造强国"转变。

在生态层面，可持续发展，一方面，要求摆脱"先污染后治理"的发展老路，贯彻绿色发展理念；另一方面，要求建设美丽中国，加大生态文明建设力度，在绿色、低碳、循环的可持续发展中打造新的经济增长点和新的发展空间。

在社会层面，可持续发展体现在"以人民为中心"的发展理念上，要求进一步提升人民群众的获得感、幸福感和安全感，实现包容性发展，不断促进人的全面发展，最终达到共同富裕。

第四节　可持续发展下的共享社会

可持续发展与共享发展互相交融、互相联系，共享社会的实现道路离不开可持续发展理念的引领和指导。2021年7月1日，习近平总书记在庆祝中国共产党成立100周年大会上庄严宣告"中国已经实现了第一个百年奋斗目标，在中华大地上全面建成小康社会，历史性地解决了绝对贫困问题，正在意气风发向着全面建成社会主义现代化强国的第二个百年奋斗目标迈进"。全面建成小康社会是中国人民迈向中华民族伟大复兴的关键一步，为实现全体人民共同富裕这一中国特色社会主义现代化建设的根本奋斗目标奠定了坚实的基础。

在全面建设社会主义现代化国家新征程中，诞生了基于互联网平台、整合多种要素提升闲置资源利用效率的共享经济，提出了破解城乡二元结构、实现城乡融合发展和全面推进乡村振兴的城乡发展新理念，发展了以人与自然和谐为价值取向、以绿色低碳循环为主要原则、以生态文明建设为基本抓手的绿色发展理念[1]。本节将从共享经济、城乡融合发展和绿色发展三方面，结合真实案例继续阐述可持续发展理念在共享社会中的具体实践。

一、可持续发展与共享经济

共享经济是共享发展理念在经济上的一种体现和创新。这一始于整合闲置资源、盘活供需两端以实现供需高效匹配的经济形式，既便利了人们的生活、实现了社会资源的共享，又为社会经济创造

---

[1] 《坚持绿色发展（深入学习贯彻习近平同志系列重要讲话精神）》，人民网，2015年12月22日。

了巨大的发展潜力，共享了互联网经济发展的累累硕果。实现共享经济的可持续发展是在经济层面建设共享社会的重要一环。本节的第一部分将从共享经济的发展现状入手，以共享单车为例探究共享社会下共享经济的可持续发展之路。

（一）可持续的共享经济，还是"昙花一现"？

图6-10和图6-11分别是2017—2020年中国共享经济交易总量及增长情况，以及共享经济参与服务人员和平台工作人员数量。2020年，我国共享经济市场交易规模超过3.3万亿元，参与服务人员约0.84亿人，平台工作人员达到631万人，共享经济呈现迅猛发展趋势。共享经济的发展呈现出两大亮点：(1)"稳就业"潜力优势明显，提供了更加多样化的就业渠道和就业机会；(2)开始向产业领域延伸，制造业成为共享经济中较为活跃的行业，共享经济在推动产业结构升级、促进闲置资源有效配置和转变消费方式上日益发挥着更重要的作用。巨大市场空间提供的有利支撑、雄厚投资力量引发的催生效应和一系列鼓励共享经济发展的政策举措为共享经济发展开拓了广阔空间。

菲尔森（Felson）和施佩特（Spaeth）（1978）最早提出"共享经济"的概念，并将其界定为"以获取利润为目的的陌生人之间，对特定物品的使用权暂时进行转移的经济行为"。这一物品可以是劳动力，也可以是闲置物品，这一概念从诞生之初就暗含着整合闲置资源，盘活供需两端、实现供需高效匹配的可持续发展理念，共享经济也因此渐渐发展成为一种成本收益可持续的商业模式。随着互联网的发展，共享经济开始跨越时间和空间发挥作用。作为新的经济模式，共享经济加速了要素的流动，实现了更高效的供需匹

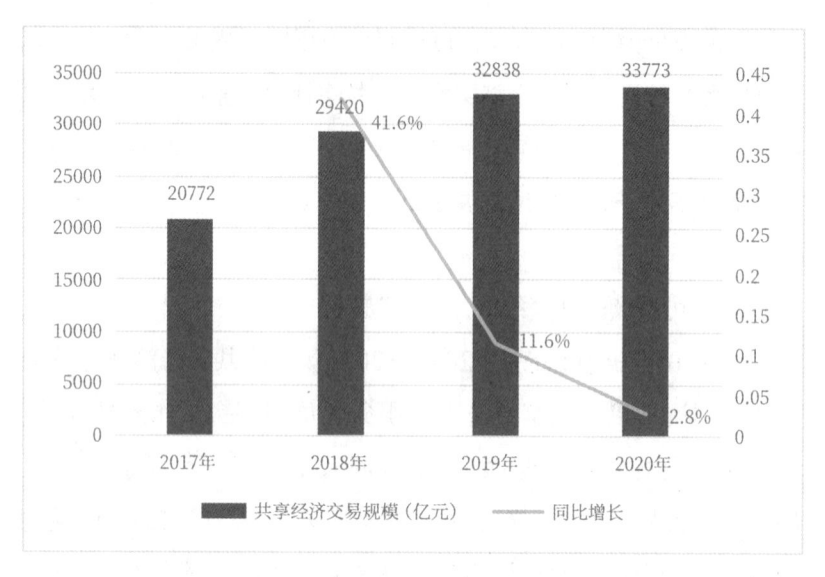

图6-10 共享经济交易规模及增长情况

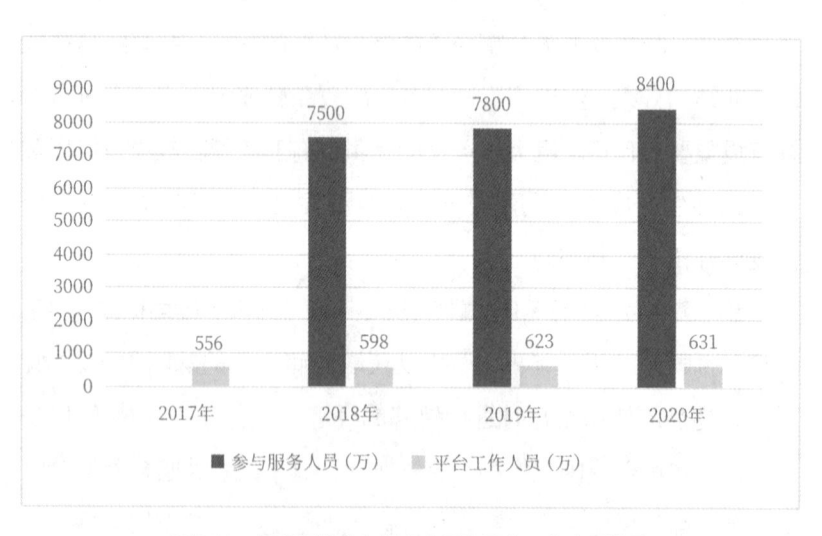

图6-11 共享经济参与服务人员和平台工作人员数量

数据来源：国家信息中心《中国共享经济发展报告（2021）》

配，对可持续经济增长做出了重大贡献。其中，共享出行作为共享经济中较早涌现，同时发展也较为成熟的业态，不仅提高了车辆的使用效率、缓解了交通拥堵、丰富了居民的出行方式，还在践行和推广绿色环保、低碳出行生活方式上发挥了重要作用。

但是，这一新兴经济形态在蓬勃发展的同时，也蕴含着危机和风险。除了信息安全风险和行业不正当竞争带来的垄断风险，以共享单车为代表的共享经济出现了停放无序、恶意损毁、废弃车辆回收难等问题，造成了公共秩序混乱和严重的资源浪费。共享经济是可持续的共享经济，还是昙花一现？实现共享经济的平稳健康可持续发展受到普遍关注。[1]下一小节中，本书将以共享出行中的共享单车为例，探究共享经济发展的可持续路径之一。

（二）共享经济可持续发展路径：以共享单车为例

1. 共享单车发展四阶段始末

2020年，共享出行用户数量达到5.9亿人，占国内出行总支出比例为4.1%，渗透率高达44.0%。如图6-12所示，中国旺盛的单车需求为共享出行平台企业的发展提供了良好的生存土壤，共享出行的用户数量、渗透率及占国内出行总支出的比例逐年上升。加之与网约车业务直接对位的巡游出租车业务发展受限，2000年之后的20年间，出租车牌照数量仅增长20万张左右，大城市打车难的问题使打车软件在中国快速普及。

1　曲哲涵、韩鑫、刘志强：《共享经济可持续发展路正宽》，新华网，2019年8月3日。

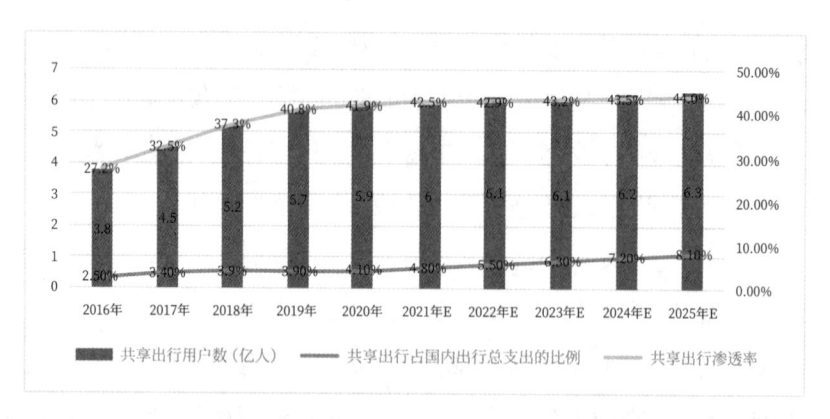

图6-12　共享出行用户数量、占国内出行总支出比例和渗透率[1]

图6-13清晰地展现了共享单车发展的四个阶段。第一阶段，为解决城市居民出行的"最后三公里"问题，最早从2007年开始从国外引入公共单车模式，形成以政府主导分城市管理的模式，这一阶段多为有桩单车。第二阶段，2010年，以永安行为代表的承包市场单车模式的企业开始出现。第三阶段，2015年，随着移动互联网的快速发展和普及，以ofo为首的互联网共享单车应运而生，更加便捷的无桩单车开始取代有桩单车。但最初主要经营校园生意，尚未走向社会公众。2015年5月，北大校园就有超过2000辆共享单车，随后ofo模式在其他7所首都高校成功推广，累计服务在校师生近90万次。[2]如图6-14所示，共享单车自2017年开始呈现迅猛发展之势，这一时期共享单车领域的融资事件快速攀升，行业开始疯狂生长并渐渐进入无序发展阶段，先后诞生了摩拜单车、小鸣单车、酷骑单车、哈啰出行、青桔单车等品牌，用户数量从2016年的0.28亿人快速提升至2017年的2.05亿人，并开始从一线城市拓展到国内主要城

1　郭美鑫：《微出行行业专题研究》，中泰证券研究所，2021年。王靖添：《交通运输行业2021年9月行业动态报告：推荐综合物流龙头中长期配置价值，持续关注公路货运数字化趋势》，中国银河证券研究所，2021年。

2　《ofo团队：骑行+互联网=爱好+事业》，北京大学新闻中心，2016年3月4日。

市。2018年，共享单车市场规模增速高达57.1%。

萌芽期	初创期	无序发展期	健康成长期
第一阶段:2007—2010	第二阶段:2010—2014	第三阶段:2015—2018	第四阶段:2019—至今
为解决城市居民出行的"最后三公里"问题，2007年，国外兴起的公共单车模式开始引进国内，国内模式为政府主导分城市管理，单车多为有桩单车	2010年，以永安行为代表的承包市场单车模式的企业开始出现，被时公共单车仍以有桩单车为主。	以ofo为首的互联网共享单车应运而生，更加便捷的无桩单车开始取代有桩单车。共享单车早期主要服务于校园市场，随后开始走向社会。随着资本的快速进入和ofo、摩拜单车双寡头竞争格局下激进的投放策略和补贴烧钱战，诸多问题逐渐暴露	众多玩家退出市场，形成美团、青桔和哈罗单车三足鼎立局面。随着政府监管开始纳入共享单车行业，行业逐步走到健康成长的盈利阶段。

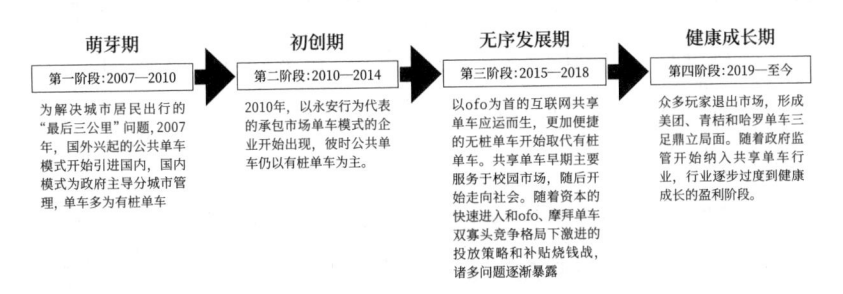

图6-13 共享单车发展四阶段

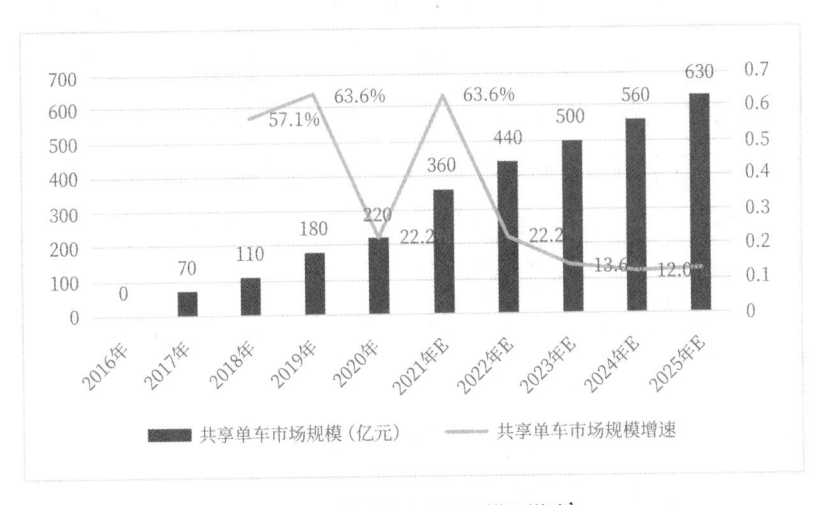

图6-14 共享单车市场规模及增速[1]

共享单车发展早期，ofo和摩拜单车双寡头竞争格局下过于激进的投放策略引发了大量问题。两者在2016年开启了"补贴战"和"单车投放战"，ofo意图通过短期大量投放廉价单车稀释摩拜的占比以抢占市场，摩拜更是以投放过量的单车来回应。大量品牌各异

---

1 王靖添：《交通运输行业2021年9月行业动态报告：推荐综合物流龙头中长期配置价值，持续关注公路货运数字化趋势》，中国银河证券研究所，2021年。

的单车迅速进入市场，共享单车开始快速过剩，无节制地投放为两败俱伤和市场混乱埋下了祸根。随着时间的推移，共享单车高损耗率、无序摆放、难回收等问题逐渐暴露。随着两巨头退出市场，共享单车市场开始回归理性，并对"烧钱模式"带来的负面影响进行了反思。

第四阶段，政府监管开始接入，实行"政府约束经营者、经营者约束使用人"的监管模式。政府开始对共享单车的总量进行控制，解决"过度投放、疏于管理"的问题。同时，将配额管理作为配套措施，基于配额分配进行后续实际投放，整个过程中还会依据服务质量考核评价的结果进行动态调整，鼓励企业精细化运营，提升用户体验。针对运营中普遍存在的车辆规范停放问题和早晚高峰时段性的区域性停放供需失衡，各地开始采用"电子围栏，定点停放"的方式予以规范。这一阶段，以政府监管的接入为特征，共享单车行业开始向规范化、健康化发展。

共享单车其诞生的本意是便捷市民出行、推行新型绿色环保的共享经济，打通建设绿色城市、低碳城市的"最后一公里"。但在早期具体实践中却以无序混乱和资源铺张浪费的形象出现，这一共享经济的可持续形式令人深思。

2. 共享单车可持续发展，路在何方？

结合共享单车早期发展阶段的失败经验和进入健康成长阶段后的具体措施，共享单车要实现可持续发展需要从以下三点入手。

第一，警惕高额补贴"内卷化"带来的恶性竞争及副作用，"烧钱模式"并不能解决问题。通过大量补贴"烧出市场"是互联网商业模式的惯用套路，但作为以"高损耗"和"重运维"为主要特征的共享单车行业，技术壁垒不高、排他性弱，车辆投放的边际效应递减且边际成本和持续维护成本过高，难以形成区域或其他形式的局部垄断、用户黏性不高且行业供给缺乏外部约束力，烧钱模式只能获得短暂的优势而并非可持续的运营模式。前期的高额补贴一定需要后期的高额抽成或其他非常规的变现手段来弥补，互联网行业的补贴主要来自未来现金流的预支，当预支转为透支时就会出现难以弥补的后遗症。补贴的边际收益递减表明，只有通过合并避免恶性竞争才能提升补贴的有效性。企业应该更多地专注于改善和提高用户体验，提高长期运营能力，而非通过高额补贴迅速扩大用户基数。烧钱模式的重点一定会陷入"不烧不行"的囚徒困境。

第二，行业需要加强自身规范化并叠加政府强监管或第三方监管以实现可持续、健康发展。政府监管的出手在很大程度上使共享单车行业市场秩序走向有序化和规范化。仅依靠行业自律是不够的，还应当从政府层面加大监管力度，对共享经济的外部性竞争行为予以约束，建立事前、事中和事后三位一体的监管体系，完善准入制度，加强产品和服务质量及品质的监管工作，完善法律监管制度，确保共享经济各方面良性运行。除了政府监管，还可以建立第三方监督、行业监督和政府监督等多种监督模式协调统一的监管体系（徐博轩、王翔，2020），从源头上杜绝失范、失规和失控的行为。

第三，从根本上实现共享经济理念下的可持续性设计，实现从前端到终端全面的可持续。共享单车对资源和环境最大的威胁在终端对其的处理上，由于共享单车自身成本不高而损毁、废弃单车的维修成本、人力维护成本过高，企业往往选择直接抛弃。这种不可循环式的废弃造成了资源的大量浪费和环境污染，成为堆积如山的"共享单车坟场"。出行的方式可以替代，但资源无序开发和不可循环的使用方式对环境造成的严重威胁无法弥补（Acquier et al.,2017)。摩拜单车与YUUE产品设计工作室的单车零件创意跨界合作，为共享单车可持续利用提供了示范作用，摩拜单车也因积极践行全生命周期环保理念，贯彻3R（Reduce, Reuse and Recycle）理念实现废旧单车100%回收而获得联合国环保领域最高奖"地球卫士"。

二、可持续发展与城乡融合

城乡融合是共享发展理念在城乡层面的运用和实践，也是建设共享社会的必由之路和根本途径。当前中国发展的主要矛盾之一就是发展的不平衡不充分，其中，最突出的就是城乡之间的不平衡问题。城乡融合发展是破解新时代主要矛盾的关键抓手，[1]要解决发展不平衡不充分问题，推动人的全面发展和全体人民共同富裕，城乡融合的协调发展是必由之路和根本途径。本节的第二部分首先探究中国在城乡发展关系上的转变，从"城镇化"到"城乡融合"逐渐打破城乡二元结构。其次，探究城乡融合的本质就是可持续发展，并以北京市房山区黄山店村的乡村振兴实践为例，阐述共享社会下可持续的城乡融合发展道路。

（一）从城镇化到城乡融合

中国对城乡关系和城乡发展路径的战略导向，经历了"城镇化—统筹城乡发展—城乡发展一体化—城乡融合发展"的演进过程，表6-3对发展路径的四个阶段及其主要内容进行了总结。虽然中国在统筹城乡发展和推进新型城镇化建设方面取得了显著成效，

---

[1]《发改委：城乡融合发展是破解新时代社会主要矛盾的关键抓手》，中国地产网，2019年5月6日。

但仍存在城乡二元结构矛盾突出、城乡要素流动不顺畅、公共资源配置不合理等问题。施建刚认为，城乡发展不平衡、不协调、不可持续的问题是当前制约中国城乡经济社会高质量发展的主要瓶颈。从单纯的城镇化"重城轻农"到城乡融合发展，是新时代城乡关系演进的基本态势，也是破除城乡二元结构、促进城乡要素双向有序流动和推动乡村振兴高质量发展的必然要求。

表 6-3　城乡关系和城乡发展路径的战略导向发展历程

事件	时间	城乡发展路径的主要内容
第一阶段：城镇化向统筹城乡发展过渡阶段		
《中共中央关于农业和农村工作若干重大问题的决定》	1998年	发展小城镇是带动农村经济和社会发展的一个大战略
《国民经济和社会发展第十个五年计划纲要》	2001年	实施城镇化战略，促进城乡共同进步。发展小城镇是推进城镇化的重要途径，其关键在于繁荣小城镇经济，把引导农村各类企业合理集聚、完善农村市场体系、发展农业产业化经营和社会化服务等与小城镇建设结合起来
《国民经济和社会发展第十个五年计划城镇化发展重点专项规划》	2001年	统筹兼顾，促进城乡协调发展
中共十六大会议	2002年	把统筹城乡经济社会发展作为全面建设小康社会的一项重大任务，提出要全面繁荣农村经济，加快城镇化进程，坚持大中小城市和小城镇协调发展
第二阶段：统筹城乡发展向城乡发展一体化过渡阶段		
中共十七大会议	2007年	统筹城乡发展，推进社会主义新农村建设。要加强农业基础地位，走中国特色农业现代化道路，建立以工促农、以城带乡长效机制，形成城乡经济社会发展一体化新格局
《国民经济和社会发展第十二个五年规划纲要》	2011年	建立健全城乡发展一体化制度

(续表)

事件	时间	城乡发展路径的主要内容
中央经济工作会议	2012年	积极稳妥推进城镇化，着力提高城镇化质量。要把生态文明理念和原则全面融入城镇化全过程，走集约、智能、绿色、低碳的新型城镇化道路
中共十八大会议	2012年	城乡发展一体化是解决"三农"问题的根本途径，要加大统筹城乡发展力度，增强农村发展活力，逐步缩小城乡差距，促进城乡共同繁荣。加快完善城乡发展一体化体制机制，着力在城乡规划、基础设施、公共服务等方面推进一体化，促进城乡要素平等交换和公共资源均衡配置，形成以工促农、以城带乡、工农互惠、城乡一体的新型工农城乡关系
《中共中央关于全面深化改革若干重大问题的决定》	2013年	健全城乡发展一体化体制机制。坚持走中国特色新型城镇化道路，推进以人为核心的城镇化，推动大中小城市和小城镇协调发展、产业和城镇融合发展，促进城镇化和新农村建设协调推进
第三阶段：城乡发展一体化向城乡融合发展过渡阶段		
中共十九大会议	2017年	实施乡村振兴战略。建立健全城乡融合发展体制机制和政策体系，加快推进农业农村现代化
《中共中央国务院关于建立健全城乡融合发展体制机制和政策体系的意见》	2019年	三步走目标：到2022年，初步建立城乡融合发展体制机制；到2035年，城乡融合发展体制机制更加完善；到21世纪中叶，城乡融合发展体制机制成熟定型

（二）城乡融合的本质是可持续发展

城乡融合发展本质上是城市和乡村和谐共生、可持续发展的过程。

第一，城乡融合发展突破了传统的城乡分割视角，将城市和乡村视为一个有机整体，促进城乡体系各个维度的协调发展，最终达到城乡融合的可持续发展状态。乡村有其独特的价值，城镇化不是让城市取代乡村，但是乡村振兴也不能脱离城市的发展和带动。"融合"二字在坚持城乡平等的前提下，引导城乡在区域整体布局和高质量发展中各司其职、各美其美，建立特色鲜明、分工明确、功能互补的良性互动关系，耦合形成互促共生的有机生命体。[1]不断强化城乡融合统筹谋划和顶层设计，增强了改革的系统性、整体性和协同性，有利于破除城乡融合发展体制机制障碍，为其提供全方位的制度供给。

第二，城乡融合发展充分尊重发展的差异性、内在机理和客观规律，牢牢把握住城乡融合发展的正确方向，因地制宜、循序渐进，是科学的发展观。同时，也具有以人为本的发展理念，重视基层的首创精神，坚持农民主体、共享发展。

第三，城乡融合发展重视城乡区域间和城乡参与主体间的公平性。城乡融合发展要求建立有利于城乡基本公共服务普惠共享的体制机制、城乡基础设施一体化规划机制和有利于农民收入持续增长的体制机制，推动医疗卫生服务、教育资源、公共文化服务、社会保险制度、社会救助体系等公共资源、服务和社会事业在农村的延伸和覆盖，重点加强乡村基础社会建设、保障公共物品的供给，拓宽农民增收渠道、促进农民收入持续增长、不断缩小城乡居民生活水平差距，充分展现了"共享"和"公平性"的发展理念的内涵。城乡融合发展也将成为新时代实现共同富裕目标的突破口，通过乡村振兴战略和建构城乡融合发展的体制机制来提速农业农村现代化水平。

第四，在经济上，城乡融合发展能有效地提高资源配置效率。以户籍制度改革、农民工返乡创业政策、农村土地承包地"三权分置"制度、宅基地制度、集体经营性建设用地入市制度、财政投入保障机制、工商资本入乡促进机制和科技成果入乡转化机制等为代

1　雷刚：《新型城镇化与乡村振兴："双轮驱动"实现城乡融合发展》，中国建设新闻网，2020年12月10日。

表的制度、机制和改革,为人才、土地、资金、产业和信息各要素充分流动和资源合理配置提供了制度保障,有利于技术创新和成果转化,进一步盘活闲置资源,充分发挥各要素的经济和社会效益和乡村发展的内生动力。

第五,在文化上,城乡融合也是对乡村文化价值的挖掘和传承,实现优秀乡村文化的可持续发展。乡土文化是乡愁的重要载体,要"留得住青山绿水、记得住乡愁"必须重构乡土文化。[1]城乡融合要求在立足乡村文化的同时,积极汲取城市文明及外来文化优秀成果,推动乡村优秀传统文化创造性转化和创新性发展,保留村落布局、体现乡村居民特色,发展特色乡村产业、彰显乡村文化的价值。保持可持续发展,才是真正的乡村振兴。[2]

第六,城乡融合发展也是重视农村生态建设的发展,牢固树立绿水青山就是金山银山的理念。对生态环境的重视体现在永久基本农田特殊保护制度、农业绿色发展制度、农业清洁生产方式和耕地草原森林河流湖泊休养生息制度和轮作休耕制度上,以高质量发展为导向,走质量兴农之路。此外,城乡融合发展也要求建立以政府主导、企业和社会各界参与、市场化运作、可持续的城乡生态产品价值实现机制,完善自然资源价格形成机制,利用经济杠杆进行生态保护和环境治理。

(三)北京房山黄山店村的乡村振兴路:一个案例

黄山店村地处北京西南,为明代以前成村,同时也是代表着责

---

1 刘学:《人民日报观察者说:农村要留得住"乡愁"》,中国共产党新闻网,2019年3月5日。
2 童跃强:《实施乡村振兴、要留得住乡愁》,红网,2018年10月3日。

任与担当的"红色背篓"精神的发源地,全村共有582户1305人。[1]黄山店村是中国一系列促进"三农"发展政策实践的缩影,由最初一穷二白的小村庄蜕变为人均收入达2.6万元的全国美丽休闲乡村,成为中国乡村振兴的典范之一。总结20年来的发展历程,黄山店村的乡村振兴之路可以整合为"产业转型""共同富裕"和"记住乡愁"三部分。[2]

1. 产业转型:从"靠山吃山"向生态绿色发展

20世纪八九十年代,黄山店村由于临近周口店镇水泥厂,最早是利用周边丰富的石灰石资源建立起石灰石开采场,并组织60多户村民发展起交通运输业,每年收入500多万元,赚取了第一桶金[3],村民的生活质量有了显著提高。2001年,张进刚当选新一任书记,开始招商引资并建立了集体控股、村民参股的股份制公司。2002年,黄山店村引进浙江立马水泥控股集团,投资2.5亿元建立了日产2000吨的现代化环保型水泥生产线,入股分红使村民的钱袋子一下子鼓了起来。图6-15是作者调研期间拍摄的已经废弃的水泥厂旧址。但是,单纯依靠传统资源消耗型产业的发展模式对当地生态环境造成破坏,污染严重。

从2009年开始,黄山店村开始积极响应国家"关停小煤窑、小矿山,发展生态友好型产业"的政策号召,利用村周边山岳景观优势发展旅游产业,打造了坡峰岭、怪石林等休闲旅游景区,迈出产业转型第一步,走上生态绿色发展的道路。4年间,黄山店村共投资2000万元,分阶段、分项目实施坡峰岭景区建设工程。当

1　任荣、佘跃松:《北京美丽乡村"'四好'成就乡村巨变——北京市房山区黄山店村变迁的启示》,2021年6月1日。
2　案例内容为笔者通过实地调研收集一手资料整理而成。
3　任荣、佘跃松:《北京美丽乡村"'四好'成就乡村巨变——北京市房山区黄山店村变迁的启示》,2021年6月1日。

图6-15　黄山店村水泥厂旧址

前，黄山店村已建成占地面积约2000亩、上下山环形步道6000米的坡峰岭红叶观光区，连续打造了九届"红叶节"观光活动。2020年坡峰岭景区年接待游客42万人次，实现收入1200多万元，其中，包含门票收入896万元，农副产品销售收入200多万元。[1]此外，村集体还成立了农业公司，统一规划种植业生产，并建立了农业采摘园区供游客体验。发展旅游产业为黄山店村村民和邻村村民提供了就业岗位，实现了全村劳动力的充分就业，一些本村知识青年也开始返乡创业。

2015年，在京郊休闲旅游蓬勃发展的背景和盘活闲置农宅发展休闲旅游等政策的引导下，黄山店村利用"7·21"特大洪水后村民搬迁上新楼的契机，对搬迁腾退出来的闲置农宅进行改造，与"隐居乡里"民宿运营团队合作打造"云上石屋""姥姥家""桃叶谷"和"黄栌花开"等54个院落精品民宿品牌，图6-16是黄栌花开7号院落富有乡村特色的大门。民宿由"隐居乡里"统一运营和管理，

1　任荣、佘跃松：《北京美丽乡村"'四好'成就乡村巨变——北京市房山区黄山店村变迁的启示》，2021年6月1日。

民宿管家吸纳了一部分闲散劳动力，民宿收入除去民宿日常运维费用，剩下的收入按比例与"隐居乡里"分成，村民可从村集体取得分红收入。黄山店村在民宿产业上逐步形成了"村民+村集体（合作社）+运营商"的多元合作模式，通过打造乡村利益共同体，将农民的利益、集体利益和企业利益联结起来，充分发挥各方优势，盘活农村闲置资源，转化当地闲散劳动力，形成了"共生+共享"的发展模式，为乡村发展赋能。

图6-16　黄栌花开民宿7号院落大门

2. 共同富裕：搬迁新居与集体经济

2012年"7·21"特大洪水后，黄山店村开始在政府的政策支持下建设新民居，图6-17是调研期间拍摄的村民新居。搬迁农户先通过第三方评估机构对老旧宅基地的地上建筑评估作价，用于抵扣新房的部分价款。安置房建安成本大约3000元/平方米，村民以每人40平方米，每平方米400—800元的价格购买（具体价格因楼层各异，各楼层价格如表6-4所示），市财政每平方米补贴1000元，其余部分由村集体补贴。最终，村民自筹资金8000万元，村集体补贴3000万元，共筹措资金1.1亿元。村集体将收回的旧房统一改造成民宿，每年民宿经营收入近800万元。民宿运营的净收入实行定期分红。此外，村民还可以通过景区收入分红受益。2012年转型至2019年底，村集体资产总额由4342万元增长到2.1亿元，人均纯收入由1.2万元增长到2.5万元。[1]集体经济在实现脱贫攻坚和村民共同富裕上发挥了重要作用。

表6-4 黄山店村安置房补贴情况

楼层	价格（元/平方米）	政府补贴（元/平方米）	村集体补贴（元/平方米）
6层	400	1000	1600
5层	500	1000	1500
4层	600	1000	1400
2、3层	800	1000	1200

数据来源：实地调研

图6-17 黄山店村村民上楼房搬迁的新居

1　隐居乡里：《"全国劳模张进刚载誉归来，民宿与乡村共荣！"》，北京休闲农业公众号，2020年11月27日。

3. 记住乡愁：乡村文化价值的挖掘和传承

黄山店村对乡村文化的挖掘和传承主要体现在民宿改造和坡峰岭"红色背篓"文化发展上。为了能够提高当地旅游业的市场竞争力，黄山店村挖掘传颂了十几年的"红色背篓"文化，并逐渐发展成为红色教育基地。在景区内，当地开发出山楂汁、冻柿子、油鸡、蜂蜜等富有地方特色的休闲旅游产品，带给了游客具有乡土特色的消费体验。每值"红叶节"，坡峰岭上10块钱一碗的饸饹面日售就超5000碗。在民宿打造上，旧院在改造的同时也保留了乡村的"乡土气息"，如姥姥家富有年代感的大门和故事。以农家小院为场景，独特的乡村"烟火气"赢得了旅客的青睐。

黄山店村的发展是中国乡村振兴战略实践的缩影。产业振兴是乡村振兴的物质基础，要形成绿色安全、优质高效的乡村产业体系，为农民持续增收提供坚实的产业支撑。黄山店村从"靠山吃山"到生态绿色发展的转型、集体经济下共享发展成果和对乡村价值的传承，正是城乡融合发展中可持续理念在生态、经济和文化上的体现。

三、可持续发展与绿色发展

绿色发展是共享社会下对经济发展和环境保护二者关系探讨的最终回答。"共享社会"共享的不仅是经济发展的果实、社会进步的福祉，也应当有生态文明下的绿水青山。绿色发展更多地是在时间维度上，强调要在实现经济发展的同时，在当代人与代际之间共享生态文明和美丽中国。本节第三部分从绿色发展的本质出发，分析其与科学发展观、可持续发展理念的共性与联系，阐述共享社会下中国的"绿色低碳循环发展经济体系"。

(一)绿色发展的本质是科学发展观

联合国《中国人类发展报告2002：绿色发展，必选之路》首次提出"绿色发展"这一概念。[1] 报告中阐述了中国在走向可持续发展的十字路口上所面临的挑战，中国的绿色发展道路道阻且长。2003年，中共十六届三中全会明确提出"坚持以人为本，树立全面、协调、可持续的发展观，促进经济社会和人的全面发展"，并提出统筹城乡发展、区域发展、经济社会发展、人与自然和谐发展、国内发展和对外开放等"五大协调发展战略"。

绿色发展观本质就是科学发展观。胡鞍钢认为，绿色发展就是经济、社会、生态三位一体的新型发展道路，以合理消费、低消耗、低排放、生态资本不断增加为主要特征，以绿色创新为基本途径，以积累绿色财富和增加人类绿色福利为根本目标，以实现人与人之间和谐、人与自然间和谐为根本宗旨。表6-5对两种发展理念进行了对比，绿色发展是对黑色发展的深刻批判和根本性决裂，继承并超越了可持续发展思想理论。

表6-5 可持续发展与绿色发展的对比差异

对比	可持续发展	绿色发展
发展要求	被动适应自然的限制条件	主动把握自然的发动因素
发展视角	人类中心主义	视人与自然为不可分割的系统
代际关系	不给后人留下遗憾或后遗症	为后人"乘凉"而"种树"，增加更多的投入，留下更多的生态资产，功在当代、利在千秋，造福子孙、造福人类

绿色发展是"经济—自然—社会"三大系统的复合体系，强调

---

[1] 瑞典斯德哥尔摩国际环境研究院：《中国人类发展报告2002：绿色发展，必选之路》，中国财政经济出版社2002年版。

三大系统全面公平和谐可持续的发展。其中，经济系统的绿色发展目标是指经济系统发展从增长最大化转向净福利最大化，常用"绿色GDP"指标来衡量；自然系统的绿色发展目标是从生态赤字向生态盈余，通常用生态环境指标的改善来表示；社会系统的绿色发展目标指社会系统发展从不公平转向公平发展，通常可用不平等调整后人类发展指数（HDI）来表示。

（二）中国的"绿色低碳循环发展经济体系"

2021年4月，国务院发布《关于加快建立健全绿色低碳循环发展经济体系的指导意见》（以下简称《意见》）。《意见》指出，建立健全绿色低碳循环发展经济体系，促进经济社会发展全面绿色转型，是解决我国资源环境生态问题的基础之策。图6-18是绿色低碳循环发展经济体系全产业链条及配套设施的具体内容。

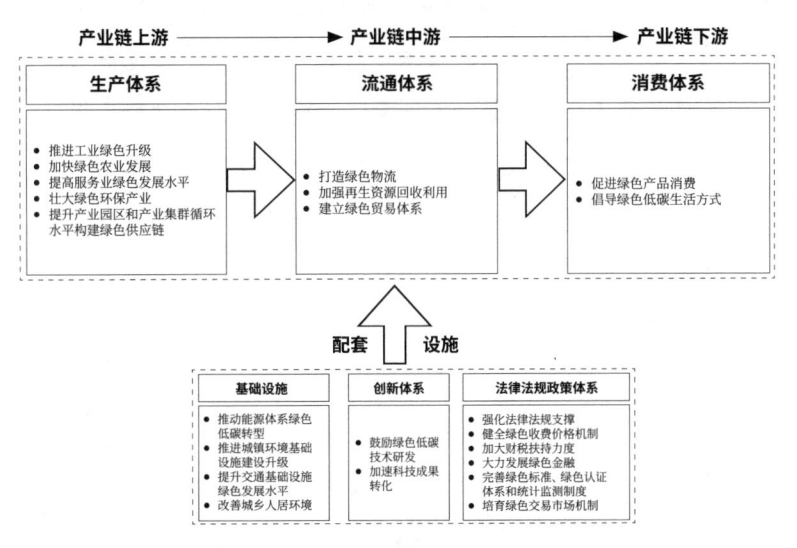

产业链上游 → 产业链中游 → 产业链下游

生产体系
- 推进工业绿色升级
- 加快绿色农业发展
- 提高服务业绿色发展水平
- 壮大绿色环保产业
- 提升产业园区和产业集群循环水平构建绿色供应链

流通体系
- 打造绿色物流
- 加强再生资源回收利用
- 建立绿色贸易体系

消费体系
- 促进绿色产品消费
- 倡导绿色低碳生活方式

配套设施

基础设施
- 推动能源体系绿色低碳转型
- 推进城镇环境基础设施建设升级
- 提升交通基础设施绿色发展水平
- 改善城乡人居环境

创新体系
- 鼓励绿色低碳技术研发
- 加速科技成果转化

法律法规政策体系
- 强化法律法规支撑
- 健全绿色收费价格机制
- 加大财税扶持力度
- 大力发展绿色金融
- 完善绿色标准、绿色认证体系和统计监测制度
- 培育绿色交易市场机制

图6-18　绿色低碳循环发展经济体系贯穿全链条

中国绿色低碳循环发展经济体系坚持重点突破、创新引领、稳重求进、市场导向，是从生产、流通到消费形成贯穿经济发展的全产业链模式。

大兴国际机场打造"绿色机场"新标杆

北京大兴国际机场是中国首个在开航一年就完成整体竣工环境保护自主验收的大型枢纽机场。绿色发展理念贯穿大兴机场建设全过程，为打造世界一流绿色机场树起了中国标准，为实现碳达峰、碳中和目标贡献了中国智慧和中国方案。

在绿色建筑方面，大兴机场将绿色建筑理念贯穿整个设计和建设过程，机场红线内100%为绿色建筑，其中，三星级绿色建筑比例达70%，其中航站楼作为面积最大的绿色三星级建筑被评为节能AAA级建筑。在建筑技术和材料方面，大兴机场充分利用了低碳建筑技术和材料技术，拥有全球最大的地源热泵集中供能项目，并创新性地采用地井式地面专用空调。在设计理念方面，将环境友好融入各项设计，充分贯彻了海绵机场、花园机场的建设理念，采用分区分级雨水蓄排系统，构建全过程水土保持综合防护体系，建设过程共减少近40万吨水土流失量，全场雨水收集率100%。机场大力推进新能源利用，76个近机位APU替代设施达到100%使用率，推进特种车辆"油改电"，空侧清洁能源车辆比例达78%，有效地节省了资源消耗。数据显示，2021年全年单位旅客电耗相比上一年降低了43%，单位旅客综合能耗和耗水量降低了26%。在绿色基础设施方面，大兴机场拥有全国首个机场环境管理

> 信息系统，并同时配备除冰液回收与再生系统及车辆尾气监测线，成为全球噪声最小的大型枢纽机场之一。大兴机场首创国内全向跑道构型，拥有世界最高等级的地面活动引导与控制自动化系统（A-SMGCS），四项旅客中转指标均居于世界前列。机场采用太阳能光伏发电、太阳能热水等措施，可再生能源规划占比16%。[1]

大兴国际机场"绿色机场"的设计理念，是中国积极践行绿色低碳循环发展经济体系的一个具有代表性的缩影。面向两个百年目标，构建这一经济发展体系是建设现代化国家的必由之路和必然选择。在经济社会发展和跨越中等收入陷阱的过程中，同步构建绿色低碳循环发展的经济体系的任务是极其复杂和艰巨的。《意见》为中国绿色低碳循环发展经济体系做出了系统部署，充分彰显了中国作为负责任大国的国家形象和使命担当。

---

[1] 《大兴机场扎实推进绿色机场建设》，中国民航网，2021年8月26日；《大兴机场打造"绿色机场"新标杆》，中国民航网，2020年10月15日。

第五节 小结

本章重点讨论了可持续发展的内涵、发展历程及其与共享发展之间的共性与理论联系，最后还从经济、社会和生态三个角度阐述了共享发展与可持续发展在共享社会中的联结。

可持续发展最早在《我们共同的未来》报告中被正式提出，通常由经济、生态环境和社会三部分组成，其三原则分别为公平性原则、持续性原则和共同性原则。可持续发展重视代内公平和代际公平，其中代际公平构成可持续发展的核心内容，要求"既满足当代人的需要，又不对后代人满足其需要的能力构成危害"。可持续发展与当代中国有着千丝万缕的联系。中国最早仅从环境保护角度探索可持续发展路径，初步尝试将保护环境上升为国家战略方针。随着与国际社会的联系日益密切，中国的可持续发展开始与国际社会接轨。自十五大开始，中国的可持续发展进入现代化建设阶段，可持续发展理念开始与全面建成小康社会目标密切相连，并逐渐将"生态建设"纳入"五位一体"总体布局，把生态建设提高至与经济、社会、政治、文化建设同等重要的地位。随着中国步入新时代，面对新冠肺炎疫情冲击，中国仍在可持续发展目标上取得了显著成就，在攻坚克难阶段取得了"脱贫攻坚"和"全面建成小康社会"重大胜利。可持续发展理论及其发展在中国展现出了强大的生命力。

随着中国全面建成小康社会和向着第二个百年目标奋进，思考共享发展与可持续发展理念的共性和理论联系、实现可持续的共享发展显得尤为重要。可持续发展与共享发展互相交融、互相联系。一方面，共享发展蕴含了可持续发展理念，重视人的内在目的和价值，关注社会公平正义，体现出整体性、全面性、均衡性和渐进性的特点；另一方面，共享社会的实现离不开可持续发展理论的指导，解决发展不平衡不充分问题必须坚持以人为本的可持续发展观和"五大新发展理念"的指导，遵循经济规律、自然规律和社会规律。

本章在第四节以共享社会下的共享经济、城乡融合发展和绿色发展为例，从经济、社会和生态三个角度阐述了共享发展与可持续发展在建设共享社会过程中的理论和现实联结。其中，共享经济是共享发展理念在经济上的一种体现和创新，在第四节的第一部分以共享单车为例探究了共享经济的可持续发展路径；城乡融合是共享发展理念在城乡层面的运用和实践，也是建设共享社会的必由之路和根本途径，在第四节的第二部分中，以北京房山黄山店村的乡村振兴为例，生动再现了城乡融合下可持续城乡关系的本质；绿色发展是共享社会下对经济发展和环境保护二者关系探讨的最终回答，在第四节的最后一部分明晰了中国"绿色低碳循环发展经济体系"全产业链整合的各个部分，以大兴国际机场"绿色机场"的建设充分彰显中国积极践行绿色低碳循环发展理念，为实现碳达峰、碳中和目标贡献中国智慧和中国方案的大国形象和使命担当。

发展理念是发展行动的先导。站在两个一百年目标的交会点，面对中国发展不平衡不充分的现实背景，中国可持续发展道路道阻且长。要继续坚持和发展可持续发展理论，推进实现共享经济的可持续发展，坚持城乡融合发展和绿色发展，将可持续发展与共享发展有机结合，争取更高质量的经济社会发展。

参考文献

[1] [美]爱蒂丝·布朗·魏伊丝:《公平地对待未来人类:国际法、共同遗产与世代间衡平》,汪劲等译,法律出版社2000年版。

[3] [美]彼得·P.罗杰斯、[美]卡济·F.贾拉勒:《可持续发展导论》,郝吉明、邢佳、陈莹译,化学工业出版社2008年版。

[3] [美]丹尼斯·米都斯等:《增长的极限——罗马俱乐部关于人类困境的报告》,李宝恒译,吉林人民出版社1997年版。

[4] [美]乔治·弗雷德里克森:《公共行政的精神》,张成福等译,中国人民大学出版社2003年版。

[5] [美]约翰·罗尔斯:《正义论》,中国社会科学出版社1988年版。

[6] 曾珍香、顾培亮、张闽:《可持续发展的概念及内涵的研究》,《管理世界》,1998年第2期。

[7] 胡鞍钢:《中国:创新绿色发展》,中国人民大学出版社2012年版。

[8] 联合国:《改变我们的世界——2030年可持续发展议程》,联合国可持续发展峰会,2015。

刘丹:《如何促进共享经济产业可持续发展》,《人民论坛·学术前沿》,2019年第23期。

[9] 施建刚:《增强城乡融合发展的整体性协调性可持续性》,《国家治理》,2020年第21期。

[10] 徐博轩、王翔:《共享经济可持续发展之思考》,《经济研究导刊》,2020年第17期。

赵星、董晓松:《共享经济协作与新可持续增长》,《中共成都市委党校学报》,2018年第3期。

[11] 中华人民共和国环境与发展报告编写组:《中华人民共和国环境与发展报告》,中国环境科学出版社1992年版。

[12] Weiss E. B., Intergenerational equity and rights of future generations, *Seminário De Direitos Humanos*, 1996.

[13] Acquier, A.&Daudigeos, T.&*Pinkse J.*, Promises and paradoxes of the sharing economy: An organizing framework, *Technological Forecasting and Social Change*, 2017, 125.

[14] Callahan D., What obligations do we have to future generations? *American Ecclesiastical Review*, 1971, 164.

[15] Felson, M.&Spaeth, J. L., Community structure and collaborative consumption: A routine activity approach, *American behavioral scientist*, 1978, 4.

[16] Giddings, B.&Hopwood, B.&O'Brien G., Environment, economy and society: Fitting them together into sustainable development, *Sustainable Development*, 2002, 4.

[17] Golding M. P., Obligations to future generations, *The Monist*, 1972, 1.

[18] Page,T., *Conservation and Economic Efficiency: An Approach to Material Policy*, Baltimore, Maryland: The Johns Hepkin University Press, 1977.

[19] Pearce, D.&Markandya, A., *Blueprint 1: For a Green Economy*., Earthscan Publications Ltd., 1989.

[20] Strong, M.&Kirdar, U., Required global changes: Close linkages between environment and development, *Change: Threat or Opportunity* for human progress?, 1992.

第七章

共享发展与可持续减贫*

---

* 感谢吴爱旌为本章所做工作。

2021年2月，习近平总书记在全国脱贫攻坚总结表彰大会发表讲话，宣布我国脱贫攻坚战取得了全面胜利。脱贫攻坚是共享发展的关键着力点，消除绝对贫困对实现共享发展、全面建成小康社会目标任务有着关键性作用。

回顾过往，本章从可持续减贫的视角，总结我国以消除绝对贫困为核心的典型扶贫模式和实践，一方面是以产业增收和社会兜底保障为代表的内在机制的可持续性；另一方面是通过多种生态扶贫举措，兼顾经济发展与环境治理，从而实现外在环境的可持续性。基于共享发展理念，本章建立起共生、共建、共享的扶贫生态系统，从中可以看到我国从多元主体向全元主体转变的减贫参与，以及经济、政治、文化、社会、生态五位一体的子系统运转与协调。通过河南省内乡县与牧原集团的"5+N"扶贫模式，本章从微观层面阐释了这一体系的运转成效。

展望未来，共享发展理念将进一步引领乡村振兴战略的实施。习近平总书记强调："实施乡村振兴战略的根本目的是为了让亿万农民过上幸福美好生活，其发展成果应由广大农民共同享有。"站在由脱贫攻坚向乡村振兴战略转型的过渡期，本章提出应从三方面着手构建具有动态性、适应性的常态化减贫机制，包括制定新的相对贫困标准和设计贫困识别机制、持续开展贫困监测及用事前预防代替事后解决，以及从经济、文化、治理、民生等多个维度推动乡村综合发展。

第一节 贫困与反贫困

一、贫困的内涵与测量

(一) 绝对贫困

绝对贫困又称生存贫困，是指在一定的社会生产和生活方式下，个人和家庭依靠其劳动所得和其他合法收入不能维持其衣、食、住等基本的生存需要的状态。

目前，国际贫困线的设定主要有两套标准：一是由经济合作与发展组织（OECD）提出的标准：1976年，在对其成员国进行大规模调查后，经合组织提出，以一个国家或地区中位收入或平均收入的50%作为该国家或地区的贫困线；二是世界银行制定的三条贫困线：世界银行对世界范围内极端贫困情况的评估始自1979年，从20世纪90年代开始，世界银行以日均消费支出测量贫困。自2015年起，世界银行将个人的国际贫困线定为日均消费支出1.9美元。2017年，世界银行指出，由于全球各个国家的平均收入和发展水平不同，因此在保持"日均消费支出1.9美元"的极端贫困线不变的同时，为中等偏下收入国家、高收入发展中国家制定了两条新的贫困线，分别为日均消费支出3.2美元，以及日均消费支出5.5美元。

我国脱贫攻坚目标即是以消除绝对贫困为核心，以个人年收入作为衡量贫困的一个维度。随着经济社会发展，我国贫困线逐渐上移：1986年，我国首次制定贫困线，按照1985年人均纯收入200元不变价计算，将贫困线定为206元，此后在1990年、1994年、1997年和2010年，由国家统计局农村社会经济调查总队根据全国农村住户调查分户资料，对农村贫困标准进行了四次更新，并在其余年份根据农村居民消费价格指数进行更新，当前采用的是2010年制定的贫困标准。

不同于单一的以贫困线作为绝对贫困的衡量指标，我国贫困户脱贫一方面要求收入达标，另一方面要求做到"两不愁、三保障"。经济层面，按照2010年的不变价，根据物价指数等指标,2019年底贫困标准为3218元,2020年达4000元。生活保障层面，"两不愁"是指不愁吃、不愁穿，目前已基本达成目标；"三保障"是指义务教育有保障、基本医疗有保障、住房安全有保障。

（二）相对贫困

相对贫困是指，尽管个人或家庭所拥有的物质和非物质资源能满足其基本生活需要，却未达到社会平均水平，从而与其他社会成员存在相对差距的状态。相对贫困的概念最早由汤森（Townsend, 1979）提出，他认为相对贫困是"当个体、家庭和社会组织在获取饮食、健康、住房、娱乐和参加社会活动等方面缺乏社会资源时，造成他们处于低于主流社会所享受的中等生活水平，最终被排斥于正常生活和社会交往活动之外的状态"。对于相对贫困的测量，汤森以收入定义相对贫困线，将同类同规模家庭中位收入的50%—80%作为相对贫困线。此外，汤森建立了"贫困剥夺标准"衡量相对贫困的严重程度，其中包含60项指标，涉及饮食、衣着、能源、住房设施、工作、健康、教育、环境、家庭、休闲等方面。另一较为主流的相对贫困概念来自阿马蒂亚·森。他提出以能力贫困视角看待贫困问题，即贫困的内涵不仅包含经济层面上收入较低的特征，也包括个人能力被弱化和剥夺；相对贫困是个人或家庭的权利相对被剥夺，包括在经济、教育、健康等多方面的相对剥夺状态。

目前，国际上采取的相对贫困测量方法主要以人均可支配收入为标准。例如，欧盟2001年宣布以个人可支配收入中位数的60%作为相对贫困线，约为个人可支配收入均值的50%；其他许多国家大多以个人可支配收入中位数的50%作为相对贫困线，约为个人可支配收入的40%。

从收入角度看绝对贫困与相对贫困的关系，世界银行（2017）提出了一种判断家庭贫困状态的方法，如图7-1所示。其中，横轴为国家人均消费水平，X、Y分别代表低、高收入国家，纵轴为家庭人均消费水平；BR为绝对贫困线，CP为相对贫困线，二者交于R点，对应横轴A点。判断家庭处于何种贫困状态分为两步，一是判断该国人均消费水平所处位置；二是判断家庭人均消费水平所处位置。

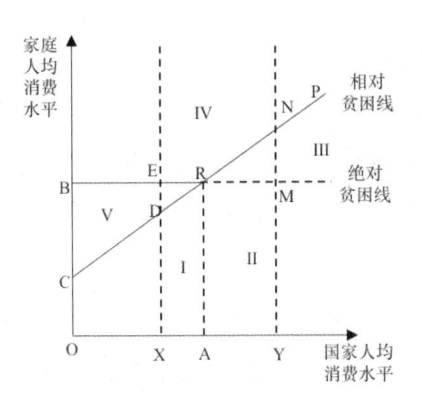

图7-1 绝对贫困与相对贫困的关系

例如，对于A点左侧的X国，收入水平在XD段的家庭同时处于绝对和相对贫困状态，收入水平在DE段的家庭处于绝对贫困状态，但不处于相对贫困状态，收入水平E点以上的家庭不处于贫困状态。对于A点右侧的Y国，收入水平在YM段的家庭同时处于绝对和相对贫困状态，收入水平在MN段的家庭处于相对贫困状态，但不处于绝对贫困状态，收入水平N点以上的家庭不处于贫困状态。

因此，总体来说，位于Ⅰ、Ⅱ区域的家庭同时处于两种贫困状态；位于Ⅲ区域的家庭不面临绝对贫困，但处于相对贫困状态；位于Ⅴ区域的家庭虽处于绝对贫困状态，但不面临相对贫困；位于Ⅳ区域的家庭不在贫困状态。

就绝对贫困与相对贫困的区别而言，不同于绝对贫困以单一的生存指标衡量个体是否处于贫困状态，相对贫困将贫富差距、社会剥夺的概念包含其中，并考虑到个体在收入之外的综合性需求（如娱乐、社交等），更强调全民应共享各方面的经济和社会发展成果。

（三）多维贫困

多维贫困由阿马蒂亚·森在其著作《贫困与饥荒：论权力与剥夺》中首次提出，其核心观点是，贫困不仅包含收入低下，还包括对人的基本可行能力的剥夺，表现为公民获得健康权、养老权、教育权、居住权等能力的缺失。[1]

目前，较为广泛利用的多维贫困测度方法是阿尔凯尔（Alkire）和福斯特（Foster）（2007）提出的AF方法，也称为"双阈值法"，即一方面对每个维度内的贫困指标设定阈值，判定各维度贫困状况；另一方面设定跨维度的多维贫困阈值，用来衡量多维贫困状况。联合国采用了该方法，在联合国开发计划署2010年发布的《人类发展报告》中，Alkire团队测算了104个发展中国家的多维贫困指数

1　[印]阿马蒂亚·森：《贫困与饥荒：论权力与剥夺》，王宇、王文玉译，商务印书馆出版社2001年版。

(MPI)，并在2011年的报告中扩展到109个国家。该多维贫困指数包括教育、健康和生活标准3个维度，共10个指标。它为传统的收入和消费贫困测量提供了重要补充，不仅可以反映个人或家庭同时存在的多个维度被剥夺情况，也可以按照地区、维度、指标进行分解，从而帮助政策制定者找到需要优先干预的领域。

近年来，我国也从多维视角研究贫困问题。从全国层面上，张全红利用联合国开发计划署的多维贫困指数，研究了我国1989—2009年多维贫困状况，发现多维贫困的下降幅度高于收入贫困，且多维贫困的主要致因发生了较大变化，由早期以医疗、收入水平方面为主，转向以燃料、教育为主，而卫生设施始终是一个重要因素。苏华山等人利用2014年中国家庭追踪调查数据（CFPS），采用AF方法，同样发现我国居民多维贫困发生率显著降低，而教育和生活条件对多维贫困贡献率较高。此外，我国农村地区多维贫困问题较城镇地区更为严重。并且，多维贫困状况具有明显的代际传递效应，教育则是阻断多维贫困恶性循环的重要手段。对于农村地区，张璇玥等人发现，2010—2018年，我国各省份农村地区的多维贫困状况均得到了改善，且贫困初始程度较高的省份下降幅度更大，表现出追赶效应。目前，我国农村地区的多维贫困问题主要体现在可持续发展方面，劳动能力不足、医疗负担较重等成为家庭陷入多维贫困的主要因素。此外，我国研究者也对女性、老人、儿童、残障等相对弱势群体的多维贫困问题进行了一系列针对性研究。

可以说，多维贫困是相对贫困的引申和扩充，也有学者将多维贫困置于相对贫困的范畴。同相对贫困一样，多维贫困将收入以外的社会剥夺纳入考量，并强调与社会整体水平的对比而非绝对数值的高低。不同于相对贫困的是，多维贫困更强调以发展的视角看待贫困问题，并且不仅关注个人客观获得的福利，如收入水平、接入基础设施等，也纳入了对个体主观福利感知的考量。此外，当前对相对贫困的测量仍多以收入为标准，但对多维贫困的测量则包含物质、权力、精神、能力、福利等多方面指标。

二、中华人民共和国成立以来的反贫困历程

习近平总书记指出："消除贫困、改善民生、实现共同富裕，是社会主义的本质要求。"从1949年中华人民共和国成立以来，我国的反贫困历程便已开起。截至2020年11月，我国现行贫困标准下近1亿农村贫困人口全部脱贫，是扶贫历程中的历史性节点，也正是我们应回顾过往经验、展望未来方向的关键时刻。本章第一节将着重于通过回顾六个历史阶段中的主要减贫方式、重要文件和减贫成效，回溯我国的减贫道路。随后，本章还将在第二节、第三节中从可持续减贫视角，着重从精准扶贫阶段的减贫实践总结我国近年来的核心经验，并在第二节"从脱贫攻坚到乡村振兴：动态减贫"中，浅析在2020年全面消除绝对贫困之后，减贫工作的未来方向。

自1949年以来，我国减贫历程主要分为六大阶段，如图7-2所示。整体上呈现出两大特征。第一，保障生存到带动发展。早期，我国的扶贫方式以发放生存救济和补贴为主，目的是帮助贫困户在农作物产量较为匮乏的时期维持生计。而后，我国的扶贫方式日益转向经济开发、产业发展，以外部资源支持激发本地居民的主动性、积极性，从而在充分保障第一产业的基础上，逐步在农村地区建立起第二、第三产业。时至今日，我国扶贫产品已逐步进入市场，在产业扶贫、就业扶贫、扶贫扶志相结合的多种扶贫方式下，当地居民作为乡村的主人，自主性越来越强，带动农村地区焕发勃勃生机。第二，核心单位日益聚焦。我国的扶贫工作始终以农村地区为主体，而具体工作开展中的瞄准单位则呈现出越来越精细、越来越具体的特征。从整个农村地区，到贫困农村区域，再到县级、村级，直到精准扶贫阶段为每一个贫困户、具体个人建档立卡。减贫核心单位的具体精准，也是保障扶贫对象全面覆盖，脱贫成果全面、可靠的关键。

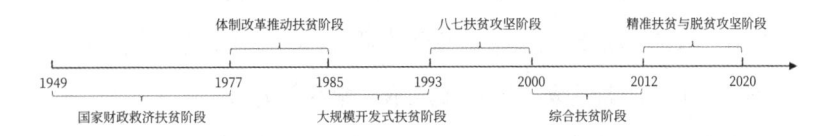

图7-2 中华人民共和国成立以来反贫困阶段

（一）国家财政救济扶贫阶段（1949—1977年）

中华人民共和国成立初期，我国总体经济发展水平不高，贫困现象普遍，其中尤以农村地区为重。当时，农村地区农业生产相对落后，且灾害频发。因此，这一时期的扶贫工作以农村救济和救灾为抓手，扶助方式以政府直接向困难农户分发救济物资和财政补贴为主。

在直接的扶贫工作以外，我国政府当时颁布的各方面政策和开展的各方面工作也有助于农民脱贫。1950年，中共中央颁布了《中华人民共和国土地改革法》，对农村地区生产资料实行再分配，使农村贫困户也能获得土地和其他生产资料，为农民脱贫提供物质条件。此外，这一时期"五保"供养制度、储备粮制度等社会保障和救助体系已初见雏形。农村基础设施、教育、医疗方面也在政府补贴和当地集体公共积累下进展显著,为后续扶贫工作奠定良好基础。

(二)体制改革推动扶贫阶段(1978—1985年)

1978—1985年,农村经营体制改革充分激发农民积极性,带来经济快速增长,成为我国农村地区减贫的主要动力。产量方面,家庭联产承包责任制解放了农村的生产力,土地经营权承包到户大大提高了农民的自主性,从而推动农业生产增收和农村经济发展。价格方面,农产品交易制度市场化改革取消了农村统购派购,使得农产品收购价格大幅提高,缩小了工农、城乡剪刀差。

此外,我国区域性扶贫工作和全国性扶贫政策在此期间正式启动。1982年,甘肃河西、定西和宁夏西海固地区"三西"农业建设扶贫工程开始实施,并由国务院设立领导小组,标志着我国区域性扶贫工作正式启动实施。1984年,党中央和国务院发布《关于帮助贫困地区尽快改变面貌的通知》,将沂蒙山等18个地区划为贫困区,这是我国首次在中央文件中明确提出贫困问题,标志着我国开发式扶贫战略正式形成。

(三)大规模开发式扶贫阶段(1986—1993年)

1986年,国务院成立贫困地区经济开发领导小组(1993年更名为国务院扶贫开发领导小组;2021年1月,成立国家乡村振兴局),扶贫机构从中央到地方全面覆盖,标志着我国开始了有计划、有组织、大规模的开发式扶贫工作。

由于当时我国基层行政建制和财政管理体制中,县一级行政组织机构最全、公共管理和独立预算执行功能最强,我国在此阶段的扶贫工作呈现"以县为中心区域"的特点。1986年,我国首次出台贫困县划定标准,以1985年全县农民人均纯收入为指标,在全国共确立331个贫困县。1987年,《国务院关于加强贫困地区经济开发工作的通知》正式确立"开发式扶贫"指导思想,国家将扶贫资金定向投入中西部地区,在地方上采取单一或综合项目形式,原则上要求项目实施到村到户。截至1993年底,农村贫困人口由1.25亿人减少到8000万人,占农村总人口的比重从14.8%下降到8.7%。

(四) 八七扶贫攻坚阶段 (1994—2000年)

1994年,国务院颁布《国家八七扶贫攻坚计划》(以下简称"计划"),是我国第一个目标明确、对象明确、措施明确、期限明确的扶贫开发行动纲领,标志着我国扶贫开发工作进入攻坚阶段。计划提出在1994—2000年间集中人力、物力、财力,力争用7年左右时间让全国农村8000万贫困人口实现温饱。此外,计划重新调整了1986年提出的贫困县标准,共确定贫困县592个。

这一时期我国中央政府扶贫资金投入呈现两大特点。一是投入增加,计划期间累计投入了1127亿元,相当于上一个7年扶贫投入总量的3倍;二是结构转变,1994年以后,我国将原用于沿海经济较发达地区的中央扶贫信贷资金全部投入中西部贫困地区。此外,中央政府在1996年对各省、自治区和直辖市提出扶贫资金划拨指示,要求地方实现30%—50%的最低配套资金比例用于国家贫困县。

除资金支持,我国在此期间充分动员社会各界力量加入扶贫工作,贫困县结对帮扶、定点帮扶格局基本形成。1996年,国务院扶贫开发领导小组部署15个东部经济较发达省、市对西部贫困地区开展东西扶贫协作工作，鼓励东部发达地区为贫困地区提供政府援助、企业合作、社会帮扶、人才支持等多方面协助。

（五）综合扶贫阶段（2001—2012年）

2001年，国务院出台《中国农村扶贫开发纲要（2001—2010年）》（以下简称"纲要"），标志着我国扶贫开发工作进入解决和巩固温饱并重的新阶段。纲要明确，制订扶贫计划要以贫困村为基础，将我国基层扶贫单位由县一级下沉至村一级。根据这一要求，全国扶贫系统相应制定了国家贫困县贫困村级扶贫规划，共确定贫困村15万个，采取整村推进的扶贫政策。这一阶段扶贫工作呈现重心下沉、进村入户的特点，各贫困村开始进行贫困户识别工作，帮扶措施的针对性进一步加强。

截至2010年底，我国共对12.6万个贫困村实施了整村推进扶贫，占计划总数的84%。2012年，国务院扶贫开发领导小组出台《扶贫开发整村推进"十二五"规划》进行下一步规划，并指出，收入方面，实施整村推进的贫困村农民人均纯收入比未实施的增幅高出20%以上，实现大幅追赶；社会发展方面，贫困村在基础设施、产业发展、社会事业、村容村貌方面均实现了突破。

这一阶段我国扶贫方式已逐步向"造血式"转型，一些地区利用原有资源开发出了具有地方特色的产业，通过带动贫困人口参与提升其自主脱贫能力；一些劳动力资源丰富的地区对贫困户进行技能培训、提供就业机会，从"授之以鱼"变为"授之以渔"。此外，为防止农村居民因健康、突发事故等不可控因素而难以维持生计，2007年，国务院发布《关于在全国建立农村最低生活保障制度的通知》，以社会救助制度为农村贫困人口"兜底"。截至2012年末，全国农村低保制度共覆盖农户2814.9万户，保障5344.5万人。

（六）精准扶贫与脱贫攻坚阶段（2013—2020年）

2013—2020年是我国决战脱贫攻坚时期。2011年中共中央、国务院印发的《中国农村扶贫开发纲要（2011—2020年）》中提出，"到2020年，要稳定实现扶贫对象不愁吃、不愁穿，保障其义务教育、基本医疗和住房"。2015年10月，党的十八届五中全会通过了"十三五"规划建议，从实现全面建成小康社会奋斗目标出发，明确"到2020年我国现行标准下农村贫困人口实现脱贫，贫困县全部摘帽，解决区域性整体贫困"。

为实现脱贫目标，我国在这一时期以"精准扶贫"为战略。2013年，习近平总书记在湖南湘西花垣县十八洞村视察时，首次提出了"精准扶贫"概念；2015年，我国颁布《中共中央　国务院关于打赢脱贫攻坚战的决定》，将精准脱贫上升为国家层面的战略和地方政府的中心任务。2017年，"十九大"将精准脱贫列入三大攻坚战之一。

"精准扶贫"内含六方面精准，分别为对象、项目安排、资金使用、措施到位、因村派人和脱贫成效精准。精准扶贫对传统扶贫方式进行改变和创新，在治理结构、资源整合配置、监督与考核方面进行变革，将瞄准对象从村细化到人。在此期间，我国建档立卡工作建成了全球最大的贫困人口动态管理系统，还向贫困地区大量输入资源，派驻扶贫工作队、第一书记等扶贫干部驻村帮扶（见图7-3）。

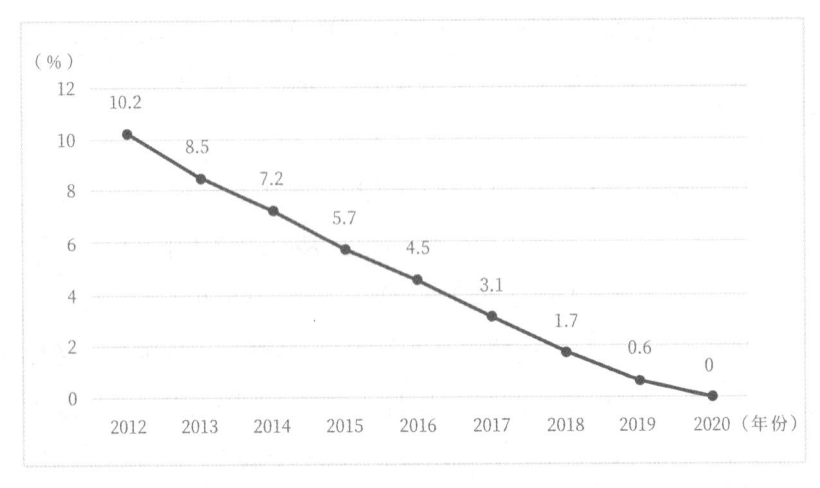

图7-3　2012年末至2020年末我国贫困发生率

此外，我国开展了产业扶贫、金融扶贫、行业扶贫、消费扶贫、易地搬迁扶贫、就业扶贫、健康扶贫、教育扶贫等多维度、多渠道的扶贫工作，调动社会各界力量和资源加入脱贫攻坚工作。2020年11月，全国832个贫困县全部完成脱贫摘帽，脱贫攻坚目标任务完成（见表7-1）。

表7-1 中华人民共和国成立以来各扶贫阶段特点比较

阶段	国家财政救济扶贫	体制改革推动扶贫	大规模开发式扶贫	八七扶贫攻坚	综合扶贫	精准扶贫与脱贫攻坚
年份	1949—1977	1978—1985	1986—1993	1994—2000	2001—2012	2013—2020
核心政策	《中华人民共和国土地改革法》	《关于帮助贫困地区尽快改变面貌的通知》	《国务院关于加强贫困地区经济开发工作的通知》	《国家八七扶贫攻坚计划》	《中国农村扶贫开发纲要（2001—2010年)》	《中国农村扶贫开发纲要（2011—2020年）》《中共中央国务院关于打赢脱贫攻坚战的决定》

(续表)

瞄准单位	整体农村地区	贫困区域	县级	县级	村级	个人
核心动能	政府救济、农民合作	体制改革提高农民积极性	有组织、大规模的开发式扶贫工作	以中央政府为主导，调动社会各界人力、物力、财力	以"造血式"扶贫实施整村推进政策	精准扶贫体系下多维度、多渠道扶贫方式并举
减贫成效[1]	贫困人口生存需要得到保障，贫困发生率仍处较高水平	贫困发生率[2]从97.5%下降到78.3%	农村贫困人口占农村总人口的比重从14.8%下降到8.7%；贫困发生率到1990年降至73.5%	贫困发生率降至49.8%	贫困发生率降至10.2%	全面脱贫

1　贫困发生率以2010年标准计。数据来源：国务院扶贫办、《中国农村贫困监测报告》。

2　即现行标准下贫困人口占农村总人口比重。

第二节 代内公平与可持续减贫

一、代内公平的含义

（一）代内公平与三种公平

习近平总书记在党的十八届五中全会第二次全体会议上旗帜鲜明地指出："共享发展注重的是解决社会公平正义问题。"从时间维度上，公平可分为代内公平和代际公平。代内公平旨在实现一代人内部的公平发展，即同一代的所有人享有公平的规则、相同的权利和平等的机会，一部分人的发展不应损害另一部分人的利益。

代内公平最早用于环境领域，是1992年联合国环境与发展大会的主题之一，旨在应对环境保护和自然资源方面的不平等。历史上，发达国家的发展大多建立在对发展中国家自然资源的掠夺和剥削上，并将大量污染转嫁至发展中国家。因此，大会以代内公平为核心，倡导同一代人，不论国籍、种族、性别、经济水平和文化差异，在拥有良好生活环境和利用自然资源等方面，应享有平等的权利。由此，大会强调在开发和利用自然资源时须考虑他国需求，在环境保护责任分配上应考虑各国历史和现状，而非简单地平均分配。

具体来看，代内公平可以划分为三个方面：权利公平、机会公平和规则公平。党的十八大报告中指出，要"逐步建立以权利公平、机会公平、规则公平为主要内容的社会公平保障体系，努力营造公平的社会环境，保证人民平等参与、平等发展权利"。尽管该报告中对三种公平的阐释以社会公平保障体系为窗口，但事实上，这三种公平涉及政治、经济、社会的方方面面。

权利公平是指公民在行使或享有法律、法规赋予的公民权利和利益上是完全平等的。随着经济发展水平提高，我国对权利公平的关注重点逐渐从基本生存层面上升到发展层面。其中，免于贫困是基本人权的重要内容之一，贫困不仅对人的基本生存权造成威胁，还会限制个人发展，使人无法获得充分的尊严，因此，扶贫对于个体的获权意义重大。在我国脱贫攻坚的历程中，早期主要通过扶持和救助保障贫困人口权利，后期则从输血转向造血，着重于为贫困人口赋权赋能。

机会公平是指广大人民群众在参与经济、政治、社会事务的机会上，在获得各种资源的可能性上，要处于同一条起跑线上。本书认为，机会公平是公平的起点，因为参与是一切的起点，而机会公平指向给予所有人相同的可能参与到一件事情中。机会公平涉及社会生活的方方面面，例如，获得教育机会、社会保障机会、市场竞争机会等。

规则公平也被称作程序公平，指全社会所有成员都受到社会规则的约束。遵守规则是法治社会的基石，而广义上的规则不仅包括法律法规，还包括政策、制度、规定等。规则公平是实现公平正义的前提保障，以规则公平为基础，才能进一步达到机会公平和权利公平。规则公平要求秉承依法治国理念，摒弃特权和潜规则，无论职位或贫富，在规则面前人人平等。

从根本上看，共享发展与代内公平是统一的。首先，二者都强调人民的主体地位。代内公平要求全社会所有成员遵守共同的规则，追求使全民享有应有的权利、平等地获得机会；而共享发展首要强调的是全民共享发展的成果，也呼吁全民参与共建。其次，二者都涉及社会生活的方方面面，不仅关注经济领域，还注重政治、社会、民生等。最后，二者都是站在发展的视角，探索使人获得全面发展的基石和途径。共享发展提出发展并非一蹴而就的，而是需要依靠每个人的贡献逐步达成的；代内公平中的机会公平也强调长远的视野，旨在从机会获得的层面上让所有人拥有共同的起点，不让任何人的发展受限。

（二）代内公平与可持续减贫的关系

代内公平与可持续减贫间存在密不可分的关系。一方面，代内公平是可持续发展的基础，只有实现了代内公平，才有进一步实现代际公平的可能；另一方面，可持续减贫是实现代内公平的重要手段。可持续减贫以贫困人口为重点人群，旨在帮助贫困人口稳定摆脱贫困状态，实现持续的增收和发展。而代内公平则是可持续减贫外围更为宏观和广泛的目标，它面向社会中的所有人，涉及政治、经济、社会的方方面面。当前，我国可持续减贫的范围也在逐渐拓宽，从实现可持续增收，逐渐拓展至从政治、文化、社会、生态等多维度扶助困难群体，从而迈向宏观意义上的代内公平。

二、可持续减贫的内涵与实现途径

目前，学界对于可持续减贫的探讨主要关注于经济层面，即通过使贫困户持续增收，实现减贫结果的可持续性。可持续减贫顾名思义是建立在可持续发展理念上，可持续发展的理念最早于20世纪80年代提出，世界环境与发展委员会在《我们共同的未来》将其定义为"在满足当代人需要的同时，不对后代人满足其需要的能力构成危害的发展"。2015年，联合国正式确立了经济、社会、环境三个维度下的17个可持续发展目标，作为2015—2030年的发展方向。其中，消除贫困便是17个目标之首。本书认为，可持续减贫是指在持续带动贫困人口脱贫的同时，也要促进经济、社会和环境的可持续发展。需要注意的是，可持续减贫与减贫的可持续性不同，后者指向减贫的结果，而前者不仅包含对减贫结果的要求，还提出减贫的手段、方式和方法要具备可持续性。

本书认为，可持续减贫包含内、外两层意义，且包含时间的意涵。内在机制层面，可持续减贫是指要使贫困人口在不断发展的外部环境下长期脱离贫困状态，不再返贫。从脱贫人口角度，首先，贫困人口要具有自造血能力，能够通过生产就业实现持续增收，不断向好的方向发展。其次，可持续减贫要求脱贫人口具备风险应对能力，能够被社会保障兜底政策全面覆盖，在发生突发事件时，能够及时获得援助，防止因灾、因病、因事故等意外返贫。外在环境层面，可持续减贫指出在减贫过程中兼顾环境的可持续发展，避免过度消耗自然资源和排放污染，应将绿色发展的理念、要求和方式贯穿脱贫致富之路。从时间层面上看，可持续减贫意味着减贫过程是动态的，减贫机制要具有适应力，能够在新的历史阶段上跟进日益提高和多元化的贫困标准，将贫困监测与扶贫工作常态化，并从产业发展、社会治理、生态保护、文明建设等多角度实现脱贫攻坚与乡村振兴的有效衔接，激发我国农村地区源源不断的活力和生机（见图7-4）。

(一) 内在机制的可持续性

1.产销兴旺带动可持续增收

通过产业扶贫使脱贫人口获得稳定收入渠道，是防止返贫的根本途径。习近平总书记在十九届中央政治局第八次集体学习时指出："产业兴旺，是解决农村一切问题的前提，从'生产发展'到'产

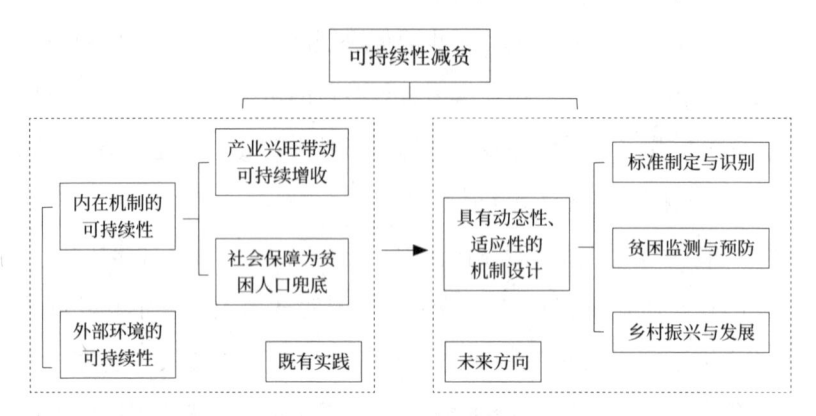

图7-4 可持续减贫的内涵

业兴旺'，反映了农业农村经济适应市场需求变化、加快优化升级、促进产业融合的新要求。"从主流经济学理论中看，产业是带动经济增长的重要途径，而产业发展之于缩小社会贫富分化的影响尚未得到充分探讨。可以说，产业扶贫是立足我国体制机制和现有国情而诞生的特有的减贫机制，在一定程度上拓展了产业发展的经济学意义，突出体现了其之于人民，特别是之于相对弱势、脆弱群体的正外部性。

具体来说，产业扶贫是指立足贫困地区资源禀赋，以市场为导向，充分发挥农民合作组织、龙头企业等市场主体作用，建立健全产业到户到人的精准扶持机制。近年来，我国涌现了大量成功的产业扶贫实践，本书将以三个典型案例介绍我国近年来产业扶贫的三种实施方式及其对可持续减贫的贡献。

甘肃省以重点产业为主导的产业脱贫案例

2018年以来，甘肃省委、省政府结合甘肃实际确定了"牛羊菜果薯药"六大扶贫产业，并先后制定出台了《甘肃省培育壮大特色农业产业助推脱贫攻坚实施意见》《关于完善落实"一户一策"精准脱贫计划的通知》《关于支持贫困户发展"五小"产业的指导意见》等一系列产业扶贫政策。

为发展重点产业，甘肃省着力加强政策设计，在培育有实力、有市场的新型农业经营主体方面形成独特经验。之前，甘肃省直接投向贫困户用于发展生产的资金较少，产业培育迟迟未能成形。吸取这一教训，自2018年以来，甘肃省全面落实产业到户扶持政策，按照人均5000元、户均不超过3万元的标准为贫困户安排到户产业扶持资金，原则上一半要用于补助到户、发展种养产业，一半入股与产业发展密切相关的合作社或龙头企业，建立贫困户与新型经营主体的利益联结机制，具体的比例由县级政府决定。与此同时，甘肃省用财政奖补、贷款贴息等扶持政策，支持贫困村组建并培育壮大农民专业合作社，在贫困县培育引进龙头企业，建设专业市场和果蔬保鲜库，支持贫困户参加农业保险，着力构建扶贫产业体系。[1]

通过在产业扶贫中着力健全生产组织体系、积极引进龙头企业、大力帮办农民专业合作社，甘肃省形成了项目跟着

---

[1] 《甘肃：推动产业扶贫 坚决打赢脱贫攻坚》，人民政协网，2020年5月30日。

> 贫困户走、贫困户跟着合作社走、合作社跟着龙头企业走、龙头企业跟着市场走的产业化扶贫之路。2018年,甘肃省龙头企业数量累计达到1781家,农民专业合作社实现每个贫困村2个以上的全覆盖。[1] 2019年,甘肃全省一产增加值1059.3亿元,同比增长5.8%,增幅居全国第一,全省依靠发展产业和"产业+劳务"脱贫的人口达131.45万人,占到脱贫总人口的76.8%。[2]

从甘肃省产业扶贫的经验中可以看到,产业发展需要政府良好的规划。从整体安排上,前期因地制宜地选定重点产业、制定相关政策和指导意见,是后序工作开展的基石。从具体实践上,微观的机制设计尤为重要。甘肃省通过产业到户扶持政策的安排,将一半的资金直接投放至产业发展的主体——农户上,切实作用于种养活动。与此同时,甘肃省将另一半资金投入培育龙头企业中,使其成为产业发展的关键动力,发挥先导作用,带动、整合散户,实现特色产品的产业化。此外,值得一提的是,甘肃省通过培养产业经营体系、经营环境,为生产和销售活动提供了有序、稳健的外部环境,对产业发展起到了至关重要的作用。

---

[1] 《夯基础、铸产业、真脱贫——甘肃构建产业扶贫"四梁八柱"》,中央人民政府网,2019年6月3日。
[2] 王朝霞:《甘肃产业扶贫夯实脱贫基础》,《甘肃日报》2020年5月21日。

山东省光伏扶贫为产业发展提供基础

光伏扶贫见效快、风险低、难度小，在为贫困地区提供能源支持的同时，还能满足绿色发展的要求。认识到光伏建设的好处，山东省充分利用农村荒地、荒坡或屋顶等，因地制宜地在光照条件较好的贫困地区搭建设备，通过"光伏+种养"模式实现土地高效利用。山东为贫困村建设的村级集中式光伏电站产权归村集体所有，但其收益由村集体、贫困户按比例分配，贫困户收益占比在60%以上；而为贫困户建设的户用分布式光伏，其产权和收益均归贫困户所有。[1]

烟台蓬莱市刘家沟镇三赵村曾是贫困村，由于缺乏特色产业，村里145户村民主要依靠400多亩地维持生计。2019年，国网蓬莱市供电公司捐赠的一座光伏扶贫电站建成发电，不仅帮助村里建档立卡贫困户全部脱贫，还带动村民发展起了大棚种植等产业。光伏扶贫项目收益稳定，可为贫困群众提供长达20年的收入来源。截至2019年底，山东已建成1.2万余个光伏扶贫电站，建设规模183万千瓦，为31.7万户建档立卡贫困户送上稳定增收的"阳光存折"。[2]

山东省的案例表明，光伏扶贫是一种一举多得的产业扶贫方式。一方面，光伏扶贫通过为农业生产提供持续的电力支持，不仅能够带来直接的经济效益，还能支持当地种植产业，通过提供更好

---

1 《山东：光伏精准扶贫送20多万户贫困群众"阳光存折"》，新华社，2019年12月28日。
2 《山东："光伏+种养"为31万户贫困户敲开脱贫增收致富门》，新华网，2020年9月28日。

的种植环境给当地产业发展带来新的机会；另一方面，光伏有效保护生态环境、积极推动能源领域供给侧改革，符合绿色发展要求，有益于美丽乡村建设[1]。此外，山东省的光伏设施所有权模式值得借鉴，光伏电站产权依情况归建设者所有，保障了其作为基础设施的公共物品性质；而收益大部分分配给贫困户，不仅帮助贫困户增收，还能提高贫困户参与相关项目的意愿，增强当地脱贫动能的内生性和持久性。

贵州省引入内迁企业带动本地就业

贵州是"十三五"期间计划实施易地扶贫搬迁人口最多的省份。2019年底，贵州188万人易地扶贫搬迁按计划完成。解决易地扶贫搬迁劳动力就业是贵州面临的重要议题，麻江县作为最大的易地扶贫搬迁安置点，当地政府积极承接了东莞等沿海地区转移产业，把扶贫车间建在安置小区内，让群众不出小区就能找到工作。[2]为鼓励企业带动贫困户就业，麻江县政府为扶贫车间提供了优惠政策，只要满足50%的工人是贫困户、25%是易地扶贫搬迁户，企业就能享受3年厂房免租的优惠。

从贵州省的案例可见，以易地搬迁扶贫为代表的扶贫手段是起点而非终点，制定行之有效的接续性政策对于减贫成果能否持续至关重要。将易地搬迁与产业内迁结合，于企业而言，内迁降低了生

---

1 《山东莒南：光伏电站照亮扶贫道路》，东方财富网，2019年8月10日。
2 《贵州：内迁产业为易地扶贫搬迁新市民带来更多就业机会》，新华社，2020年10月18日。

产成本；于当地居民而言，企业帮助其解决了就业，并培养了新的工作技能；于当地整体经济效益而言，企业内迁引入新产业，带来新机遇。

前文从产业扶贫的主要环节——带动农村贫困地区产业发展角度，分析了三种典型模式，其中涉及的主体以政府、企业、贫困户为主。而产业扶贫的可持续性不仅表现在产业自身的兴旺发展上，也表现在产业链条的连贯性上。从产品上游的原料供给，到末端销售，都属于产业扶贫的环节，因此，可以说，销售平台、乡村和城市消费者也是产业扶贫过程中重要主体。

特别是，由于农产品缺乏足够的质量保证，供应数量不稳定，且在包装和宣传上略逊一筹，大多数消费者会倾向于选择自己熟悉的品牌和产品。应对扶贫产品销售难问题，我国近年来大力开展消费扶贫，帮助贫困地区形成生产、加工、包装、流通完整产业链，真正实现"扶上马，送一程"。

我国许多省市都为扶贫产品提供了实体平台。广东省于2019年建立起广东东西部扶贫协作产品交易市场，截至2020年10月，交易额已超3亿元。北京开展了"十百千万"行动，在新发地、岳各庄等10多个批发市场设立专馆，在物美、超市发、京客隆、家乐福等100余家商超建立消费扶贫专区，在1000多个便民生活中心设立消费扶贫网点，在全市布设10000多个消费扶贫销售柜，全面打通扶贫产品销售渠道。在虚拟空间中，互联网直播带货平台对接起消费者和农产品，大量扶贫产品通过网络走向家家户户。"832"平台是财政部、国务院扶贫办和供销合作总社合力推进消费扶贫、精准带动贫困户脱贫增收的创新举措。平台自2020年1月正式运营以来，截至2021年1月，已实现了832个国家级贫困县全覆盖，交易额突破

82.5亿元,有力地带动了贫困地区农产品销售和农民增收。[1]

消费扶贫与产业扶贫的结合,将农村地区全产业链连接起来,让贫困地区产业持续发挥动能,从而实现可持续减贫。对贫困户而言,消费扶贫帮助其看到勤恳生产的成效,激发其脱贫致富的内生动力。对贫困地区产业发展而言,消费扶贫可以倒逼农村产业升级。此外,消费扶贫将贫困地区纳入市场竞争之中,巨大的市场需求也能有力地推动贫困地区农产品产量的扩大和质量的提升。

2.社会保障为贫困人口兜底

社会保障兜底是指,对于因疾病、残疾等各类原因,无法参与劳动或无法自主满足生活所需的贫困人口,实行政策性保障为其兜底。社会保障兜底是可持续减贫的重要一环,它为我国广大群众(尤其是贫困人口)奠定了应对风险的基础,是疾病、灾害等突发意外事件发生时的保障网。目前,我国社会保障兜底扶贫的制度体系主要分为三大部分,分别是社会救助、社会保险、社会福利。其中,社会救助是社会保障体系的兜底制度,指通过财政拨款解决贫困人口的基本生活,包括低保、特困人员救助供养、临时救助等制度。社会保险是指贫困人口在承担一定费用后,在一般生活风险上享受保险待遇。社会保险制度使得我国扶贫开发中的责任得到有效分担,具体包括新型农村合作医疗、新型农村养老保险制度。社会福利面向相对弱势群体,如贫困地区的老年人、残疾人、妇女儿童等,是一种社会资源再分配的方式,目的是改善弱势群体生活质量。民政部统计数据显示,截至2019年底,全国共有1857万建档立卡贫困人口纳入低保或特困救助供养,其中有1693万人已顺利脱贫(见图7-5)。

---

[1] 《"扶贫832平台"交易额超82亿元为脱贫地区农产品销售提供稳定渠道》,北青网,2021年1月30日。

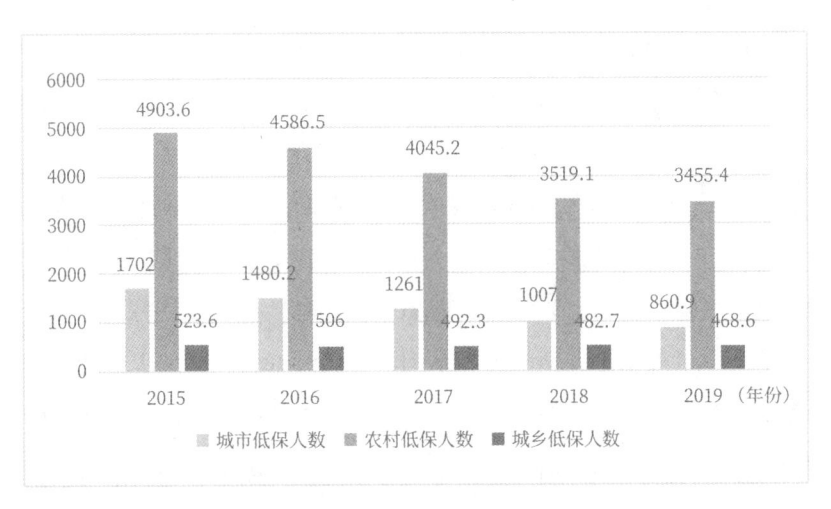

```
6000
5000   4903.6
                4586.5
4000                      4045.2
                                    3519.1   3455.4
3000
2000  1702
      1480.2
            1261
                  1007
                        860.9
1000        523.6  506   492.3  482.7  468.6
   0
       2015   2016   2017   2018   2019 （年份）
         ■ 城市低保人数  ■ 农村低保人数  ■ 城乡低保人数
```

图7-5 2015—2019年城乡低保对象、城乡特困人员情况

社会保障兜底在不同地区留有灵活施政的空间，地方政府可根据本地情况因地制宜地设计实施方式，而目的均是实现社会保障全覆盖。例如，陕西省民政厅对所有建制村中的建档立卡户、边缘户集中开展排查，坚持"边排查、边纳入"原则，推行"周审批""掌上办理"等便捷措施，确保将符合条件的未脱贫人口全部纳入保障范围。2020年，陕西省聚焦18.34万未脱贫人口和"三类人群"，致力于使兜底保障政策更精准。为此，陕西省渭南市引入第三方机构参与城乡低保、农村特困人员入户核查，实现100%县(市、区)开展购买服务工作。延安市配备社会救助协理员683名，发挥距离近、情况明、早发现等近邻优势，及时掌握发生重大变故的家庭人员信息。2020年，结合新冠肺炎疫情防控要求，陕西省民政厅开通了"陕西救助核对服务"微信公众号，困难群众可自助申请各类社会救助，推动实现民政社会救助全流程网上办理，对全省1312个乡镇(街道)、17017个村、2957个社区全覆盖。[1]

在相对发达的东部地区,江苏省目前已全面突破全国贫困线标准,因此将省级贫困线定为年收入6000元,并制订了农村低保最低标准提标计划。2020年全省农村低保最低保障标准达到每人每年7320元,平均保障标准为每人每月771元,率先以区市为单位实现城乡低保一体化,基本民生保障同城同标。此外,江苏省酌情适度扩大了低保范围。特困供养范围扩大后,全省将特困人员救助供养覆盖的未成年人年龄从16周岁延长至18周岁。在新冠肺炎疫情期间,江苏省还临时适度扩大了救助范围,受疫情影响无法返岗复工、连续3个月无收入来源、生活困难且失业保险政策无法覆盖的农民工等未参保失业人员,未纳入低保的,经本人申请,可参照3—6个月低保标准发放一次性临时救助金。[2]

(二) 外部环境的可持续性

前文从内在机制层面阐述了可持续减贫的含义和实现途径,这一部分将从外在环境角度理解可持续减贫。外部环境的可持续性是指,在脱贫攻坚和促进农村产业发展的过程中,同时要注意环境保护,不能以产业发展为由过度开发资源、排放污染物。"绿水青山就是金山银山",经济和发展与环境保护并驾齐驱,才能真正实现乡村可持续发展。

早期,我国农村地区由于工业企业和污染企业较少,自然环境大多优于城市地区,自然风貌也得到了良好的保护。然而,此后随着农村产业类型丰富和经济持续发展,工业企业进驻和污染企业迁

---

1 雷耀:《'兜'出三秦困难群众新生活》,《中国社会报》,2020年6月24日。
2 唐悦:《江苏省80.1万人通过低保兜底脱贫》,《新华日报》,2020年10月31日。

入数量显著增多。2018年,我国发改委等部门印发了《生态扶贫工作方案》,提出通过参与工程建设获取劳务报酬、通过生态公益性岗位得到稳定的工资性收入、通过生态产业发展增加经营性收入和财产性收入、通过生态保护补偿等政策增加转移性收入等方式,将贫困人口增收和生态建设有机结合。"生态扶贫"措施的大力开展,目的便是在消除贫困的同时,解决农村地区环境问题。

我国生态环境具备一个独特特征,即森林草原区、生态脆弱区、深度贫困地区"三区"高度耦合,通过发展适应性产业,一方面以有利于生态修复的植被保障生态安全;另一方面以农作物生产、加工带动地区减贫,是带动"三区"重叠区域可持续发展的有效途径。

广西石漠山化区通过选择适应性产业开展生态扶贫

我国生态扶贫聚焦深度脱贫攻坚区、滇桂黔石漠化片区和定点扶贫县。广西石漠化山区是我国石漠化最严重省区之一,地处滇桂黔石漠化片区的罗城县,石山占全县土地面积的27.6%,同时也曾是广西省贫困县之一。石山贫瘠、缺水缺土,而根系发达的毛葡萄能够适应恶劣环境,防止水土流失,是治理和预防石漠化的理想生态经济植物。到2020年年中,毛葡萄产业已成为当地主要扶贫产业之一,种植面积8万多亩,共有3800多户贫困户参与。2019年全县毛葡萄产量1.54万吨,初步形成了种植、销售、加工产业链,带动酿酒、饮料等产业发展。[1]

---

1 《绿色正在"唤醒"石漠山区——广西生态扶贫新观察》,新华网,2020年5月27日。

恶劣的环境往往会给地区发展带来难题，环境治理与经济发展常会成为二选一的天平两端。而广西省石漠化片区的案例说明，发展适合的产业能够在动态发展中平衡这两个目标。通过种植毛葡萄，罗城县不必局限于静态的环境治理，而是在动态的产业发展中同时实现生态和经济两方面目标。并且，生态产业还具备延展性，毛葡萄种植是罗城县产业体系的起点，通过将产业链延长至酿酒、饮料的加工和销售，地方产业体系已初见雏形，具备进一步吸引就业、形成特色农产品品牌，从而带动地区经济发展的潜力。

山西省生态扶贫的组织模式

围绕荒山增绿、群众增收两条主线，山西省创造性地设计了"合作社+贫困户、政府购买式造林"的林业生态扶贫组织模式，效果显著。

一方面，山西省组建起扶贫攻坚造林专业合作社，搭建群众参与生态治理、获取劳务收益的平台，每年惠及贫困人口52万人以上，累计带动贫困户增收了10亿多元。

另一方面，"政府购买式造林"是山西省生态扶贫最具特色之处。这一模式始于2013年，其核心在于"市场化造林"的理念，即基于政府规划，按照标准，市场主体自主造林。这一模式下，由贫困户组成造林专业合作社直接参与造林工程，验收合格后，政府以购买社会化服务办法回购林地，贫困户在此过程中赚取劳动报酬。通过对林木进行长期管护，贫困户还可再获得一份管护收入，增绿增收实现"双赢"。截至

> 2020年10月，山西省58个贫困县共聘用建档立卡贫困人口集体林管护员3.08万人，人均年工资超过7000元；全省共组建扶贫攻坚造林专业合作社3378个，吸纳贫困社员7.03万人，年人均增收8200余元。[1]

山西省"合作社+贫困户、政府购买式造林"的模式通过市场化的激励机制充分激发了居民的造林意愿，使种树者以主体身份参与到林业建设中，真正地共享了发展的成果。这一模式不仅带动了贫困户致富，还同时推动林业增收、林场发展，是通过调整生产关系解放生产力的典型案例。

此外，即使在自然资源充足、生态环境良好的农村地区，发展产业也应避免资本化、规模化的传统工业思维，而应在环境可持续发展理念下，基于各地区资源环境和文化特点，充分利用当地优势推动特色农产品、特色农业功能开发等产业发展。因地制宜地形成本地特色产业，与城市和其他地区保有差异性，将不仅能扎实产业根基，获得优质产品，还有助于资源环境有效利用和合理保护。

此外，我国农村地区总体上在排污处理方面基础设施尚不完善，在污染治理上相关条例缺乏，基层政府监管能力较弱。在产业发展的同时，为农村地区安装配套排污设施，推进生活垃圾和工业污染治理，加强对污染企业的监管力度也至关重要。在推进农村生活垃圾资源化处理方面，浙江省已经形成了值得借鉴的经验。

---

[1] 《山西林业生态扶贫"五大项目"每年惠及50多万贫困人口》，新华社，2020年10月28日。

浙江省的生活垃圾分类处理资源化实践

从整体布局上，浙江省在各农村建立起农村生活垃圾分类处理资源化站点，因地制宜地采取"一村一建"或"多村合建"方式，根据本地情况选择太阳能沤肥房、沼气处理或无害化的填埋、无污染热解及焚烧发电等模式，鼓励探索利用新技术、新工艺处理农村生活垃圾。[1] 到2020年底，浙江省农村生活垃圾总量将基本实现"零增长"，生活垃圾"零填埋"，全省设区市农村生活垃圾分类覆盖面达85%以上。[2]

从微观实践上，江苏省沛县不少村户门口都放有一蓝一绿两个垃圾桶，不同于城市里按可回收与不可回收进行垃圾分类，沛县将垃圾区分为可堆肥垃圾与其他垃圾。这是因为农村垃圾来源多样、成分复杂，除日常生活产生的各类垃圾，还包括庭院种植、养殖产生的枯枝败叶、畜禽粪便等，燃煤取暖地区还有大量煤渣灰土。[3] 农户将垃圾按这两类投放，保洁员按时上门分类收集，而后将可堆肥垃圾送到临近的分类处置中心，将其他垃圾送至中转站压缩，而后转运到焚烧发电厂进行无害化处理。沛县建成了数十处阳光堆肥房、地下中型厌氧发酵池等农村垃圾分类就地处置设施，将垃圾转变为资源。此外，为激励居民参与垃圾分类，沛县学习苏南经验，设置了生活垃圾积分兑换超市，可以用积分兑换生活用

---

[1] 许雅文：《浙江推进农村生活垃圾资源化处理》，《浙江日报》，2019年8月28日。

[2] 《浙江农村生活垃圾总量今年将基本实现"零增长"》，新华社，2020年4月5日。

[3] 《养蚯蚓 制沼气 做肥料——江苏沛县探索农村生活垃圾资源化利用》，新华社，2019年12月3日。

> 品。截至2019年底,沛县农村生活垃圾平均减量30%以上,每年节省垃圾收运处置费近300万元,同时可生产有机肥近1万吨,创造经济效益约500万元。[1]

(三)从脱贫攻坚到乡村振兴:动态减贫

2020年,我国脱贫攻坚战全面收官,是全面建成小康社会取得的一项伟大历史性成就。在充分肯定过往成就、总结过往经验的基础上,也应意识到脱贫攻坚战的胜利并不意味着贫困彻底消失。首先,我国既往脱贫工作以绝对贫困为着力点,而相对贫困、多维贫困仍将随着经济发展和社会进步持续存在,不断地对减贫事业提出更高的要求。其次,我国仍有部分人口徘徊在贫困线附近,存在返贫风险。因此,2020年以后从脱贫攻坚到乡村振兴战略,并非意味着扶贫工作彻底结束,而是站在新的阶段上继续推动乡村地区的全面发展。

从可持续减贫视角来看,"可持续"一词意味着减贫不是时点性的,而是随时间推移不断变化的动态性过程。2021年,站在脱贫攻坚与乡村振兴交界的这一关键节点上,本章认为有以下三方面重点工作值得思考。

第一,伴随着从绝对贫困治理向相对贫困治理的转换,贫困标准需要重新制定,贫困的识别机制有待完善。"十四五"规划提出,要建立解决相对贫困的长效机制。如何制定既明确又具有灵活性的扶贫标准便是首要问题。目前,国际上普遍使用的相对贫困标准为

---

[1] 《养蚯蚓 制沼气 做肥料——江苏沛县探索农村生活垃圾资源化利用》,新华社,2019年12月3日。

居民可支配收入中位数的50%—60%。2020年，我国贫困标准（约4000元）为农村居民可支配收入（1.7万元左右）的24%。国家扶贫开发领导小组专家委员会委员李小云建议，按照中位数的40%确定相对贫困标准；根据这一标准，2019年中国约有1500万贫困人口。[1]在收入以外，我国绝对贫困标准还包括了"两不愁、三保障"，覆盖了最重要的民生问题，相对贫困的标准也可以在此基础上继续扩充和明确多个维度的指标。此外，也应继续允许各省市根据当地经济社会情况，制定不低于全国标准的省市标准。我国脱贫攻坚的成功关键之一便是精准的贫困识别和建档立卡机制，相对贫困的识别较绝对贫困难度有所增加，多维度、动态化的标准为贫困识别提出了新的要求，需要更为灵活、全面、敏捷的贫困识别机制。

困在光伏里的农民[2]

近年来，在可持续发展战略的指导和脱贫攻坚目标的指引下，随着光伏发电的技术进步和市场扩大，中国农村掀起村户安装光伏的热潮。截至2021年9月，全国累计户用光伏项目装机容量约有1168万千瓦（纳入国家财政补贴）。国家能源局于2013年11月18日发布《分布式光伏发电项目管理暂行办法》，鼓励各类电力用户、投资企业、专业化合同能源服务公司、个人等作为项目单位，投资建设和经营分布式光伏发电项目。2021年6月，国家能源局再次推出整县分布式光伏开发试点方案，继续推动光伏发电的普及。2015年以来，光伏

---

[1] 汪苏：《2020年后如何继续减贫？》，财新网，2020年1月7日。
[2] 本案例根据《风暴眼丨困在光伏里的农民：免费的阳光为何让我欠了银行20万？》整理。

发电项目覆盖全国各地农村，与扶贫工作结合起来，"深蓝色的亮片外衣"成为广大农村地区一道不容忽视的景观。2017年1—11月，中国光伏发电量达1069亿千瓦，同比增长72%，光伏年发电量首超1000亿千瓦时。[1]发电项目的发起者既包括供电所等官方部门、机构，也有政策扶持下兴起的各类市场主体，如近几年迅速在全国成立分公司、培植代理商的正泰电器、协鑫集团、通威股份、天合光能等品牌商。虽然光伏发电项目的管理规定早在2013年就已出台，但是对市场主体的要求尚不规范和完善，在监管不力的情况下部分项目最终沦为"烂尾工程"，非但没有帮助贫困户脱贫，反而使其被迫承受经济损失和精神压力，成为一批"困在光伏里的农民"。

2016年春末，村干部告诉湖南邵阳的王大勇"被帮扶工程选中了，可以迅速脱贫"，这个5口之家有4个家人患病的贫困户听销售人员说，可以通过银行贷款，自己不需要还利息，甚至每月还有额外收入，王大勇很快同意安装了。

2018年春节前，在村支书和光伏销售人员的动员下，福建南平市山区的贫困户李贵民心怀感激地以个人信用贷款20万元，在自家屋顶上安装了22千瓦的光伏板。动员的说辞一是"光伏销售公司可以协助贷款，可以用光伏发电赚来得钱偿还贷款，10年就可以还本付息，且之后的至少10年里，光伏发电的收入均归李贵民所有"；二是"本村只有李贵民和另一个贫困户有安装光伏板的资格，这是政策的照顾和体恤"。

---

[1] 刘羊旸：《我国光伏年发电量首超1000亿千瓦时》，新华社，2018年1月2日。

> 2019年，河北保定徐水县的金礼云经过"谨慎权衡"后，在自家房顶上安装了66块光伏板，因为根据销售人员的介绍，屋顶上的光伏玻璃板能利用免费的阳光发电并出售，农户无须出资，只需要出租屋顶，每年就能获得20元/板的收入。
>
> 但是，这些农民安装了光伏发电板后才发现，实际发电的收入根本无法覆盖贷款利息，因为"即使遇上天气不好的时候，发电量不足，公司可以补偿差价"等保障性承诺沦为空话，除了偿还贷款本息，还要额外出光伏板的护理费用，很多光伏公司还对光伏板层层抬价，甚至有的光伏公司和业务员"不见踪影"，本应根据2016年发改能源[2016]621号文件为光伏扶贫项目提供优惠贷款的金融机构在实际执行时也未适度下浮贷款利率。最终，国家的扶贫资助福利由金融机构、光伏公司等资本方享受，本应享受扶贫政策优惠，脱贫减贫的贫困户们面临巨大的债务和亏损。宽泛的条款、虚浮的数据、平台的限制使农民们维权之路更为艰难，本应助力乡村可持续脱贫的项目最终成为贫困户的枷锁。

生态友好的光伏发电项目的初衷符合可持续脱贫的理念，既可以充分利用闲散资源提升经济效益，又能够缓解普通能源发电带来的环境污染，改善环境质量，最终惠及百姓。政府给予贫困户政策保障和福利倾斜，也有利于可持续减贫，缩小城乡收入差距。这一案例不是个别现象，在社会发展的其他领域也存在类似情况，反映出自上而下的政策落地中出现的共性问题。新政策出台后，市场主体往往"蜂拥而至",由此构成的市场环境复杂,相应的市场规则还不够完善,市场行为也亟待规范。当然,事物的发展是一个渐进的过程,只有在各方主体的合作下,经过不断的摸索尝试才能逐渐形成一套可持续的成熟有效的实践方法。在这个长期的探索过程中,学术界的观察思考是不可或缺的,研究者应当深入社会实践,挖掘可持续发展过程中的具体问题,提供建设性的意见。

第二,目前我国仍有部分人口摇摆在贫困线附近,这部分人口仍有较大的返贫风险,而贫困发生率也将随贫困线的提高而增长。这意味着,2020年以后我国需要持续监测相对脆弱人口,包括年收入小幅高于建档立卡贫困户标准的农户、边缘户、低保人群等。在2020年实现全面脱贫的基础之上,2020年之后,我国贫困人口的出现将呈现出从聚集性变为散发性、从初生贫困变为次生贫困、从长期性变为暂时性的特征,这需要我国建立起常态化、动态化的可持续贫困监测体系。本书认为,可持续减贫的最终目标是,从贫困发生后解决贫困,到贫困发生前预防贫困。2020年之后,可加大对可持续产业发展、农村人力资本积累和"志智"双扶的投入,从根源上阻断贫困的发生。

第三,以乡村振兴战略推动乡村综合发展。《国家乡村振兴战略规划(2018—2022年)》从加快农业现代化步伐、发展壮大乡村产业、繁荣发展乡村文化、健全现代乡村治理体系、保障和改善农村民生、完善城乡融合发展政策体系6大方面谋划乡村振兴新格局。在脱贫攻坚到乡村振兴的衔接阶段,《中共中央 国务院关于实现巩固拓展脱贫攻坚成果同乡村振兴有效衔接的意见》提出,要继续支持脱贫地区乡村特色产业发展壮大,促进脱贫人口稳定就业,持续改善贫困地区基础设施条件,进一步提升脱贫地区公共服务水平，并强调做好财政投入、金融服务、土地支持、人才智力支持这四方面政策衔接。本书认为，乡村振兴的核心在于立足乡村基础和特色资源，实现可持续的发展，进一步与城镇发展水平接轨。因此，其中不仅包含产业体系建立和可持续增收，还包括公共服务能力不断加强、自然环境和资源治理、美丽乡村建设、乡村治理能力现代化等，最终实现乡村综合发展。

第三节　共享发展下的可持续减贫

一、共享发展与可持续减贫的关系

共享发展是中国特色社会主义的本质要求，而实现共同富裕则是共享发展的价值目标。习近平总书记指出，共享发展主要包含四方面含义，分别是全民共享、全面共享、共建共享和渐进共享。可持续减贫与这四方面内涵均高度吻合。

一是全民共享，即共享发展强调人人享有、各得其所，不是少数人共享、一部分人共享。在全民共享方面，可持续减贫以贫困人口为主要关切对象。贫困人口是全面建成小康之路上的短板，要想实现中国特色社会主义的全面小康，就必须达成贫困人口全体可持续脱贫。解决贫困问题彰显了共享发展的价值追求。

二是全面共享，即共享发展就要共享国家经济、政治、文化、社会、生态文明各方面建设成果，全面保障人民在各方面的合法权益。在全面共享方面，可持续减贫强调不仅在收入层面达到贫困线以上，还追求实现教育、文明、生态环境等方方面面的发展，与共享发展的理念相契合。

三是共建共享，即只有共建才能共享，共建的过程也是共享的过程。在共建共享方面，可持续减贫和共享发展都需要人民的合力。从可持续减贫的主体来看，我国政府向贫困地区和贫困人口提供政策倾斜和财政支持，主导参与各类项目；企业充分发挥自身优势，通过"万企帮万村"等模式，实现与贫困地区的资源对接，从而大力推动产业扶贫，同时吸纳当地就业，帮助贫困户获得新的劳动技能；慈善组织和公益机构在产业扶贫、教育扶贫、健康扶贫方面发挥日益重要的作用；广大群众也通过积极参与消费扶贫，助推脱贫攻坚。与此同时，贫困地区和贫困人口也在奋起直追，投入农村产业和乡村建设，逐渐从依靠他人带动走出贫困，到自我驱动走向小康。

四是渐进共享，即共享发展必将有一个从低级到高级、从不均衡到均衡的过程，并且即使达到很高的水平也会有差别。共享发展从低水平到高水平是逐步达成的，可持续减贫目标的实现也是分层次、分阶段的。在我国全面消除绝对贫困后，相对贫困和多维贫困仍将持续存在，需要我们在新的阶段上继续迈上更高的台阶。渐进共享指出，在发展的过程中应尊重规律、稳扎稳打，目标的达成不是一蹴而就的，需要持久和不断迭代的努力。从脱贫攻坚向乡村振兴战略的转型体现出了农村地区发展的渐进性，而共享发展理念也将继续引导乡村振兴的实施。

二、基于共享发展理念构建共生、共建、共享的扶贫生态系统

由本章第二节可持续减贫的实现途径可见，我国的可持续减贫实践是多主体、多维度、多方式的。要想理解我国的减贫经验，需要从宏观视角搭建总体框架，从而将我国复杂、多元的减贫实践纳入体系。因此，本书基于共享发展理念，全面总结了我国减贫模式，将经济、政治、文化、社会、生态五个子系统结合，构建起共生、共建、共享的扶贫生态系统（见图7-6），从中体现全民共享、全面共享、共建共享、渐进共享的理念，表现可持续减贫与共享发展的耦合运转，望以此较为全面地概述我国减贫历程中的总体环境、参与主体、主要措施、重点领域，以及各主体、各领域间的联动效应。

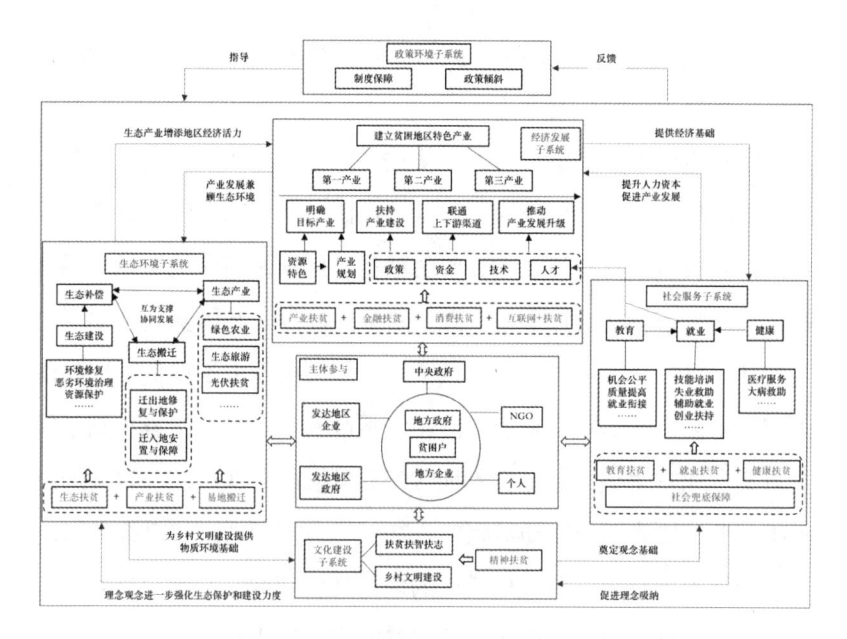

图7-6　基于共享发展理念建立可持续减贫生态系统

本书引入生物学中生态系统的概念，用以理解我国的扶贫实践。自然界中，生态系统是指在一定的空间和时间内，生物与环境构成的统一整体。其中，生物与非生物环境持续进行物质和能量交换，从而形成彼此关联、相互作用，并在一定时期内自动调节至相对稳定的动态平衡状态。基于这一概念，可持续减贫生态系统由参与主体和外部环境组成，参与主体包括中央政府、贫困户、当地企业和政府、其他地区企业和政府、社会公益慈善组织，以及广大社会公民；外部环境包括经济、政治、社会、法律、技术等方面。

（一）推动多元扶贫转向全元扶贫的主体参与

在主体参与方面，可持续减贫的主体可分为核心主体和外围主体。可持续减贫的核心主体是贫困地区，包括贫困户、地方政府和地方企业；外围主体包括中央政府、发达地区企业、发达地区政府、社会公益慈善组织以及个人。

核心主体中，基层政府是许多扶贫措施的直接实施者。为精准识别贫困户，我国基层政府逐户走访调研，为贫困户建档立卡。并且，基层政府主导落实了大量脱贫项目，包括调研当地资源、明确特色产业、带领贫困户参与产业扶贫等。此外，我国多地开展了结对帮扶，将帮扶干部与贫困户精准结对，帮扶干部不仅负责追踪贫困户信息，定期更新档案资料，还依照贫困户自身情况量身制定脱贫方案。地方龙头企业是贫困地区产业发展的领头羊，一方面通过吸纳就业、技能培训带动贫困户脱贫；另一方面通过自身经营带动地方经济发展壮大，形成规模化的地方特色产业。贫困户是脱贫攻坚的目标主体，也是实现可持续减贫的真正动力源泉。在减贫过程中，一方面贫困户接受来自外部的扶持帮助，获得资金补助、就业支持等；另一方面应着重发挥贫困户的主体地位，推动贫困户根据自身能力寻找适合的岗位，主动参与劳动就业和农村建设，作为农村的主人，在实现脱贫后进一步助力乡村振兴。

外围主体中，中央政府是脱贫攻坚政策的制定者和引导者。中共中央、国务院及各政府部门制定了脱贫攻坚顶层设计政策，以及各领域政策，包括产业发展、就业帮扶、兜底保障、易地搬迁等。与此同时，政府发挥了积极的引导作用，广泛动员社会各界参与帮扶，营造人人参与的社会氛围。发达地区政府积极开展东西协作，与贫困地区进行对口帮扶，在产业扶贫、就业扶贫、医疗帮扶、教育帮扶等方方面面发挥作用。发达地区企业在消费扶贫中通过集体采购、搭建扶贫产品销售平台等方式为贫困地区产品提供了下游渠道。此外，一些企业通过开展企业社会责任项目，带动贫困地区发展产业，提供就业和技能培训，参与解决脱贫之路上的民生问题。还有一些企业通过向贫困地区迁移，不仅降低了自身生产成本，还带动了贫困地区经济发展和就业。社会公益慈善组织近年来在脱贫攻坚中的参与也与日俱增，主要聚焦于产业扶贫、教育扶贫、易地搬迁等。据民政部不完全统计，截至2019年年中正式立项开展脱贫攻坚的全国性社会组织共有686家，在2018年共开展扶贫项目1536个，扶贫项目总支出约323亿元，受益建档立卡户约63万，受益建档立卡贫困人口约581万人[1]。对于广大社会公民，不仅可以通过捐款捐物直接参与脱贫攻坚，也可以通过购买扶贫产品加入消费扶贫行动，间接助力贫困地区产业发展。

值得一提的是，随着互联网在近年来高速发展，网络打破了地理区隔，将各主体更紧密地联系在一起。对于贫困地区，数字鸿沟在逐渐被填补，外部信息获取能够帮助其拓宽发展思路，获得外部资源并向海内外更广大的受众群体讲述脱贫故事。对于社会各界，网络平台拉近了与贫困地区的距离，我国的脱贫攻坚实践通过一个个案例变得可触可感，从而增进了社会参与脱贫攻坚的动力。此外，电子商务打通了贫困地区产品进入城市的渠道，使全国各地的企业、居民都能参与到消费扶贫行动中，助力实现多元扶贫向全元扶贫的转变。

(二)"五位一体"总体布局下子系统运转模式

根据我国经济、政治、文化、社会、生态"五位一体"总体布局，本书将可持续减贫生态系统相应划分为五个子系统。其中，经济发

---

[1] 《民政部：开展脱贫攻坚的全国性社会组织686家》，人民网，2019年6月28日。

展子系统是减贫体系的核心,经济发展是带动脱贫的直接手段,实现收入增长也是脱离贫困的首要目标。当前,贫困地区经济发展主要依靠产业带动,而建立起贫困地区特色产业亦能够促进其在脱贫后继续自主造血,实现可持续的增长。

基于产业类型划分,第一产业(农业)是发展重点,农村地区大多自然资源丰富,基于当地特色农产品种植,发展特色农产品加工不仅适应当地资源禀赋,也因进入门槛相对较低,易吸纳当地居民就业,从而成为延伸农产品价值链、以更高附加值走向市场的方式。农村地区的第二产业(制造业)在近年来也日益增多,有些地区开办了本地的加工厂,也有地区通过接收其他省份企业内迁,将制造业引入本地。第三产业(服务业)具有广阔的发展前景,乡村旅游业在近年来迅速壮大,许多游客选择在假期到乡村体验美丽的生态景色和淳朴的民风民情。"乡村旅游+"将旅游与特色空间开发、将特色农产品销售与农业产业升级结合在一起,在带动贫困户脱贫和地区经济发展方面潜力巨大。

在产业发展链条中,主要包含以下四个环节,一是根据当地资源特色因地制宜地制定产业规划,明确目标产业;二是扶持产业建设;三是帮助当地企业联通上下游渠道;四是推动产业发展升级。其中,后三个环节需要政策、资金、技术和人才等各方面资源的协助。在经济发展子系统中,我国以产业扶贫、金融扶贫、消费扶贫和"互联网+扶贫"模式贯穿产业发展各个环节,提供全方位的支持和扶助,从而实现可持续减贫。

生态环境子系统将减贫实践与生态保护结合在一起,是实现可持续发展的重要环节。生态扶贫主要包含四种模式(雷明等,2020),一是生态补偿,即通过经济手段弥补利益相关者因为维护或修复生态环境遭受的损失。二是生态产业，即在地方发展生态扶贫产业，一方面利用当地优势生态资源，或保护当地脆弱生态环境；另一方面实现产业增收，带动贫困人口脱贫。三是生态搬迁，针对我国贫困地区与生态脆弱区域高度重合的特点，我国将部分生态脆弱地区的贫困人口迁移至更为宜居的地点进行安置，并进行相应的保障和就业支持。四是生态建设，包括退耕还林还草、风沙防治、天然林资源保护、石漠化综合防护等，生态建设的目的是修复环境、治理恶劣环境和保护资源，并且在此过程中，通过设置护林员等岗位，间接为贫困人口提供脱贫途径。在生态环境子系统，我国采取的扶贫模式主要包括生态扶贫、产业扶贫和易地搬迁。

社会服务子系统主要为减贫实践中的非市场化手段，有助于缓解多维贫困，教育、就业、健康是其中最为重要的三大领域。教育领域的目标包括实现教育机会公平、提高教育质量、促进以职业教育为代表的教育和就业衔接等。"就业扶贫"是我国近年来重要的扶贫手段之一，具体包括开展技能培训、帮助提供就业机会、提供创业扶持和失业救助等。健康方面，我国长期以来都将医疗资源的可达性作为重要目标，此外，还提供大病救助等意外援助措施，将医疗保障覆盖到城乡全体居民，防止因病返贫。从狭义的角度看，教育和健康均有助于实现就业，为产业发展、乡村振兴输送人才。从广义的角度看，教育、就业、健康体现了以人为本的宗旨，旨在维护公民的基本权利，实现长远发展。在社会服务子系统中，我国主要采用的扶贫措施包括教育扶贫、就业扶贫、健康扶贫，以及社会兜底保障。

文化建设子系统方面，我国以精神扶贫作为从物质到文化领域的突破口，将扶贫与扶志、扶智相结合。一方面通过宣传教育树立积极的理念观念，鼓励贫困户通过努力奋斗实现美好生活；另一方面通过举办文艺会演、农村党课和知识宣传活动等农村文化活动，丰富农村居民的精神生活，倡导积极向上的精神风尚。随着脱贫攻坚的全面实现，文化建设在乡村振兴中显得越发重要。费孝通在《乡土中国》中写道："从基层上去看，中国社会是乡土性的。"乡村文明是我国文化的重要组成部分，它保留了我国许多悠久的传统和风貌，包括思想道德、公共文化、传统文化等。乡村文明建设作为乡村振兴的重要组成部分，是文化建设子系统的关键领域和目标。

最后是政策环境子系统。本书构建的生态系统将经济发展、生态环境、社会服务和文化建设子系统作为可持续减贫的内部组成部分，政策环境子系统作为可持续减贫的外部宏观体系，其原因是我国当前在减贫方面政策体系目前已涵盖其余各个子系统，作为顶层设计引导我国的脱贫实践。我国的政策环境首先为社会提供了制度保障，包括收入分配制度、社会保障制度等，此外还为贫困地区和贫困人口提供政策倾斜，予以更强的保护和扶持力度。

（三）子系统互促实现共享发展与可持续减贫的耦合运转

在可持续减贫生态系统中，五个子系统并非独立存在，而是互相协调、彼此促进的。政策环境子系统作为外部宏观环境，为其余四个子系统的减贫实践提供设计和指导。反之，减贫实践中的经验和教训也反馈给政策制定者，从而推进政策迭代，产生更切实、更有效的政策。其中，既有自上而下的推动，也有自下而上的回应。

就四个内部子系统而言，生态环境改善、生态产业壮大为地区增添经济活力，提供经济活动开展的平台和基础，而经济发展也应兼顾生态环境保护和建设。经济发展为社会服务提供资金支持，是公共服务的基础，而社会服务有助于提高居民人力资本，培养人才，促进产业和地区发展。文化建设是社会服务的观念和理念基础，公平、普惠的思想观念奠定了社会服务的必要性，而社会服务一方面能培养更多优质人才，推动文化建设；另一方面也将促进广大群众吸纳知识和理念，达成全民的共识和认同。文化建设子系统通过培育居民对乡村文明建设的概念以及一系列促进文化传播的实践，将影响群众进一步理解生态环境保护和乡村风貌传承发扬的必要性，从而主动参与生态保护行动，加强生态建设力度，而生态环境保护则为乡村文明建设提供了物质环境基础。

雷明等（2019）指出，扶贫生态系统包含了共生的内涵，运行的关键在于各主体间的协调配合。由本书所构建的框架可见，可持续减贫的系统性一方面表现为社会全元主体参与，通过各地区、各领域的社会力量共同推进脱贫攻坚进程。各主体间互相关联、彼此协调，需要不同程度的合作和互助；另一方面表现为子系统之间互相支持、促进，互为基础和动力，在子系统内部通过多种扶贫举措促进整体系统的耦合运转，从而使经济、政治、文化、社会、生态五方面协调统一。

三、共享发展理念下的可持续减贫实践：一个案例

前文从宏观角度阐释了我国可持续减贫生态体系，接下来，将从抽象概括进入具体的微观实践，通过我国河南省内乡县"5+N"扶贫模式的实践经验，理解可持续减贫生态系统的运转方式与成效。

河南省内乡县曾是国家级贫困县,2015年底，内乡县共有97个

贫困村，贫困人口达4.5万人，贫困发生率为6.9%。而到2019年底，内乡县贫困人口数降至0.2万人，贫困发生率降至0.31%。[1]

内乡县脱贫攻坚的成果与其可持续减贫模式密不可分。从2017年起，内乡县与牧原集团启动实行"5+N"扶贫模式。牧原集团是河南省本土的三农产业，以畜牧业养猪为主业，其集约化养猪规模位居全国前列。截至2019年末，牧原总资产已超过500亿元。[2]牧原集团不仅是我国三农领域的领先企业，也是履行企业社会责任的先行者，集团优先选择在贫困县投资扶贫产业，并带动开发了"5+N""3+N"扶贫模式，此外，也在教育扶贫、光伏扶贫方面多有参与。

具体来看，"5+N"模式中，"5"是指"县委政府+银行+龙头企业+合作社+贫困户"五个主体；"N"是指采用多种方式带动贫困户脱贫，包括产业扶贫、消费扶贫、金融扶贫、教育扶贫、"互联网+"扶贫等。其中，以金融扶贫撬动的产业扶贫是这一模式中的核心，运作方式如图7-7所示。

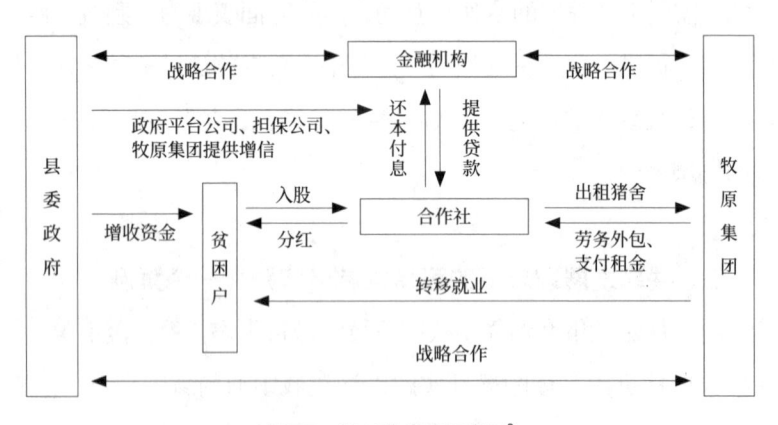

图7-7 "5+N"模式示意图[3]

---

1. 《内乡"5+"模式探析》，内乡县人民政府网，2020年5月26日。
2. 《2019年牧原股份总资产、营业收入、营业成本及生猪销售情况统计》，华经情报网，2020年3月17日。
3. 资料来源：《牧原集团扶贫报告》。

"5+N"模式的具体运转方式是，地方政府组织建档立卡贫困户入股成立专业合作社，贫困户向国开行、农商行等金融机构申请扶贫贷款后，将贷款资金委托合作社统一管理，合作社按照牧原公司的标准与要求建设规模化生猪养殖体系及其辅助设施。对于所提供的贷款，政府平台公司、担保公司和牧原集团提供增信，从而隔绝风险。牧原公司向合作社租赁猪舍等生产资料，从事生猪养殖，并定期支付租金，合作社收到租金后支付贷款利息并向社员分配收益，牧原公司承诺贷款到期后回购资产，并归还贷款本金。

这一模式带来各参与方共赢的结果：贫困户不仅能够获得通过合作社劳务外包获得就业，同时能在几乎不承担任何风险和无须付出额外劳力的情况下长期、持续地获得稳定的资产收益。金融机构在此过程中能够获得正常贷款业务收益，降低经营成本，控制贷款风险。牧原集团通过带动金融扶贫，承担起社会责任，还能获得国家金融扶贫政策红利，在企业发展中获得来自政府和社会各界的认可和支持。县委政府通过创新探索有效整合了县域金融资源、财政资金和优势产业，能够更好地带动全县脱贫攻坚，并推动县域经济发展。

"5+N"扶贫模式带来了丰硕成果，2016年，内乡县聚爱农牧专业合作社率先启动"5+N"扶贫模式，2017年1月，"5+N"实现对全县建档立卡贫困户的股金分户的全覆盖。截至2020年4月，聚爱农牧专业合作社已分14次向贫困户发放分红金额达1.6亿元。仅2017年，"5+N"模式就带动了全县1.46万人实现脱贫。[1]2019年5月，内乡县如期实现脱贫摘帽。截至2020年5月，"5+N"已复制推广到全

---

1 《内乡"5+"模式探析》，内乡县人民政府网，2020年5月26日。

国13个省（区）53个县，直接帮扶14万个贫困户37万多贫困人口。[1]

在产业发展之余，"5+N"模式还带来正向的溢出效应。从产业链拓展延伸角度，牧原集团和一些其他农业经营企业利用员工数量多、消费能力强等优势，与当地有助于带动脱贫的新型农业经营主体签订采购合同，成为当地经营主体稳定的下游用户，购买当地特色农副产品。[2]此外，内乡县将与牧原集团的合作方式继续推广向其他企业，引导南阳金冠电气集团发挥其光伏产业优势，对全县贫困户实施光伏扶贫全覆盖，确保每年每户收入不低于3000元。[3]从社会发展角度，产业和经济发展带来县域财政税收提高，随之增加了教育等公共资源服务。此外，牧原集团成立了教育扶贫基金，在当地开展了许多教育扶贫项目，并为当地贫困大学生开辟就业"绿色通道"，吸纳符合条件的贫困大学毕业生免试进入牧原集团工作，实现了"一人就业、全家脱贫"的就业扶贫目标。

内乡脱贫攻坚的成功是调动各主体参与，以经济发展子系统为核心辐射各子系统，从多维度带动地方脱贫的结果，并充分体现了共享发展的理念。其一，县政府把握住了国家金融扶贫的政策红利，通过与"三农"领域有实力、有担当的牧原集团合作，以金融杠杆撬动地方经济活力。其二，共享理念在内乡县的经营过程中得到充分发挥。内乡县以合作社整合和组织农户资源，将农户从一个个风险自担的个体转变为以合作社为依靠的经营整体，通过合作社这一中介与牧原集团形成联结，在为农户引入机会的同时，降低了其面临的风险。其三，"5+N"模式为内乡搭建起可持续的减贫框架。

---

1 《内乡"5+"模式探析》，内乡县人民政府网，2020年5月26日。
2 曹国宏、崔鹏：《内乡强力推进"3+N"蹚出扶贫新路子》，内乡县人民政府网，2018年6月13日。
3 曹国宏、王倩：《内乡"5+"扶贫模式全覆盖》，《河南日报（农村版）》，2020年9月14日。

经济发展上，贫困户一方面将闲置资产入股合作社，并获得分红；另一方面牧原提供的就业机会为其提供了增收途径。同时，当地上下游产业也被养殖业带动，并通过以商引商吸引更多未来机会，实现产业链的延伸。社会发展方面，经济红利向外辐射至社会服务领域，教育扶贫、就业扶贫等措施伴随产业扶贫而生，帮助提高内乡居民人力资本，使其获得自造血能力。

第四节 小结

本章基于共享发展理念讨论了可持续减贫的内涵、体系与实践。当前，贫困的存在形式可划分为三类：绝对贫困反映了个体收入的绝对水平；相对贫困是个体社会资源相对剥夺状态的表征；多维贫困以个体发展为核心，包含收入、教育、健康、生活等方方面面。自中华人民共和国成立以来，我国的减贫历程以消除绝对贫困为核心，经历了国家财政救济扶贫、体制改革推动扶贫、大规模开发式扶贫、八七扶贫攻坚、综合扶贫、精准扶贫与脱贫攻坚六大阶段，在2020年实现了现行贫困标准下的全面脱贫。

习近平总书记在党的十八届五中全会第二次全体会议上指出，共享发展注重的是解决社会公平正义问题。代内公平是其中的重要组成部分，而可持续减贫则是实现代内公平的重要手段。从既往实践看，我国可持续减贫实践一方面旨在通过内在机制，以因地制宜的产业发展带动农村居民持续增收，以全面覆盖的社会保障兜底化解临时风险；另一方面，我国通过多种生态扶贫举措，在脱贫攻坚过程中兼顾生态产业建设和生态治理，并通过加强农村污染和垃圾治理，实现外部环境的可持续发展。展望未来，我国正处在从脱贫攻坚向乡村振兴战略的转型期，需要制定新的相对贫困标准和贫困户精准识别机制，对于仍处于贫困线边缘的人口，持续的返贫监测和贫困预防必不可少。应建立在已有成功经验的基础上，以共享发展理念为引领，通过乡村振兴战略带动农村地区的全面发展。

可持续减贫与共享发展存在密不可分的关系，二者耦合运转方能发挥最大效益。本章最后一节构建了我国可持续减贫生态系统。其中，参与主体包括由贫困户、基层政府、基层企业组成的核心主体，以及由中央政府、发达地区政府、发达地区企业、社会公益慈善组织、社会公民组成的外围主体。在"五位一体"总体布局下，可持续减贫生态系统包含经济、政治、文化、社会、生态五个子系统，子系统内部的运转，以及子系统之间的支持互促形成了我国协调统一、不断发展的可持续减贫生态系统。河南省内乡县由县政府和牧原集团主导的"5+N"扶贫模式充分体现了共享发展的理念。本章以此案例为窗口，通过阐释内乡县的可持续减贫模式，从微观视角阐释了可持续减贫生态系统的运转方式和成效。

参考文献

[1] 白晋博:《新中国成立以来我国扶贫工作的发展历程、基本经验和未来展望》,《齐齐哈尔大学学报(哲学社会科学版)》,2020年第8期。

[2] 郝志景:《新中国70年的扶贫工作:历史演变、基本特征和前景展望》,《毛泽东邓小平理论研究》,2019年第5期。

[3] 雷明、姚昕言、袁旋宇:《地方生态扶贫内在循环机制的优化——基于贵州省扶贫实践的研究》,《南京农业大学学报(社会科学版)》,2020年第4期。

[4] 雷明、邹培:《共享发展理念下扶贫生态系统构建》,《南京农业大学学报(社会科学版)》,2019年第6期。

[5] 李培林、魏后凯:《中国扶贫开发报告(2016)》,社会科学文献出版社2016年版。

[6] 李强:《三位一体的公平观》,《前线》,2012年第12期。

[7] 苏华山、马梦婷、吕文慧:《中国居民多维贫困的现状与代际传递研究》,《统计与决策》,2020年第3期。

[8] 王小林、冯贺霞:《2020年后中国多维相对贫困标准:国际经验与政策取向》,《中国农村经济》,2020年第3期。

[9] 许汉泽:《新中国成立70年来反贫困的历史、经验与启示》,《中国农业大学学报(社会科学版)》,2019年第5期。

[10] 张全红、周强:《中国多维贫困的测度及分解:1989—2009年》,《数量经济技术经济研究》,2014年第6期。

[11] 张璇玥、姚树洁:《2010—2018年中国农村多维贫困:分布与特征》,《农业经济问题》,2020年第7期。

［12］庄晋财、黄曼：《论稳定脱贫与乡村振兴的有机衔接》，《农业现代化研究》，2020年第4期。

［13］[英]大卫·布林尼：《生态学》，李彦译，生活·读书·新知三联书店2003年版。

［14］Alkire,S., Foster,J., *Counting and Multidimensional Poverty measurement,Journal of public Economics*, 95 (2011).

［15］Sen, A., *Poverty and Famines: An Essay on Entitlement and Deprivation*. Oxford University Press,1999.

［16］Townsend, P., *Poverty in the United Kingdom: a Survey of Household Resources and Standards of Living*, Berkeley and Los Angeles: University of California Press, 1979.

［17］World Bank (2017). *Monitoring Global Poverty: Report of the Commission on Global Poverty*. Washington, DC: World Bank.

第八章
共享发展与共享经济*

---

* 感谢盛加乐为本章所做工作。

共享经济是指利用互联网等现代信息技术，以闲置资源使用权的暂时性转移为本质，以信任机制为纽带，整合海量、分散化的资源，满足多样化需求的经济活动总和。共享经济通过各种要素之间的互动，已经成为资源配置效率提升的重要方式，成为一种盘活存量、提升效率和增进服务的新范式，并最终实现个体的福利提升和社会整体的可持续发展，发展共享经济就是践行共享发展理念的重要举措。

本章以共享发展理念为主线，分三小节介绍了共享发展理念指引下的共享经济有关理论问题和现实发展情况。第一节重点阐述共享经济的基本理论问题，翔实地介绍了共享经济的概念与基本特征、构成要素和运行模式，基本构建了关于了解和分析共享经济的基本逻辑框架。第二节主要展现共享经济中的新发展理念，分析在共享发展背景下的共享经济形成原因，介绍了共享经济的主要应用场景的发展现状，客观阐述共享经济发展的现存问题和潜在风险，立体全面地展示了共享经济在中国的现实情况。第三节以宏观经济视角，从供给侧和需求侧两方面分析共享经济的经济效应，论述共享经济对传统经济模式的颠覆性影响，针对共享经济的现状提出关于构建更有获得感的共享经济机制相关政策建议，是前两节的补充和发展。三小节依次回答了共享经济是什么、共享经济发展得怎么样、如何发展更有获得感的共享经济三个基本问题，帮助读者全景了解共享经济作为一种新业态在共享发展理念的指引下在中国的现实发展情况。

第一节　什么是共享经济

一、共享经济的概念与基本特征

随着互联网信息技术的发展，一种新型经济模式——共享经济引起了人们广泛的关注。以Uber、Airbnb为代表的这类以"共享"为理念的互联网共享平台公司近年来在市场上取得了巨大成功。共享经济是最活跃的新动能，集中体现了理念创新、技术创新、模式创新和制度创新的内在要求，对去产能和脱贫攻坚起到积极推动作用。因此，对共享经济的理论研究工作成为近年来研究的一个热点。

共享经济的概念最早见于1978年美国伊利诺伊大学社会学教授琼·斯潘思（Joe L.Spaeth）和得克萨斯州立大学社会学教授马科斯·费尔逊（Marcus Felson）发表的Community Structure and Collaborative Consumption: A Routine Activity Approach一文中。在文章中，他们首次提出合作消费（Collaborative Consumption）的概念，认为合作消费实质就是共享经济（Sharing Economy）。他们基于人类生态学家阿莫斯·霍利的共生合作是为了满足人们可持续发展需求的这一观点，提出协同消费是一种满足日常需求并与他人建立关系的日常活动。[1]

国内一批学者对共享经济的定义进行了一些讨论。郑联盛认为，共享经济是基于技术手段提升闲置资源利用效率的新范式，是一种基于互联网技术的新思维方式和资源配置模式，通过闲置资源的高效再利用，替代了传统生产力成为供求矛盾的有效解决方式之

---

[1] Felson Marcus and Joe L. Spaeth, Community Structure and Collaborative Consumption: A Routine Activity Approach, *American Behavioral Scientist*, 1978, 21(March-April), pp.614–624.

一。[1]刘根荣认为，所谓共享经济就是以互联网技术为支撑，以网络平台为基础，以信任为纽带，以所有者生活不受影响为前提，所形成的个人闲置物品或资源使用权共享的开放性交换系统。[2]

2016年，国家信息中心信息化研究部、中国互联网协会分享经济工作委员会联合发布《中国分享经济发展报告（2016）》，报告中首次提及分享经济，并对分享经济的概念进行了界定。2018年，《中国分享经济发展报告》改名为《中国共享经济发展年度报告》，并在报告中对共享经济进行了新的阐释：共享经济是指利用互联网等现代信息技术，以使用权分享为主要特征，整合海量、分散化资源，满足多样化需求的经济活动总和。这一定义对分享经济的概念进行了补充和完善，在本章中主要参考《中国共享经济发展年度报告》的定义并结合刘根荣的定义进行论述。

我们可以得到，共享经济是指利用互联网等现代信息技术，以闲置资源使用权的暂时性转移为本质，以信任机制为纽带，整合海量、分散化的资源，满足多样化需求的经济活动总和。从这一概念展开，我们可以得到共享经济的几项基本特征（见图8-1）：一是由第三方创建的、以信息技术为支撑的信用平台是共享经济的基础；二是资源的使用权大于所有权并产生使用权的让渡是共享经济的核心；三是能实现重复交易和高效利用的开放系统是共享经济的组织载体。

1　郑联盛：《共享经济：本质、机制、模式与风险》，《国际经济评论》，2017年第6期。
2　刘根荣：《共享经济：传统经济模式的颠覆者》，《经济学家》，2017年第5期。

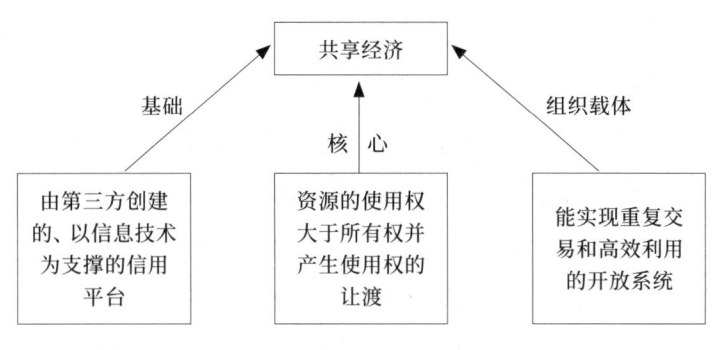

图8-1 共享经济基本特征

一是由第三方创建的、以信息技术为支撑的信用平台是共享经济的基础。共享经济基于现代通信技术形成一个平台，在这个平台上供给方形成闲置资源的供给池，需求方形成资源需求池，供求双方在平台上进行高效、快速的需求匹配。这一平台一般由第三方建立，这里的第三方可以是商业机构、政府等主体，平台主要负责提供供求信息、实现供求匹配、提供资金结算方式等中介服务职能。由于各类闲置资源和有需求的物和人都是分散化地分布于社会各地，随机性、不确定性极大，必须通过一定的关联把它们连接起来，突破物理空间的限制。同时，供给方和需求方的数量极大，需要借助现代大数据技术实现跨越时间空间的供需对接，所以交易行为必须借助于第三方建立的网络共享平台来实现。网络平台使得共享经济能够利用集聚效应和规模经济，使得供求匹配的业务模式更加高效且在商业上具有成本收益的可持续性。

二是资源的使用权大于所有权并产生使用权的让渡是共享经济的核心。从法律的角度来说，共享经济形成了一种双层的产权结构，也就是所有权和使用权的分离。共享经济倡导"租"而非"买"，需求方通过网络平台，暂时性地获得相关资源的使用权，以较低的成本实现资源的占有和使用后再转移回给原所有者。共享经济平台帮助闲置的资源找到恰当的需求用户，通过所有权和使用权的暂时分离，实现对存量资源的盘活、对闲置资源的有效利用。以使用权而非所有权作为交易对象，共享经济形成了个体化的所有权和社会化的使用权的有效结合，而互联网技术使得物品的使用时间和空间实质性扩大，解决了资源闲置和低效问题。对于需要盈利的共享经济而言，只有具有足够规模的供求双方，通过平台高效地进行供需匹配，才能提高响应速度，降低服务成本，使得共享资源的使用成本低于具有所有权的成本，并成为一个成本可负担、环节可重复、模式可持续的商业模式。

三是能实现重复交易和高效利用的开放系统是共享经济的组织载体。从经营模式上，共享经济对于资源所有者和需求者同等开放，具有同等的进入门槛，主要通过对双方的集聚来实现规模效应，进行双边的供求匹配。如果不断重复这种匹配，那么系统就具有了自我强化的功能，开放性使得其能够吸引更多的供给者和需求者进入，网络平台功能不断强化，成为一个资源集聚中心。只有通过开放的系统，才能保证共享经济模式能够以低成本扩张，实现闲置或冗余资源的有效共享。共享的开放性使得其成本低、灵活性强，在既有市场拓展或进入新市场时可以快速扩张规模，而在遇到市场形势、监管环境、竞争环境发生变化时，也可以快速进行适应性调整。

共享经济强调产品的使用价值，将个体拥有的、作为一种沉没成本的闲置资源进行社会化利用而产生额外收益，最终实现社会资源的有效再配置。共享经济是通过将所有者的闲置资源的频繁易手，重复性地让渡并收回使用权，这种通过网络平台形成的分享模式把闲置资源利用起来，提升了资源的使用效率，而开放性的系统加速、扩展了这一过程，最终实现个体的福利提升和社会整体的可持续发展。

二、共享经济的构成要素

共享经济在运行过程中需要具有以下几项基本要素：闲置资源、众多参与者、连接机制与信息流、产生经济收益（见图8-2）。

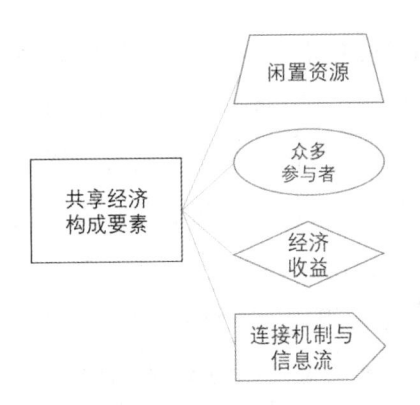

图8-2　共享经济构成要素

其一是闲置资源。闲置资源是共享经济的客体，能够进行共享交易的标的物应该是具有使用价值的完整物品，具有准公共产品的特征。共享的资源由于所有权并未发生改变，在使用时需求方需要支付一定的费用，这种排他性对供给方来说可以用来获利；同时，共享资源又没有竞争性，在进行对外共享时向额外的消费者提供商品边际成本极低或为零，并且一般来说共享资源的闲置特征使得资源处于相对剩余状态，即供大于求，所使用的人可以很多，当使用者越多时收益率越大，从而具有规模经济效应。因此，共享经济的发展主要有两条途径：一是使私人品可共享，即弱化私人品的竞争性；二是使公共品可排他，也就是提高公共品的可排他性，让私人部门有激励进入。[1]

其二是众多参与者。来自供求双方的众多参与者共同构成了共享经济的主体。每个参与者都在共享经济中各取所需并实现定制化和个性化要求。共享经济将更多的私人物品在不改变所有权属的基础上让更多的人以较低的价格分享，从而压缩了个人用品中私人专用物品的相对空间，扩充了公共物品概念的内涵，既降低了用户使用的成本，又延长了资源的使用年限、提高了使用率。庞大数量的潜在闲置资源和需求者是共享经济得以形成的基本条件。只有存在较大的潜在市场供需双方，共享经济才能得以产生和发展。

三是连接机制与信息流。连接机制也是匹配机制，即存在一个第三方的平台，通过现代互联网技术帮助实现需求者和供应者之间的匹配。前文中已经提及，由于闲置资源和需求方都是大量、分散、随机分布于社会各地，因此带来极高的交易成本，需要通过平台突破空间和时间的限制，通过网络平台对物流、资金流、人员流及信息流的集成管理，借助现代大数据技术实现共享经济过程，将他们匹配起来。连接机制与信息流共同构成了网络平台，这一平台通过征集、整理、分析数据，形成支持供求匹配的信息系统。实际上，连接机制和信息流对共享经济业态进行了去中介和再中介的机制构建。平台将分散的需求和分散的供给集中且连接起来，促成供需双方建立不需要转移所有权的共享机制，对于原来传统的中介机构而言是一个去中介的过程。同时，本质上，在技术支撑、反馈机制以及匹配交互的支撑下，平台又成为一个具有新中介功能的主体，成

---

[1] 苏剑：《共享经济：动因、问题和前景》，《新疆师范大学学报（哲学社会科学版）》，2018年第2期。

为多方市场平台，即再中介化过程。

网络平台也提供了超越利益双方的第三方监督和保证平台，引入用户平台之间的互动，结合用户之间的互相评价，建立第三方、独立可信的指标体系和交易平台，形成了对于供求双方都具有约束力的信用机制。

去中介化、再中介化、分布式的主体运营公司，通过提供第三方的平台，营造了公平、公正、公开的交易氛围，这种典型的互联网下的组织形式能够消除垄断，促进市场更有效率、向着更适应消费者需求的方向发展。同时，这些第三方的平台公司大多数并不拥有交易和服务，而是以完全轻资产的模式运营。轻资产的商业模式使得这些公司能够聚焦用户体验，而进行共享的资源则通过众包社会资源来实现。

四是产生经济收益。共享经济使得需求方为共享付出较购置来说相对较低成本，而供应方得到了相对于资源闲置的额外收益，从而供求双方共同享受共享产生的红利。共享经济利用互联网技术构建平台，形成共享资源的集聚，规模效应日益凸显，共享经济服务的边际成本不断降低。

三、共享经济的运行模式

一是运作机制。共享经济所依托的要素互相作用，共同构成共享经济运行机制。在四个要素的互动关系中，闲置资源是共享经济的客体，众多参与者是共享经济的主体，连接机制与信息流是共享经济的支撑和载体，产生经济收益的收益机制是共享经济的目的和动力。四个要素共同发挥作用，使得可以通过技术手段让闲置资源的使用权实现短期让渡，并使闲置资源所有者获得相应的收益权，让闲置资源"活"起来。

共享经济的起点是多样化的需求依托技术应用形成相对独立的利基市场[1]和需求池,而分布式的供给端也是通过新兴技术的应用使得共享资源的所有权和使用权有效分离,并逐步整合形成具有规模效应的供给池,在共享经济基础——由第三方创建的、以信息技术为支撑的信用平台的支撑下,供给池和需求池通过去中介和再中介化的过程,在第三方网络平台上部分克服了信息不对称及信用机制约束,实现了有效匹配,最后实现边际成本递减与规模经济,使得共享经济成为一种成本收益可持续的业务形态,并整体提高了资源利用与资源配置的效率。[2]

按照一些学者的说法,共享经济主要分成两大类别:一是涉及个人闲置物品出租,即只为物品使用权付费而不购买物品所有权;二是将个人冗余资源使用权进行转让与合作,即个人所拥有的生产要素(如资本、知识、技能、时间等)之间的合作。[3]从这个分类来说,共享经济基本上可以分为两大运作机制:一是供给机制。共享产品的供给方式除了借助网络平台的点对点交易和单一供给者的规模化出租,还可以采用俱乐部形式,即每个成员都捐献一份财物,从而每个成员都可以共享全部集体财物。二是市场交换机制。共享服务网站、智能手机、社交网站和在线支付等信息技术支持降低了交易成本:网站信息平台为供求双方提供结对机会,并进行信用背书;带有定位功能的信息设备为分布式的供给双方提供了聚合的可能;社交网络平台提供了互动平台和信用机制。这些使得资

---

[1] 利基市场,是在较大的细分市场中具有相似兴趣或需求的一小群顾客所占有的市场空间。
[2] 郑联盛:《共享经济:本质、机制、模式与风险》,《国际经济评论》,2017年第6期。
[3] 刘根荣:《共享经济:传统经济模式的颠覆者》,《经济学家》,2017年第5期。

源共享成本更低、更加便捷，因此使分散的交易具备了形成更大规模的可能性（见图8-3）。[1]

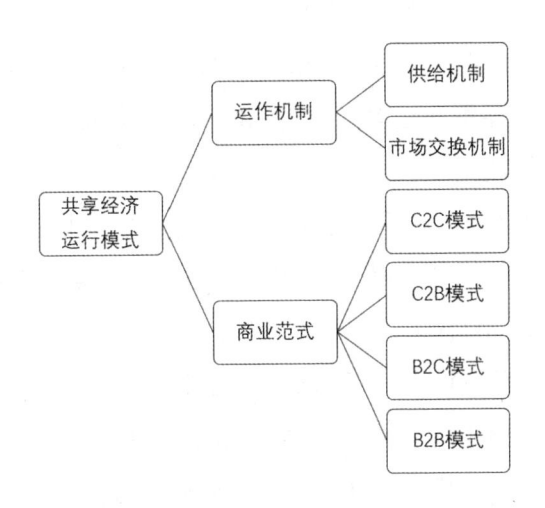

图8-3 共享经济运行模式图

二是商业范式。基于供方和需方的共享主体类型，共享经济可以分为四种基本的商业范式：其一是C2C(个人对个人)模式；其二是C2B(个人对企业)模式；其三是B2C(企业对个人)模式；其四是B2B(企业对企业)模式。

展开来说，共享经济典型为C2C的模式，每个人既可以是生产者，也可以是消费者，也就是"产销者"(prosumer)的产生，商业不再由中介垄断，实现去中介化的过程，个体作为供需方直接进行需求匹配。作为覆盖面最广、知名度最高的共享经济企业，滴滴出行主要采用的就是C2C模式。从平台来说，C2C模式的共享经济企业本身并不拥有资源所有权，而是作为通过打造平台实现用户之间的

---

[1] 刘建军、邢燕飞：《共享经济：内涵嬗变、运行机制及我国的政策选择》，《中共济南市委党校学报》，2013年第5期。

需求匹配和使用权转让的实现，通过C2C模式打造轻资产的平台企业。滴滴公司的C2C专车模式，虽然拥有海量的司机和车辆，但本身并不拥有汽车的所有权。同时，平台建设让更多个人加入共享的行列，越多的"供给端"使得"需求端"的体验更好，越多的"需求端"又刺激了"供给端"的销售。两个C端的相互促进又可以相互转换，实现共享的良性循环。

当前社会关注主体为个人的共享，以C2C和C2B的共享为主。[1]C2B模式这种范式中，资源供应方是个人，需求方是企业，主要共享的是无形资产，如资金、知识、技术等。企业借助社会化的力量运作，通过第三方的网络平台，主要通过众包、众筹的方式满足临时性的资源需求。众筹是共享经济在金融领域的主要模式。众筹将社会分散、闲置的资本、资源、人脉等，通过网络平台有机地组合起来，共同投入企业生产经营中，成为企业的股东，共同分享投资回报。同时，C2B模式给企业提供了C端用户平台和丰富的用户场景，将整个社会大量的闲置资源汇聚起来。国内这种模式的企业主要代表是猪八戒网。猪八戒网是典型的产业互联网面向企业的一个众包服务平台，通过交易模式建立数据海洋，再通过数据海洋提供优质的服务，可以为人才和企业提供知识产权、财税、科技、品牌、设计、营销、办公空间、公共服务采购等多种服务需求，帮助企业和人才突破了时空的限制，用市场化的手段将他们连接在一起，提高了社会资源要素之间的连接效率。

B2C模式作为电子商务、网购领域已经相当成熟的模式，在共享经济中同样发挥巨大作用。B2C模式与C2C模式的主要区别是

1　张孝荣、俞点：《共享经济在我国发展的趋势研究》，《新疆师范大学学报（哲学社会科学版）》，2018年第2期。

B2C模式的企业对所共享的资源具有所有权，采用"以租代售"、分时租赁的思路进行商业运营，与C2C模式的轻资产相比，B2C模式是典型重资产公司。B2C模式的公司可以通过规模化地统一定制产品，保证了产品标准化，可以充分利用闲置资源、节约制造或生产成本，同时克服了体验波动性大、供给持续性不可控的问题。这一模式最典型的是共享单车，阿里、滴滴、美团分别运营的哈啰、青桔与美团单车都是采用B2C模式进行运营。B2C模式下的共享单车，符合低碳出行理念，分时租赁的模式能很好地解决传统自行车的"痛点"：不用害怕自行车的丢失问题，也不觉得麻烦和累赘，到了目的地可以直接解除绑定，将单车留给下一位使用者。但B2C模式并不能严格算是共享经济，其更接近于"租赁经济"，因为它在供给端不存在"众多参与者"（即分布式、随机化、数量巨大的社会人），也不符合共享经济的其中之一要素：闲置资源。

从共享经济的要素要求来说，从企业来看，尽管投放了大量共享产品，但如果将企业看作无数参与人的集合，那么就符合共享经济的要素要求。对需求者来说，自己仍然是通过支付一定资金获得暂时性的使用权，在使用完成以后使用权继续重复进行转移和让渡过程。对某一件具体的共享产品来说，有相当部分的时间中是处于闲置状态的，如果将其看作公司生产的相对过剩产品通过共享而获得收益，就符合对闲置资源的定义。所以，我们可以得到，B2C模式的共享经济是共享经济的概念宽泛化之后的一种商业模式，尽管其本质上更接近于"租赁经济"。

B2B模式是企业与企业之间共享其闲置资源，帮助企业更好地通过协作实现双赢。B2B模式的主要应用场景是生产制造领域，企业将资金更加集中在运营的成本上，减少了不必要的开支，还能在一定程度上提高效率。发展共享制造，既可以让掌握资源的龙头企业搭建平台，将制造能力分享出去，以大带小，找到一种新的盈利模式，也可以促进制造业专业化分工，将一些不擅长的领域外包给一些专业性强的企业，让企业集中精力发展核心能力，为消费者提供优质的服务与更为舒适的体验。共享制造是共享经济的创新模式在制造业的应用，如很多小企业买不起大企业的高价值生产设备，在设备空闲时，大企业将这些设备开放给小企业使用，就是一种制造能力的共享。从虚拟领域向实体领域延伸拓展，在研发设计、加工制造、生产服务等各环节，共享经济对制造业生产组织方式产生着深刻影响。B2B模式主要是帮助实现企业之间的供求对接，企业和企业之间分享闲置产能、闲置资产、闲置人员，供应方可以通过过剩资源的共享来降低企业的经营成本，需求方可以相对较低的成本来获取企业需要的资源，从而达到双赢的效果。

近些年来，越来越多的共享平台由过去的以C端消费者业务市场为主转向开发B端企业服务市场。平台企业的发展重心转变也成为各行业转型发展的重要推动力。[1] 开发B端市场有助于平台企业以较低成本进一步扩大市场和培育新的竞争优势，共享平台作为多主体联系的纽带，能够聚合资源、分享信息、发挥规模优势，为企业和个人消费者提供高效率低成本的相关服务。

---

[1]《中国共享经济发展年度报告（2021）》。

第二节　共享发展下的共享经济

一、共享经济中的共享发展理念

党的十八届五中全会强调,"实现'十三五'时期发展目标,破解发展难题,厚植发展优势,必须牢固树立并切实贯彻创新、协调、绿色、开放、共享的发展理念。这是关系我国发展全局的一场深刻变革"。[1]全会及其通过的《中共中央关于制定国民经济和社会发展第十三个五年规划的建议》提出了全面建成小康社会的新目标,首次提出创新、协调、绿色、开放、共享五大发展理念,这是在深刻总结国内外发展经验教训基础上提出的,是对中国特色社会主义发展规律的新认识、新概括。五大发展理念创造性地回答了新形势下我们要实现什么样的发展、怎样实现发展的重大问题,是顺应时代潮流、发展优势的战略抉择,是致力于破解发展难题、增强发展动力、厚植发展优势的治本之策,是实现更高质量、更有效率、更加公平、更可持续发展的根本遵循,是我们党关于发展理论的重大升华。[2]

2020年10月29日,党的十九届五中全会胜利闭幕。党的十九届五中全会公报中,再次强调"坚定不移贯彻创新、协调、绿色、开放、共享的新发展理念","坚持以人民为中心,坚持新发展理念,坚持深化改革开放,坚持系统观念",新发展理念得到鲜明彰显,体现了坚持贯彻新发展理念、构建新发展格局的时代内涵。五大发展理念把共享作为发展的出发点和落脚点,指明发展价值取向,把握科学发展规律,顺应时代发展潮流,是充分体现社会主义本质和共产党宗旨、科学谋划人民福祉和国家长治久安的重要发展理念。

1　本书编写组:《党的十九届五中全会〈建议〉学习辅导百问》,党建读物出版社2020年版。
2　本书编写组:《党的十九届五中全会〈建议〉学习辅导百问》,党建读物出版社2020年版。

实际上，发展共享经济就是贯彻五大发展理念的集中、创造性体现。一是创新。共享经济本身就是在互联网、大数据等新技术应用下产生和发展的产物，是一种新的经济形态、新的资源配置方式，集中体现了创新的内在要求。二是协调。共享经济通过破除信息不对称、降低进入门槛、重构信任关系、促进人际交流，实现了资源要素流动和供需高效匹配，有助于实现城乡之间、区域之间的协调发展，为落后地区、低收入人群创造了更多的参与经济活动、共享发展成果的机会。三是绿色。共享经济的核心就是使资源利用效率最大化，通过使用权的让渡使闲置资源创造效益、减少浪费。因为过剩和闲置，所以不需要进行再生产，是绿色理念的最佳体现。四是开放。共享经济的最大优势就是利用互联网，对于资源所有者和需求者同等开放，具有同等的进入门槛，从而构建实现重复交易和高效利用的开放共享系统。五是共享。共享经济通过各种要素之间的互动，已经成为资源配置效率提升的重要方式，成为一种盘活存量、提升效率和增进服务的新范式，并最终实现个体的福利提升和社会整体的可持续发展。

2021年1月11日上午，省部级主要领导干部学习贯彻党的十九届五中全会精神专题研讨班在中央党校（国家行政学院）开班。习近平总书记在开班式上发表重要讲话强调，党的十八大以来，我们党对经济形势进行科学判断，对经济社会发展提出了许多重大理论和理念，对发展理念和思路作出及时调整，其中新发展理念是最重要、最主要的，引导我国经济发展取得了历史性成就、发生了历史性变革。2021年1月28日下午，中共中央政治局就做好"十四五"时期我国发展开好局、起好步的重点工作进行第二十七次集体学习。中共中央总书记习近平在主持学习时再次强调，新发展理念是一个系统的理论体系，回答了关于发展的目的、动力、方式、路径等一系列理论和实践问题，阐明了我们党关于发展的政治立场、价值导向、发展模式、发展道路等重大政治问题。全党必须完整、准确、全面贯彻新发展理念，确保'十四五'时期我国发展开好局、起好步。这些重要论述实际上再次强调了新发展理念是根据我国社会发展现状和发展的阶段作出的科学判断，体现了与时俱进的思想品格，是我国经济社会发展的根本遵循。

发展共享经济是共享理念落地落实的重要方面，本文也通过表格整理了中央对共享经济的有关部署（见表8-1、表8-2）。从相关政策部署来看，从2016年首次提出"分享经济"的概念开始，中央高度重视共享经济这一业态的发展，基本上沿着培育与发展并进、规范与监管同举的路线，不断推进推动形成高质量的生活服务要素和生产服务要素的供给新体系。从2016年起，共享经济已经连续5年出现在政府工作报告中，强调其在促进创新创业、培育经济发展新动能的重要作用。2020年7月，国家发改委等部门印发的《关于支持新业态新模式健康发展 激活消费市场带动扩大就业的意见》中，专门将"培育发展共享经济新业态，创造生产要素供给新方式"作为第六部分重点安排，这是强调和肯定了共享经济在助力疫情防控、保障人民生活、对冲行业压力、带动经济复苏、支撑稳定就业等方面的重要作用。培育和规范并举、促进和监管同行，这是中央对于共享经济发展的基本思路，共享经济能够有效满足"人民日益增长的美好生活需要"，以及实现经济与社会、自然三大系统的整体协调发展的要求，能够创造就业岗位、盘活存量资源、促进收入再分配，是改善不平衡不充分发展的重要手段之一，正是人人参与、人人共建的共享发展理念的良好体现，中央也正是沿着共享发展理念这条思路，不断完善共享经济发展的相关法律法规和政策文件。

当前中国经济发展已经步入新常态，人口红利逐渐消失，资源环境约束趋紧，转型发展需求迫切。共享经济是当前经济发展最活跃的新动能之一，给中国带来了转型升级的重大机遇，对于贯彻落实新的发展理念、培育新经济增长点、以创新驱动推进供给侧改革等方面都将产生深远影响。发展共享经济是推进供给侧结构性改革的重要抓手，是贯彻落实创新驱动发展战略的重要平台，是构建信息时代国家竞争新优势的先导力量。共享发展新理念不仅强调发展，更强调共享发展与发展共享，共享与发展互为目的、互为手段。在共享发展理念指导下，共享经济的发展将促进发展为了人民、发展依靠人民、发展成果由人民共享的实现，使发展成果更多更公平地惠及全体人民，朝着共同富裕目标努力奋斗。

表8-1 习近平总书记有关共享经济的重要论述

时间	有关重要讲话	具体内容
2017年10月18日	决胜全面建成小康社会 夺取新时代中国特色社会主义伟大胜利——在中国共产党第十九次全国代表大会上的报告	加快建设制造强国，加快发展先进制造业，推动互联网、大数据、人工智能和实体经济深度融合，在中高端消费、创新引领、绿色低碳、共享经济、现代供应链、人力资本服务等领域培育新增长点、形成新动能
2017年11月10日	抓住世界经济转型机遇 谋求亚太更大发展——在亚太经合组织工商领导人峰会上的主旨演讲	新一轮科技和产业革命形成势头，数字经济、共享经济加速发展，新产业、新模式、新业态层出不穷，新的增长动能不断积聚
2017年12月8日	习近平在中共中央政治局第二次集体学习时强调：审时度势 精心谋划超前布局力争主动 实施国家大数据战略加快建设数字中国	我国网络购物、移动支付、共享经济等数字经济新业态新模式蓬勃发展，走在了世界前列

(续表)

时间	有关重要讲话	具体内容
2020年9月4日	在2020年中国国际服务贸易交易会全球服务贸易峰会上的致辞	中国愿同各国一道，加强宏观政策协调，加快数字领域国际合作，加大知识产权保护，积极促进数字经济、共享经济等蓬勃发展，推动世界经济不断焕发生机活力
2020年10月31日	习近平在中共中央政治局第九次集体学习时强调 加强领导做好规划明确任务夯实基础 推动我国新一代人工智能健康发展	要发挥人工智能在产业升级、产品开发、服务创新等方面的技术优势，促进人工智能同一、二、三产业深度融合，以人工智能技术推动各产业变革，在中高端消费、创新引领、绿色低碳、共享经济、现代供应链、人力资本服务等领域培育新增长点、形成新动能

表8-2 中央针对共享经济发展的相关政策文件

时间	文件名称	有关内容
2016年3月5日	《2016年国务院政府工作报告》	要推动新技术、新产业、新业态加快成长，以体制机制创新促进分享经济发展，建设共享平台，做大高技术产业、现代服务业等新兴产业集群，打造动力强劲的新引擎
2016年2月17日	国家发展改革委等十部门《关于促进绿色消费的指导意见》	支持发展共享经济，鼓励个人闲置资源有效利用，有序发展网络预约拼车、自有车辆租赁、民宿出租、旧物交换利用等，创新监管方式，完善信用体系
2017年3月5日	《2017年国务院政府工作报告》	支持和引导分享经济发展，提高社会资源利用效率，便利人民群众生活。本着鼓励创新、包容审慎原则，制定新兴产业监管规则，引导和促进新兴产业健康发展
2017年7月3日	国家发展改革委等八部门《关于促进分享经济发展的指导性意见》	推动分享经济发展，将有效提高社会资源利用效率，便利人民群众生活，对推进供给侧结构性改革，落实创新驱动发展战略，进一步促进大众创业万众创新，培育经济发展新动能，具有重要意义
2018年5月22日	国家发展改革委办公厅、中央网信办秘书局、工业和信息化部办公厅《关于做好引导和规范共享经济健康良性发展有关工作的通知》	规范市场准入限制。审慎出台新的市场准入政策，实施公平竞争审查制度，依法依规落实相关领域的资质准入要求，严肃处理违法违规经营行为

(续表)

时间	文件名称	有关内容
2019年3月5日	《2019年国务院政府工作报告》	坚持包容审慎监管，支持新业态新模式发展，促进平台经济、共享经济健康成长。加快在各行业各领域推进"互联网+"
2019年8月1日	国务院办公厅《关于促进平台经济规范健康发展的指导意见》	完善新业态信用体系，在网约车、共享单车、汽车分时租赁等领域，建立健全身份认证、双向评价、信用管理等机制，规范平台经济参与者行为
2020年4月7日	国家发展改革委、中央网信办《关于推进"上云用数赋智"行动 培育新经济发展实施方案》	大力发展共享经济、数字贸易、零工经济，支持新零售、在线消费、无接触配送、互联网医疗、线上教育、一站式出行、共享员工、远程办公、"宅经济"等新业态，疏通政策障碍和难点堵点。引导云服务拓展至生产制造领域和中小微企业。鼓励发展共享员工等灵活就业新模式，充分发挥数字经济蓄水池作用
2020年5月22日	《2020年国务院政府工作报告》	深化新一轮全面创新改革试验，新建一批双创示范基地，坚持包容审慎监管，发展平台经济、共享经济，更大激发社会创造力
2020年7月14日	国家发展改革委等13个部委《关于支持新业态新模式健康发展 激活消费市场带动扩大就业的意见》	培育发展共享经济新业态，创造生产要素供给新方式拓展共享生活新空间。推动形成高质量的生活服务要素供给新体系。鼓励共享出行、餐饮外卖、团购、在线购药、共享住宿、文化旅游等领域产品智能化升级和商业模式创新，发展生活消费新方式，培育线上高端品牌

二、共享发展背景下共享经济的形成原因

近10年，特别是近5年内，共享经济在全世界范围内都取得了巨大的成功，其形成原因是经济、社会、技术、文化等多方面因素的综合作用。共享经济通过第三方创建的匹配平台和信用平台，构建高效开放的交易系统，既解决了信任危机，提升交易透明度和安全性，又提升了供求双方的福利水平。共享经济的发展，主要能够归结于现代信息技术兴起降低交易成本、互动式平台解决信任危机、物质产品的丰富和生产力的发展保障共享经济物质基础、环保

意识和绿色发展的理念提供文化基础、逐利新兴领域的动机保障创新动力这五方面（见图8-4）。

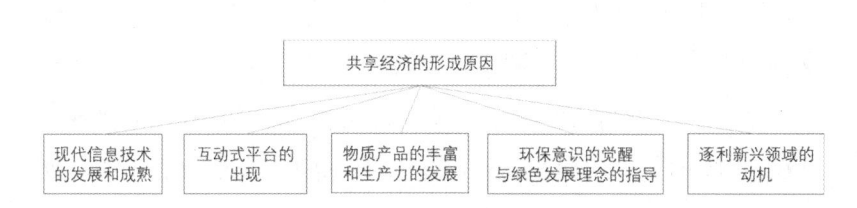

```
                    共享经济的形成原因
    ┌──────────┬──────────┬──────────┬──────────┬──────────┐
  现代信息技术   互动式平台的   物质产品的丰富   环保意识的觉醒   逐利新兴领域的
  的发展和成熟     出现      和生产力的发展   与绿色发展理念的指导      动机
```

图8-4　共享经济的形成原因

一是现代信息技术的发展和成熟，促使共享经济的更加便利、交易成本更低。第三方网络平台为供求双方提供结对机会，实现重复交易和高效利用；社交网络平台构建互动机制，通过供给双方以及平台之间的互动交流实现信用监督和约束，并由平台进行信用背书；手机技术的发展使得移动电子商务空前繁荣，在带有定位功能的手机设备上实现了分布式共享资源的聚合；4G通信技术的成熟使得移动支付技术普及，极大降低了交易成本、简化了交易流程；网络与大数据分析技术实现了资源供需双方的精准高效匹配，为信息采集、储存过程提供了重要支撑，极大地降低了个体之间碎片化交易的成本；4G、5G通信技术的发展和成熟极大地提升了信息的传输和计算速度、降低了信息传输成本，促进平台网络公信力的提升。共享经济公司利用互联网技术建立信息中介平台，可以极大地减少交易成本，以更高效率进行供需双方的匹配，并且通过网络连接机制与信息流形成规模效应。低交易成本是共享经济规模快速扩张的主要成因，而以互联网为代表的现代信息技术的成熟和发展，是促进低交易成本实现的主要因素。

二是互动式平台的出现，解决了共享经济交易的信任危机。信任是一切交易的前提，在信息技术革命之前，社会无法构建对供求双方都有效的信用监督机制，交易过程中容易产生掺杂、掺假、以次充好、诈骗等种种不诚信行为。这些不诚信行为大大提高了交易成本，降低了市场效率，破坏了诚信生态。现代信息技术使得具有公信力的平台出现，这些平台的信息流基础是能够低成本地获得交易双方用户信息。这种低成本的信息的获得正是基于互联网和大数据技术的发展和成熟以后，由于交易的电子化，其可记录、可追踪的特点，使得交易双方的信用信息接近透明化；社交、互动式的平台又为交易双方提供了交易前和成交后的信用评估与反馈的机制，形成了对于供求双方都有约束力的信用机制，从而解决了陌生人交易的信任危机问题。

三是物质产品的丰富和生产力的发展，为共享经济的产生提供了坚实物质基础。党的十九大报告中指出，我国社会主要矛盾已经由人民日益增长的物质文化的需要同落后的社会生产之间的矛盾，转变为人民日益增长的美好生活需要同不平衡不充分的发展之间的矛盾。中华人民共和国成立以来（特别是改革开放以来），中国经历了历史上最快的经济发展以及最为深刻的社会变革，我国物质产品极大丰富、生产力极大发展，人民对美好生活的要求不断提高，经济长期向好，市场空间广阔，发展韧性强大，正在形成以国内大循环为主体、国内国际双循环相互促进的新发展格局，社会主要矛盾的变化是我国人民长期努力奋斗的结果，也是我国不断发展的生产力促使社会主要矛盾发生部分质变的表现。

在物质产品稀缺的时代，对财富的最大化的追求使得所有权观念的强化，共享行为难以发生。随着工业化任务基本完成，物质产品极大丰富，消费者需求层次不断提升，越来越注重个性化的消费体验和自我价值实现，使用权观念的提升使得共享发生的机会升高。物质产品的丰富和生产力的发展既为社会提供了相对闲置的共享资源，又使得个人素质不断提升，让共享知识、技术等得以实现。

四是环保意识的觉醒与绿色发展理念的指导为共享经济的发展提供了社会认同与文化基础。共享经济通过使用权的让渡实现对闲置资源的再分配，使资源利用效率最大化，实际上减少了再生产过程，相对解决了供给侧的产能过剩问题，是绿色理念的体现。同时共享经济提高了资源的使用率，减少了资源浪费和环境污染。共享经济借助信息技术赋予人们以社交化的方式进行交流、分享和创造价值的能力。环保意识、节约意识的增强让人们逐步放弃对过度消费的追求，更加重视节约资源、创造社会价值。在绿色发展理念的指导下，社会整体环保意识的觉醒与升华，使得共享经济拥有了社会认同和文化基础，成为共享经济的重要推动力量。

五是逐利新兴领域的动机保障创新动力。共享经济使得人们能够将多样化资源利用起来，通过让渡使用权获得一定收益，有了更多增加收入的机会，这成为共享经济迅速发展的重要原因之一。另外，由于共享经济市场潜力巨大、发展前景广阔，在"互联网+"的浪潮推动下，共享领域不断拓展，共享经济新模式不断涌现，新应用场景不断产生，企业对共享经济争相布局，促进共享经济的创新发展。

三、共享经济的主要应用场景与发展现状

本部分通过收集多项与共享经济有关的数据以综合说明其应用场景和发展现状，同时以一种新生的共享经济模式——共享工人作为案例辅以说明共享经济在新领域的扩展趋势。数据主要来源自

《中国共享经济发展年度报告》，主要包括交通出行、共享住宿、知识技能、生活服务、共享医疗、共享办公、生产能力7个应用领域，涵盖2015—2020年的相关数据，从市场交易规模、从业人数、直接融资规模和产业转型四个维度进行展开（见表8-3）。

表8-3 2017—2020年我国共享经济发展情况（单位：亿元）[1]

领域	2017年	2018年	增长率	2019年	增长率	2020年	增长率
交通出行	2010	2478	23.3%	2700	9.0%	2276	-15.7%
共享住宿	120	165	37.5%	225	36.4%	158	-29.8%
知识技能	1382	2353	70.3%	3063	30.2%	4010	30.9%
生活服务	12924	15894	23.0%	17300	8.8%	16175	-6.5%
共享医疗	56	88	57.1%	108	22.7%	138	27.8%
共享办公	110	206	87.3%	227	10.2%	168	-26.0%
生产能力	4170	8236	97.5%	9205	11.8%	10848	17.8%
总计	20772	29420	41.6%	32828	11.6%	33773	2.9%

疫情冲击下，以共享经济为代表的中国新业态新模式表现出巨大的韧性和发展潜力。由于不同类型的共享平台在产业活动中发挥的作用不同，疫情对不同领域共享经济产生的影响明显不同，使得不同领域发展不平衡情况更加突出。2020年，知识技能、共享医疗等领域的市场规模大幅增长，同比分别增长30.9%和27.8%；而共享住宿、共享办公、交通出行等需要通过线下活动完成交易闭环的领域市场规模同比显著下降，分别下降29.8%、26%和15.7%。由于疫情发生后餐饮业、家政服务、线下休闲娱乐等都受到严重冲击，生活服务领域的消费出现大幅下滑，使得生活服务领域的交易规模

---

[1] 《中国共享经济发展年度报告（2021）》。

同比下降6.5%。

通过数据分析，本部分发现共享经济正进入快速扩张期，从最初的交通、住宿领域共享迅速扩展到餐饮、物流、教育、医疗等多个领域和具体市场，并加速向生产建设等更广泛的领域扩张，已经成为我国经济增长的重要动能之一。

一是从市场交易规模来看，由于受到新冠肺炎疫情冲击，共享经济整体市场规模增速大幅放缓，2020年我国共享经济市场交易规模为33773亿元，比上年增长2.9%，较上年11.6%的增速大幅放缓，但仍好于全国全年经济增速。生活服务、生产能力和知识技能三大领域规模位居前三，分别达到16175亿元、10848亿元、4010亿元，其中，知识技能领域的市场规模在疫情冲击下逆势大幅上扬，增速高达30.9%，继2019年首次超过交通出行领域后继续动能强劲，成为共享经济发展最迅猛的行业。

二是从从业人数来看，共享经济带动新型就业，对稳就业发挥了积极作用。2020年我国共享经济参与者人数约8.3亿人，其中，服务提供者约8400万人，平台企业员工数量达631万人。2020年在疫情冲击下，我国就业形势总体稳定并好于预期，其中，共享经济的发展为社会提供了大量灵活就业岗位，在拓宽就业渠道、增强就业弹性、增加劳动者收入等方面发挥了重要作用。基于共享经济平台的新就业形态具有较高的包容性和灵活性，能够突破时间空间限制，既能帮助解决重点群体的就业压力，还能有效对冲市场不确定性影响。随着新就业形态的快速发展，共享经济丰富了就业岗位种类，推动社会就业结构变化，已经成为我国"稳就业"的重要抓手（见图8-5）。

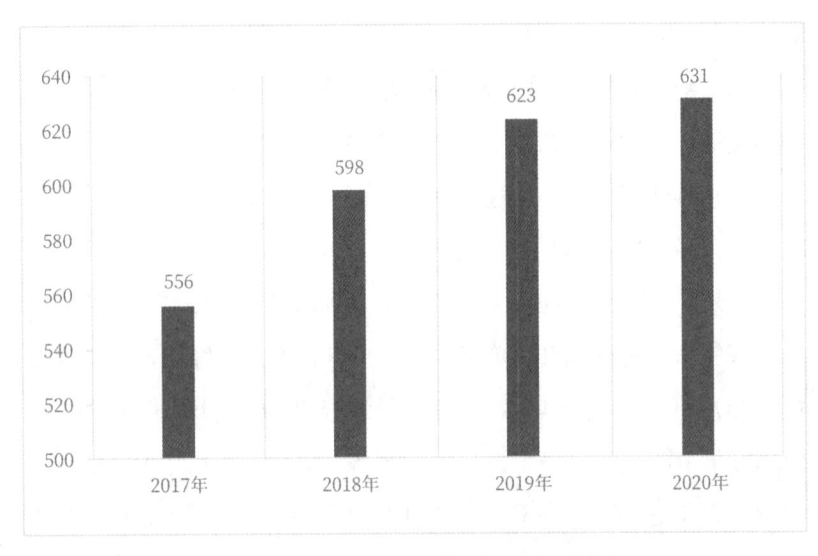

图8-5 2017—2020年我国共享经济平台员工数（单位：万人）

数据来源：《中国共享经济发展年度报告（2021）》

三是从直接融资规模来看，2015—2020年，共享经济的直接融资规模经历了"增长—下降—增长"的波动增长模式，在连续几年下降后，在2020年迎来了大幅增长。分开来看，2015—2017年，各领域基本上经历了"翻一番"的快速增长阶段；在2018年和2019年，共享经济直接融资规模大幅下降，说明了共享经济从追求规模和速度的粗放模式向注重质量和效率的集约模式转型，市场竞争更加激烈。2020年直接融资规模大幅增长，说明了资本市场对于共享经济领域的青睐，特别是在共享制造和共享医疗领域，依托工业互联网的应用，共享经济的价值更加凸显，降低了企业转型风险，具备明显成本优势，平台企业在竞争中脱颖而出，在产品创新和服务质量提升方面持续发力（见表8-4）。

表8-4　2015—2020年共享经济各领域直接融资规模（单位：亿元）

领域	2015年	2016年	2017年	2018年	2019年	2020年
交通出行	313	700	1072	419	78.7	115
共享住宿	34	13	37	33	1.5	1
知识技能	73	199	266	464	314	467
生活服务	155	325	512	185	221.5	260
共享医疗	42	44	19	147	38.1	88
共享办公	-	-	-	41	12	68
生产能力	4	10	34	203	48.2	186
总计	630	1291	1941	1490	714	1185

数据来源：《中国共享经济发展年度报告（2021）》

四是从产业转型来看，共享经济已经成为服务业转型发展的重要动力。2020年，第三产业增加值达553977亿元，对国民经济增长的贡献率为54.5%，比第二产业高16.7个百分点，已经成为推动我国经济增长的主要动力。而共享经济则成为服务业转型发展的重要引擎，对于优化产业结构、推动服务业快速发展、促进消费方式转变和升级具有重要作用。

从优化服务业结构来看，通过互联网技术和共享平台，共享经济在具体领域的服务业中所占比重越来越大，各领域共享型新兴服务占比不断提高（见图8-6、图8-7、图8-8）。

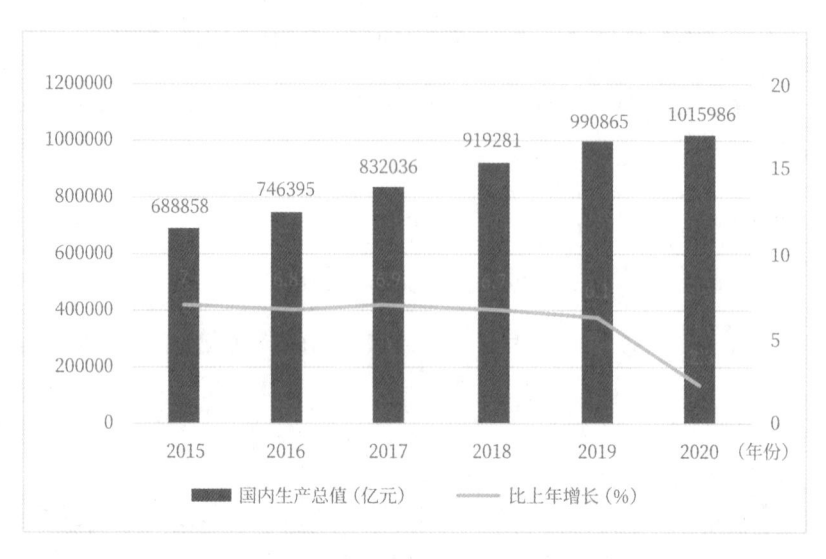

370　共同富裕下共享发展及其内在逻辑

图8-6　2015—2020年国内生产总值及其增长速度

数据来源:《国民经济和社会发展统计公报(2020年)》

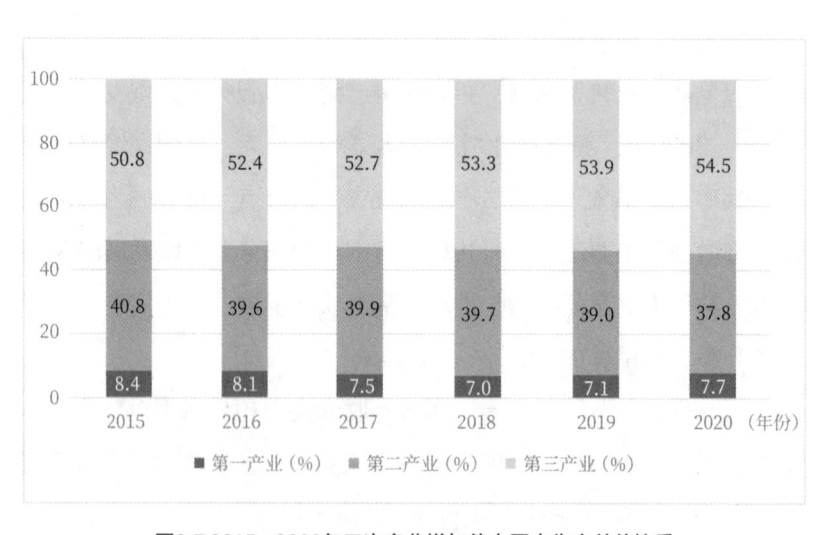

图8-7　2015—2020年三次产业增加值占国内生产总值比重

数据来源:《国民经济和社会发展统计公报(2020年)》

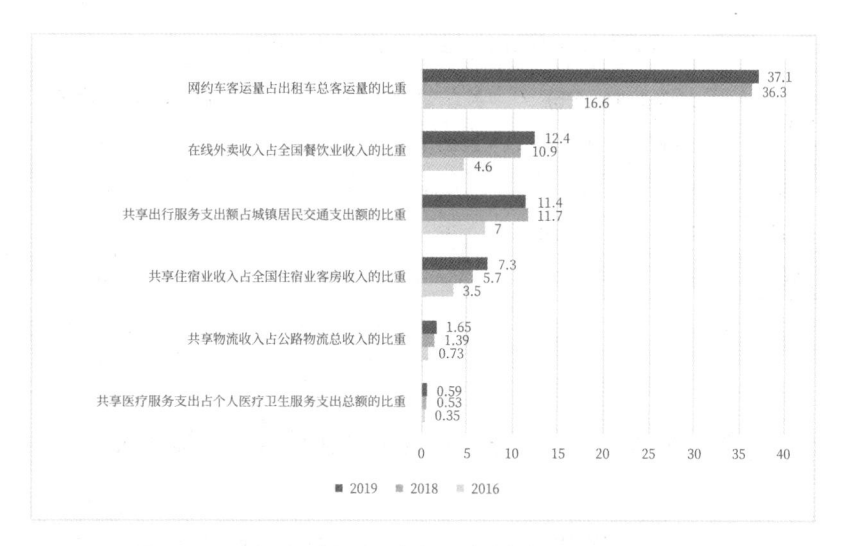

图8-8 2016年、2018年、2019年各领域共享型新兴服务占比（%）

领域	2019	2018	2016
网约车客运量占出租车总客运量的比重	37.1	36.3	16.6
在线外卖收入占全国餐饮业收入的比重	12.4	10.9	4.6
共享出行服务支出额占城镇居民交通支出额的比重	11.4	11.7	7
共享住宿业收入占全国住宿业客房收入的比重	7.3	5.7	3.5
共享物流收入占公路物流总收入的比重	1.65	1.39	0.73
共享医疗服务支出占个人医疗卫生服务支出总额的比重	0.59	0.53	0.35

数据来源：《中国共享经济发展年度报告（2020）》

从促进消费方式转变来看，各领域共享型服务普及率（特别是在网民中的普及率）不断提升，在共享型服务上的人均消费支出不断增加，共享经济提供的服务和产生的理念已经成为人们生活的重要组成部分（见表8-5、表8-6）。

表8-5 2015—2020年主要生活领域共享型服务的普及情况[1]

领域	用户规模（万人）					在网民中的普及率（%）				
	2015年	2016年	2018年	2019年	2020年	2015年	2016年	2018年	2019年	2020年
网约车	18094	22463	34621	40512	34011	26.3%	32.3%	43.2%	47.4%	36.2%
共享住宿	1000	3500	7945	8300	6983	1.5%	5.0%	9.9%	9.7%	7.4%
外卖服务	11356	20856	36387	44057	40903	16.5%	30.0%	45.4%	51.6%	43.5%

[1] 《中国共享经济发展年度报告（2021）》，由于系列报告对2017年度共享经济交易规模数据进行了相应调整，所以未在统计数据中体现。

表8-6　2018—2019年主要领域共享型服务支出占比

领域	人均消费支出（元）		共享型服务支出（元）		共享型服务支出占比	
	2019年	2020年	2019年	2020年	2019年	2020年
出行	2764.6	2311	316.4	261.7	11.4%	11.3%
住宿	216.8	229.8	16	11.2	7.4%	4.9%
服务	3428	2862.5	425.4	474.4	12.4%	16.6%

数据来源：《中国共享经济发展年度报告（2021）》

新冠肺炎疫情背景下的共享经济新模式：共享工人[1]

2020年2月10日起，合肥市工业企业开始陆续复工。为帮助复工企业缓解用工难问题，合肥市人社局发出《到复工企业就业的倡议书》，鼓励弹性用工，开展用工调剂，加强用工对接。

在弹性用工方面，尚未开工的企业员工、暂未返岗的返乡务工人员、未返校的大学生、城乡自由职业者、有工作能力的退休人员、志愿者等人员，春节期间未离开合肥且14天内无流行病学接触史的，鼓励以临时工、实习生或志愿者的名义，通过"共享员工""弹性员工"和远程工、钟点工等多种形式，支持、参与企业复工用工。

在用工调剂方面，按照"政府支持、企业互助、职工自愿、共建共享、合作共赢"的原则，鼓励尚未开工的餐饮业、旅游业等服务业企业与复工工业企业开展用工余缺调剂，鼓励尚未开工的服务业企业组织自愿参加的职工到阶段性缺工

---

[1] 《安徽日报》，2020年2月17日，第6版。

> 的复工工业企业提供短期劳务服务，实现企业间人力资源合理调配。
>
> 合肥市还要求人力资源服务机构主动扩大企业有效的人力资源供给，加大对复工企业用工的分析研判，加强本地区富余劳动力与岗位的有效对接。合肥所倡导的"政府主导、协会倡议、企业协商、员工参与"共享模式成了"共享员工"的"合肥经验"。

从合肥市的"共享员工"模式中可以看出，共享员工就是为了缓解防疫期间用工难题，是市场对人力资源配置的直观体现。共享员工可以打破行业界限，让"用工荒"与"闲得慌"对接：员工"跨界"支援，企业"借兵"救场，减轻复产压力。员工被"借"走后，多方受益：借入企业得到了人员补充，借出企业减轻了用工成本，员工获得稳定就业和劳动报酬。面对经济社会发展的客观需求，灵活用工带来的劳动力互助、技能互补、智慧共享等优势，为不少企业提供了助力。这正是共享经济在劳动力市场领域的良好实践，以共享经济为代表的新业态、新模式表现出巨大的韧性和发展潜力，在保障民生供给、推动复工复产、扩大消费、提振内需等多个方面都发挥了重要作用。

从本质上说，共享经济对于优化产业结构、推动服务业快速发展、促进消费方式转变和升级方面的重要作用，既是共享消费模式对传统消费模式的冲击和升级替代的结果，也是二者在新形势下融合发展的结果。在疫情冲击下，共享经济的抗风险能力显著，为社会创造大量就业岗位，为劳动者增加收入来源，对"稳就业""保民生"发挥了重要作用。随着后疫情时期的宏观经济复苏，共享经济新业态将迎来新的发展阶段，在构建双循环新发展格局中将进一步发挥重要作用。据预测，未来五年，我国共享经济的年均增速将保持在10%以上[1]，发展共享型消费为代表的新业态、新模式将成为我国经济发展重要动能之一。

四、共享经济的现存问题

（一）共享经济的边界问题

共享经济的本质是闲置资源的再分配和价值的再发现，但有一些打着共享之名的市场投机分子，裹挟太多的资本热捧、营销炒作和盈利预期，不靠创新创造，只靠提概念、拼规模、抢商圈、集密度进行野蛮生长，扰乱了正常有序的市场秩序，上演了一出出商业闹剧。

在一些领域，共享经济几乎变成了共享主义，很多所谓的"共享经济"是为了共享而共享，仪式感、参与感已经大过了实际效用，有了盲目跟风和混淆视听的倾向，也就是"伪共享""真牟利"。放任伪共享们打着共享经济的旗号为所欲为，不仅会导致社会资源浪费、打击真正共享经济从业者的积极性，更会扰乱共享经济行业发展、影响行业生态。

同时，有关共享经济和租赁经济的区别尚不明确。在前文中介绍共享经济运行模式的商业范式时，B2C模式是不是严格意义上的共享经济就存在一定争议。B2C模式目前在共享经济领域广泛存在，以共享单车为代表的B2C模式的共享经济实质上是共享经济的

---

[1] 《中国共享经济发展年度报告（2021）》。

概念宽泛化之后的一种商业模式，但在实际概念上更接近于"租赁经济"。通过对共享经济的边界进行界定，破除"伪共享"的幌子，对于维护共享经济的良好生态具有重要作用。

（二）共享经济的监管问题

一是用户隐私保护与信息安全面临挑战。企业构建的第三方网络平台在运营中通过大数据技术会收集到数量庞大的用户个人信息，捕捉到大量的日常行为数据，这些反映用户隐私的信息如果发生泄露，或被不正当利用，会严重威胁到用户权益甚至人身财产安全。

二是监管组织架构亟须优化。传统监管体系强调属地管理、行业管理，与共享经济的跨区域、跨部门、跨行业等发展实践的现实需求不匹配，监管部门之间缺乏有效协同，部门之间权责交叉、责任不清等问题广泛存在。一些企业在拓展共享经济业务时，地方政府强制要求平台企业建立分公司并取得行政许可，但如果所在城市尚不具备在线办理条件，就需要企业跑遍工商、税务、社保、安监等多个部门，程序极其烦琐，增大了企业的负担。

三是地方自由裁量权问题也制约了共享经济发展。为了规范共享经济在本地的发展，当地有关部门会在准入标准、监管方式、违规处罚等方面提出具体要求，但各地之间又存在较大差异，共享经济企业需要投入大量资源来研究和满足不同属地的合规要求，"一地一策"现象较为突出，明显增加企业经营成本。

四是共享经济可能产生新的垄断方式。互联网自我强化的集聚效应可能产生"赢者通吃"的格局，在一个细分的共享经济市场中最后很有可能形成单一垄断或寡头垄断的情况。通过网络平台，技术优势在规模效应的支撑下更加彰显，企业在发展过程中体验用户数量不断增加、供需匹配更加有效，形成自我强化的生态，占据市场主导优势，于是对于市场新进者产生实质性的技术壁垒和市场门槛。[1]这种垄断优势同样体现在定价权，通过动态、差异性地定价取得超额垄断利润，而这种定价差异更加隐蔽，严重影响市场竞争公平。这种新形式的垄断方式对于反垄断的监管部门提出了新的考验。

2021年2月，国务院反垄断委员会制定发布《国务院反垄断委员会关于平台经济领域的反垄断指南》（以下简称《指南》）。国务院反垄断委员会办公室负责同志就《指南》接受了记者采访，在答记者问时专门谈道："我国平台经济迅速发展，新业态、新模式层出不穷，对推动经济高质量发展、满足人民日益增长的美好生活需要发挥了重要作用。但与此同时，关于平台经济领域经营者要求商家'二选一''大数据杀熟'、未依法申报实施经营者集中等涉嫌垄断问题的反映和举报日益增加。这些行为损害了市场公平竞争和消费者合法权益，不利于充分激发全社会创新创造活力、促进平台经济创新发展、构筑经济社会发展新优势和新动能。"

2020年12月，市场监管总局依据《中华人民共和国反垄断法》对阿里巴巴集团控股有限公司在中国境内网络零售平台服务市场滥用市场支配地位行为立案调查。经查，阿里巴巴集团在中国境内网络零售平台服务市场具有支配地位。自2015年以来，阿里巴巴集团滥用该市场支配地位，对平台内商家提出"二选一"要求，禁止平台内商家在其他竞争性平台开店或参加促销活动，并借助市场力

---

[1] 郑联盛：《共享经济：本质、机制、模式与风险》，《国际经济评论》，2017年第6期。

量、平台规则和数据、算法等技术手段，采取多种奖惩措施保障"二选一"要求执行，维持、增强自身市场力量，获取不正当竞争优势。4月10日，市场监管总局依法对阿里巴巴集团作出行政处罚，责令其停止违法行为，并处以其2019年销售额4%计182.28亿元罚款，这是中国反垄断史上的最大罚单。[1]《人民日报》指出："我国平台经济发展正处在关键时期，要着眼长远、兼顾当前，补齐短板、强化弱项，营造创新环境，解决突出矛盾和问题，推动平台经济规范健康持续发展。此次监管部门处罚阿里巴巴集团，对企业发展是一次规范扶正，对行业环境是一次清理净化，对公平竞争的市场秩序是一次有力维护。""相信随着治理体系的不断健全，平台经济必将迎来更大发展机遇，更好地为高质量发展和高品质生活服务。"[2]共享经济以网络信息平台为基础，是平台经济的重要组成部分，《指南》的制定对于营造竞争有序开放包容发展环境、促进各类市场主体依法合规经营、有效激发全社会创新创造动力和经济发展活力、构筑经济社会发展新优势和新动能具有重要作用。从共享经济长远健康发展角度看，依法规范与支持发展并不矛盾，而是相辅相成、相互促进的。唯有在鼓励创新的同时进行有效监管，才能以良法善治推动平台经济规范健康持续发展。

（三）共享经济的法律法规适应问题

法律法规的适应问题主要是法律滞后性问题。在"互联网+"的模式中，互联网是一切互动关系与经济行动的载体，而实体的经济

---

1 《市场监管总局依法对阿里巴巴集团控股有限公司在中国境内网络零售平台服务市场实施"二选一"垄断行为作出行政处罚》，中国经济网，2021年4月10日。

2 吴秋余、林丽鹂：《推动平台经济规范健康持续发展》，人民网，2021年4月10日。

和服务都在互联网的基础上展开，这种方式在经营理念、运作模式和机制上都与传统的业态有明显的区别。[1]互联网极强的虚拟性、互动性、广域性和即时性，大大增加了监管难度，互联网技术及应用高度的专业性以及其发展的迅时性往往会造成立法者难以预测未来技术及应用发展的方向，难以预知由此所产生的社会关系对立法提出的需求。以创新性为特征的互联网技术和以稳定性为特征的法律制度产生了矛盾，而这种矛盾的表现即为立法往往滞后于互联网技术及应用和发展。[2]

同时，相关法律缺乏配套实施细则也影响了共享经济的正常发展。共享经济领域的基本法是《中华人民共和国电子商务法》，它规范和约束了共享经济平台的日常运行，对于维护市场秩序、促进共享经济持续健康发展具有重要意义。在《中华人民共和国电子商务法》公布实施以后，条文中存在的一些原则性要求并没有进行详细明确的规定，有关部门还未出台针对性的实施细则。同时关于《中华人民共和国电子商务法》和其他有关规章制度的衔接问题，也缺乏专门的细则进行规定。2020年10月25日，国家市场监督管理总局在官网发布《网络交易监督管理办法（征求意见稿）》，向社会公开征求意见，网络社交、直播带货等网络活动被纳入管理。[3]《网络交易监督管理办法》是对《中华人民共和国电子商务法》的重要补充，对于进一步规范网络交易活动、促进网络交易健康发展具有关键作用。但对于法律法规的滞后性问题和监管机制改革问题，仍然需要

1　吴志攀：《"互联网+"的兴起与法律的滞后性》，《国家行政学院学报》，2015年第3期。
2　李雅文、李长喜：《互联网立法若干问题研究》，《北京邮电大学学报（社会科学版）》，2013年第4期。
3　《市场监管总局关于〈网络交易监督管理办法（征求意见稿）〉公开征求意见的公告》，中国政府网，2020年10月25日。

社会各方共同努力。

（四）共享经济的社会保障问题

共享经济的发展产生了一大批以网约车司机、外卖小哥等为代表的灵活就业人员，这类群体的就业具有工作场所流动化、工作时间弹性化、用工关系零工化等特征。但这些灵活就业群体与社会保险体系存在不适应的情况：一方面现行的社会保险体系是基于正式劳动合同关系，但共享经济领域的灵活就业人员大多数与企业是劳务合作关系或自我雇用形式，且存在"多平台同时就业"的情况，不符合社会保险的参保调解。同时，如果以个人缴费方式参与社会保险，但申报手续复杂、个人缴纳费用高、最低缴费年限长和异地转移接续关系困难等问题降低了就业人员的参保意愿，未发挥应有的社会保障作用。另一方面，一些企业通过商业保险的形式加强灵活就业人员的社会保障，但商业保险主要以商业意外险进行保障，保障范围有限、缴纳费用偏高、理赔过程复杂，难以解决根本问题。[1]

（五）可共享资源的开发力度不足

共享经济快速发展的前提是有更多的可共享资源高度开放，更多的资源市场得到开发。但实际中，一些可利用的重要资源（如医疗器械、科研设备、生产设备，以及与居民生活直接关联的停车位、充电桩，等等）都存在着开放意愿和力度不足的问题。

一是资源开放难度大。在生产制造领域，一些高端、大型科研设备和生产设备价值高、操作难度大，尽管使用频率很低，但其严

---

[1] 《中国共享经济发展报告（2020）》。

格的使用范围、极高的使用难度，以及国有资产的管理规定，对资源共享进行了严格限制，使得相关资源难以得到有效利用。

二是资源拥有者共享意愿低。以停车位为例，大多数城市中停车难、停车贵的问题尖锐存在，而很多企事业单位、小区的停车位又存在闲置情况，但车位共享意味着外来人员流动带来一定安全隐患，同时增加额外的服务和管理成本，使得停车位的拥有者共享意愿极低。

第三节　共享经济助力共享发展

一、共享经济对宏观经济的能动作用

《中共中央关于制定国民经济和社会发展第十四个五年规划和二〇三五年远景目标的建议》中指出："坚持扩大内需这个战略基点，加快培育完整内需体系，把实施扩大内需战略同深化供给侧结构性改革有机结合起来，以创新驱动、高质量供给引领和创造新需求。""优化供给结构，改善供给质量，提升供给体系对国内需求的适配性。""增强消费对经济发展的基础性作用，顺应消费升级趋势，提升传统消费，培育新型消费，适当增加公共消费。"[1]共享经济能够推动市场发挥在资源配置中的决定性作用，推动有效市场和有为政府更好地结合。共享经济可以盘活存量资源、提升闲置资源利用率，从而增加社会总供给，通过提高消费购买力、扩大消费需求，从而增加社会总需求，从供需两端为宏观经济结构性调整提供了新的方案。

从供给侧影响来看，共享经济有两个作用。一是可以扩大供给总量、产生新的供给来源。共享经济通过汇聚存量闲置资源，转化为能够提供经济和社会价值的资源，将闲置资源变成了新供给。同时，共享经济扩大了供给面，提供了新的供给来源。旧有的资源供给以企业端供给为主，通过互联网技术使得个人可以通过平台进行供给，为社会提供了个人供给端，极大地提升了资源供给种类和总量，为社会总供给注入新鲜力量，正在形成人人参与、人人尽力、人人都有成就感的共建共享生动局面。

---

[1] 本书编写组：《〈中共中央关于制定国民经济和社会发展第十四个五年规划和二〇三五年远景目标的建议〉辅导读本》，人民出版社2020年版。

二是提高闲置资源利用率，减少新要素的投入和闲置资源的浪费。共享经济通过网络平台，将闲置要素投入社会生产和社会消费中，产生新的价值。以滴滴打车为例，据估算，加入滴滴平台后，平均每辆车每天多跑了0.13小时，明显增加城市运力。[1]闲置资源的使用一般以重复多次、有效高效作为基本特征。由于闲置资源的盘活，延长资源使用时间，对新产品的需求下降，从而减少了生产过剩、过度消费，节省了要素投入，这便是提高人民生活水平、逐步实现共同富裕的具体举措。

从需求侧影响来看，共享经济的能动性也表现为两方面：一是提高实际购买力；二是有助于培育新的消费增长点。购买力的提升同样来自两方面，一方面共享经济通过互联网技术让分散化、随机化的闲置资源聚合起来，使得跨时空之间的交易成本显著降低，降低社会价格总水平，同时以租代买的交易模式价格明显下降，使得消费者可以有更多使用体验，购买力相对提升；另一方面共享经济提供了面向普通人提供资源参与经济活动的渠道，创造了大量就业岗位，缓解社会就业压力，个人既可以通过零工经济获得额外收入，也可以让自己的闲置资源"活起来"而产生额外收入，使得购买力得到绝对提升。资源"活起来"、钱包鼓起来，这是坚持共享发展，让人人都有获得感、人人增强幸福感的具体表现。

在培育新的消费增长点方面，共享经济的应用场景的不断拓展，创造了经济新业态。共享经济的最大优势是无须进行额外投入来刺激经济增长，而是通过对闲置资源的重新配置而找寻最优需求方，提升社会运行效率。同时，共享经济让更多人能够享受更好的

---

[1] 马化腾：《分享经济：供给侧改革的新经济方案》，中信出版社2016年版。

消费（特别是价值较高的商品和服务），人们可以以较低的价格获得使用权，释放并满足消费需求，从而增加了社会总消费。从两方面来说，发展共享经济就是在践行"坚持把增进人民福祉、促进人的全面发展、朝着共同富裕方向稳步前进作为经济发展的出发点和落脚点"的基本要求，坚持发展成果由人民共享，促进经济社会发展，体现了社会主义的本质及其价值追求，朝着共同富裕方向稳步前进。

二、共享经济对传统经济模式的颠覆性影响

共享经济打破了原有的商业模式以及产业生态，形成了新的经济增长点，在中国面临着产业升级、消费升级的突破面前，共享经济的发展可以在促进企业职能转换、促进服务升级、促进消费方式转变、促进信用机制建设、促进形成社会循环等方面发挥积极作用。

一是共享经济促进企业职能转换。传统经济模式表现为"劳动者—企业—消费者"的相互关系。在传统经济模式中，劳动者与传统企业之间存在雇佣关系，企业是产品与服务的生产者，企业职能的重点在如何合理安排资源进行生产或提供服务产品。而共享经济模式表现为"供给者—共享平台—需求者"的相互关系。在共享经济模式中，企业被社会供给者取代，同时供需双方可以转换；平台公司主要构建匹配机制，表现为轻资产模式，有形资产比例大大下降。平台公司成为拥有大量消费者信息的大数据公司，可以为其他生产型企业提供精准的关于消费者偏好等相关资料的大数据。[1]

---

1 刘根荣：《共享经济：传统经济模式的颠覆者》，《经济学家》，2017年第5期。

二是共享经济促进服务业转型升级。共享经济新业态、新模式为服务业保持快速增长注入了新动力。一方面，基于互联网的共享平台打破了时空限制，降低了服务业进入门槛，充分调动闲置资源和劳动力，极大地提升了服务业的供给能力，也促进了行业竞争。另一方面，共享服务新业态也促使餐饮、保洁等传统家庭自足式服务转向市场化服务，带动了代买、代排队、跑腿取件等一系列增值服务，极大地激发了生活服务中的潜在消费需求。[1]

三是共享经济促进消费方式转变。共享型服务对传统服务方式的替代效应逐渐显现，在共享型服务上的人均消费支出不断增加，更高的服务效率和更好的消费体验使得用户从线下消费向线上消费转移:从巡游出租车到网约出租车、从到店消费到在线外卖、从住酒店到住民宿，共享经济推动了共享服务业态的持续超高速增长，其收入年均增速往往数倍于传统业态。

四是共享经济促进社会信用机制建设。信用机制是共享经济的纽带和前提，基于现代信息技术支撑的共享经济，可以依靠互联网技术对交易主体的信用水平进行事前判断，在共享经济模式下，社交、互动式的平台为交易双方提供了交易前和成交后的信用评估与反馈的机制，为交易双方评估彼此的信用质量提供了可以查询的数据，形成了对于供求双方都有效力的信用约束，人们会主动增强信用意识。由此，互动式平台信用评价机制在客观上可以约束交易双方的行为，提升社会诚信意识。

---

[1] 于凤霞、高太山、李红升:《共享经济与中国服务业转型发展研究》,《东北财经大学学报》,2019年第6期。

共享经济助力精准扶贫的"龙胜实践"[1]

2017年10月,桂林市旅游发展委员会与爱彼迎签署战略合作协议,以金江村为试点开展乡村旅游扶贫项目,探索以共享住宿模式扶持部分贫困或低收入家庭,通过共享住宿的收益提高当地村民的经济收入,扶贫辐射面覆盖全村38户家庭百余人。

国家4A级景区龙脊景区旁的金江村,有着原生态的自然环境,多彩的民族风情,古老而保存完好的民族文化。努力把游客"引得来,留得下",把"绿水青山"变成"金山银山",将全域旅游和脱贫攻坚深度融合,乡村民宿成了重要的着力点。

作为旅游的有机组成部分,发展乡村民宿,能够充分盘活现有的空置住房和闲置资源,成为乡村新的经济发展机会。互联网和新技术的普及打破了地域的隔阂,将国内外旅游市场与美丽乡村相对接,接待游客帮助他们增加了收入来源,让过去不能享受到旅游业收益的地区和人群也能从中受益。

2017年,龙胜县旅游直接从业人员达2.5万人,间接从业人员达5万人,依托旅游产业带动45.29%的贫困人口享受到旅游发展带来的红利。

桂林市旅游发展委员会和当地政府,在扶贫方法手段上

---

[1] 《脱贫路上的"龙胜实践":共享经济赋能精准扶贫》,人民网,2018年11月27日。

> 不断创新，建立起"政府+企业+合作社+专家"的扶贫模式。政府派员驻村，全面对民宿建设进行帮扶；企业提供共享经济的互联网平台，全球的旅客都可以通过网络预定房间；合作社分红调动了村民积极性，保障民宿收益可以全村共享；专家学者和专业院校，为村民进行免费支招和培训。

五是共享经济促进形成新的社会循环。从案例二中我们可以看到，居民利用自家空置住房改造为民宿，既吸引了游客，又增加了收入。从共享经济中获得发展机会，再将已有资源共享出去，创造新的价值和发展机会，产销者的结合和供求者的转化不断进行，推动整个社会形成良性循环，减少产能过剩和资源浪费，同时创造了大量零工经济的灵活就业岗位，缓解就业压力，增加收入并创造消费需求，这一基本逻辑符合以国内大循环为主体、国内国际双循环相互促进的新发展格局。

三、推动建设更有获得感的共享经济机制

在《咬文嚼字》杂志评选的"2015年十大流行语"中，"获得感"位居首位。这一词的来源是2015年2月27日，习近平总书记在中央全面深化改革领导小组第十次会议上的重要讲话中指出："处理好改革'最先一公里'和'最后一公里'的关系，突破'中梗阻'，防止不作为，把改革方案的含金量充分展示出来，让人民群众有更多获得感。""获得感"一词由此迅速流行，成为衡量改革含金量的一把重要标尺。

获得感是共享发展理念的最终落脚点。既然人民群众作为历史

的创造主体，那么人民群众必然作为共享发展成果的主体，满足人民群众对美好生活追求，是新时代社会主义本质的内在要求和必然逻辑。党的十八大以来，党和国家坚持把实现好、维护好、发展好最广大人民的根本利益作为发展的根本目的，着力使改革发展成果惠及全体人民。老百姓的腰包越来越鼓，生活水平和幸福指数不断提高，人民群众在改革和发展中有了更多的获得感。

共同富裕是社会主义的本质要求，是人民群众的共同期盼。我们推动经济社会发展，归根结底是要实现全体人民共同富裕。共享经济使得更多人可以通过零工经济获得额外收入，解决就业问题，也可以利用现有闲置资源产生额外收入，而整个过程并没有额外经济投入，增加了个人消费水平、促进整个社会福利的提升，对于实现共同富裕的发展目标具有重要意义。

党的十九大报告中指出，"推动互联网、大数据、人工智能和实体经济深度融合，在中高端消费、创新引领、绿色低碳、共享经济、现代供应链、人力资本服务等领域培育新增长点、形成新动能。"[1]十九届五中全会公报中指出，"要提升产业链供应链现代化水平，发展战略性新兴产业，加快发展现代服务业，统筹推进基础设施建设，加快建设交通强国，推进能源革命，加快数字化发展。"[2]共享经济迎来良好的发展环境，在推进新时代经济经济体制改革、形成以国内大循环为主体、国内国际双循环相互促进的新发展格局可以发挥重要作用。面向未来看，需要推动"放管服"改革、加快建立政府和社会公共数据开放制度和加强协同治理等多个方面入手，不断优

---

[1] 习近平：《决胜全面建成小康社会 夺取新时代中国特色社会主义伟大胜利——在中国共产党第十九次全国代表大会上的报告》，人民出版社2017年版。

[2] 本书编写组：《〈中共中央关于制定国民经济和社会发展第十四个五年规划和二〇三五年远景目标的建议〉辅导读本》，人民出版社2020年版。

化发展环境，充分释放共享经济在推动服务业转型发展、培育经济增长新动能方面的潜力，促进共享经济在稳就业、促消费方面发挥作用，通过发展健康、可持续的共享经济带来更多发展机遇，让更多人共享发展成果。

一是加强共享经济领域"放管服"改革。2017年7月3日，国家发展改革委等八部门联合印发了《关于促进分享经济发展的指导性意见》。其中明确指出，要"坚持包容审慎的监管原则，探索建立政府、平台企业、行业协会以及资源提供者和消费者共同参与的分享经济多方协同治理机制"。《2020年国务院政府工作报告》中也明确指出："坚持包容审慎监管，发展平台经济、共享经济，更大激发社会创造力。"

鼓励创新、包容审慎是引导共享经济发展的基本原则。在实践中，有的监管措施循规蹈矩，不够与时俱进，制约了企业创新动力和市场活力，减少了参与共享经济的机会，减少了企业和个人的获得感。要充分认识共享经济对经济发展的能动作用，"法无禁止皆可为"，只要不触及安全底线、不损害社会利益，要鼓励和扶持共享经济的创新发展，为其成长提供足够帮助。在出台监管措施方面要认真研究论证，鼓励技术、模式、业务等创新，广泛征求平台企业、社会公众各方的意见建议，既防止违法违规行为，又引导行业长期稳定发展。

要适当放宽资源提供者的市场准入条件，加强事中事后监管。放宽融合性产品和服务准入限制，只要不违反法律法规，均应允许相关市场主体进入。要通过对平台采集信息、使用信息的权限实时监测，保护消费者权益，加强事中监管；通过加大依法监管执行力度、完善违法违规行为的事后处置制度等，加强事后监管。鼓励在政府支持和引导下成立行业自律组织,共同维护共享经济的发展生态。

二是大力推进公共数据开放,加强信息安全保障。2019年8月1日,国务院办公厅印发《关于促进平台经济规范健康发展的指导意见》,指出,"加强政府部门与平台数据共享"。"畅通政企数据双向流通机制,制定发布政府数据开放清单,探索建立数据资源确权、流通、交易、应用开发规则和流程,加强数据隐私保护和安全管理。"要大力推进政府数据开放,为企业强化平台治理提供支撑,建立和完善平台企业相关数据的定期报送和共享机制,明确数据报送和共享的范围、标准等具体要求,为政府监管提供数据支撑,并充分利用互联网信用数据补充完善现有征信体系。加强个人信息保护和网络信息安全监管,加强数据隐私保护,严格约束企业信息采集和使用范围,打击获取信息权限的"霸王条款",及时预警风险隐患,发现和纠正违法违规行为,保障消费者的合法权益。

三是完善突发事件的应急处置机制。在网约车、共享金融、共享住宿、在线外卖等领域,存在危及人身财产安全的风险,建立和完善共享经济企业与政府有关部门联动的应急处置机制对于共享经济健康发展具有重要意义。要加快建立健全平台企业与相关部门的应急联动机制,提高政府公共安全保障和突发公共事件的响应能力,让消费者在体验共享经济服务的同时,更加有安全感。

四是加强共享经济统计与监测。在不同行业不同机构给出的不同统计数据中,存在统计范围和统计口径不统一的问题,对于分析判断共享经济的经济社会效益和对经济社会发展的价值存在巨大困难。要逐步完善与之相适应的统计方法,从国家官方层面对统计监测问题进行指导,制定标准化的规则依据,推进统计监测部门与平台企业对接，运用大数据等技术手段实现相关数据的实时收集。同时，在调查失业率的统计测算时，要重点监跟踪测共享经济领域的灵活就业人员生活情况，会同社会保障部门一道，帮助解决共享经济的社会保障缺失问题。

人人共建、人人共享，是经济社会发展的理想状态。历史唯物主义认为，社会的发展和进步，依靠的是每一个社会成员能够积极参与到社会实践中，发挥主观能动性，创造出更多的物质财富和精神财富，从而促进整个社会的不断进步。五大发展理念把共享作为发展的出发点和落脚点，指明发展价值取向，把握科学发展规律，顺应时代发展潮流，是充分体现社会主义本质和共产党宗旨、科学谋划人民福祉和国家长治久安的重要发展理念。践行共享发展理念的共享经济，要继续发挥在宏观经济中的能动作用，增加经济动能、增强市场活力，以深化供给侧结构性改革为主线，坚持质量第一、效益优先，推动质量变革、效率变革、动力变革，使发展成果更好地惠及全体人民，不断实现人民对美好生活的向往。

第四节　小结

本章主要讨论的是在共享发展理念指引下的共享经济发展情况。共享经济作为近年来蓬勃发展的新经济业态，已经成为服务业转型发展的重要动力，成为服务业转型发展的重要引擎，对于优化产业结构、推动服务业快速发展、促进消费方式转变和升级具有重要作用。

发展共享经济就是贯彻五大发展理念的集中、创造性体现。共享经济作为新的经济形态、新的资源配置方式，集中体现了创新的内在要求。共享经济有助于实现城乡之间、区域之间的协调发展，为落后地区、低收入人群创造了更多的参与经济活动、共享发展成果的机会。共享经济的核心就是使资源利用效率最大化，通过使用权的让渡使闲置资源创造效益、减少浪费，是绿色理念的最佳体现。共享经济通过互联网平台，对于资源所有者和需求者同等开放，具有同等的进入门槛，构建了实现重复交易和高效利用的开放共享系统。共享经济通过各种要素之间的互动，已经成为资源配置效率提升的重要方式，成为一种盘活存量、提升效率和增进服务的新范式，并最终实现个体的福利提升和社会整体的可持续发展。

共享经济是一个综合性的复杂体系（见图8-9），是指利用互联网等现代信息技术，以闲置资源使用权的暂时性转移为本质，以信任机制为纽带，整合海量、分散化的资源，满足多样化需求的经济活动总和。其基本特征是由第三方创建的、以信息技术为支撑的信用平台是共享经济的基础，资源的使用权大于所有权并产生使用权的让渡是共享经济的核心，能实现重复交易和高效利用的开放系统是共享经济的组织载体。

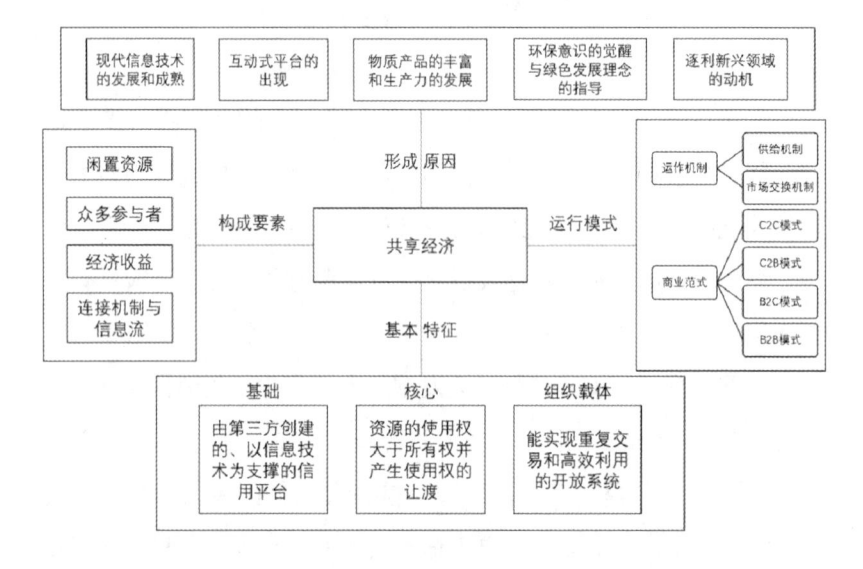

图8-9 共享经济概念

　　现代信息技术兴起降低了交易成本，互动式平台解决了信任危机，物质产品的丰富和生产力的发展保障了共享经济物质基础，环保意识和绿色发展的理念提供了共享经济的文化基础，逐利新兴领域的动机保障了创新动力，共同推动共享经济在中国健康、高速发展。

　　共享经济基本覆盖了主要生活场景，市场交易规模不断扩大、从业人数不断增多，共享经济在具体领域的服务业中所占比重越来越大，各领域共享型新兴服务占比不断提高，在共享型服务上的人均消费支出不断增加，共享经济提供的服务和产生的理念已经成为人们生活的重要组成部分。疫情冲击下，以共享经济为代表的中国新业态新模式表现出巨大的韧性和发展潜力，已经成为我国经济增长的重要动能之一，对"稳就业""保民生"发挥了重要作用。

　　在互联网技术的发展背景下，共享经济仍然存在边界问题、监管问题、法律法规适应问题、社会保障问题和可共享资源的开发力度不足等现实问题，需要社会各方通力合作予以解决。

从宏观经济来看，共享经济可以扩大供给总量、产生新的供给来源，减少新要素的投入、盘活闲置资源，从供需两端为宏观经济结构性调整提供了新的方案，促进形成共建共享生动局面。共享经济打破了原有的商业模式以及产业生态，形成了新的经济增长点，在中国面临着产业升级、消费升级的突破面前，共享经济的发展可以在促进企业职能转换、促进服务升级、促进行业竞争、引导生产变革、提升社会诚信、实现灵活就业等方面产生颠覆性影响，发挥积极作用。

在共享经济发展方面，政府应坚持包容性监管原则，加强共享经济领域"放管服"改革，放宽资源提供者的市场准入条件，大力推进公共数据开放，加强信息安全保障，完善突发事件的应急处置机制，加强共享经济统计与监测，将共享发展理念贯穿共享经济发展，构建让人民更有获得感的共享经济机制。

践行新发展理念的共享经济，要继续发挥在宏观经济中的能动作用，增加经济动能、增强市场活力，在稳就业、促销费、脱贫攻坚和协调区域发展方面继续有所作为。发展共享经济是推进供给侧结构性改革的重要抓手，是贯彻落实创新驱动发展战略的重要平台，是构建信息时代国家竞争新优势的先导力量。在共享发展理念指导下，共享经济的发展将促进发展为了人民、发展依靠人民、发展成果由人民共享的实现，使发展成果更多、更公平地惠及全体人民，朝着共同富裕目标努力奋斗。

参考文献

[1]《党的十九届五中全会〈建议〉学习辅导百问》

[2]《中国共享经济发展年度报告（2021）》

[3] 本书编写组：《〈中共中央关于制定国民经济和社会发展第十四个五年规划和二〇三五年远景目标的建议〉辅导读本》，人民出版社，2020年版。

[4] 李雅文、李长喜：《互联网立法若干问题研究》，《北京邮电大学学报（社会科学版）》，2013年第4期。

[5] 刘根荣：《共享经济：传统经济模式的颠覆者》，《经济学家》，2017年第5期。

[6] 刘建军、邢燕飞：《共享经济：内涵嬗变、运行机制及我国的政策选择》，《中共济南市委党校学报》，2013年第5期。

[7] 马化腾：《分享经济：供给侧改革的新经济方案》，中信出版社2016年版。

[8] 苏剑：《共享经济：动因、问题和前景》，《新疆师范大学学报（哲学社会科学版）》，2018年第2期。

[9] 吴秋余、林丽鹂：《推动平台经济规范健康持续发展》，人民网，2021年4月10日。

[10] 吴志攀：《"互联网+"的兴起与法律的滞后性》，《国家行政学院学报》，2015年第3期。

[11] 习近平：《决胜全面建成小康社会 夺取新时代中国特色社会主义伟大胜利——在中国共产党第十九次全国代表大会上的报告》，人民出版社2017年版。

[12] 于凤霞、高太山、李红升：《共享经济与中国服务业转

型发展研究》,《东北财经大学学报》,2019年第6期。

［13］张孝荣、俞点:《共享经济在我国发展的趋势研究》,《新疆师范大学学报(哲学社会科学版)》,2018年第2期。

［14］郑联盛:《共享经济:本质、机制、模式与风险》,《国际经济评论》,2017年第6期。

［15］Felson Marcus and Joe L. Spaeth, Community Structure and Collaborative Consumption: A Routine Activity Approach, *American Behavioral Scientist*, 1978, 21, pp. 614–624.

第九章
共享发展与共享社会*

---

*　感谢盛加乐为本章所做工作。

共享社会是人类社会自古以来向往并被经常研究和讨论的一种理想型社会形态，在本章（书）的研究视阈下，共享社会是在各方面遵循并落实共享发展理念而形成的一种社会形态，是共享发展理念的综合实践成果。本文将对共享发展理念下的共享社会的概念、特征、机遇、挑战、制度安排等问题进行研究。要从基础理论视角分析共享社会的发展演变和内涵本质，突出理论基础和现实依据。所谓共享社会应涵盖全民共享、全面共享、共建共享和渐进共享等要素，主要体现在全民化的覆盖范围、全领域的福利共享、权利义务兼顾和尊重历史进程上，在共享社会的思想演变中，包括古代经典著作、近现代先进思想和社会主义理论。在共享社会特征中重点突出时代性、秩序性和全民性，并梳理和概括了共享社会的性质。对于共享发展下的共享社会包括共享社会的历史机遇、面临的挑战和共享型社会建设。主要通过分析共享发展与共享社会的内在联系来说明共享型社会建设的机遇和挑战，以及阐述共享型社会建设的内容。对于共享社会制度安排，需要涉及的内容包括教育、劳动就业、收入分配、社会保障和社会治理等体制改革的成就、问题和展望，分析在共享社会下的制度基础和制度愿景，并进行共性总结，提出一般性的方法和路径。本节分为三个部分：共享社会的思想演变、共享社会的含义和共享社会的特征。主要从基础理论入手分析共享社会的发展演变和内涵本质，突出理论基础和现实依据。在共享社会的思想演变中，探索内容包括古代经典著作、近现代先进思想和社会主义理论。在共享社会特征中重点突出时代性、秩序性和全民性。

第一节 共享社会

一、共享社会的思想演变

(一) 中国古代经典中的"共享社会"

原始社会末期，中国主要以"禅让制"来决定王位归属权的问题，这本身就是一种共享社会的理念。西汉理学家戴圣所编的《小戴礼记》则提出了"大同社会"的构想。"大道之行也，天下为公，选贤与能，讲信修睦，使人不独亲其亲，不独子其子，使老有所终，壮有所用，幼有所长，鳏、寡、孤、独、废、疾者皆有所养，男有分，女有归。"体现了古代哲学家对于经济公有制的关注。

北魏时期大臣李安世则在经济领域首倡"均田制"："愚谓今虽桑井难复，宜更均量，审其径术；今分艺有准，力业相称，细民获资生之利，豪右靡余地之盈。则无私之泽，乃播均于兆，如阜如山，可有积于比户矣……高祖深纳之，后均田之制起于此矣。"[1]北宋时期思想家李觏写作了《平土书》，成为熙宁变法和庆历新政的理论支持。[2]他认为"田均则耕者得食"，"均则无贫"，对当代的"共同富裕"形成一定影响。

中国古代社会最为突出的矛盾是地主与农民两个阶级之间关于土地的争夺，故而许多农民起义也表示底层人民对于共享社会的向往与追求。这其中最为著名的是北宋初期王小波的起义。当时西川大旱，官府的敛税却日益严重，逼得民不聊生。以王小波为代表组织了多次颇具规模的农民起义，而其口号就是"吾疾贫富不均，今为汝均之"，而得到了诸多响应。

---

1 《魏书·李安世传》。
2 赖井洋：《李觏平土思想简论》，《韶关学院学报》，2004年第5期。

我们可以看到，中国自古以来，士大夫、农民都各个阶级都以诸多方式表达了他们对于共享社会的向往与追求，涵盖了政治、经济等多个领域（见表9-1）。

表9-1 不同时期对共享社会认知差别以及特征

历史分期	对共享社会的阐述	共享社会特征
中国古代社会（1840年以前）	1."禅让制"来决定王位归属权 2.在经济领域首倡"均田制" 3.多次颇具规模的农民起义	最为突出的矛盾是地主与农民两个阶级之间关于土地的争夺
近现代时期（1840—1949年）	1.纲领性文件《天朝田亩制度》 2.康有为的经典著作《大同书》 3.中国同盟会"十六字纲领"	半殖民地半封建社会下共享社会建设只是改良构想与美好蓝图
社会主义建设时期（1949年至今）	1.确立了社会主义制度 2.小康社会建设和社会主义和谐社会建设	在民生改善方面进行了卓有成效的改革，在社会的侧面进行了"共建共享"的尝试

（二）中国近现代对"共享社会"的阐述

1853年，太平天国运动的领导人制定了纲领性文件《天朝田亩制度》，其中提道："凡分田，照人口，不论男妇，算其家口多寡，人多则分多，人寡则分寡，杂以九等。如一家六人，分三人好田，分三人丑田，好丑各一半。凡天下田，天下人同耕，此处不足，则迁彼处，彼处不足，则迁此处；凡天下田，丰荒相通，此处荒，则移彼丰处，以赈此荒处，彼处荒，则移此丰处，以赈彼荒处。务使天下共享天父上主皇上帝大福，有田同耕，有饭同食，有钱同使，无处不均匀，无人不饱暖也。"这其中蕴含了农民阶级争取土地平等的强烈愿望与天下"共享"的美好理念，虽然最后因其时代局限性而未能成行，却也代表了中国进入近代以来农民阶级建设共享社会的愿望。

康有为的经典著作《大同书》，则表达了资产阶级维新派对于此问题的看法。他认为，"总诸苦之根源，皆因九界而已……一曰国界，分疆土，部落也；二曰级界，分贵、贱、清、浊也；三曰种界，分黄、白、棕、黑也；四曰形界，分男、女也；五曰家界，私父子、夫妇、兄弟之亲也；六曰业界，私农、工、商之产也；七曰乱界，有不平、不通、不同、不公之法也；八曰类界，有人与鸟兽、虫鱼之别也；九曰苦界，以苦生苦，传种无穷无尽，不可思议……何以救苦？知病即药，破除其界，非其缠缚……吾救苦之道，即在破除九界而已"。其"破除九界"的思想，则体现了他与"共享发展"的相通之处："一去国界，消灭国家；二去级界，消灭等级；三去种界，同化人种；四去形界，解放妇女；五去家界，消灭家庭；六去业界，消灭私有制；七去乱界，取消各级行政区划，按经纬度分度自治，全球设大同公政府；八去类界，众生平等；九去苦界，臻于极乐。"而去最终想要达成的目的，则是"大同之世，天下为公，无有阶级，一切平等"。这种大同思想虽然归根结底是一种空想，但也蕴含了其想要通过构建共享社会来拯救旧中国的愿望。

资产阶级维新派则以孙中山为代表。其指导思想是于1905年组建中国同盟会之时提出的"十六字纲领"：驱除鞑虏，恢复中华。创立民国，平均地权。这其中，"创立民国、平均地权"两项，孙中山意在赋予人民平等的政治权利与经济权利，实现每个个体在集体之中的平等地位。"创立民国"是指推翻清朝统治与持续了两千余年的封建帝制，建立资产阶级共和国，赋予人民一定的民主政治权利。"平均地权"则是指保障人民"耕者有其田"，而收归的无主土地则"涨价归公"，由全体国民所共享。所以，孙中山在政治与经济两个维度都具备了共享发展思想的萌芽。而后，1912年中华民国成立后，孙中山又颁行了《中华民国临时约法》，规定国家主权属于全体国民，国内各民族一律平等，赋予国民选举权等政治权利和自由，将"创立民国"与"平均地权"的"共享"思想以法律形式进行了确认。

（三）社会主义理论中的"共享社会"

1956年，毛泽东同志领导中国人民确立了社会主义制度，这种社会制度本身就体现了他对人民共享社会发展成果的考量。"这个富，是共同的富，这个强，是共同的强，大家都有份。"[1]毛泽东同志在政治上确立了人民的平等地位，并在经济上对"共享"进行了宏观构建，邓小平同志则在经济上对以"共同富裕"为目标的"共享发展"进行了具体规划与布局。"社会主义原则，第一是发展生产，第二是共同致富。"[2]"社会主义财富属于人民，社会主义的致富才是全民共同致富。"[3]这就在经济上为中国的发展确立了大方向与总原则：我们最终要实现的是"共同富裕"，而不是某一个群体的富裕，社会主义的发展成果属于全体中国人民。

最早明确提出"共享"概念的是江泽民同志。党的十六大报告中，江泽民同志提出："在经济发展的基础上，促进社会全面进步，不断提高人民生活水平，保证人民共享发展成果。"[4]这是中共领导人对"共享"概念的最早论述。江泽民同志进一步阐发了中国特色社会主义的本质是"共同富裕"："贫穷不是社会主义。一部分人先

1　《毛泽东文集》（第六卷），人民出版社1999年版，第495页。
2　《邓小平文选》（第三卷），人民出版社1993年版，第172页。
3　《邓小平文选》（第三卷），人民出版社1993年版，第172页。
4　《江泽民文选》（第三卷），人民出版社2006年版，第534页。

富起来、一部分人长期贫困，也不是社会主义。鼓励一部分地区、一部分人先富起来，先富和帮助带动未富，最终实现共同富裕，是我们既定的政策。这个政策不能变。"[1]于是，他在扶贫攻坚、西部开发等方面做出了一定改革，来巩固改革开放以来的成果。胡锦涛同志则延续江泽民同志的思路，提出"把共同建设、共同享有和谐社会贯穿于和谐社会建设的全过程，真正做到在共建中共享，在共享中共建"，确定了"共建共享"的基本思路与原则，强调和谐社会建设与共享之间的关系。胡锦涛同志在党的十八大报告中指出："调整国民收入分配格局，加大再分配调节力度，着力解决收入分配差距较大问题，使发展成果更多更公平惠及全体人民，朝着共同富裕方向稳步前进。"[2]毛泽东同志侧重政治共享、邓小平和江泽民同志侧重经济共享，胡锦涛同志更侧重于社会共享。他在改善民生方面进行了卓有成效的改革，如社会保障体系的完善、义务教育体系建立、收入分配公平、医疗卫生的公益性投入等，从社会的侧面进行了"共建共享"的尝试。

二、共享社会的含义

（一）共享社会的概念

共享在经济领域、公共服务领域和国家发展理念上体现得淋漓尽致，不仅体现在资源的共享上，更体现在发展成果的共享上。共享推动了各领域、各地区的发展，这种发展不仅仅体现在本国也体现在全球。

共享社会是指依靠强有政治领导的能够为公民提供稳定安全

---

[1] 《江泽民文选》(第一卷)，人民出版社2006年版，第235页。

[2] 《胡锦涛文选》(第三卷)，人民出版社2016年版，第624页。

的环境、公平竞争的机会并且包容多元文化的让公民具有获得感、幸福感和满意感的社会形态。

(二) 共享社会的内涵

1. 全民共享

"全民共享"意为全体人民共同享有社会发展的成果，习近平总书记曾在多个场合下进行过相关的论述。如"做到发展为了人民、发展依靠人民、发展成果由人民共享"；"让广大农民平等参与改革发展进程，共同享受改革发展成果"；"我们不能一边宣布全面建成了小康社会，另一边还有几千万人口的生活水平处在扶贫标准线以下"；"国家建设是全体人民共同的事业，国家发展过程也是全体人民共享成果的过程"；等等。

2. 全面共享

"全面共享"指的是全体人民在享受发展成果之时，不仅仅局限于经济层面的发展，而应该扩展到"五位一体"，即经济、政治、文化、社会、生态五个方面都应该享受到发展成果。2017年，中国召开中共十九大，会议上提出中国社会的主要矛盾转变为"人民日益增长的美好生活需要同不平衡、不充分的发展之间的矛盾"。这里，我们已经不满足于"物质文化需要"，而提升到"美好生活需要"，这就是从单线的经济需求向全面的美好生活过渡。

3. 共建共享

所谓"共建共享"，是指全体人民"共同建设、共同享有"，不仅强调了"共同享有"的目的与追求，还提到了"共同建设"是"共同享有"的前提，明确了全体人民在共享发展过程中不仅享有权利，还应该履行共同建设的义务。

4. 渐进共享

如果说"全民共享"侧重主体、"全面共享"侧重领域、"共建共享"侧重过程,那么"渐进共享"则侧重方法。我们的"共享"不是一蹴而就的,也不能急于求成,它是一个"渐进式"的发展,需要一个相对的过程。

三、共享社会的特征

共享社会是在习近平总书记新时代中国特色社会主义思想指引下产生的,具有典型的时代性,是新时代社会发展的主要方向;共享社会是在中国特色社会主义法治国家的征程中不断发展的,具有鲜明的秩序性,是法治化国家建设的重要方面;共享社会也是全面建成小康社会的下一步进程,具有标志的全民性,是社会现代化的重要战略任务。

(一) 时代性

共享社会是新时代的新型社会治理形态,是基于当前社会治理理念、制度、体制、机制等现状的科学抉择。共享社会强调以人民为中心、合作共治、公平正义等基本价值取向,是应对社会问题的不确定性和复杂性、保障治理主体平等权利、确保使改革发展成果更多、更公平地惠及全体人民的思想基础。随着我国新型工业化、信息化、城镇化、农业现代化的快速发展,经济结构深刻变革、利益格局深刻调整、思想观念深刻变化、社会结构深刻变动,社会治理面临的形势环境不断发生变化,迫切需要我们与时俱进,加强社会治理制度建设，完善社会治理体制，打造共享社会治理格局。[1]

(二) 秩序性

共享社会强调各社会主体相互关系、资源优化与互动方式的有序化，实现动态、和谐、有效。中国特色社会主义最本质特征和最大优势是中国共产党领导，要充分发挥党委在共享社会治理中总揽全局、协调各方的领导核心作用；同时，强化各级政府抓好社会治理的责任制，激发社会组织活力，发挥公众积极性，引领和推动社会力量参与共享社会治理，努力形成社会治理人人参与、人人尽责的良好局面。法治是共享社会治理的最优模式，也是秩序的基础性保障。加强法治保障体系建设既要以法治思维审视社会问题，构建科学正义的制度体系；又要用法治方式处理社会问题，化解社会矛盾；还要以法治模式加强和创新共享社会治理，形成良法善治的法治环境。

(三) 全民性

共享社会是在中国960多万平方千米的广袤土地上开展的波澜壮阔的社会新转型。共享社会涉及全体国民和各族人民，更涉及多个社会阶层的群众，需要全民参与到共享社会的转型和建设上来。此外，由于地域广大、人口众多、环境复杂等因素，各地区各部门应在以习近平同志为核心的党中央坚强领导下，认真贯彻落实党中央关于加强和创新共享社会治理的决策部署，紧紧围绕共享社会治理突出问题，因地制宜进行整体规划和统筹协调，建立健全共享社

1　陈晓春：《从多维度认识共建共治共享社会治理格局的特征》，《经济日报》，2018年4月12日，第13版。

会治理制度和机制，整合共享社会治理资源和力量，打造共享社会治理格局。

四、作为理念性社会的共享社会

目前中国正处于经济结构转轨与社会结构转型的关键期，如何处理好社会发展中的挑战与矛盾成为适应新常态和展现新作为的重要议题。中国同许多发展中国家一样，在高速发展的路上出现了较为严重的社会分化、分配不公、精神家园的失落、环境恶化等问题。在这种形势下，国家就关于如何走好高质量的发展之路提出了共享社会这一理念。

破解发展难题，建设共享社会，首先，必须把握"社会"这一概念的多种含义。从宏观层面，相对自然界而言的人类社会，它是指人类在自然界生存、生产与生活的体系，从国际社会到民族国家都可被称为社会。[1]从中观层面，指相对于经济、政治和文化，生态环境这四方面以外的内容及现象，或是既有经济，又兼有政治和文化、生态的内容与现象，此种被社会学家称为"社会"现象。其实质就是经济建设、政治建设、文化建设、社会建设和生态文明建设五位一体的一种表述方式。从微观层面，指的是社会学中狭义的社会概念，即主要是某一区域内人的集合状态，如社区、街道、城市社会、农村社会等。

其次，要确立社会建设中人们所践行的"社会建设理念"。探究社会的多种含义的重要意义在于形成一种可以履行的社会建设理念。何怀远提到对社会建设理念的理解可分为四方面，包括整体性

1　[德]黑格尔：《法哲学原理》，范扬、张企泰译，商务印书馆1961年版。

理念（即考虑整体社会发展的均衡性，比如，要控制贫富差距在合理范围内）、结构性理念（即使社会各要素之间形成稳定的联系，对个人的行为模式起着制约作用）、功能理念（涵盖自发形成的功能以及理想性的功能）和人本理念（人是社会的主人，社会是人的社会，不论是社会功能还是社会规范，最终都是为了人生活得安宁与幸福）。[1]

因此，要注意理解和把握本章所提到的"共享社会"实质上是指一种理想性的状态，绝非一种社会形态，是基于共享理念出发的，可适用于不同社会形态，社会不同发展阶段的一种理念性质的社会建设方向。不难看出，社会主义共享社会其实是一种社会理想，是中国共产党不断为之奋斗的价值目标。

在社会主义政治形态以及中国共产党的领导下，共享社会作为一种集体性的理想化概念是顺应时代发展要求的，它体现了五大发展理念的背后的人民对美好生活的向往，展示了党中央坚持把增进人民福祉、促进人的全面发展作为发展的出发点和落脚点的决心。

五、共享社会的研究视阈

要深刻理解共享社会这一理念性这一概念，需要从不同情境切入。近年来，有较多学者分别对共享社会中的某一特定角度进行了研究。从经济角度来看，共享社会这一理念的实践导向直指共同富裕，为此，蒋永穆、张晓磊指出，发展共享社会的核心是指向人民的，在发展过程中要坚持以人民为主体，充分调动人民的积极性与

---

[1] 何怀远：《和谐社会建设中的"社会"概念和"社会建设理念"》，《南京政治学院学报》，2006年第3期，第35—39页。

创造性，让发展成果由人民共同享有，最终达到共同富裕的目的。[1]从政治治理角度来看，共享社会这一理念的达成需要依靠共建共治这一社会治理方式作为铺垫，夏锦文提到共享社会治理的本质含义是让人民都有机会参与治理、分享治理成果，从而切实提高人民的获得感，在社会面上形成良好的社会秩序，最终促进社会的公平正义。[2]共享社会这一理念突破了以往只关注人与人的局限，将研究范围拓宽到化解人与自然矛盾的层面，王英伟、孙新提到人类和社会的整体利益共享需要建立在生态共享利益原则之上，需要构建人与自然的和谐关系，将共享这一理念深刻融入有限的环境资源分配与责任分担。[3]

从以上学者的研究角度不难看出，在研究共享社会这一概念时，绝不仅仅只是包含社会某一方面的共享，共享不只是物质成果的共享，同时也是公共权利、公共价值、公共利益与公共精神的共享。但是目前没有学者能够就共享社会这一理念做出完整的定义。本节认为，可能由于共享社会本身作为一种理念性的概念，因此很难使用一种定义就完全将其界定，并且概念的界定有一定的自由度，所以读者可以结合自身对共享的理解以及对社会的期待将其定义，对此，本节将给出以下四种角度解读共享社会这一概念供读者参考（见图9-1）。

---

1 蒋永穆、张晓磊：《共享发展与全面建成小康社会》，《思想理论教育导刊》，2006年第3期，第74—78页。
2 夏锦文：《共建共治共享的社会治理格局：理论构建与实践探索》，《江苏社会科学》，2018年第3期，第53—62页。
3 王英伟、孙新：《生态共享的理论意蕴及其实践指向》，《思想教育研究》，2020年第11期，第56—61页。

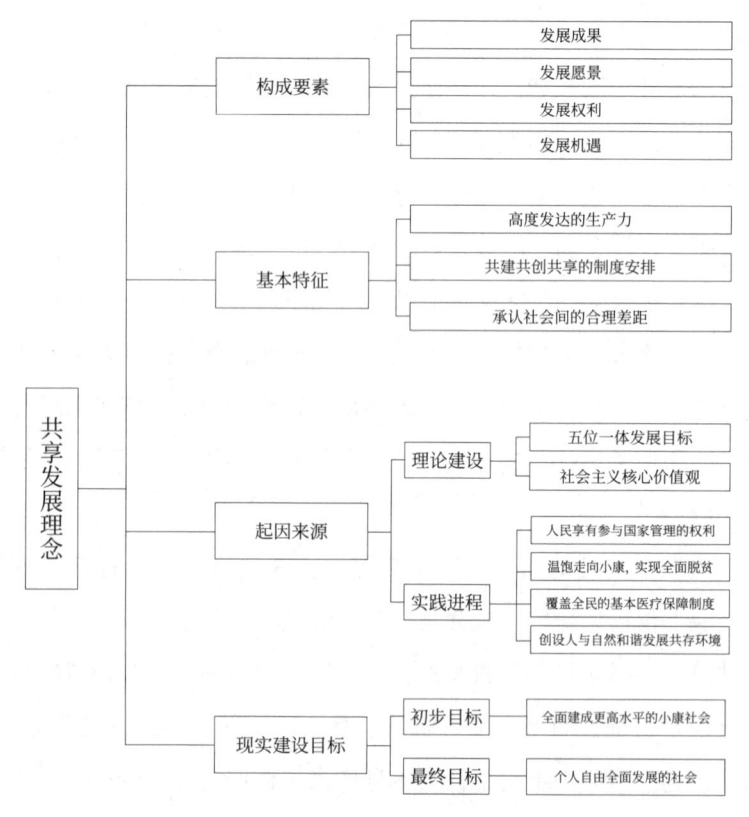

图9-1 共享发展理念框图

共享发展理念
- 构成要素
  - 发展成果
  - 发展愿景
  - 发展权利
  - 发展机遇
- 基本特征
  - 高度发达的生产力
  - 共建共创共享的制度安排
  - 承认社会间的合理差距
- 起因来源
  - 理论建设
    - 五位一体发展目标
    - 社会主义核心价值观
  - 实践进程
    - 人民享有参与国家管理的权利
    - 温饱走向小康，实现全面脱贫
    - 覆盖全民的基本医疗保障制度
    - 创设人与自然和谐发展共存环境
- 现实建设目标
  - 初步目标：全面建成更高水平的小康社会
  - 最终目标：个人自由全面发展的社会

一是从构成要素的角度出发。作为理想性质的"共享社会"，它是指整个社会多个方面（包括经济、政治、文化、社会、生态以及人自身的发展在内）均进入共享状态。在中国特色社会主义情境下，它是在坚持生产资料公有制的基础上，采取多种形式"享"有。

从构成要素来看，则是由发展机遇、成果、权利以及愿景组成。发展机遇，在经济总量"蛋糕"做大的过程中，总体上各个地区，各个社会群体的收入水平有了大幅度提升，但由于地方资源与政策不同，东部沿海部分地区率先实现了富裕，与此同时，部分地区由于经济基础弱、交通不够便捷，仍有数千万的留守妇女、儿童与老人，如果仅靠再分配来调节差距缺少可持续性。因此，共享社会这一概念还应体现在社会发展机遇与资源的分配中。共享社会要求关注社会发展机会，资源分布中的公平正义问题，注重社会上的每个人都能享有相应的社会资源，供其自由全面地发展。

发展成果，共享社会这一理念尽管倾向于发展成果由全体社会成员共同享有，但绝不是指将所有发展成果均变为公共所有，它仍然允许私人享有劳动成果，正如马克思所说，共产主义并不剥夺任何人占有社会产品的权力，它只剥夺利用这种占有去奴役他人劳动的权力。[1]所以，共享社会中的共享成果强调的是积极的共享、有效的共享。

发展权利，在共享社会中，社会成员无障碍地共同享有发展成果，必须要拥有对应的资格与权利，要保证社会成员能够在合法和合乎公序良俗的前提下充分享有自由选择的权利，保障全体人民公正平等享有社会发展成果的权利。

发展愿景，让人民对发展目标以及前景产生认同，要使共同的发展愿景成为每个人的共识，将其转化为每个人的奋斗目标，树立奋斗目标。"生活在我们伟大祖国和伟大时代的中国人民，共同享有人生出彩的机会、共同享有梦想成真的机会、共同享有同祖国和时代一起成长与进步的机会"[2]，习近平总书记所强调的话充分证明了只有每个人持有共同的美好愿景，全面建设社会主义现代化国家的进步成果才能更公平惠及全体人民。

二是从基本特征出发，主要包含三方面：在物质层面需实现高度发达的生产力；在制度层面有共建共创作为支持，共享作为结果；

---

[1] 《马克思恩格斯文集》第2卷，人民出版社2009年版，第47页。

[2] 《习近平在第十二届全国人民代表大会第一次会议上的讲话》，《人民日报》，2013年3月18日，第4版。

在观念层面，承认社会间的合理差距。现代信息技术的产生与快速发展促进了多元市场主体的合作，从而使生产力的进步速度达到了前所未有的程度。此时，每个个体都在凭借自身独特的优势参与社会生产，而在满足基本物质条件后，个体开始追求自身基本权利的满足与实现，加入社会治理格局。一方面能够调动全体人民的积极因素共同协作努力；另一方面能够使全体人民在劳动和政治参与中更有获得感。

高度发达的生产力，在全社会实现整体共享的必要前提是具备相应的社会经济资源，这必然要求有高度发达的生产力作为基本条件，正如马克思、恩格斯谈论"共享"议题时，社会的足够生产可以保证全体社会员拥有富足充裕的物质条件，并且还能使社会成员的自身的体力和智力优势得以自如展现。[1]在共享社会这一理念中，只有生产力达到高度发达这一层面时，才能更好地实现以人为本的理念，做到不仅满足人日常所需的物质需求，还能渐进满足人们的精神需求，实现从"以物为本"到"以人为本"的根本转变。需要承认的是，该前提是社会发展到一定阶段的产物，因为从农业社会起，就蕴藏着共享与互助的理念，但这种理念仅仅在乡村这样的小社会中流行，并没有将乡村与乡村之间充分联系起来，因此仍存在着较多的资源闲置，所以，只有在生产力持续发展的过程中，人们互助共享的天性得到现实物质条件的支持后，才能破除熟人范围内的互助，走向大规模"共享"的社会。

共建共创共享的制度安排，共享社会这一理念天生具有社会主义的性质，因为共享社会治理从根本上来说是全体社会成员能够对

---

[1] 《马克思恩格斯选集》第3卷，人民出版社2009年版，第757页。

社会方方面面进行整体的组织与参与。在进入现代社会后，社会事务变得错综复杂，仅依靠政府或市场某个单一主体是无法解决所有社会事务的，就像社区治理也无法靠任何某一个人来解决社区问题。因此，要实现"共享社会"这一理念目标，需要依靠全体社会成员的共同努力去创造，十九大报告中也指出，要坚持人人尽责、人人享有，不断满足人民日益增长的美好生活需要，不断促进社会公平正义。[1]以共建共享作为共享的过程，能够使各社会成员意识到单个人是无法在社会上立足的，需要通过建立塑造成员间的社会联合，建立社会合作，个体才能生存与发展，才能分享到由他人的天赋或才能创造的成果。另外，共建共创的机制可以补偿由发展付出代价过大的群体（即社会弱势群体）的尊严，同时可以让该群体"名正言顺"享受发展成果，从而达到"共享社会"这一理念下社会群体与成员之间互相信任与依赖的社会风气。

承认社会间的合理差距，在现代治理格局和知识经济时代下，社会成员和社会群体之间实现完全的财富均等是不现实的，历史已经证明，"吃大锅饭"会让一批人养成游手好闲、懒惰的特性，很难创造活力，但是过大的社会差距同样容易让人丧失努力的动力，从而走向"躺平"的道路，所以社会可以通过对高收入者征收较高的税收、对弱势群体提供社会保障等二次分配的方式减小贫富差距，让一般收入的社会群体的生活水平能够与社会发展的总体水平保持一致。在目前的社会经济水平发展阶段，能够最接近实现的"共享社会"的理念是在以生产资料公有的基础上以"劳动"的数量和质量进行公平的分配，同时兼顾弱势群体和特殊群体的需要，渐

---

[1] 习近平：《决胜全面建成小康社会夺取新时代中国特色社会主义伟大胜利》，人民出版社2017年版，第49、44—45页。

进实现从"按劳分配"转向"按需分配"。因此，本书所谈到的"共享社会"理念需要紧密和中国现有的经济发展程度、社会制度有机结合。

三是共享社会该理念的起因来源。从理论建设角度出发，共享社会的理念是激励全面建成小康社会的重要动力。全面小康社会的侧重点在于覆盖的全面性，既体现了全体人民，又体现了全方位的内容，包括经济、政治、文化、社会和生态文明建设成果。全面小康社会是要让人民共享近些年取得到发展成果，感受到由全面小康带来的实惠。共享社会理念所描述的使全体人民摆脱贫困，让经济、政治、文化、社会、生态文明走向协调发展，人的发展机遇、成果、权利得到尊重就是鼓舞全面建设小康社会的目标。

另一方面是指社会主义核心价值体系的自由、平等、公正、法治的内在要求正与共享社会中的公平正义理念相呼应。在社会主义初级阶段，由于改革开放的前几十年过于注重追求经济增速，一味强调"先富"，以致忽视了思想观念上对共享社会的认识。经过几十年的发展，我国的经济总量有了翻天覆地的变化，伴随着社会主义核心价值观的确立，国民在思想观念上能够逐渐认识到建设共享社会的必要性。作为能够彰显中国特色社会主义的价值规范，核心价值观在社会层面倡导的"自由、平等、公正、法治"的价值取向恰好与实现共享社会这一美好理想是想通的，可以将共享社会中的公平正义等理念融入社会主义核心价值观，从而在更大范围内使共享社会这一概念得到认同和普及，让核心价值观为共享社会的建立奠定思想支撑。

从共享社会的实践进程来看，尽管建设共享社会这一议题是近些年才正式提出，然而追求一个公平正义的社会是自古代起就开始发展起来的。在古代，西方政治文明中，亚里士多德认为公正是德行的总称，中国《礼记》中的"天下为公"的大同思想广泛流传，在现代，列宁认为要建立一个没有穷富之分、共同工作、将劳动成果归劳动者共同拥有的社会。[1]

新中国成立以来，党始终坚持人民是国家真正的主人，不仅在经济上可以共同分享劳动成果，在政治上也同样享有参与国家和社会事务管理的权利。1953年，《中共中央关于发展农业生产合作社的决议》中第一次提到了共同富裕的说法，而后中国共产党开始了实践探索，通过社会主义改造、人民公社、"两参一改三结合"等工作探索性地开展了共享社会的建设。在改革开放初期，邓小平同志多次强调要达到共同富裕，通过他的富民思想，中国通过先富带后富一系列工作使数以亿计的人民由温饱走向了小康，文化水平也有了大幅提升，社会由生存目标向发展目标转型，江泽民同志在1998年调动全国力量开展的抗洪工作及西部大开发工作对稳定改革发展成果、巩固民心方面做出了较大贡献。以胡锦涛同志为代表的领导班子带领中国人民从总体小康走向了全面小康，在民生领域下足功夫，关注人民对公平正义的渴望，重点解决人民在就业、教育、住房等民生领域的共享发展成果问题。习近平总书记多次提到，要坚持以人民为中心的发展思想，不断促进人的全面发展、全体人民共同富裕。在现阶段，为实现共享社会这一立项，党中央立足国情，在解决农村人口脱贫、推动基本医疗保障制度、提升义务教育质量、完善生态补偿机制以及各项民生保障工作中稳步推进，做到了从实际出发、量力而行、涉及各方面的共享社会实践探索。

1　《列宁选集》(第1卷)，人民出版社1972年版。

四是共享社会理念导向的现实建设目标，分为两步走。

其一是初步目标，全面建成更高水平的小康社会，本书所说的全面小康，是指全面共享的小康和全民共享的小康。目前，由于分配不公问题的突出，尤其是城乡公共服务不均衡、社会保障覆盖不全面导致一些群体的获得感还不够强，离民众的小康生活期待还有差距。因此，共享社会理念实践的第一步，要先实现高水平的小康。即在有限的资源、信息和技术的条件下，切实提高人民生活水平，减少贫困人口，创造美好的生活环境。新常态后，中国经济面临结构调整、动力转换、中等收入陷阱等严峻考验，而本文提到的构建共享社会这一理想性观念具有深刻的问题导向，是化解收入分配不合理的直接要求，体现了社会主义制度的坚定立场，为全面建成更高水平的小康社会打造公平正义的发展格局。本书谈到的小康，是超越纯物质要求的小康，额外涵盖了精神方面的内容，比如，人民对安全感的期待、对平等公正的向往。它要达到的目标是，在个人权利保护方面，全体社会成员有资格享受完整独立的基本权利；在政治治理方面，政府能够顺应现代化治理趋势，表现出正义性、公平性与透明性，让社会成员更有幸福感。

其二是最终目标，建设一个人民能依靠劳动创造实现个人自由全面发展的社会，就本质来看，是一个充分展现个人价值的社会。共享社会的建设理念体现了社会主义的本质要求，伴随着共享社会理念的实践，人民通过劳动创造，不仅追求满足物质需要，还希望精神文化需求也得到逐步满足，使人民群众能够更为明显地感受到幸福感和自我价值感。马克思认为，劳动是人实现个人价值、为他人及社会做出贡献的重要途径。无论是物质还是精神需要，都可以通过劳动和实践活动来获得。[1]同时，在这个社会中，每个人按照共同的蓝图参与社会建设，以不阻碍他人自由为前提，可以依据个人兴趣爱好自由做自己真正热爱的事情。在共享社会中提倡的自由，是全体人民的自由而非少数人的自由。那么，在共同建设过程中，通过人的社会生产活动，社会的物质价值和精神价值会得到发展，成员的物质条件也随之会成熟，人民的积极性与创造性也会被得到认可。

1　《马克思恩格斯文集》(第5卷)，人民出版社2009年版。

第二节　共享发展下共享社会

本文所讨论的共享社会，实际就是共享发展理念在各个方面落实后而成的一种综合性社会形态，为此，共享社会必须在共享发展理念的视阈下进行分析与研究。上节为读者简要说明了共享社会的定义，本节将从共享社会建设的机遇、建设大纲和挑战三个角度出发，分析共享社会是如何成为共享发展理念的实践体现的，从而进一步为读者描绘共享社会所处的宏观环境，并建构其基本图景。

一、共享社会的历史机遇

（一）"共享发展"的提出

"共享发展"成为一个专有名词是在《中共中央关于制定国民经济和社会发展第十三个五年规划的建议》中由习近平总书记提出，这份文件由党的十八届五中全会审核通过。这份文件提出，"十三五"时期经济社会发展的基本理念为"创新、协调、绿色、开放、共享"。其中，"共享是中国特色社会主义的本质要求。必须坚持发展为了人民、发展依靠人民、发展成果由人民共享，作出更有效的制度安排，使全体人民在共建共享发展中有更多获得感，增强发展动力，增进人民团结，朝着共同富裕方向稳步前进。坚持创新发展、协调发展、绿色发展、开放发展、共享发展，是关系我国发展全局的一场深刻变革。全党同志要充分认识这场变革的重大现实意义和深远历史意义，统一思想，协调行动，深化改革，开拓前进，推动我国发展迈上新台阶"。至此，习近平总书记将"共享"的理念与中国的发展相结合，于是"共享"成为五大发展理念之一，"共享发展"概念由此出现。

《习近平总书记系列重要讲话读本(2016年版)》中提道:"共享发展是中国特色社会主义的本质要求。共享发展理念,其内涵主要有四个方面。一是全民共享,即共享发展是人人享有、各得其所,不是少数人共享、一部分人共享。二是全面共享,即共享发展就要共享国家经济、政治、文化、社会、生态文明各方面建设成果,全面保障人民在各方面的合法权益。三是共建共享,即只有共建才能共享,共建的过程也是共享的过程。四是渐进共享,即共享发展必将有一个从低级到高级、从不均衡到均衡的过程,即使达到很高的水平也会有差别。"

(二)共享社会的制度基础

1.以人民为中心的社会主义民主制度

我国的国体是"人民民主专政的社会主义国家",人民是国家的主人。中国共产党执政以来,一直以人民的发展和人民的利益为重,而共享社会的核心正好是"发展为了人民,发展依靠人民,发展成果由人民共享"。中国共产党的宗旨是全心全意为人民服务,中国各级政府的宗旨也是为人民服务,这是中国的制度优势,也是符合马克思主义要求的。中国共产党成立百年以来,几代领导人从中国国情出发,深刻意识到人民群众对于革命、建设和改革的重要意义所在,将人民的利益看成中国发展最本质的目的。这是共享社会得以产生并实践的思想基础,"共享"归根结底是为了全体人民的利益,是为了全体人民的生活更加幸福。有了"人民主体"的思想,才会有"共享发展"的理念。

2.以共同富裕为核心的社会主义经济制度

生产力的发展是实现共享社会的前提,如果没有足够的物质生产能力，那么也不可能满足每个人对于美好生活的向往。改革开放以来，邓小平等党中央的领导人在多个场合都表示过"共同富裕"的发展要求与方向。"社会主义的本质，是解放生产力，发展生产力，消灭剥削，消除两极分化，最终达到共同富裕。"[1]其一，是要"解放生产力、发展生产力"，保证社会生产的总数发展，把蛋糕做大；其二，也不能仅仅满足于把蛋糕做大，还要实现把蛋糕"分好"，"消灭剥削、消除两极分化"，这实际上就为共享社会奠定了基础。我们要"发展"，也需要"共享"。

（三）共享发展与共享社会的关系

随着中国经济进入新常态，社会生产力水平得到显著提升，人民对美好生活的向往也越发强烈。人民期望有更满意的工作、更高质量的教育、更全面的社会保障、更多元化的精神生活，共享发展正是顺应这一现象的产物。它体现了中国特色社会主义的本质要求，指引了经济社会高质量发展的重要方向，贯穿于社会建设的始终。因此本节所倡导要建设的共享社会也是基于共享发展理念而提出的。共享发展理念作为共享社会的指导思想，在共享社会的参与群体、制度安排、建设范围，以及发展目标、价值观念等各方面都提供了精神指引。

第一，在参与群体方面，共享发展理念中坚持以人民为主体。习近平总书记多次在不同场合强调："坚持共享发展，就是要坚持人民主体地位，坚持以人民为中心，坚持发展为了人民、发展依靠人民、发展成果由人民共享。"[2]因此，"共享"并非一个泛泛而谈的

---

[1] 《邓小平文选》（第三卷），人民出版社1993年版，第373页。
[2] 习近平：《我们追求的富裕是全体人民共同富裕》，《人民日报》，2015年10月31日。

概念，而是要切实地让人民过上更具保障的生活，使发展成果惠及全体人民。共享发展理念还要求在共享社会建设过程中需要全体成员参与、全体成员尽力，最终使全体成员享有成果。全体成员参与指的是人人拥有发展权利，从社会发展历史来看，发展权利是基于一定程度的发展水平之上对生产关系的调整，坚持共同参与，就是要用法律制度保障社会成员参与经济、社会、文化和政治发展的权利，马克思、恩格斯同样认同了成员享有发展权利，参与社会财富创造的作用，"批判的批判什么都没有创造，工人才创造了一切"。[1]

全体成员尽力意味着成员自身的发展和社会的发展是内在统一的，成员自身能力的发展是建设共享社会的动力，同时在共享社会的建设中促进成员自身的发展，只有充分调动人民的生产积极性，才能创造出雄厚的物质财富。然而由于先天因素，每个人的天赋能力存在天然的差距，后天生活的环境也存在着客观差异，因此，每个成员要根据自己的能力去充分运用体力和智力，为共享社会的建设做出贡献。

作为共享发展中的核心理念，全体成员共同享有通过生产劳动创造的发展成果，是共享社会主体性的本质要求，要让人民掌握，各得其所，满足人民群众日益增长的物质文化需要。全体成员共享是全体成员参与和尽力的必然结果，也是社会主义制度下建设共享社会的必然结果。马克思在《1844年经济学哲学手稿》中提到过资本主义生产条件下的生产环境和结果，工人为富人进行劳动，创造了贡献与智慧，但是工人却变得贫困与畸形，富人不仅用机器取

---

[1] 董德刚：《历史唯物主义方法论研究》，《理论学习》，2000年第12期。

代工人的劳动，并且还让一部分工人变成了机器，出现了劳动异化现象，揭露了资本主义对其劳动的剥削。[1]不难看出，在资本主义社会里，劳动人民不可能享受由劳动带来的发展成果，更不可能实现"共享"。而在共享发展理念指引下的共享社会建设过程中，目前已经完成了确立公有制经济的主体地位，真正消除了无产阶级被剥削的源头。自改革开放以来，农村和城镇居民的人均可支配收入已从1978年的134元和343元上涨至2020年的17131元和32189元，2020年也全部完成脱贫目标，真正做到了"使全体人民在共建共享发展中有更多获得感"[2]。

第二，在制度安排方面，共享发展理念的真正兴起是基于社会主义市场飞速发展，但是要落实共享发展理念、建设共享社会，需要配备相应的制度作为保障。在资本主义社会，由于生产资料占有者的不同，工人的发展机会受到了极大局限，极可能沦为资本家的"劳动工具"，然而在社会主义共享社会中，通过共享发展理念所强调的"把促进社会公平正义、增进人民福祉作为全面深化改革的出发点和落脚点，是坚持我们党全心全意为人民服务根本宗旨的必然要求"[3]。因此，共享社会中需要实施与共享发展理念相呼应的符合公平正义原则的基本经济和分配制度。在经济制度上，要防止因为所有制中的私有制比重越来越大而引发的贫富差距过大问题，要巩固和加强公有制主体地位，确保劳动人民对生产资料的所有权，保证公有制经济量上的优势，逐渐破除劳动力与生产资料相结合的

---

1 《马克思恩格斯文集》（第2卷），人民出版社2009年版，第591页。

2 《中国共产党第十八届中央委员会第五次全体会议文件汇编》，人民出版社2015年版，第32页。

3 中共中央宣传部编：《习近平总书记系列重要讲话读本》，学习出版社、人民出版社2014年版，第45页。

制度和资源障碍。共享的前提是公平正义的分配。[1]分配制度不仅在再分配领域起到作用,而且在初次分配时就要关注到共享特征。按照马克思所认为的在公有制和按劳分配的条件下,收入差距是有限且合理的,但如果因为资本的占有所产生百倍千倍的差距,即初次分配格局一旦相差过大,则会对再分配的公平合理性造成极大不良影响,因此劳动者要在建设共享社会时积极参与公有制经济的分配、管理与监督,让收益归所有劳动成员所有,为所有劳动成员所共享。

共享发展理念中所强调的社会保障能够增强人民幸福感,保障弱势群体的生存权利、受教育权利、就业权利等多项需要。它表现在共享社会中,则是构建可持续的统一的社会保障制度和社会救助制度,其中包括基本医疗保险制度、最低生活保障和住房保障、养老服务体系、为弱势群体设置的残疾人权益保障、留守儿童权益保障、失独家庭权益保障等。

第三,在建设范围方面,共享发展理念指出了共享社会要注意两个方向的和谐,一是人与自然的和谐,即生态共享;二是人与人的和谐,即民生发展。

首先是生态共享,通过生态圈的利益关系间的平衡来实现自然生态与社会发展的有机统一。在工业社会中,一味追求人类社会的发展进步,在此时,人类社会生产力的高速发展是以无限制地占用自然资源和破坏自然环境为基础的。共享发展理念所强调的生态共享旨在在共享社会中实现绿色发展和可持续发展的理念,它强调的是要树立整体的自然生态观,将社会问题融入自然环境问题的分析

---

[1] 孟鑫:《共享理念与分配正义原则》,《科学社会主义》,2016年第1期。

和解决，而非孤立地看待自然环境问题。从本质上看，生态共享就是用公平正义的整体思想去调和不同主体在生态方面的利益问题，最终能够在共享社会中实现人类、自然、社会三者间的和谐稳定。

其次是民生发展，共享发展理念落实到共享社会的实际建设中重点强调了民生导向，是解决人民日益增长的民生需求与滞后的民生供给的重要思路。在教育、住房、医疗、就业等各类民生领域进行政策、资源和制度的协调。民生问题的协商解决需要人民行使权利来制衡公共权力，在民生问题中使用协商民主决策机制，通过法律保障让人民敢于参与、乐于参与事关民生的公共决策。人民群众在创造历史的实践活动中发挥其自觉能动性、自主性、自为性和创造性。[1]所以，在共享发展理念贯穿到共享社会建设的始终中，要足够重视人民意愿，充分满足人民实际需求，推动民生事业的转型发展，用共享的思路解决人与社会的问题。

第四，在发展目标方面，在共享发展的理念中，最重要的特征之一就是要实现公共服务均等化，依托共享发展理念的共享社会就是要实现社会成员基于机遇均等、权利均等、能力均等、规则均等的情况下平等地享受基本公共服务，让公共资源在城乡之间流动，着力缩小城乡间和地区间的公共服务差异，关注欠发达地区和弱势群体的公共服务质量以及发展权利，实现公共服务向革命老区、贫困地区、边疆地区的转移支付。因此，完善基本公共服务体系、健全公共服务均等化是践行共享发展理念、建设共享社会的重要一环。

共同富裕，是共享发展理念中物质方面的指引，是引领共享社

1　李包庚：《马克思"人民主体性"思想解读》，《马克思主义研究》，2014年第10期。

会生产力发展最终需达到的目标。在共享发展理念中，共同富裕是将全体社会成员看成了一个整体，每个成员都是该整体的有机组成部分，坚持社会物质财富应当由社会成员共同享有的价值追求。现阶段，在共享社会中，该理念就是通过肯定中国特色社会主义现代化建设和支持社会生产力发展体现的，为共同富裕目标提供雄厚的经济保障，要提出符合当前生产力水平切实际的共享要求，实施更精细的差异化共同富裕，调动社会成员投身共享社会建设的积极性与创造性。

人的自由全面发展属于共享发展理念的终极目标，同样也在指引着共享社会的最终归宿。在共享发展的理念中，它能充分让个人挖掘自身的自然属性和社会属性，让其在共享社会中满足个人在政治、经济、文化等领域的需求，这就要求共享社会统筹兼顾为实现人自由全面发展所需要的条件，扫除各种可能阻碍人自由全面发展的障碍，扩大社会成员的活动范围，满足人能够自由选择的权利，

第五，在价值观念方面，共享发展本身作为一种价值追求，主要体现为追求公平正义和普惠性，这为共享社会提供了价值坐标。公平正义是人类社会一直以来的追求，但由于在改革开放前，社会生产力较为落后，党对社会公平的达成急于求成，匆忙推行的"一大二公三纯四平均"的政策损害了人民生产生活的积极性，在改革开放后，经济重心放在了如何将"蛋糕"做大，但是尚未解决如何将"蛋糕"分好这一问题。因此，共享发展理念将这一问题的解决方式融入在共享社会的建设过程中。在进入高质量发展阶段后，公平正义作为共享发展理念的基本价值导向，是站在社会主义本质要求的角度、站在社会稳定和谐的高度，调节社会各类矛盾的基本要求，本节提到的共享社会，实质上是要逐步建立一个以权利公平、

机会公平、规则公平为主要内容的社会，完善公平参与的社会环境，让人民享有平等发展权利、机遇和成果的社会。[1]本节所倡导的公平正义，体现在财富分配上，不是指平均地分配财富，而是根据劳动的质量和数量按比例分配财富，要体现结果公平；体现在人权上，要保证每个人的发展起点公平，保障每个人免于贫苦和可避免的疾病。

共享发展理念中的普惠性导向是指共享社会建设成果让全体社会成员共同享有成果，强调的是覆盖内容要广、要全。《中共中央关于制定国民经济和社会发展第十三个五年规划的建议》提到的要使全体人民共同迈入全面小康社会是普惠性的又一力证。在共享社会中，党中央坚定普惠发展观，在民生保障、医疗卫生体制改革、教育质量等多方面进行建设与改革，从而使人民福祉得到实现。坚定普惠发展理念能够让共享社会中的每个个体的各项基本权利得到切实尊重，让个体的利益得到保护。历经40多年的改革开放，普惠性在目前的社会经济发展条件下意味着现代化建设成果经过有效率的差异分配后公平地回到社会成员手里。在这种意义下，社会成员走向了自身和社会的合乎人性的人的复归。[2]

二、共享型社会建设

（一）消除贫困，促进可持续发展

推进扶贫脱贫，缩小收入差距。共享不是搞平均主义，共享承认差距，但要求把差距控制在合理范围内，防止贫富悬殊，尤其要努力消除贫困。目前，我国消除贫困的任务依然十分艰巨，贫困人

1　《习近平总书记系列重要讲话精神学习读本》，中国方正出版社2014年版。
2　渠彦超、张晓东：《共享发展理念的理论特质》，《理论月刊》，2016年第5期，第36—40、46页。

口脱贫已成为全面建成小康社会最艰巨的任务、促进共享发展最基本的要求。确保到2020年我国现行标准下农村贫困人口实现脱贫，是我们党向人民做出的郑重承诺。兑现这个承诺，必须按照习近平同志要求的那样"立下愚公移山志，咬定目标、苦干实干"，解决好"扶持谁""谁来扶""怎么扶"等问题，采取过硬、管用的举措啃下脱贫这块"硬骨头"，打赢脱贫这场攻坚战。在推进扶贫脱贫的基础上，还要乘势而上，不断缩小收入差距。当前，我国居民收入差距还比较大。收入差距不缩小，共享发展就缺乏稳固的根基。我们必须在不断做大"蛋糕"的同时把"蛋糕"分好，形成体现公平正义要求、符合共享发展方向的收入分配格局。[1]

2013—2020年，我国连续7年超额完成千万减贫任务。7年间，全国累计减少贫困人口8239万人，贫困发生率从2012年末的10.2%下降到2020年初的0.6%。中国创造了人类减贫史奇迹。按照世界银行标准，从1981年末到2020年末，我国累计减贫8.53亿人，占全球同期减贫总规模的七成以上（见图9-2）。

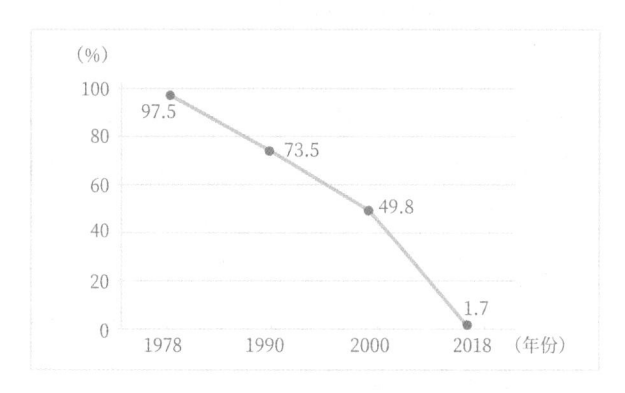

图9-2　1978年以来中国农村贫困发生率

---

[1] 任理轩：《坚持共享发展》，《人民日报》，2015年12月24日，第7期。

(二) 共享发展观念下的共享社会建设成果

1. 全民共享

关于全民，学界主要有两大观点，一是指由每一个个体组成的集合体；二是泛指一种具有广泛影响力的群体概念。在全民共享的概念中，"全民"涵盖了参与国家治理的主要力量，即政府、市场、社会这三大主体力量被纳入"全民"的范畴。因为在共享社会中，政府、市场与社会都能从共享社会中受益，不是某个群体独享。全民共享要实现全体成员的公共利益、公共价值和公共精神，即"让广大人民群众共享改革发展成果，是社会主义的本质要求"[1]，尤其要注重农村地区、少数民族、革命老区以及城镇困难群体的生活状况，要注意加强弱势群体的权利维护和权益保障。"全民共享"强调了在实现社会利益最大化的同时要最大程度恪守公共精神，要与社会弱势群体构建共同体，实现社会治理成果共享。

从"居者有其屋"到"居者优其屋"，保障居民权益的公租房[2]

"没想到只要在手机里提交材料，就能申请公租房，再也不用来回跑，真是太方便了！"今天（11月29日），75岁的桐乡市民郁爱珍发现，"桐易居"应用正式在"浙里办"App上线，不仅可以线上查询公租房政策，公租房申请、合同网签等手续也可网上办理。郁奶奶情不自禁地竖起了大拇指："现在政策好了，服务更好了！"

---

[1] 中共中央文献研究室：《习近平关于社会主义经济建设论述摘编》，中央文献出版社2017年版，第25页。
[2] 《桐乡创新首推！关于公租房……》，搜狐网，2021年11月29日。

图9-3　公租房房源

"以前申请公租房,我要准备很多申请材料,拿去社区、街道盖章,审核好后到建设局选房签合同,入住前还要去开通水电、煤气,前前后后跑了十几趟。"回忆起曾经的公租房申请经历,郁奶奶不禁叹了口气:"当时我跑得真的很累!"

从递交完材料到资格确认,郁奶奶足足等了40个工作日。而这,已经是2017年浙江省全面推进城镇住房保障"最多跑一次"改革,优化公租房申请审核环节后的结果。在那之前,群众基本要等待三四个月甚至半年。

今年,桐乡住建部门启动公租房数字化改革,这项改革以公租房申请、审核一体化为基础,将资格复核、日常管理、退出保障3个重点环节迭代升级,从公租房申请"一件事"向保障"一件事"拓展延伸,因地制宜地围绕公租房申请和资格审核、租赁补贴发放、云签约、银行卡批量代扣等七大场景展开，为群众办理公租房业务提供一站式服务。其中，资格审核时间已经从40个工作日压缩到最快7个工作日（见图9-4）。

图9-4 "桐易居"应用页面

除了像郁奶奶这样的普通群众享受到了数字化改革的红利，广大基层社区工作者也是极大的获益者。

"以前公租房申请到保障，要是从我这儿算起，起码得小半年时间。"桐乡市梧桐街道凤鸣社区党委副书记吴英英和公租房申请已经打了七八年交道了。户口本、身份证、结婚证或单身证明、前一年的工资清单、租房协议、房产交易记录……每每遇到这十几份的材料，吴英英也免不了头疼。

"如今我轻松许多了，也不用跨越大半个城区去交材料、盖章了。"吴英英所在的凤鸣社区位于桐乡城西的老城区，辖区内公租房申请者众多，每个月她起码要送两三份申请材料去城东的公共服务中心，仅2019年由她经手的申请者就有二三十户。"现在只要登录系统就能轻易操作，我也不用再跑了！"对吴英英而言，公租房数字化改革也极大地提升了她的幸福感和工作效率（见图9-5）。

图9-5 桐乡市不动产登记管理系统

群众申请材料多、等待时间长只是公租房申请的难点之一。前期，市建设局在梳理难点堵点时发现，部门协同难、公租房日常管理难、全省准入条件和工作基础不一也是摆在面前的难题。

> 在"浙里办"App上，公租房政策、公租房申请、公租房合同网签、保障家庭信息变更、退租申请、租赁合同上传、动态资讯等相关内容一应俱全，为群众办理公租房业务提供一站式服务。
>
> "如果公租房在保人员信息发生变化，比如，已购房、已购车等，系统会实时作出提醒。"市建设局相关负责人说，公租房数字化改革通过数字化技术进行大数据比对，可以更好地实现应退即退、进出有序的动态管理。

目前，我国绝大多数城市已经建立了较为完善的公租房制度，能够让低收入群体、外来工作人员以及刚毕业的大学生享受保障性住房的惠及。微观层面，公租房模式是改善民生、解决住房负担的重要举措，不仅能够调控租赁市场的出租房价格，抑制房价上涨过快，还能够缓解中低收入家庭的资金压力。公租房模式有利于促进社会公平正义的实现，通过政府的转移支付的方式降低相对弱势的群体住房支出，有利于该群体的财富累积，便于社会的扩大再生产，促进共同富裕。

2.全面共享

全面共享社会的建成不能离开人的全面发展，人是社会的有机组织部分，是共享社会发展的依托，随着经济进入高质量发展，人民生活水平不断提高，全面共享社会的内容根据五位一体的战略布局涉及经济、政治、社会文化、生态等。习近平总书记提出，人民对美好生活的向往，就是我们的奋斗目标，人民期盼有更好的教育、更稳定的工作、更满意的收入、更可靠的社会保障、更高水平的医疗服务。习近平总书记的话明确了共享社会要在多领域保障共享的质量。

在共享经济层面，中央财政已经多次加大财政转移支付力度，在2020年已经实现全面脱贫，解决了区域性整体贫困的问题，在"十三五"时期，我国就贫困的类型实施了不同的扶贫方式，如运用公共基础设施改善生活条件、提供下岗再就业培训等。在教育、医疗资源方面，针对先天性生理、天赋、财产等方面的弱势群体，国家出台了教育救助体系，包括奖助学金制度以及专为贫困生提供的贷款、代偿、补贴制度。医疗方面建立了风险分担机制（如工会的设立）、提供了多元化的医疗筹资通道（如国家、单位和个人投保的医疗保险，以社会力量为主导的如水滴筹的捐款渠道）。在城乡发展层面，通过政府引领，每年花费大量资金支持管辖地区内的各类农业企业，辐射到种植业、油脂、养殖等行业，城乡居民的不同待遇已经基本消除，在中东部地区，已经基本实现城乡一体化。在公共服务方面，保障公民的基本住房权利，初步建成多层次、全方位的养老保险制度，包括农村五保供养制度、老党员补贴制度、高龄津贴制度等（见表9-2）。

表9-2 近六年中国配套的养老政策

时间	文件	概要
2016	《关于全面放开养老服务市场提升养老服务质量的若干意见》	发展适老金融服务，逐步推进养老金管理公司试点，按照国家有关规定，积极参与养老金管理相关业务，做好相关受托管理、投资管理和账户管理等服务工作
2017	《"十三五"国家老龄事业发展和养老体系建设规划》	完善养老保险制度，制定实施完善和改革基本养老保险制度总体方案。使居家为基础、社区为依托、机构为补充，医养相结合的养老服务体系更加健全

(续表)

时间	文件	概要
2017	《国务院办公厅关于制定和实施老年人照顾服务项目的意见》	全面建立针对经济困难高龄、失能老年人的补贴制度，并做好与长期护理保险的衔接。将符合最低生活保障条件的贫困家庭中的老年人全部纳入最低生活保障范围，实现应保尽保。
2019	《国家积极应对人口老龄化中长期规划》	健全以居家为基础、社区为依托、机构充分发展、医养有机结合的多层次养老服务体系，多渠道、多领域扩大适老产品和服务供给，提升产品和服务质量
2020	《关于促进社会服务领域商业保险发展的意见》	加快发展商业养老保险，大力发展商业养老年金保险，推动商业保险机构加快开发投保简便，交费灵活，收益稳健的个人账户式商业养老保险产品。力争到2050年，商业保险为参保人积累不低于6万亿元养老保险责任准备金
2021	《"十四五"民政事业发展规划》	逐步建立养老服务分类发展、分类管理机制，完善兜底性养老服务，健全城乡特困老年人供养服务制度，有集中供养意愿的特困人员全部落实集中供养，每个县（市、区）至少建有1所以失能、部分失能特困人员专业照护为主的县级供养服务设施（敬老院），基本形成县、乡、村三级农村养老服务兜底保障网络

3.共建共享

共建共享是多元主体权利与义务的统一，只有人民群众自发参与共享社会的建设，才能真切感受到以人民为中心的内涵。在共建共享思想指导下，人民群众齐心协力将发展的"蛋糕"做大，发挥民主的作用，着力倡导人人履行政治权利和义务，在新社会治理格局下建设权利与权力制衡的社会，保障权利的实现，肯定了多元治理主体的作用。在十九大报告中，共建共享这一提法已经肯定了多元主体"共建"政治层面的合法合规性，同时又阐述了"共建"主体的政治权力与活动空间[1]。在共建共享中，社会治理资源逐步由政府向各社会治理主体扩散，降低了由于资源分配不均而导致的利益不

1　徐猛：《社会治理现代化的科学内涵、价值取向及实现路径》，《学术探索》，2014年第5期。

公,推动了治理主体协同合作的进程。天津市率先将大数据技术运用到维护交通道路安全方面,社会公众可通过移动互联网提供实时路况信息以及违法违规行为,并将其上传至云平台,形成人人参与的"互联网+"交通治理智能化格局。

此外,共建共享也体现在区域层级中。中国地域辽阔,区域间在自然环境、社会历史、文化传统等方面存在较大差异。自2014年至今,中国提出了京津冀协同发展、长江经济带发展、长三角区域一体化发展、粤港澳大湾区建设、黄河流域生态保护和高质量发展等区域协同发展战略,致力于推动跨区域联动协作,打造优势互补、互利共赢的协同发展新格局。未来,在共享发展理念的指导下,既要实现区域间共建共享的纵深化,又要构建广泛灵活的全域合作格局,充分调配资源、深入开展合作,缩小区域差距、惠及全体人民。

京蒙两地开展残疾人工作结对帮扶协作[1]

为深入贯彻习近平总书记关于深化东西部协作和定点帮扶重要指示精神,落实北京市和内蒙古自治区协作协议,2021年4月16日,北京市残联和内蒙古自治区残联在内蒙古赤峰市签署《2021年度残疾人工作结对帮扶协作框架协议》。

这并非京蒙两地的首次对口协作,两地之间的残疾人对口帮扶协作关系已经有20多年历史,尤其为内蒙古自治区脱贫攻坚做出重大贡献。2019年3月,北京市将残疾人脱贫攻坚

1　根据华夏时报《续战"乡村振兴"京蒙两地签署结对帮扶协作框架协议》一文整理。

> 正式纳入全市扶贫工作大局,3年来,两地通过开展产业帮扶一批、就业创业帮扶一批、托养服务帮扶一批、公益服务帮扶一批和公共服务帮扶一批的"五个一批"帮扶行动带动残疾人脱贫,北京市残联通过项目扶持、培训赋能、慈善捐赠等方式,共投资4625万元,实施各类扶持残疾人项目116个,1.2万内蒙古自治区贫困残疾人从中受益。
>
> 脱贫攻坚已经取得全面胜利,未来做好巩固拓展脱贫攻坚成果同乡村振兴有效衔接各项工作,还要深化东西部协作,将残疾人工作纳入京蒙两地协作的总体布局,探索适应新时代发展需求的扶贫协作机制,由"输血式"帮扶转化为"造血式"帮扶,由政府帮扶转向社会多元化帮扶,真正实现东西部、城乡有机协作,共享社会发展成果。

京蒙两地在残疾人工作对口帮扶协作实践中深刻而全面地贯彻了"共享发展"理念,为实现区域一体、协同发展提供了经验:坚持共建共享,完善东西部结对帮扶关系,两地要密切合作、通力配合,优势互补、互利共赢,逐渐形成区域协调发展、协同发展、共同发展的良好局面。

4.渐进共享

目前,我国仍处于社会主义初级阶段,面临着发展不平衡、不协调的问题,因此共享社会需要经历一个从低级到高级渐进式的发展过程。以经济发展为例,从毛泽东同志提出的三大改造,标志着社会主义制度的基本建立,在制度层面上奠定了共享社会的基础。邓小平同志的改革开放思想、三步走的战略步骤,为共享社会提供了强大的物质基础和有利的发展条件。江泽民同志指出，除了需要兼顾物质文明和精神文明，还需要推进人的全面发展，提出西部大开发战略，在培育资源性产业、公路建设、民航机场、铁路、水运航道、自来水管网、天然气设施，以及垃圾处理方面取得了显著成就，缩小了与东部地区的差距。胡锦涛同志提出要协调发展，即城乡发展、区域发展、经济社会发展，人与自然和谐发展，以及个人利益和集体利益、当前利益和长远利益、局部利益和整体利益，中央和地方关系，国内国际两个大局。[1]他开展了社会主义新农村建设，通过"村村通工程""种田补助""农村合作医疗""义务教育"等措施。以湖南省为例，通过新农村建设，全省实现了超过了99.8%的乡镇村通公路、农村义务教育阶段学生学杂费实行全免，农村最低生活保障实现全覆盖。党的十八大以来，习近平总书记多次强调，要坚持从"部分先富"到"一个也不能少"，这是部分民众短期达到目标和社会的长远目标相协调的体现，中等收入群体的扩大，加速苏区老区的脱贫，社会化养老制度成果初现，充分体现了人民在共享社会中享受发展成果的渐进性。

留守老人居家养老模式——抱团养老[2]

牛头山镇万子村乡村振兴工作队队长詹声红介绍，该村现共有村民2045人，其中，留守老人及儿童约900人，留守老人及儿童的健康管理极为重要，且该村外出务工人员较多，常年外出务工人数超过一半，形成了留守老人、空巢老人多

---

[1] 中共中央文献研究室：《十七大以来重要文献选编》（上册），中央文献出版社2009年版，第13页。
[2] 赵清华：《贴心！村里有了居家养老服务站》，中安在线网，2022年1月20日。

的局面。面对着农村养老日益迫切的形势，驻村工作队比照城市的居家养老模式，在实践中也摸索出了一条建设村级居家养老服务站的路子。

村民肖大爷说："这里环境好、玩得好，有空调，还有专家上课和义诊。"肖大爷平日都会把小孙子送到旁边的图书馆里看书，自己就过来和老伙计们聊天、下棋，这个服务站，等于是为本村所有老人提供了一个娱乐、健身、交流的活动场所（见图9-6）。

图9-6 村老人享受便捷的医疗服务

万子村居家养老服务站，主要依托村闲置小学房屋建设，配套设施齐全，设有图书阅览室、娱乐室、健身活动室、授课室等多个功能室。同时，服务站整合了民政、残联、卫计等多方资源，利用居家养老服务站为留守老人及儿童开展健

> 康义诊、健康知识普及、志愿服务、生活照料、文化娱乐等健康促进活动，让老人们在家门口就能享受到多元化、多层次、一站式的养老服务。

随着农村青壮年劳动力的逐年流出，农村里固有的家庭养老和土地养老模式已经逐渐受到限制，农村老人的晚年社会养老经济压力增大，基础的养老金保障无法满足老人的日常需求，与城镇的养老保障差距也较为明显。过去十几年，农村地区重点建设的是具有居住功能的生活住所，但忽略了建设居家养老服务平台的重要性。近几年，随着乡村振兴战略的深入、政府工作重心下沉、民办企业捐赠、农村老人自养意识增强等因素，逐渐兴起了居家养老服务站、抱团养老等共享模式。

政府部门作为村民养老的第一责任人，一方面结合土地改革政策、土地所有权制度以及宅基地所有权制度，为农村老人提供与村级组织、当地龙头企业、项目合作机会，将集体资产出租或置换养老金；另一方面利用国家和地方财政，划拨一部分资金专门面向农村老人建立了普惠性质的养老保险机制。村级组织鼓励老人以家庭为单位，在居家养老服务站形成抱团养老的氛围，老人自出小比例费用，从社会企业捐赠中拨出一部分，政府出资一部分，从而让农村老人也能够渐渐地享受共享社会的建设成果。

（三）建设包容性社会

社会建设承载着人民幸福安康，关系到社会和谐稳定与国家长治久安。包容性增长的逻辑延伸就是包容性发展。"包容性"增长与发展，体现了经济社会均衡发展、共同增长、制度公平等内涵。这就要求我们，当前不但要经济、文化、环境等方面"包容性增长"，尤其在社会建设中更需要倡导这一理念，从包容性增长到包容性发展，坚持以人为本与科学发展，推进和实现每个人、每个群体的全面发展与社会的和谐包容，确保社会建设包容性发展和全面进步，从而实现经济发展、改善民生、社会和谐的统筹兼顾和相互推动。当前，加快推进社会建设"包容性发展"，需要着力把握和突出以下几个重点。

一是始终坚持经济社会协调发展。当前，经济社会"一条腿长、一条腿短"的问题亟待解决，把社会建设摆在更加突出的位置，使经济增长与社会发展协调可持续，这是我们面临的严峻挑战和考验，更是我们必须担当的历史使命和重大任务。因此，必须按照"包容性增长"的要求，着力解决社会建设这个短板，深化社会领域改革，加快推进社会包容性发展，努力促进经济社会协调发展。

二是不断推进城乡发展一体化。城镇化和城乡一体化是已被国内外发展实践证明的实现现代化和社会繁荣稳定的必由之路。只有这样，中产阶级或中等收入者才会增加，社会才会形成一个中间多、两头少的"橄榄形"结构。这样的社会结构包容性最强、社会最稳定，社会能不断发展进步。为此，必须坚定不移地加快推进城乡一体化，在首都率先实现城乡经济社会发展一体化。

三是加快实现公共服务均等化。当前正值经济转轨、社会转型的关键期，政府应在公共服务、基础设施建设方面增加投入，尤其是加大城乡结合部和郊区农村的投入力度，为包括流动人口在内的所有居民提供更多更好的、均等的公共服务。加快培育和发展社会组织，加大政府向社会组织购买公共服务，建立政府、市场和社会多元提供公共服务的体制机制，满足广大群众多样化的服务需求。

四是努力实现社会保障全覆盖。完善的社会保障体系是经济社会发展的重要保障，是社会和谐稳定的安全网，也是社会包容的重要体现。我们必须在经济发展的基础上，围绕实现"人人享有社会保障"的目标，建立覆盖城乡全体居民的社会保障体系，坚持全覆盖、保基本、多层次、可持续、能转移，加强社会保险、社会救助、社会福利与社会慈善事业的衔接和协调，不断提高社会保障水平。

五是科学调整收入分配关系。贫富差距势必影响社会稳定和经济发展。造成贫富差距的原因是改革不到位、收入分配不公正、分配制度不完善。这就需要加快推进深化改革，缩小贫富差距，践行包容性增长。尤其是调整政府、企业和百姓的收入分配结构关系，让老百姓的收入增长快一点儿。此外，还要调整高收入、中等收入和低收入者之间的关系，让中低收入者的收入增长得更快一点儿，促进共同富裕，共同享受改革发展成果。

六是着力完善基层民主管理。基层民主、公众参与，事关社会包容与生机活力。首先，创新和完善城乡社区治理模式，扩大居民自治和村民自治，推动基层党务、政务、社会事务公开和民主参与。其次，创新社会组织服务管理模式，提高社会组织化程度和公众参与率。再次，正确处理社会矛盾（特别是人民内部矛盾），在基层构建"大调解"格局的同时，坚持把最广大群众利益作为制定政策、部署工作的出发点和落脚点，从源头上控制和减少矛盾的发生。最后，坚持寓管理于服务、以服务促管理，不断创新社会服务管理，实现社会服务管理全覆盖。

七是始终追求社会公平正义。公平正义是社会建设的核心价值，最具包容性特点。着力促进人人平等获得发展机会，建立以权利公平、机会公平、规则公平、分配公平为主要内容的社会公平保障体系和机制，消除人民参与经济发展、分享发展成果的障碍，形成人人参与、共建共享的良好局面。坚持以人为本和改善民生，大力解决教育、就业、医疗、养老、住房等民生重点问题，做到发展为了人民、发展依靠人民、发展成果由人民共享，实现社会包容、和谐与公正。

三、共享社会面临的挑战

（一）持续经济增长的压力

过去40多年里，我国的改革重心主要集中在经济领域的推进发展，这在一定阶段内是符合我国社会实际情况的，伴随着经济水平的不断提升，也同时带动了社会领域、文化领域与政治领域的发展。但不可否认的是，目前我国现代化建设的整体系统内，经济领域的投入远远超过其他领域，由此逐步形成一种观念，并在人们日常生活中占据主导地位，即经济发展指标和水准成为衡量一个地区、一个部门、一个群体优劣状况的唯一判断标准。尤其随着我国经济产业结构转型向深层次化推进，经济下行压力带来的风险性预期再次将地方政府与社会公众的关注焦点集中转向了经济领域，从而忽视并遮蔽了社会领域内一些值得关切的紧迫性、敏感性问题。

实际上，经济与社会不平衡发展所带来的矛盾问题近些年不断在民生领域内集中显现，一系列源自社会中下阶层的冲突都与社会公正的问题相关联。最重要的影响体现在，经济理性替代了社会道义。在经济理性的指引下，人们更加热衷于谈论财富获取的手段，金钱成为人与人之间、群体与群体之间相互评价、交往、协商的主要依据。更为严重的是，社会生活的行为准则泛化为利益标准，物质利益的得失成为社会谈判协商的筹码,实质上导致了社会责任与社会正义的缺失,最终的结果是进一步加剧了贫富分化与群体矛盾冲突。[1]虽然我国GDP总量已经达到了世界第二位,但是人均GDP仍然处于较低水平(见图9-7)。

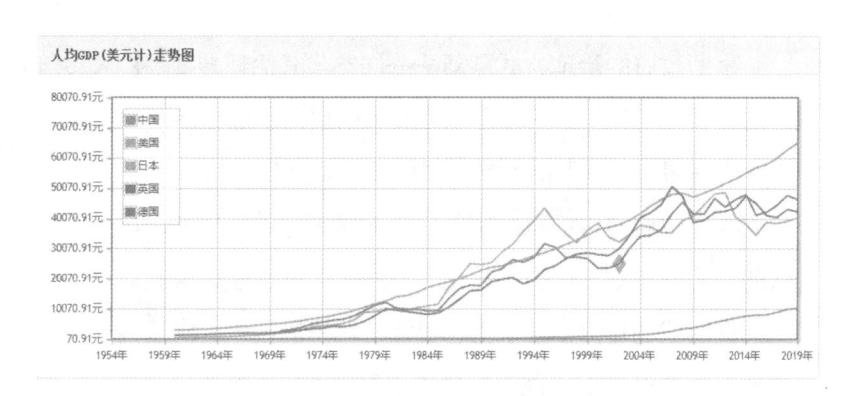

图9-7　世界主要国家人均GDP走势图(作者自制)

数据来源:世界银行

(二)政府角色亟待新转型

共享型政府是大数据推动下顺应共享发展的政府改革的新模式,具有民主性、开放性、包容性和强互惠性等特点。共享型政府有一整套建构的程序,重点需要从以下几个方面着力。[2]

共享型政府的行政文化创新——向以人为本和公平转变。革除腐朽陈旧的行政文化。重塑以人为本的行政价值观。树立公平的行政信念。

共享型政府的组织结构设计——向多中心治理结构转变。共享

---

[1]　刘博:《共享发展需要经济与社会的平衡》,《学习时报》,2015年11月16日,第3版。

[2]　余敏江:《共享发展与共享型政府构建》,论道湖南网,2017年7月14日。

型政府的实质是要搭建一个兼具相容性和共生性的集体行动框架，而要形成这一框架，则需要构筑共享导向的多中心治理结构。在这种结构中，领导风格是民主的、以人为中心的、参与式的；权力是分散的、网络式的；决策是分散化的，鼓励集体决策；控制结构是相互控制的，重在内部的自我约束和控制。

共享型政府的治理方式创新——向参与式治理转变。扩大参与地位的开放性。参与式治理要求政府和公民角色的重新定位和政府能力的再建设。致力于推进参与式治理的制度化和常态化。

共享型政府的治理机制革新——向精细化治理转变。社会转型导致的社会问题动态化、多元化、异质化，以及社会事业发展从规模式向内涵式的转变，要求更趋灵活与精确的技术。构建共享型政府需要在治理机制上实现由粗放式、政绩导向式治理向精细化治理转变。精细化治理是共享型政府的一种复杂化、高级形式的治理模式，它的触发机制是政府理念的前瞻性，它的动力机制是精明的行政引导，它的支撑机制是精细化的执行跟进，它的关联机制是专业知识的分散与互补，它的整合机制是社区（村）、街道（乡镇）和区政府（县级政府）在感知社情民意、传递民情信息和响应民生需求的"双向互促"，它的扩散机制是政府纵向横向间的组织学习和政策的再生产。

（三）共享社会发展的现实障碍

尽管共享社会建设的诸多成果展现了人民对美好生活的期待，但在就当前的社会发展阶段下实现更高质量的共享社会建设目标还存在着部分现实障碍。

社会组织和社会成员政治参与度欠佳：在政府部门，市场主体与社会组织等多元力量的组织与配合下，渐进打造了一个有效协作的共享社会，但是由于目前的共享社会处于不成熟的初始阶段，多元主体间的关系还没有稳定，社会治理体系的转型距离目标还存在距离，比如，在社会治理的各环节的权责分工不够明确，容易出现职责交叉，产生利益冲突。一些社会成员仍抱有个人功利主义的思想，不愿意参与到共享社会的建设中，缺少公共情怀。

公权力与私权利的失衡：中国仍面临着公共权力过大而社会成员的权利过小问题，主要原因是政府对职权范围的规定还不够明晰，重要表现为公权力越位至私人领域和在某些重要民生领域，公权力的行使容易流于形式，侵害到私权利的正常履行。对比经济发展，民生问题的解决在政府绩效的比重中似乎不占优势，但是忽略民生问题极易出现人民幸福指数下滑，影响人民对公权力的信任，损耗人民的"造血功能"。

社会贫富差距扩大：改革开放以来，部分人依靠国家政策倾斜或是手中的权力和资源先富了起来，但是有关先富带后富的目标迟迟没有得到兑现，目前随着市场经济进入转型改革时期，居民贫富差距越发明显，富者越富，穷者越穷，极可能会引发代际贫困问题。贫富差距不仅体现在个体与个体之间，同时还存在于东部地区与西部地区、城镇与乡村第一产业和第三产业之间。贫富差距越发扩大的原因有三：一是法律层面有漏洞，公平正义是减小贫富差距、实现共享社会的重要原则，但目前在某些领域有关公平正义的法规还有待完善。二是收入分配政策存在不当倾斜，具体表现为政策体系覆盖不够全面，对高收入群体的分配政策有悖公共性，政策的公平价值真空。不合理的分配政策势必会引发社会不满和民众的不安全感。三是不同人群对资源的占有比例有巨大的差异，过于集中的私有财产以及由于某些资源天生的排他性导致产权交易流动性受到影响，不利于共享社会的进一步建设。

成员共享社会理念不坚定：进入信息时代，由于社会成员的主体意识兴起，既有舆论控制机制和表达机制遭受瓦解，成员之间的互信度降低，安全感较比以前有所降低。现代人际互动主要以信息交流为中心，互动模式较为单一，信息生产和信息传播日趋"碎片化"和"加工化"，社会成员很难建立起一套系统完整的社会认知，无法对他人的行动产生同理心，进而对社会发展方向产生怀疑。

第三节 共享社会制度安排

本节从实现共享发展的制度基础和制度愿景出发，来分析如何构建共享社会。分为教育制度改革、劳动就业制度改革、收入分配制度改革、社会保障制度改革、社会治理体制改革五个方面（见图9-8）。

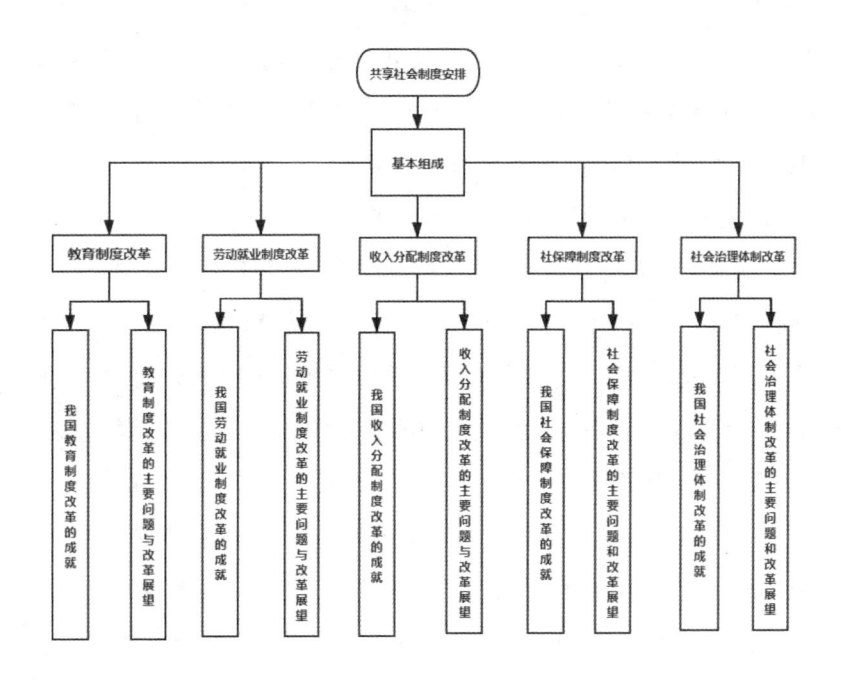

图9-8 共享社会制度安排组成部分（作者自制）

一、教育制度改革

（一）我国教育制度改革的成就

1.中国特色社会主义教育体系基本形成

我国已经形成了普及和巩固义务教育、大力发展职业教育、提高高等教育质量的总体格局。这个体系的建立和不断完善，不仅保障了广大人民群众享有接受教育的机会，而且为全面深化改革、全面建成小康社会和社会主义现代化建设提供了强有力的人力资源保证。各级各类教育持续协调快速发展，初步实现了让所有孩子"有学上"的目标；各级各类教育普及程度明显提高，已接近中等收入国家平均水平。早在2010年底全国2856个县(市、区)全部实现"两基"，全国"两基"人口覆盖率达到100%。2015年，九年义务教育巩固率达到93.0%，小学学龄儿童净入学率达到99.8%，初中阶段毛入学率达到104.0%，初中毕业生升学率达到94.1%，高中阶段毛入学率达到87.0%，高等教育毛入学率达到40.0%。[1]

2.构建了比较完整的教育法律法规体系

基本上形成了由教育法律、教育法规、教育规章三个层次构成的教育法制体系框架。从1980年开始，全国人大及其常委会先后制定、颁布及修订了《中华人民共和国学位条例》《中华人民共和国义务教育法》《中华人民共和国教师法》《中华人民共和国教育法》《中华人民共和国职业教育法》《中华人民共和国高等教育法》《中华人民共和国民办教育促进法》等7部教育法律，国务院制定了14项教育行政法规，教育部颁布了70余项部门规章，各省级政府也颁布了数百项地方性法规和规章。在教育活动的主要领域基本实现了有法可依，为全面实行依法治教，促进教育改革与发展提供了制度保障。

3.教育管理体制逐步健全

基本形成了中央和省级两级办学、以省级政府统筹为主的高等

---

[1] 数据来源：《2015年全国教育事业发展统计公报》。

教育管理体制。根据《中共中央关于教育体制改革的决定》和《中国教育改革和发展纲要》的要求，推进高等教育管理体制的改革，主要是解决政府与高等学校、中央与地方、国家教育部与中央各业务部门之间的关系，扩大省(自治区、直辖市)的教育决策权（包括对中央部门所属学校的统筹权）。近40年来，省级人民政府的管理权限明显扩大——负责民办高等教育筹办阶段的审批，负责发展高等职业教育和高等专科教育，负责审批学士学位授予单位和部分新增硕士点，负责统筹协调本行政区域内高等学校的专业设置和调整工作。

（二）教育制度改革的主要问题与改革展望

1.主要问题

教育公平性有待进一步改善。我国在经济落后的国情下形成的非均衡的教育发展模式逐渐导致较为严重的教育体制改革不公平，突出表现为城乡之间、地区之间、学校之间的教育差距较大，近年来虽采取了很多改革措施推进教育公平，但长期积累形成的差距很难在短期内得到有效地解决。

教育结构不合理。我国多年来重高等教育、轻基础教育，重普通教育、轻职业教育现象十分突出。在教育经费分配上，高等教育比重明显较高；与普通教育相比，职业教育成本更高，但获得的经费支持反而较少。同时，教育结构体系缺乏必要的衔接和沟通，普通教育毕业生可以进入高一级职业学校，职业教育毕业生则几乎不可能进入高一级普通教育学校。教育结构体系的相对封闭性，影响了各级各类教育协调发展，限制了部分学生的上升空间和渠道，尤其降低了职业教育的吸引力。

教育体制机制不完善。我国现行教育管理体制主要是在计划经济时期形成的，由于改革上的滞后，行政化、官本位色彩比较明显，成为教育体制机制不完善的一个重要原因。由于长期实行高度集中的计划管理方式，政府部门的权力过于集中，管得过多、管得过死，教育行政化的弊端十分突出，此外，教育决策的科学化、民主化程度低，主观随意性强，容易导致腐败和决策失误。20世纪90年代中后期以来，教育部以专项经费形式推出了许多教育工程，但教育工程越多，教育计划性反而越强。在政府与学校的关系上，教育行政部门对学校的管理过于具体和微观，限制了学校的自主办学权，形成公立学校严重依赖政府的惯性。行政主导下的学校成绩评价看重数量(数字)，而无法重视教育质量、科研质量。为了迎合上级部门的评价，学校往往在升学率以及科研论文等数量指标上下功夫。

2.改革展望

正确处理教育事业与产业的关系。教育是兼具事业和产业双重属性的，要办适应我国经济社会发展需求的人民满意的教育，一方面，需要更好地发挥政府作用，在基础教育上政府职能不缺位。政府需要恪守自己在教育治理中的主体、角色和边界，从教育治理的微观操作层面抽离，转而进入宏观调控维度。把日常的决策权留给学校，留给掌握直接信息更多的受教育者。政府的责任是扫清障碍，建立有利于提升效益的制度，做好基本公共服务。另一方面，要充分发挥市场决定性作用，满足人民日益增加的多样化教育需求，着力推进学校主体性建设，强化社会和市场的有效参与。近年来，随着社会力量、市场力量越来越成为我国教育发展中不可忽视的重要组成部分，要想从办学主体、财政制度、扶持政策乃至融资机制等方面对教育进行综合改革，迫切需要我们构建起全方位、多主体、立体化的办学体制和融资制度。

正确处理教育规模与结构的关系。我国当前的教育供给在总量上发展稳定，不存在太大问题，但在结构上存在着质量无法有效满足需求的问题。近年来，随着教育消费结构的转型升级，我国人民群众对教育的品质和特色不断提出新的要求，如果教育有效供给不足、品质不高、新兴的升级的教育需求在供给体系中找不到对接方，就会造成教育需求受抑和教育消费"外溢"的问题。

推动教育实现"三个转变"。要推动从教育数量增长、规模扩张逐渐转变到促进人的全面发展、提高人才培养水平上来；由单纯从国家、社会的角度去塑造人，转变为更加注重由学习者自主学习、塑造自己，适应国家和社会的需要；从政府直接配置教育资源，转变为政府主要配置义务教育资源，推动实现资源配置方式多元化。

进一步突出保障教育公平。保障教育公平，建立教育公共财政制度，逐渐提供基本均等化的教育公共服务。通过广泛的公众参与，建立科学、民主、高效的行政管理体系。重建政府、社会、学校的关系，通过向学校赋权、向家长和学生赋权，恢复学校的自主性，建立新型的政校关系。通过向地方和学校赋权，促进教育因地制宜地自主发展，促进办学体制的多样化，增加教育的丰富性和选择性。

二、劳动就业制度改革

（一）我国劳动就业制度改革的成就

改革开放40多年来，为适应经济体制改革转轨，我国初步完成劳动就业体制的改革转轨。在改革各个阶段，实施了有针对性的政策措施，充分调动了用人单位和劳动者的工作积极性，解决了大量新生劳动力、农村富余劳动力和国企下岗职工就业问题，保持了就业局势的总体稳定，为改革开放以来40多年快速经济增长提供了充足人力和动力。在改革过程中，采取了渐进稳妥的改革策略，逐步建立健全市场化的劳动关系调整制度与机制，保持了劳动关系总体和谐，为改革开放以来40多年快速经济增长提供了稳定的发展环境。在改革过程中，逐步建立起与市场经济体制相适应的积极就业政策体系和公共就业服务体系，逐步形成了统一的人力资源市场，逐步建立健全了劳动就业法律法规体系，为未来劳动就业工作奠定了坚实基础。

（二）劳动就业制度改革的主要问题与改革展望

1.主要问题

结构性矛盾仍然突出。总体来看，我国的人力资源结构还难以适应经济发展所需要的知识技能水平。一方面，劳动者素质不能适应经济发展的要求，从而导致了新兴产业、高技术行业和技能性职业所需人员供不应求，现代制造业、服务业所需的专业技术和各类技能人才严重短缺；另一方面，大量劳动者职业技能水平偏低，导致其本身就业困难。长期以来，人力资源市场企业对技术工人的需求旺盛，劳动力需求大于供给。我国部分地区企业出现的招工难现象，在很高程度上是缺乏相应的技术工人造成的。这样的人力资源技能结构不仅难以适应经济大规模升级转型，而且对经济增长与品质提升形成重大制约。

劳动关系矛盾仍然存在。我国正处于经济社会转型阶段，劳动关系的主体及其利益诉求越来越多元化，劳动关系矛盾已进入凸显期和多发期。劳动争议案件居高不下，有的地方拖欠农民工工资等损害职工利益的现象仍较突出，集体停工和群体性事件时有发生，同时随着"互联网+"时代到来，用工方式更加灵活，构建和谐劳动关系的任务更为艰巨繁重。

2.改革展望

实施就业优先战略和更加积极的就业政策。深刻把握经济持续健康发展与促进就业的关系，增强经济发展对就业的拉动作用。我国经济已进入个位数增长的新常态阶段，发展需要保持一定的增长速度，否则就没有扩大就业、改善民生的物质基础。在制定经济发展规划、调整产业结构和产业布局时，要优先考虑扩大就业规模、改善就业结构、提高就业质量。在扩大内需、培育新的消费增长点中，要培育新的就业增长点。

完善人力资源市场建设。加快立法步伐，提高立法层次，尽快出台《人力资源市场条例》，统一人才市场和劳动力市场的管理体制，规范我国人力资源服务业的发展秩序，为相关部门开展人力资源市场监管提供法律依据。积极跟踪研究新兴业态发展，及时出台相关制度规范，将其纳入管理范围，引导新兴业态健康发展。

三、收入分配制度改革

(一) 我国收入分配制度改革的成就

1.社会主义初级阶段的收入分配制度得以确立按劳分配为主体、多种分配方式并存的制度基本确立。改革开放以后，收入分配体制改革在初次分配中大力贯彻按劳分配原则，改变过去企业吃国家"大锅饭"、职工吃企业"大锅饭"的局面，实现了由计划经济体制向社会主义市场经济体制的转型。在这一过程中，我国公有制经济进一步壮大，个体、私营等非公有制经济较快发展，已成为社会主义市场经济的重要组成部分，生产资料所有制结构已由单一公有制转变为以公有制为主体、多种所有制并存。与此相适应，我国的分配方式也由过去单一的按劳分配，实际上的平均主义分配体制转变为以按劳分配为主，多种分配方式并存，劳动、资本、技术和管理等生产要素按贡献参与分配的新体制，初步形成了与社会主义市场经济相适应的收入分配制度。

2.收入结构发生巨大变化城乡居民收入不断增加的同时，收入结构发生了巨大变化。城乡居民收入在以劳动收入为主的基础上，收入来源日益多元化；低收入居民收入增速加快。城镇居民收入来源日益多元化。城镇住户抽样调查数据显示，我国城镇居民人均总收入中，工薪收入仍为总收入的主体，但其在总收入中所占比例有所下降，转移性收入、经营收入、财产性收入成为城镇居民收入增长的亮点，占居民家庭收入的比重不断提高。

3.贫困人口数量大幅度减少改革开放以来，我国在致力于经济和社会全面发展的进程中，在全国范围内实施了以解决贫困人口温饱问题为主要目标的有计划、有组织的大规模扶贫开发，极大地缓解了贫困现象。我国扶贫工作大致经历了体制改革推动扶贫、开发性扶贫反贫困攻坚、全面扶贫、精准扶贫五个阶段

(二) 收入分配制度改革的主要问题与改革展望

1.主要问题

合理的收入分配格局仍未形成。收入分配格局是指国民收入在不同群体之间的分布情况。改革开放40多年来，我国居民收入水平有了极大提高，但合理有序的收入分配格局仍未形成，主要问题是

居民收入在国民收入中的比重偏低、劳动报酬偏低。国民收入是由居民收入、企业收入、政府收入三部分构成的，合理调整这三者在国民收入中的分配关系，是社会主义市场经济条件下宏观经济管理的一项重要任务。改革开放以来（特别是实行社会主义市场经济体制以来），随着经济快速发展和经济体制改革不断深化，居民收入、企业收入和政府收入在国民收入中的比重发生了较大变化，有力地促进了经济发展和人民生活水平的提高。但近几年，也出现了一些值得重视的问题，其中一个突出的问题是居民收入的增长慢于国民收入和政府财政收入的增长。

收入差距仍较大。经过40多年的改革开放，我国收入分配格局从改革初期的打破平均主义、拉开收入差距、普遍提高生活水平，逐步演变为收入差距不断扩大。现在居民间收入差距过大成为经济社会面临的突出问题，引起了人们的高度关注。

再分配制度对收入差距的调节功能有待提高。在社会主义市场经济条件下，个人能力的差异、就业市场风险的不确定性、产业和技术结构调整造成的职业变动等因素，可能使一部分人在分配过程中处于不利地位。在这种情况下，需要国家对收入分配采取一定的调节手段，主要是财税制度和社会保障制度。我国在进行市场经济体制改革的同时，积极探索建立完善的收入再分配制度，收入再分配的制度框架已经建立，国家在再分配方面的政策框架逐步明晰，但是，由于现实收入分配在具体调控管理中的漏洞较多，维护社会公平的调控措施未能得到有效落实，收入再分配调节力度不足，甚至还出现了逆向调节的现象。

2.改革展望

收入分配体制改革的基础是实现增长与分配的良性互动。收入分配体制改革的关键是要处理好政府与市场、公平与效率两方面关系，在坚持市场对资源配置起决定性作用基础上，更好地发挥政府作用。政府作用发挥要充分体现社会主义本质要求，将收入分配差距保持在一定范围内，同时，不干预市场决定性作用的发挥，将"蛋糕"做大，体现生产力发展的要求。以公平的市场竞争来保证效率的提高，以有为的政府来合理调节收入差距，实现增长与分配的良性互动。

收入分配体制改革要引导全社会树立正确的社会财富观。共同富裕并非人人平等，更不是平均主义，有落差才会有势能，有势能才会有动能，有动能会才有效率。收入分配体制改革要建立在崇尚劳动光荣、弘扬勤劳致富精神的基础上，虽然现在劳动内涵已大大扩展了，但劳动仍是社会财富的源泉，基于知识基础上的创新性劳动能够创造更大的价值。因此，应坚持将按劳分配与按生产要素分配相结合，使劳动和技术、管理、资本等生产要素都能够按市场规律发现价值并享有价值。

收入分配体制改革的目标是不断扩大中等收入群体比重。党的十六大提出全面建设小康社会目标时，首次明确了"扩大中等收入者比重"的任务。党的十七大提出"中等收入者占多数"，党的十八大和十八届三中全会、十八届五中全会再次强调了这一任务。扩大中等收入群体比重，是全面建成小康社会的重要内容，也是收入分配体制改革的目标。中等收入群体是社会财富创造的主力军，扩大这一群体的比重是保持合理收入分配格局的关键，是树立正确社会财富观的基础，也是畅通社会流动机制、保持经济社会活力、避免陷入"中等收入陷阱"的基础。

四、社会保障制度改革

(一)我国社会保障制度改革的成就

改革开放以来,伴随着经济体制改革和政府职能的转变,我国实现了社会保障制度理念的更新和制度模式的根本转型。社会保障项目发生翻天覆地的变化,改革规模和力度都是前所未有、中外罕见的,基本建立起与社会主义市场经济相适应的社会保障制度,编织起全世界最大的覆盖全民的养老保障网和医疗保障网,提供了与经济社会发展阶段基本相适应的社会保障条件,并通过法律法规体系建设、经办管理能力建设,不断提高社会保障制度管理服务水平。

制度转型基本完成。在制度理念方面,改革开放以前,与高度集中的计划经济体制相适应,我国在城镇实行的是国家主导下的单位保障制,全面就业、低工资、高福利是主要特点,制度安排具有典型的国家负责、单位(集体)包办、板块结构、全面保障、封闭运行等特征。

体系框架全面建立。经过40多年的改革开放,我国社会保障制度实现了根本转型,全新的体系框架全面建立,形成了以政府主导的社会保险、社会救助、社会福利为基础,以城乡基本养老、基本医疗、最低生活保障制度为重点,以慈善事业、商业保险为补充的多层次社会保障体系,不同层次在整个保障体系框架相互配合、分工明确,发挥不同作用。其中,社会救助体系主要发挥保底层作用,社会保险制度发挥基本层作用,商业保险发挥补充层作用。

保障水平逐步提高。在覆盖面继续扩大的同时,各项社会保障项目的保障水平逐年稳步提高,有力地保障了广大人民群众的基本生活需要。

(二) 社会保障制度改革的主要问题和改革展望

1.主要问题

多层次社会保障体系有待健全。在我国目前的多层次社会保障体系中，基本社会保险发展相对较快，补充社会保险、商业保险发展滞后、结构失衡、缺乏活力，导致社会保险制度以及政府财政责任过大，个人和企业自我保障的积极性不足，相关市场发展不起来，最终影响到我国社会保障制度整体发展的可持续性。

社会保障制度的公平调节作用有待加强。社会保障待遇在不同人群之间存在明显差距，虽然我国已经基本实现了社会保障制度的全覆盖，但出于制度设计以及政策落实等原因，还有部分灵活就业人员、中小企业职工、进城务工人员、贫困地区农民等弱势人群仍然游离在社会保障制度之外，从而产生了有保障和无保障之间的不公平。

社会保障制度的管理服务效率有待提高。社会保障管理体制改革滞后，不同部门的社会保障责权没有理顺。国务院在几次大部制改革探索中，先后将社会保障的行政职能进行了整合，如把民政部门主管的农村养老保险和国家体改委主管的医疗保险改革划归到劳动保障部。当前，我国社会保障管理形成了由人力资源和社会保障部、民政部两家主管，其他部委多家协管的格局。其中，社会保险由人社部管理；社会救助和社会福利（特别是最低生活保障）由民政部管理。但由于整合不彻底，还有多项应当统一的社会保障事务仍然在不同部门分割管理，或同一事项在不同部门交叉管理。

2.改革展望

完善多层次社会保障体系。完善社会保险制度建设，继续夯实社会保险制度"保基本"的功能定位和基础。不断完善社会保险制度模式，扩大保险覆盖范围，适当提高统筹层次，加大社会保险管理经办能力。在全力提高社会保险自身保障效率的同时，适时适当降低社会保险费率，为其他层次保障体系的发展留出空间。

统筹城乡社会保障体系建设。实现基础养老金全国统筹，为了更好体现我国养老保险社会统筹和部分积累相结合的制度要求，在确保当期养老金发放的前提下，探索做实个人账户的方法，完善做实的办法。实现基础养老金全国统筹，要厘清中央与地方政府的责任，进一步统一规范养老保险制度，实现养老保险关系在全国城乡范围内顺畅转移接续，更好地发挥社会统筹的调节作用，更好地保障退休人员和老年居民的基本生活。

合理确定社会保障项目统筹层次。十八届三中全会提出，建立事权和支出责任相适应的制度，适度加强中央事权和支出责任，部分社会保障作为中央和地方共同事权，应逐步理顺事权关系，中央和地方按照事权划分相应承担和分担支出责任。因此，要合理界定各级财政在社会保障方面的事权和财权，明确各级政府的社会保障责任。养老保险主要由中央负责和管理，包括城乡居民养老保险、城镇企业职工养老保险和机关事业单位养老保险。养老保险只涉及缴费收取和待遇发放，操作相对简单，经办机构可以实行全国垂直管理。统一市场、公平公正都要求由中央政府来负责管理养老保险，而且从国外情况来看，尽管体制或模式不一，但养老保险基本都是由中央政府或联邦政府来管理的。

五、社会治理体制改革

（一）我国社会治理体制改革的成就

1.社会治理的基本脉络不断合理

改革开放40多年来，我国社会治理体制构建理念的基本脉络是：从以经济建设为中心的配套措施到中国特色社会主义经济的重要组成部分，到基本公共服务均等化的重大举措，再到构建中国特色的社会治理体系的核心环节。这反映了社会治理体制的重要性日益突出。

2.社会治理的基本内涵不断丰富

改革开放40多年来，我国由一个整体性社会转变为一个多样化社会，具体表现为经济成分和经济利益格局多样化，社会生活多样化、社会组织形式多样化、就业岗位和就业形式多样化，这带来社会结构的深刻变化。社会成员中，除政府公务员、事业单位工作人员和国有企业职工，民营经济的创业人员和技术人员、外资企业的中方管理技术人员、个体户、私营企业主、中介组织从业人员和自由职业者等构成新的社会阶层，他们对个人利益的追求各不相同。随着物质生活水平的提高，人们的思想观念出现了多样化和多元化，这就涉及多样化资源的整合和多元化利益的调整，通过协商对话和平等交流的形式达成社会共识。

3.不断健全多元利益导向机制

在市场机制对社会资源配置发挥基础性作用的背景下，单纯的行政指令已不再适合作为社会治理体制的实现途径。利益诱导机制应运而生。现在在调解各类社会利益纠纷方面，利益诱导机制逐渐占据主导地位，社会治理主体通过调整社会成员之间的利益关系来改变他们的社会行为，从而使得社会和谐和社会发展成为社会成员的自发行为。政府部门从行政强制到利益诱导、社会群体从被迫服从到自主协商，这既是社会治理体制完善的成效，更是社会进步的表现。

4.推动多元主体参与机制

我国行业协会和非营利组织有着特殊的诞生背景，在社会治理体制改革中发挥着独特的协调作用。我国非营利组织具有明显的官民双重性，带有过渡性特征，在社会政治经济活动中发挥着各自不同的作用。由于大多数行业协会和一部分非营利组织带有官方或准官方的背景，使其在社会治理上具有某种先天的合法性。同时，这些机构主动参与社会治理的愿望通常比较强烈，而且比较容易获取社会公众的认同感，从而使它们在社会治理中发挥着非常重要的协调作用。

5.完善综合利益表达机制

出于促进社会公正和维护社会稳定的需要，政府主动建立和完善合理的利益表达机制，坚持把改善人民生活作为正确处理改革发展稳定关系的结合点，拓宽社情民意表达渠道，推行领导干部接待群众制度，完善党政领导干部和党代表、人大代表、政协委员联系群众制度，健全信访工作责任制，搭建多种形式的沟通平台，健全社会舆情汇集和分析机制，完善矛盾纠纷排查调处工作制度，建立党和政府主导的维护群众权益机制。

（二）社会治理体制改革的主要问题和改革展望

1.主要问题

社会治理主体多元发育欠缺。社会组织发展严重滞后，从社会观念、数量规模和整体素质能力来看，均无法较好地满足社会治理的客观需要。目前大多数社会组织具有较强的官方或准官方背景，行政色彩浓厚。公众参与社会治理的渠道严重缺乏，参与机制不畅通，真实的社情民意无法及时向上反映，良好的政策措施难以有效地贯彻落实，自上而下和自下而上的交流机制严重受阻。

社会治理应变能力较弱。当今世情、国情发生了深刻变化，国内外环境瞬息万变，社会治理不断面临新情况和新问题，这要求社会治理具有较强的应变能力，但现实情况却是社会治理方式比较僵化，无法应对社会治理形势变化的客观需要。社会治理领域法律法规的制定、修订和完善跟不上社会治理任务变化的客观需要。目前社会治理法律体系中，综合性立法、国务院法规、部门规章制度和地方性法规并存，但很多法律法规都是20世纪八九十年代制定的，虽然与当时的国内外环境和社会事务相适应，但对于调解当前社会事务已明显存在不足。

地方创新实践成果亟待转化。近年来，全国各地掀起了一股加强和创新社会治理的新高潮。社会治理创新主要集中在城乡社区治理、社会组织管理、流动人口管理与服务、群众利益协调机制、社情民意表达机制、社会风险评估机制、突发事件应急处置机制、社会服务体系建设、社会治理信息化、社会治理专业人才队伍建设等方面，在社会治理的构建理念、体制机制上取得了一些突破和创新。社会治理创新的有益探索主要归纳为以下五个方面：一是社会组织登记管理创新。北京市、深圳市等地方不再要求社会组织寻找行业主管部门，而是均可到民政部门登记注册，变双重管理为单一管理。二是社区管理创新。南京市建邺区、广州市越秀区等地剥离社区的行政管理职能，将公共服务职能移交给社区服务站，逐步向社区自治回归。三是流动人口管理与服务创新。宁波市、浦东新区等地逐步实现流动人口服务的本地化，外来人口享受与户籍人口同等的待遇。四是社会治理信息化创新。舟山市、宜昌市等地探索网格化管理，将信息化手段植入社区管理。五是社会治理专业人力资源管理创新。深圳市、浦东新区等地通过政府与社会组织合作，培育了一批专业化社会工作人才和社会治理人才。

2.改革展望

改革创新社会治理的总体思路是：以和谐社会为基础，以利益协调为导向，以协商对话为机制，坚持以人为本，坚持全面推进与重点突破相结合，坚持他治、自治和共治相结合，处理好提高政府社会治理能力和增强社会自我治理能力的关系，处理好自上而下推行和自下而上创新的关系，健全群众权益保障机制、社会诚信机制、公共安全监管机制和网络舆论引导机制，切实推进四大战略性转变。

思想观念从重经济建设、轻社会治理向经济社会互促共进转变。社会治理是经济发展的催化剂和助推器，社会治理有序有助于营造竞争公平、分配合理的经济发展环境。我国已经从经济增长带动社会发展阶段迈入经济社会互促共进的新阶段，这要求将加快社会事业发展、创新社会治理作为重要而紧迫的战略任务，不断提高政府社会治理的能力和水平，努力取得加强和创新社会治理的新

制度理念从重刚性控制、轻柔性服务向刚柔兼济、沟通协调转变。我国要改革以刚性控制为主的传统社会矛盾化解机制，创建以人为本、刚柔兼济、符合时代要求的有效矛盾化解机制，实现利益大体均衡的社会环境。创建有效沟通协调的社会矛盾解决机制主要包括三个方面的内容，即建立健全畅通的利益表达机制、建立完善合理的利益协调机制和健全利益导向机制。同时，我国要实行上下互动的"治理"权力运行方式，强调通过合作、协商、参与等方式来实现社会事务管理。

治理手段从重行政干预、轻多管并举向行政、法律、利益诱导和道德舆论等多种手段相结合转变。社会治理改革创新要实现依法治国，必须从"人治型"向"法治型"转变，从"领导权威治理"向

"法律权威治理"转变。我国应在运用行政手段进行社会治理的同时，更多地运用法律规范、经济调节、道德约束、心理疏导、舆论引导等手段，规范社会行为、调节利益关系、充分发挥不同治理手段的优势，以最大限度地获取社会治理效益。

治理机制从重单向线性、轻双向互动向双向互动、多维评估转变。创新社会治理要求利益攸关方有权利、有机会参与社会事务处理，在遇到利益冲突时相互协商和妥协。社会治理主体要主动建立起沟通交流的平台，在双向互动中明辨是非并达成共识，这样才有利于相关处置方案的实施。社会治理创新既要求重视社会矛盾爆发的显性效果，更要求重视和评估社会矛盾潜在的风险性，置社会矛盾和社会问题于动态监控、网格化治理当中，从而全面科学地对社会治理效益进行评估。

第四节　共享社会下的共建共治共享社会治理格局

共建共治共享的治理方式作为现代中国治理新模式，是基于全面深化改革背景下的一次结构化改革，体现了共享社会中的政府、市场、社会之间共同参与、利益共享的价值追求，聚焦于参与主体的共同建设、全过程涵盖的协同治理以及目标清晰的共同享有。

要理解共享社会的形成与共建共治共享的社会治理格局的关系，不仅需要把握共享社会与其的逻辑联系，还需要把握为什么需要打造共建共治共享这一社会治理格局以及该社会治理格局的内涵意蕴。

一、共享社会与共建共治共享社会治理格局的关系

共建是共治可持续的基础，基本特征是社会治理行动主体的多元性。共同建设社会治理制度和体系是多元主体利用对话机制的集体行动之一，同时也是现代社会治理格局的基础。共治是达成共享的关键一环，是共治可持续的动力，共享是共建、共治的目标。

（一）共建

进入经济高质量发展时代，由于社会事务日益复杂，共建的重要性在不同场合不同时间被反复提及。大多数人或是主动或是被迫地会参与到发展洪流中，历史唯物主义也指出人民是创造历史的动力，这意味着现代社会治理必须寻找合作共建的道路。共建是指多主体共同行动和治理的集合，代表着从多主体到行动再到共同治理的意思。共建的"共"明确了参与活动的主体多元性，而非仅仅只有政府或社会组织某一单独主体，否则会倒退变成单一主体中心

化，和共建相去甚远，所以要实现由过往的"单中心"结构改革发展成"多中心"结构。根据历史经验，以政府为单一中心的治理格局容易因官僚等级体系的创造能力有限和行政效率低下等问题无法有效回应社会需要。因此，在共享社会下的共建共治共享的社会治理格局下，要求政府、市场、社会发挥各自在社会治理中的作用。共建的"建"是核心，即多元主体通过行动参与到社会建设中，社会成员集思广益构建社会治理的机制。同时，多元主体共同参与社会建设有利于它们在利益冲突的地方重视对方的存在，签订各种条约来解决冲突。这样一种多元主体共同治理的模式能够在政府以外寻求其他主体力量来提供公共服务以面对错综复杂的治理需求。

(二) 共治

共治是指各大行为主体通过沟通、协商、签订合约、调解等方式而非强硬的办法来一同进入社会事务的治理工作，一同解决争端纠纷，并对此达成一致的解决意见。共治这一理念的提出是源于现代社会事务中出现了多元主体，不同主体都可在规则或制度允许范围内行使权力，因此，就出现了多个决策中心，但是如"共建"中提到的问题一样，任何一个行为主体都不可能实现社会治理的目标，必须依靠和其他主体的合作，共同参与治理工作，才能实现权力与权利的制衡，否则，不仅会因为权力范围受限导致原本的治理目标无法达成，而且会破坏与其他主体的关系。

在打造现代化治理格局时，要重视共治背后公共参与的重要价值，它意味着社会上能够存在一种友好协商的民主制度，能够给社会成员提供一个与政府机构对话、互动的机会，同时政府愿意秉持开放的态度听取并采纳社会成员的意见。共治在共建共治共享社会治理格局中需要遵循公开、包容、开放等基本原则，以便行动主体与受行动影响的其他主体的能够保持沟通与协商，进而维护多方利益。良性的公共参与、共同治理能够建立和谐的政府、市场、社会的关系，并能够发挥社会成员参与公共决策的积极性。面对社会治理中的新问题时，在充分发挥政府治理职能的基础上，要推动社会治理重心下沉，鼓励和提倡社会力量和人民群众共同参与社会治理。

(三) 共享

在社会主义共享社会中，中国共产党人始终把人民利益摆在至高无上地位，让改革发展成果更多更公平地惠及全体人民，现代化治理格局的最终目的是要增强人民幸福感和获得感，让更广大社会成员都有权利享受政治参与、分享社会治理成果，最终形成一个有效的、可保障的、可持续的社会秩序。在共享社会中，无论是政府、市场还是社会，都具有共享发展成果的机会。这里的共享，不仅包括了物质成果的共享，同时还包括了让社会成员更具参与感的权利共享与涵盖了合作、互动等要素的精神共享。

利益共享：在共建共治共享社会治理格局中，每个社会成员都需要关心其他成员的利益，愿意利用个人资源去了解其他成员的需求，去调整自身的利益以达成成员间的共识，它强调的是公共利益至上，旨在解决社会结构分化日益严重、贫富差距拉大以及逐渐形成的群体利益鸿沟的问题。通过对利益分配结构的改革，处理好效率和公平的关系，让社会改革红利惠及社会公众，实现从社会利益分配不均到成员共享社会发展成果。利益共享不仅局限于政府和社会成员享有，企业也可以一同享受。

西安市高新区"交房即交证"正式落地，保障居民住房权利

11月1日上午，位于高新区的渭南富力城一期的交房现场热闹非凡，业主们手里捧着红色的不动产权证书，成为富力房产项目在全国"交房即交证"的率先受益者，这标志着高新区新建商品房正式进入"交房即交证"的新时代（见图9-9）。

图9-9 西安市高新区"交房即交证"颁证仪式

"我非常高兴，没想到开发商和高新区职能部门的办事效率这么高，'我为群众办实事'真是办到点子上了。"刚拿到不动产权证书的渭南富力城一期业主难掩激动的心情，高兴地连连称赞。

在推行"交房即交证"不动产登记服务之前，新建商品房

需先交房核验房屋，群众再去缴纳各项税费、办理房屋交易等手续，在这次"交房即交证"改革中，由高新区不动产登记部门牵头，房管、税务等部门配合，共享数据，优化流程，压缩办证时间，提高不动产权证的效率，大幅降低企业群众办事时间和成本，让广大业主享受"钥匙""房本"同时拿的交房新体验。下一步，高新区不动产登记部门将协同房管、税务等部门将继续加大对"交房即交证"工作的推广力度，对符合条件的项目提前介入、积极引导、全程帮办，逐步形成常态化"交房（地）即交证"工作机制（见图9-10）。

图9-10　西安市五部门联合发布《西安高新区"交房（地）即交证"工作方案（试行）》

高新区不动产登记部门表态："这一次举办'交房即交证'仪式，是高新区持续优化提升营商环境、积极开展'我为群众办实事'实践活动的重要举措之一，各相关部门提前介入预审，引导企业并联收交资料，提高办事效率，让更多的群众享受'产权'与'住权'同步，接下来我们将优化该项业务

> 的办理流程，能够让更多的群众享受到'交房即交证'的改革红利，进一步增加群众幸福感、获得感。"

在该案例中，不难看出"交房即交证"这一发展成果实际上是现代治理实践中由社会问题引发的多个政府部门联合市场主体（开发商），听取民众意见后审慎出台的一个解决方案，是在共建共治共享思路上的一大成果。具体来看，房地产开发过程中会形成多元化的利益共同体，表面上看各种利益诉求彼此间又难以有效兼容。开发商与公民二者都以自身利益为行为准则，但双方在市场机制中的议价能力相差悬殊。政府作为公共利益的捍卫者和强弱势利益集团之间博弈的平衡者，需要为利益的表达和博弈制定规则，促进社会的和谐与发展。

所以，地方政府既要服务于企业开发，又需要监管和规范企业行为。一方面，"交房即交证"的实施要求压缩政府内部办理流程，提高审批和备案速度，包括将串联审批验收改成并联审批验收，从而降低企业行政负担成本；另一方面，为了推动企业按时交房交证，政府必须充分履行监管职责，实现全过程监管，当企业存在违规行为时能够及时提出整改意见，减小企业后续返工成本，间接增加了企业参与改革的积极性。再加之，虽然"交房即交证"改革可以让民众早日拿到房产证，但民众和开发商仍停留在房产证办理耗时长的认知中，民众也愿意接受两年内办理房产证的进度，民众的利益在协商中也能够得以保存。

权利共享：为了防止绝对权力的出现，更为了提防由中央集权演变为绝对统治，社会必须寻求一种机制来制衡公共权力。社会组织和社会成员在参与政治生活中都有相应的职责与权力,法律也赋予其一定权利。通过各种权力的相互牵制,避免了其中任意一方使用强权迫使对方妥协、让步,进而双方可以通过平等对话,协商的方式寻求一个合乎道义的化解矛盾的平衡点。

精神共享:在共建共治共享的社会治理格局中,"公共性"作为其重要属性之一,为公众所享有的成果还包含着公共精神、公共价值的共享。公共精神扬弃了个人范围内的利益,关注的是社会公共道德以及文明、宽容、责任、谦让等意识。尽管现代社会中强调独立人格、自治自制,但并不反对社会成员在沟通交往过程中尊重他人和集体利益,即社会成员在参与社会治理的过程中,需要增强公共精神、牢固公共意识才能真正实现精神方面的共享。

二、共建共治共享社会治理格局的形成脉络

在中国共产党第十九次全国代表大会中,以习近平同志为核心的党中央明确了我国在2020—2035年的社会治理目标,即打造一个现代社会治理格局,社会充满活力又和谐有序,同时十九大报告中进一步提出:"打造共建共治共享的社会治理格局。加强社会治理制度建设,完善党委领导、政府负责、社会协同、公众参与、法治保障的社会治理体制,提高社会治理社会化、法治化、智能化、专业化水平。"[1]关于这一命题的提出,可以从我国社会工作由"管理论"向"治理论"和继续发展"共建共享"思想两个方面进行追溯。首先是社会治理思想的改革创新,在1998年《关于国务院机构改革方案的说明》中,中国共产党首次提出了"社会管理"这一概念,

---

[1] 习近平:《决胜全面建成小康社会 夺取新时代中国特色社会主义伟大胜利》,人民出版社2017年版,第49页。

2003年十六届三中全会从经济发展角度提出政府要完善社会管理和公共服务的职能，后有在十六届五中全会、十七大等多次重要会议上对社会管理做出了不同角度的指导，直到十八届三中全会上《中共中央关于全面深化改革若干重大问题的决定》中，明确提出"加快形成科学有效的社会治理体制"。这是"社会治理"概念第一次取代了"社会管理"的提法，是社会建设理论与实践的一次重大创新，它反映了日后治理主体、治理方式、治理重点和治理职责等变化，肯定了社会主体在社会治理中的地位。

其次是进一步发展"共建共享"这一思想。曾在2002年的党的十六大上，我国提出要形成一个"党委领导，政府负责，社会协同，公众参与、法治保障"的多元治理格局发力，2006年的党的十六届六中全会中就特别提出要建成"全体人民共同建设，共同享有的和谐社会"，2008年胡锦涛同志在纪念十一届三中全会30周年大会上指出，要将效率和公平有机结合，在保证效率的基础上要追求社会进步、实现人民共享、促进公平正义。党的十七大报告中提出，要最大限度地激发社会创造活力，重视社会组织建设和管理，再次点明了社会组织在现代化治理格局的重要性，它们不仅是"被管理"，而且走上了成为"社会管理"的主体。党的十八届三中全会中进一步对治理提出了解读，要从源头出发，遵从系统性思路，按照法律规定进行综合治理。最终，在党的十九大报告中提出"打造共建共治共享的社会格局"，这种提法综合了过往治理理论调动多主体积极性的观念，又贯穿了治理的全方位全流程，旨在发动社会合力，达到更高水准的"共享"。

三、共建共治共享社会治理格局的基础

(一) 现实基础

飞速的社会发展与转型使当下的中国在社会治理维稳和谐方面面临着极大的挑战，容易出现内生性风险。从实践发展的过程视角来看，在改革开放40多年间经济建设取得了奇迹般的发展，中等收入群体扩大，高度发展的城镇化对基本公共服务的供给水平提出了进一步的要求，公民的价值追求和利益关系也走向了多元化的趋势，不同群体间因为资源重新配置而导致利益诉求不一致，进而引发的多次群体性聚集事件，包括公共服务缺位、劳资关系紧张等，对经济社会的可持续发展产生较大的消极因素。

经济模式和社会结构的变迁要求治理模式相应改革，对比西方国家在20世纪80年代后期，大量的政府改革失败引发的"治理空心化"现象使得非政府组织承担了多数的社会公共服务。我国在经历了多次行政体制的改革和社会建设后，治理体系也逐渐从封闭走向了开放、从单一主体走向了多元主体、从粗放化走向了精细化治理，从"人力支配"走向了"技术管理"。

就社会趋势而言，全球化的普及、知识经济时代的到来以及技术革命的演进，让许多国家的非政府组织和社会成员愿意从旁观者角色中走出，成为参与者和建设者。中国社会面对社会转型改革挑战和机遇并举的现象，十八届五中全会正式提出了"坚持共享发展"理念，并以此作为全面建成小康社会的指导思想，从而在社会治理层面促进政府改革，重视多主体声音。

(二) 理论基础

在目前日益复杂、矛盾冲突增加的现代化社会，解决社会现有

问题、防范新生问题、满足社会需求并最大程度增加社会价值是社会治理的归宿，但是目前无论是政府、市场还是由社会成员集合成的社会都无法有效地应对多样化的社会要求，因此，无可避免地就要求政府、市场和社会多元主体共同参与公共事务的管理与协调。另外，就三大主体的动机而言，三者都各有致力于公共利益和社会价值的考量，并且都有服务于建设美好和谐社会的愿景，因此可从治理理论强调的协同性、公共性理论强调的公共性两大理论思路出发来分析全民共建共治共享社会治理格局的可行性。[1]

一是治理理论强调的协同性，在共建共治共享的现代化治理格局中，协同性是用合作、协商的方式来寻求对话机会，以追求共同点作为行动导向，使协商结果最大程度满足各方利益需求。美国埃莉诺与文森特（1984）认为，对公共事务的管理应当视为一个治理的过程，并且需要联合自愿参与的政党，所涉及的利益团体，公众建立起开放的协商对话机制。[2]美国罗西瑙提出管理一定活动的行为主体不一定是政府，各类社会或私人机构只要得到民众的统一就可以成为公共事务处理的权力中枢[3]，英国格里·斯托克（1999）整合各学者关于治理的概念并做出了总结，他认为治理出自社会公共治理机构，不局限于任意一套机构或行政体，需要在各类社会问题和经济问题中寻找行为主体的权责之间的模糊性，能够明晰规定发出公共行为机构间的权利依赖性，是指行为者形成自主自治的网络，

---

[1] 周红云：《全民共建共享的社会治理格局：理论基础与概念框架》，《经济社会体制比较》，2016年第2期，第123—132页。

[2] [美]文森特·奥斯特罗姆、罗伯特·比什、埃莉诺·奥斯特罗姆：《美国地方政府》，井敏等译，北京大学出版社2004年版。

[3] James N. Rosenau&Ernst-Otto Czempiel, *Governance without Government: Order and Change in World Politics*, Cambridge University Press, 1992.

是做出命令或运用权威不必依附于政府或其他官僚机构。[1]治理理论的提出让不同治理主体能够在参与社会问题的解决时体现出独特的价值。对于目前复杂的社会矛盾以及政府、市场、社会任何一方单独作业都可能出现失灵的时刻，所以三方共同追求公共利益最大化是最优选择，同时也为全民共建共治共享的社会治理格局奠定了理论基础。

二是公共性理论强调的公共性，公共性在政治学和人类学等社科领域都被视作公共管理的精髓。周志山、冯波指出，公共性是建立在人们实践交往中的特性，它体现了个人将个人利益搁置一边而考虑他人利益的公共理念。[2]公共性作为政府的基本特征，它的主要职责是实现公共利益，追求公共价值。具体而言，政府按照人民的期待履行公共职责、提供公共服务、管理公共事务，这是任何一个国家政府都需要完成的公共角色。目前，伴随着生产力的进步，巨大的多层次的社会关系网络在不同方面需要各主体进入公共领域，发挥各自的功能来应对社会问题。除政府本身应该承担的公共职责，市场和社会两大主体也在以追求公共利益为其行为的目标之一。在经济市场上，正如罗威所提到的，市场经济体制下，市场的繁荣不仅能让物质生活水平上升，提升经济效率，同时也意味着社会福利的增加以及公共利益的满意。[3]个体会为追逐自身利益最大化而行动，在这过程之中，市场会无意识地促进公共利益的增长，通过供求来调节市场需求，这是政府或社会其他组织所无法替代的。

---

1 [美]B.盖伊·彼得斯、邵文实:《治理：关于五个论点的十点想法》，《国际社会科学杂志（中文版）》，2019年第3期，第12—22页。

2 周志山、冯波:《马克思社会关系理论的公共性意蕴》，《马克思主义与现实》，2011年第4期。

3 T.J. Lowi, *The End of Liberalism: The Second Republic of the United States*, W. W. Norton & Company, 1979.

因此，在建设共享社会时，公共性是各类主体能够实现共建共治共享的一大要素，同时公共性的价值伦理目标只能在共建共治共享的过程中实现。

四、建设共建共治共享社会治理格局的途径

党的十八大以来，共产党人积极探索共享社会的建设路径，把共享发展理念切实落实到共建共治共享的治理格局建设进程中，在治理的各个环节更多更好地体现共享理念。这不仅象征着中国共产党在不断深化对社会治理的科学认识，同时也意味着中国共产党将对新时代的社会治理格局做出新的决策。如何构建符合中国国情的共建共治共享的社会治理格局，需要从社会公平、信息技术、制度体系以及法治建设四个角度展开。

（一）以公平作为纽带

当代中国的发展正面临着人民群众主体性意识增强、劳资矛盾加深以及精神文明诉求得不到及时满足等社会现象，因此在经济进入高质量发展轨道后，不仅要注重经济的平稳发展，同时要注重实现社会公平。要逐步建立一个能够增强人民幸福感、调动人民积极性的社会公平保障制度，做到"权利公平，机会公平，规则公平"。

权利公平：习近平总书记在如何建设共建共治共享社会治理格局这一议题时提出："要通过制度安排保障人民群众各方面权益，让全体人民依法平等享有权利和履行义务。"马克思主义的基本精神就是保留对权利的诉求，人类的社会实践活动的目标是追求利益，而追求利益实际上也是在实现权利。权利公平不仅是指社会成员拥有行使权利的自由，同时也指在行使权力的过程中保护和维护

他人的权利。每个参与了共享社会建设的成员都有权利享有权利。权利包括了基本生存权利（主要指人身自由的权利，如政治参与权、举止行动自由权）和非基本生存权利，例如，为特殊群体提供完善的社会保障体系、保障儿童及青少年的受教育权等。

机会公平：为了使人民群众能够切实发挥各自特长一同建设现代化社会治理格局，应该真正保障群众在政治、经济、生态、文化等方面具有平等的参与机会。机会公平有利于消除由于生活环境、社会地位等存在客观差异而导致发展机会的不公，让越来越多的人民群众能够凭借自己的能力获得相匹配的教育机会，进而实现较好的收入，进而能够真正感受到工作带来的价值。

规则公平：在中国语境下，规则公平实质是指"程序公平"，是一个与"实质公平"相对的概念，着重于制度的合规性与正当性，制度的制定过程是指全体社会成员对现存资源和利益分配的意见以及对预期资源和利益分配的期待的体现。共建共治共享的社会治理格局强调了对社会资源的公平、公正的分配，要建设的是一个以平等为核心、基于公平正义原则分配权利和义务的规则。它体现了人本主义，以分配公正作为主要内涵，注重每个社会成员的基本自由权利，倡导每个社会成员的能力都能得到充分的发挥。

（二）以信息化的治理为技术支撑

社会问题的复杂化和动态化发展趋势使得不同主体及时进行沟通交流极为必要，多元化社会治理的模式一方面使得公众参与性变高；另一方面也出现了治理碎片化，治理效果与理想相去甚远。因此，在信息化时代，创新运用互联网技术管理，推动治理技术的革新才能及时满足社会治理的需求。在2020年爆发新冠肺炎疫情以来，大数据运用于信息的采集、录入、甄别、共享等方面优势显著，使得社会信息公开透明，能够最大程度减小传播风险，但是在许多地方，基层政府对大数据的学习与运用还很受限制，从而花费大量本可解决其他社会问题的时间、物力和财力。

在社会治理技术创新方面，需要政府打破地方保护限制，从整体性思维出发建立大数据网络，通过整合数据，让信息技术更好地服务于社会治理、行政事务、社会救助等工作，不仅能够建立起多元治理主体的网络关系，又能拓宽社会治理的参与渠道。共建共治共享的社会治理格局的智能化还能够以智慧城市作为基础，通过打破利益壁垒和数据壁垒，各个治理主体可以利用云服务平台和云计算来及时发现、识别、分析城市发展的问题，精确解决问题。上海市利用云平台拓宽了解决住房、交通、生态等方面城市问题的渠道，并且同时利用大数据加强了社区对辖区范围内常住和流动人口的管理，创新了社区管理服务模式。

（三）以规范化的制度体系为手段

党的十八届五中全会强调，要下好共建共治共享社会治理格局这盘大棋，必须做出更有效的制度安排，使全体人民更有获得感。共建共治共享的社会治理格局的制度体系需要覆盖到全体人民，涵盖到五位一体的全部成果。

在宏观层面，政府需要通过制度明确自身权力范围与职责，通过向社会公示权力清单、负面清单等一些制度来确保自身核心职能的有效履行，将不属于制度范围内的权力交还给社会和市场，重视社会和市场的治理主体身份。在微观层面，需要通过构建全方位的劳动就业与社会保障制度、社会伦理规范体系和分权责任制度来克服单一主体治理的缺点。

建立一套灵活高效的社会治理协商制度，从议程规定、协商程序、共识裁定等方面精准设计参与的规则和流程，真正为社会组织的公共决策参与、服务形式、协商模式的执行提供支持，使社会组织的力量得以发展，通过执行标准化的协商程序，各类主体能够在治理过程中明确责任边界，减少行为的盲目性，通过构建灵活的反馈机制，增强互信，从而共同解决有关民生利益的社会问题。

（四）以法治化建设为保障

十八届四中全会首次提出要"全面推进依法治国"，党的十九大报告提道，"全面依法治国是国家治理的一场深刻革命，必须坚持厉行法治，推进科学立法、严格执法、公正司法、全民守法"[1]，为共建共治共享社会治理格局提供了基本保障，也就是说，法治建设不仅是赋予了政府、企业和社会权力，同时也明确了行为底线。法治作为现代社会治理的基本方式，为构建共建共治共享社会治理格局提供了良法和善治的价值目标[2]，主体运用法治思维和法治方式想问题、做事情、处理社会治理矛盾。通过法治方式、法治原则、法治精神，把社会问题的解决建立在稳定的法治基础上，营造良好的法治环境，提高社会治理的法治化水平，实现正义并促进社会公众的利益，达成社会治理体系现代化这一善治目标。

具体而言，法治是通过调整多元治理主体的利益与关系，使各主体在规范下行使公权力并保障私权利。因此，首先要规范政府和

---

[1] 习近平：《决胜全面建成小康社会夺取新时代中国特色社会主义伟大胜利》，人民出版社2017年版，第38页。

[2] 彭燕辉、陈晓春：《打造共建共治共享社会治理格局的法治路径》，《社会建设研究》，2018年第2期，第123—134页。

立法部门制定法律的流程，用法规约束政府行为，改变过往一贯使用的行政命令手段，用法律规定解决社会问题。其次要出台多元治理主体的相关法律，用法律协调利益主体的关系，通过法治建设保障社会成员的参与权、知情权与监督权，让人民群众有资格、有能力、有底气地参与社会治理。

参考文献

[1][秘鲁]亚历杭德罗·托莱多:《共享型社会:拉丁美洲的发展前景》,郭村海译,中国大百科全书出版社2017年版。

[2][美]B.盖伊·彼得斯、邵文实:《治理:关于五个论点的十点想法》,《国际社会科学杂志(中文版)》,2019年第3期。

[3]《习近平总书记系列重要讲话精神学习读本》,中国方正出版社2014年版。

[4]陈晓春:《从多维度认识共建共治共享社会治理格局的特征》,《经济日报》,2018年4月12日,第13版。

[5]董德刚:《历史唯物主义方法论研究》,《理论学习》,2000年第12期。

[6]戈志辉:《共享革命》,中国发展出版社2017年版。

[7]何怀远:《和谐社会建设中的"社会"概念和"社会建设理念"》,《南京政治学院学报》,2006年第3期。

[8]何显明:《共享发展》,中国社会科学出版社2018年版。

[9]黑格尔:《法哲学原理》,商务印书馆1961年版。

[10]蒋永穆、张晓磊:《共享发展与全面建成小康社会》,《思想理论教育导刊》,2006年第3期。

[11]赖井洋:《李觏平土思想简论》,《韶关学院学报》,2004年第5期。

[12]李包庚:《马克思"人民主体性"思想解读》,《马克思主义研究》,2014年第10期。

[13]刘博:《共享发展需要经济与社会的平衡》,《学习时报》,2015年11月16日,第3版。

［14］孟鑫:《共享理念与分配正义原则》,《科学社会主义》,2016年第1期。

［15］彭燕辉、陈晓春:《打造共建共治共享社会治理格局的法治路径》,《社会建设研究》,2018年第2期。

［16］渠彦超、张晓东:《共享发展理念的理论特质》,《理论月刊》,2016年第5期。

［17］任理轩:《坚持共享发展》,《人民日报》,2015年12月24日,第7期。

［18］宋晓梧:《构建共享型社会 中国社会体制改革40年》,广东经济出版社2017年版。

［19］王英伟、孙新:《生态共享的理论意蕴及其实践指向》,《思想教育研究》,2020年第11期。

［20］夏锦文:《共建共治共享的社会治理格局:理论构建与实践探索》,《江苏社会科学》,2018年第3期。

［21］徐猛:《社会治理现代化的科学内涵、价值取向及实现路径》,《学术探索》,2014年第5期。

［22］于昆:《共享发展研究》,高等教育出版社2017年版.

［23］中共中央文献研究室:《十七大以来重要文献选编》(上册),中央文献出版社2009年版。

［24］周红云:《全民共建共享的社会治理格局:理论基础与概念框架》,《经济社会体制比较》,2016年第2期。

［25］周志山、冯波:《马克思社会关系理论的公共性意蕴》,《马克思主义与现实》,2011年第4期。

［26］James N. Rosenau & Ernst-Otto Czempiel, *Governance without Government: Order and Change in World Politics*, Cambridge University Press, 1992.

第十章

结语与展望：新时代的共享发展理念*

---

*　感谢章佳茵为本章所做工作。

共享发展是中国新发展理念的重要组成部分，是中国特色社会主义发展目的的集中体现。自2012年提出以来，作为新发展理念重要组成部分的共享发展理念已经越发深入人心，学术界和政策界对共享发展的实现路径和形态也进行了很多富有成效的探讨和探索。本书的前九章站在前人的研究基础上，不仅对共享发展理念进行了概念的厘清，更结合其他多个相关概念对其外延和实践做了阐述，本章在第一节首先回顾了这些内容，从而对共享发展理念的历史进程进行了进一步梳理。在新发展理念提出后不久，2017年，党的十九大在总结党的十八大以来取得的历史性成就和历史性变革的基础上，作出了中国特色社会主义进入了新时代的重大政治判断，指明了中国发展新的历史方位。因而，共享发展理念未来的重点、理念的演变也必须要同新时代中国社会主义思想相结合。为此，作为全书结语与展望，本章以新时代的共享发展理念为主线，在第二至四节分别介绍了新时代共享发展的新条件、新要求和新路径：第二节总结了新时代进入新阶段、转换新矛盾和明确新任务对共享发展的影响；第三节提出新时代中国共享发展应坚持人文性、提升科学性和拓展世界性；第四节整理了推动新时代共享发展的中国方案。通过阅读本章，读者能够全面了解中国特色社会主义进入新时代以后，共享发展主要的现实背景、理论拓展和实践方法。

第一节　历史进程中的共享发展理念

本书的前九章站在前人的研究基础上，围绕共享发展理念这一核心议题提供了许多相关的洞察。其中，第二至四章分别在宏观层次上解释了共享发展理念是什么、为什么需要共享发展以及共享发展的主要做法与模式；第五至七章分别在中观层次上结合与共享发展相关切的一些重要话题提供了专题式的分析，这些话题包括公正发展、可持续发展以及可持续减贫；最后第八、九章分别从经济和社会层面阐述了共享发展下的经济社会发展应该具有何种特征。

共享发展理念指涉公平正义这一永恒性问题，根植于中国传统文化与西方哲学理论，既是对中国传统共享思想的有益汲取，又是对西方共享思想的借鉴，更是直接来源于马克思主义关于发展成果由人民共享的论述，以及对以毛泽东、邓小平、江泽民、胡锦涛、习近平为核心的四代党和国家领导集体关于共享发展思想的继承和发展。在第二章"共享与共享发展"中，本书对此进行了具体翔实的论述。

共享发展是全体民众在社会的各个方面的贡献与努力所获得的成果，能够以相对公平的方式被全体民众享受的过程，故与公正发展直接相关，内涵包括了全民共享、全面共享、共建共享和渐进共享。机会公正、程序公正和结果公正在中国已取得一定的成就，但在建设共享社会背景下，中国社会现存的地区差距、城乡差距和行业差距仍然导致了公正问题的存在。社会主义的本质是解放生产力、发展生产力、消灭剥削、消除两极分化，最终达到共同富裕。实现共享发展一直以来都是人民的共同期望，为的是实现共同富裕的根本要求。通过对长时间共享发展实践的总结，共享发展的模式主要为政府主导、产业拉动和社会参与这三个动力源的作用分别产生的协同创新、融合创新和开放创新，经济、市场和民主的核心三要素构成机制发挥作用；与此同时，机会共享、分配共享和服务共享三个过程推动共享发展的实现。在第五章"共享发展与公正发展"和第四章"共享发展模式、机制及实现途径"中，本书对此进行了具体翔实的论述。

共享发展的内涵与价值主要与经济学、社会学、政治学等学科有关，经济发展的效率与公平促进成果共享，社会治理的优化实现全民共治，而政府治理能实现政治共有，并由此衍生出了共享经济和共享社会等概念。共享经济是指利用互联网等现代信息技术，以闲置资源使用权的暂时性转移为本质，以信任机制为纽带，整合海量、分散化的资源，满足多样化需求的经济活动总和；共享经济通过各种要素之间的互动，已经成为资源配置效率提升的重要方式，成为一种盘活存量、提升效率和增进服务的新范式，并最终实现个体的福利提升和社会整体的可持续发展，发展共享经济就是践行共享发展理念的重要举措。而共享社会是共享发展在民生领域的体现，表现为普惠性、全面性和统一性的特征，更加关注人的需求与发展，其思想内核也是共享发展理念，需要社会各方共同助力。在第三章"共享发展的理论基础"、第八章"共享发展与共享经济"和第九章"共享发展与共享社会"中，本书对此进行了具体翔实的论述。

当前，中国仍处于重要的战略机遇期，面临诸多矛盾和挑战，共享发展也与可持续发展和可持续减贫的推动与实现有着密切的联系。从可持续发展的角度来说，共享发展蕴含了可持续发展理念，重视人的内在目的和价值，关注社会公平正义，体现出整体性、全面性、均衡性和渐进性的特点；共享社会的实现也离不开可持续发展理论的指导，解决发展不平衡不充分问题必须坚持以人为本的可持续发展观，坚持"五大新发展理念"的指导，遵循经济规律、自然规律和社会规律。从可持续减贫的角度来说，可持续减贫与全民共享、全面共享、共建共享和渐进共享这四方面的内涵均高度吻合；基于共享发展理念能够建立起共生、共建、共享的扶贫生态系统，使减贫参与从多元主体向全元主体转变，达到经济、政治、文化、社会、生态五位一体的子系统运转与协调。在第六章"共享发展与可持续发展"和第七章"共享发展与可持续减贫"中，本书对此进行了具体翔实的论述。

总体来看，本书第二至九章已经对共享发展自提出以来的理念深化和实践议程作了较多的阐述。在历史的发展下，站在新的征程起点上，可以说，共享发展在中国的实践也迎来了中国特色社会主义进入新时代的转折点。如何在新时代下更好地理解共享发展、丰富共享发展的内涵并推进和实现共享发展，是我们在新的历史背景下需要持续思考的问题，也是本章作为全书结语试图回应的主题。因此，本章后文中的第二至四节将基于新时代的背景对共享发展理念进行讨论，以丰富共享发展在中国的研究进展。

第二节　新时代中国共享发展的新条件

中国特色社会主义进入了新时代的政治判断为共享发展理念带来了新的条件。图10-1描绘了这些新条件间的逻辑联系，以及它们与共享发展的关系。首先，进入新阶段，习近平新时代中国特色社会主义思想为共享发展指明方向，社会经济发展的巨大进步为共享发展提供新的机会；其次，新时代社会主要矛盾的转换是共享发展的实践依据；最后，坚持和发展中国特色社会主义的总任务也应是共享发展的根本目标。后文将针对这三个方面具体论述。

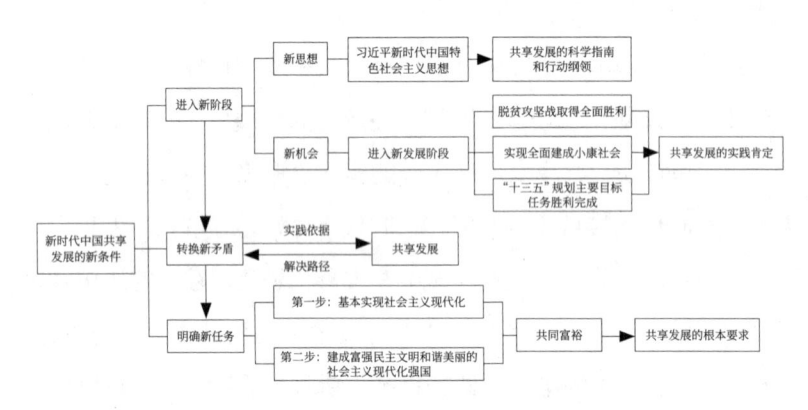

图10-1　新时代中国共享发展的新条件

一、新时代进入新阶段

（一）新思想：习近平新时代中国特色社会主义思想

中国共产党第十九次全国代表大会报告全面而深刻地阐释了习近平新时代中国特色社会主义思想这一新思想。党的十八大以来，以习近平同志为核心的党中央在理论上的历史性贡献，就是紧紧围绕新时代坚持和发展什么样的中国特色社会主义、怎样坚持和发展中国特色社会主义的重大时代课题进行理论探索。新思想作为马克思主义中国化的新成果，丰富了中国特色社会主义理论体系的内容、充实了党的指导思想，是当前和今后长时期内理论研究的热点问题。

作为实现中华民族伟大复兴的行动指南，习近平新时代中国特色社会主义思想系统回答了在新的历史起点，在中国社会主义现代化建设中如何更好地贯彻和落实共享发展理念的时代新课题。[1]作为马克思主义中国化的最新成果，它指出了新时代的主要矛盾，涵盖了新时代坚持和发展中国特色社会主义的总目标、总任务、总体布局、战略布局和发展方向、发展方式、发展动力等。"八个明确"从世界观的高度侧重揭示和回答了"新时代坚持和发展什么样的中国特色社会主义"，十四条基本方略则从方法论的高度侧重揭示和回答了"新时代怎样坚持和发展中国特色社会主义"，并对各个领域工作的目标、方法和步骤作出了阐释，是共享发展的科学指南和行动纲领。

（二）新机会：进入新发展阶段

十八大以来，中国的各项事业取得了长足发展，社会面貌焕然一新，逐渐迈向新的历史阶段。十九大提出新思想、新矛盾、新任务和新战略，标志着中国特色社会主义进入了新时代，这是脱贫攻坚战取得全面胜利的时代，是实现全面建设小康社会的时代，是"十三五"规划主要目标任务胜利完成的新时代，也是继续推进共享发展的新时代。党的十九届五中全会提出，全面建成小康社会、

---

[1] 倪芳：《从马克思利益思想看新时代共享发展理念》，《理论界》，2020年第10期，第1—8页。

实现第一个百年奋斗目标之后，要乘势而上开启全面建设社会主义现代化国家新征程，向第二个百年奋斗目标进军[1]，这标志着中国进入了一个新发展阶段，也为共享发展带来了更多新机会。

1. 脱贫攻坚战取得全面胜利

2020年，中国现行标准下9899万农村贫困人口全部实现脱贫，832个贫困县全部摘帽，12.8万个贫困村全部出列，区域性整体贫困得到解决，绝对贫困历史性消除。[2]贫困地区农村居民收入较快增长，贫困人口较多的广西、四川、贵州、云南、甘肃、宁夏、新疆七个省（区）农村居民人均可支配收入名义2020年的增速均高于全国农村居民增速0.2—1.7个百分点[3]。脱贫攻坚取得全面胜利的全过程遵循共享发展理念中的共建共享理念，是共享发展理念在中国的伟大诠释，更是在中国的伟大实践。

2. 实现全面建成小康社会

2021年7月1日，习近平总书记在庆祝中国共产党成立100周年大会上，宣告中国全面建成小康社会奋斗目标如期实现[4]。2019年，中国人均GNI进一步上升至10410美元，首次突破1万美元大关，总体达到中等偏上收入国家水平；2018年，中国人类发展指数上升至0.758，逐年提高，迈向"高人类发展水平"行列；2019年，中国居民恩格尔系数为28.2%，连续8年下降，已达到联合国20%—30%的富足标准；同时，国民身体素质全面增强、国民文化素质持续提升、信息化生活日趋普及[5]。共享发展作为全面建成小康社会的实质与要

1　《中国共产党第十九届中央委员会第五次全体会议公报》，《人民日报》，2020年10月30日，第2版。
2　《中华人民共和国2020年国民经济和社会发展统计公报》，国家统计局，2021年2月28日。
3　《2020年社会发展相关数据》，中华人民共和国国家发展和改革委员会，2021年4月7日。
4　《习近平在庆祝中国共产党成立100周年大会上的讲话》，人民网，2021年7月2日。
5　《从民生指标国际比较看全面建成小康社会成就》，人民网，2020年8月7日。

求,在实践中得到了重要肯定。

3."十三五"规划主要目标任务胜利完成

经过"十三五"时期的发展,中国经济实力、科技实力、综合国力跃上新的台阶,经济运行总体平稳,经济结构持续优化,农业现代化稳步推进,脱贫攻坚成果举世瞩目,污染防治力度空前加大,生态环境明显改善,全面深化改革取得重大突破,对外开放持续扩大,共建"一带一路"成果丰硕,人民生活水平显著提高,国家治理体系和治理能力现代化加快推进。[1]经过五年持续奋斗,"十三五"规划主要目标任务胜利完成,主要指标总体如期实现,重大战略任务和165项重大工程项目全面落地见效。共享发展作为"十三五"规划必须牢固树立并切实贯彻的五大发展理念之一,更加具备了推进落实的充分条件。

二、新时代转换新矛盾

(一)转换新矛盾是共享发展理念的实践依据

新时代,面对新挑战,党的十九大立足于中国面临的突出问题对社会主要矛盾作出了新论述:中国特色社会主义新时代的社会主要矛盾已经转化为人民日益增长的美好生活需要和不平衡不充分的发展之间的矛盾。

从"物质文化需要"到"美好生活需要",从解决"落后的社会生产"到解决"不平衡不充分的发展",主要矛盾的转变反映了中国社会发展的阶段性变化。目前,温饱问题在中国得到解决,全面建成小康社会的目标得以实现,人民对各方面的发展都提出了更高的

---

[1] 《中共中央政治局常务委员会召开会议 听取"十三五"规划实施总结评估汇报 中共中央总书记习近平主持会议》,人民网,2020年10月23日。

要求。但与此同时，中国发展不平衡不充分的问题依然显著，特别是在农村、落后地区和贫困地区的发展仍有许多不足之处，成为影响人民追求美好生活需要的主要障碍。社会主要矛盾的变化决定着中国历史和社会发展的方向，也是党和国家制定大政方针和长远战略的重要依据。

中国社会主要矛盾体现了发展与共享的对立[1]，这种对立也正体现为这两个方面出现的问题：发展层面出现的问题，即发展的不平衡不充分，不能把"蛋糕"做得足够大；共享层面出现的问题，即已有的发展成果不能更好地惠及全体人民，不能把"蛋糕"分好。发展与共享的对立关系是当前生产力与生产关系的矛盾运动的体现，同时也反映了效率与公平的对立。为了处理这种对立并实现两者的统一，需要从共享发展的理念入手。

（二）共享发展理念是转换新矛盾的解决路径

中国社会主要矛盾的转换充分体现了共享发展理念的问题导向，所反映的现实是共享发展理念的实践依据。反过来，共享发展理念也为解决新时代社会主要矛盾提供了思想指引。"不平衡不充分的发展"要求在社会主义现代化建设过程中更加注重效率与公平的内在统一，而共享发展理念着眼于解决社会公平正义问题，可以从社会生产的公平供给和人民需求的满足两方面促进社会主要矛盾的解决。共享发展理念秉持的原则是"按照人人参与、人人尽力、人人享有的要求，坚持发展为了人民、发展依靠人民、发展成果由人民共享并做出更有效的制度安排，使全体人民在共建共享发展中

---

[1] 朱立营、韩升：《发展、共享与新时代我国社会主要矛盾的破解》，《学习论坛》，2020年第3期，第12-16页。

有更多获得感"[1]，通过全社会人民的共同参与、共同建设，增加社会财富，改善社会环境，再通过资源的优化配置，达到资源的有效整合和充分利用。因此，坚持共享发展，有利于破解新时代社会发展不平衡不充分的问题，更好地促进社会的公平正义，从而更好地满足人民在经济、政治、文化、社会、生态等方面日益增长的需要。

三、新时代明确新任务

党的十九大报告阐述了新时代坚持和发展中国特色社会主义的总目标、总任务，即实现社会主义现代化和中华民族伟大复兴，在全面建成小康社会的基础上，分两步走在21世纪中叶建成富强民主文明和谐美丽的社会主义现代化强国。具体而言，是对2020年到21世纪中叶做了两个发展阶段的划分，明确了全面建设社会主义现代化强国的战略安排：在2020年全面建成小康社会的基础上，到2035年基本实现社会主义现代化，到2050年建成富强民主文明和谐美丽的社会主义现代化强国。新时代明确的总任务为共享发展指明了奋斗目标和发展方向。

（一）第一步：基本实现社会主义现代化

新时代总任务的第一个阶段，2020—2035年，在全面建成小康社会的基础上，再奋斗15年，基本实现社会主义现代化。习近平总书记提出，"中国建设的现代化必须是具有中国特色、符合中国实际的，是人口规模巨大的、全体人民共同富裕的、物质文明和精神文明相协调的、人与自然和谐共生的现代化和走和平发展道路的

1　《中国共产党第十八届中央委员会第五次全体会议公报》，《人民日报》，2015年10月30日，第2版。

现代化。这是中国现代化建设必须坚持的方向，要在发展的方针政策、战略战术、政策举措、工作部署中得到体现"[1]。故为实现2035年远景目标，需要突出新发展理念的引领作用，从而为实现第二个百年奋斗目标、实现中华民族伟大复兴的中国梦奠定坚实基础，这也体现了新发展理念之一的共享发展理念的重要作用。到这个阶段，人民生活更为宽裕，中等收入群体比例明显提高，城乡区域发展差距和居民生活水平差距显著缩小，基本公共服务均等化基本实现，全体人民共同富裕迈出坚实步伐。[2]其中，共同富裕，也就是广大人民群众共享改革发展成果，是社会主义现代化中"社会主义"的本质要求，是中国共产党始终如一的根本价值取向，而共享发展就有这层含义。在中国特色社会主义的语境下，共享发展就是人人参与、人人尽力、人人享有，要让更多人参与到中国的现代化进程中，分享中国改革发展现代化的成果。

（二）第二步：建成富强民主文明和谐美丽的社会主义现代化强国

新时代总任务的第二个阶段，2035—2050年，在基本实现现代化的基础上，再奋斗15年，把中国建成富强民主文明和谐美丽的社会主义现代化强国。习近平总书记在党的十九大报告中提出："到那时，我国物质文明、政治文明、精神文明、社会文明、生态文明将全面提升，实现国家治理体系和治理能力现代化，成为综合国力和国际影响力领先的国家，全体人民共同富裕基本实现，我国人民将

---

[1] 《习近平：关于〈中共中央关于制定国民经济和社会发展第十四个五年规划和二〇三五年远景目标的建议〉的说明》，人民网，2020年11月4日。

[2] 《习近平在中国共产党第十九次全国代表大会上的报告》，人民网，2017年10月28日。

享有更加幸福安康的生活，中华民族将以更加昂扬的姿态屹立于世界民族之林。"[1]可以看出，党的十九大报告中提出的2035年目标和2050年目标，都对改善人民生活、缩小差距、实现共同富裕的要求有着鲜明的体现。而共享发展理念的实质就是坚持以人民为中心的发展思想，体现的就是逐步实现共同富裕的根本要求。[2]坚持共享发展，必须坚持发展为了人民、发展依靠人民、发展成果由人民共享，使全体人民在共建共享发展中有更多获得感，增强发展动力，增进人民团结，朝着共同富裕方向稳步前进，这是中国特色社会主义的总任务的必然要求，也是共享发展必须完成的历史使命。

1　《习近平在中国共产党第十九次全国代表大会上的报告》，人民网，2017年10月28日。

2　习近平：《在省部级主要领导干部学习贯彻党的十八届五中全会精神专题研讨班上的讲话》，人民出版社2016年版，第25页。

第三节　新时代中国共享发展的新要求

中国特色社会主义进入了新时代的政治判断也为共享发展理念提出了新的要求。在理念本质、发展方式和涵盖范围三个方面，新时代的共享发展理念不变的是服务于人的发展宗旨，变的是数字信息技术的广泛应用和世界共建共享的需求。在这个背景下，本节基于共享发展在新时代这个阶段需要应对的原则与挑战，即以人民为中心的发展本质、数字化转型的时代背景、构建人类命运共同体的世界需求，概括了这些新要求的具体内容，分别是坚持共享发展理念的人文性、提升共享发展理念的科学性以及拓展共享发展理念的世界性。图10-2梳理了这些新要求的主要内容与发展手段。

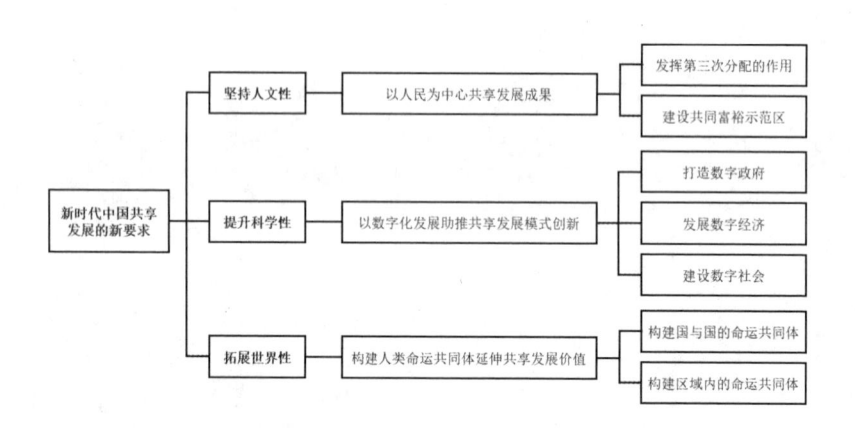

图10-2　新时代中国共享发展的新要求

一、坚持共享发展理念的人文性

（一）以人民为中心

新时代中国社会主要矛盾中，发展不平衡不充分的问题，已经成为满足人民日益增长的美好生活需要的主要制约因素。而人民群众是历史的创造者，这是马克思主义唯物历史观，中国共产党始终把马克思主义基本观点作为指导各项工作的指南，把全心全意为人民服务作为党领导社会主义建设的根本宗旨。"以人民为中心的发展思想"是习近平总书记于2015年，在党的十八届五中全会上提出的治国方针理论[1]，居于习近平新时代中国特色社会主义思想的基础性的突出位置，有着丰富和深刻的思想内涵，包含着人民利益至上观、人民当家做主思想和群众路线思想等一系列相互联系、相辅相成的思想和观念。

人民既是社会物质和精神财富的创造者也是享用者，既是物质资料和生活资料的生产者也是消费者。以人民为中心的发展思想内涵在于把增进人民福祉、促进人的全面发展作为发展的出发点和落脚点，发展人民民主，维护社会公平正义，保障人民平等参与和平等发展的权利，充分调动人民群众的积极性、主动性和创造性。习近平总书记在十九大报告中进一步强调，人民是历史的创造者，是决定党和国家前途命运的根本力量。必须坚持人民主体地位，坚持立党为公、执政为民，践行全心全意为人民服务的根本宗旨，把党的群众路线贯彻到治国理政之中，把人民对美好生活的向往作为奋斗目标，依靠人民创造历史伟业。[2]

（二）以人民为中心共享发展成果

共享发展的实现需要人民的广泛参与。中国社会主义的性质决定了共享发展的主体是人民，在共享的过程中要充分发挥民主，努

---

1 《中国共产党第十八届中央委员会第五次全体会议公报》，《人民日报》2015年10月30日，第2版。
2 《习近平在中国共产党第十九次全国代表大会上的报告》，人民网，2017年10月28日。

力保障人民参与共享的权利和获得最终共享成果的权益，所以共享要求人人参与。共享发展是一个循序渐进的过程，需要全体人民共同参与到社会主义现代化建设当中。改革开放取得的伟大成就依靠广大人民群众的辛勤劳动，新时代中国特色社会主义事业的发展推进和中国梦的实现依旧需要人民群众在社会主义建设中发挥作用。

人民应是共享发展的最大受益者。马克思、恩格斯曾指出，"全部人类历史的第一个前提无疑是有生命的个人的存在"[1]"历史不过是追求着自己目的的人的活动而已"[2]。明确为什么人、靠什么人，是一切发展的前提。要体现发展的价值，必须要使人民成为发展的最大受益者。共享发展理念提出的出发点和落脚点都是以人民根本利益为主，本质是为人民服务的行动。共享发展是全民参与的共享，也要让发展成果要落实到人民手中，让全体人民都在共享发展中受益，才能充分证明中国社会主义制度的优越性。

共享发展的落实情况需要人民来评判[3]。唯物史观认为，人民群众既是社会主义事业的实践主体，也是价值主体，马克思主义执政党的一切执政实践都要由人民群众来评判。江泽民同志曾说，"人民，只有人民，才是我们工作价值的最高裁决者"[4]。人民群众是否满意和拥护，永远是检验工作成效的首要标准。因此，人民群众能否从共享发展中真正得到实惠、人民生活是否真正得到了改善，也需要由人民群众来评判。

---

[1] 中共中央马克思恩格斯列宁斯大林著作编译局：《马克思恩格斯选集》（第1卷），人民出版社，1995年版，第67页。

[2] 中共中央马克思恩格斯列宁斯大林著作编译局：《马克思恩格斯选集》（第2卷），人民出版社，1957年版，第118—119页。

[3] 于昆：《共享发展研究》，高等教育出版社2017年版，第108页。

[4] 江泽民：《论党的建设》，人民出版社2001年版，第181页。

共享发展的目标要求是全体人民共同富裕。共同富裕的宗旨在于缩小收入差距，消除两极分化。就具体举措而言，三次分配能够实现更合理的收入分配，从而缩小社会差距。同时，促进全体人民共同富裕作为一项长期艰巨的任务，需要选取部分地区先行先试、作出示范。就具体举措而言，建设共同富裕示范区成为必要。

1. 发挥第三次分配的作用

市场经济下收入分配包括三次分配。第一次分配为通过向市场提供生产要素所取得的收入，第二次分配为政府再把人们从市场取得的收入用税收政策或扶贫政策进行再分配。有别于初次分配和再分配，第三次分配主要由高收入人群在自愿基础上，以募集、捐赠和资助等慈善公益方式对社会资源和社会财富进行分配[1]。这既不属于市场的分配，也不属于政府的分配，而是出于道德力量的分配，是对初次分配和再分配的有益补充，有利于缩小社会差距，实现更合理的收入分配。随着社会发展进入不同阶段，三次分配的占比会有所变化。三次分配的主要特征比较如表10-1所示。

表10-1 三次分配的主要特征比较[2]

维度	初次分配	再分配	第三次分配
驱动力	要素投入	解决社会问题	愿景
目标	效率	公平	美好生活
主要机制	市场机制	财税等政策机制	公益等社会机制
作用领域	市场领域	行政领域	生活世界

---

[1] 邓国胜：《第三次分配的价值与政策选择》，《人民论坛》，2021年第24期，第42—45页。

[2] 王名、蓝煜昕、王玉宝等：《第三次分配：理论、实践与政策建议》，《中国行政管理》，2020年第3期，第101—105页。

(续表)

维度	初次分配	再分配	第三次分配
作用基础	资本、财产私有制	权力、合法性	里仁、价值观
财富关系	创造	分配	优化
公共性	私人性	国家公共性	社会公共性
文明形态	物质文明	政治和社会文明	精神文明

通过三次分配，能够在符合自愿原则、公平正义原则的前提下促进社会和谐，使大量的高收入人群按照社会公益、社会公德、社会和谐等道德伦理体系来行动，从而形成良性循环。对于共同富裕而言，这是共享发展的一种途径。目前，就三次分配来说，中国虽然各种慈善和捐赠活动日益高涨，但与整体的经济规模还不相匹配，原因主要在于一些基本的激励体系和保障制度尚未得到很好地完善[1]。通过发挥三次分配对收入和财富的共同调节作用，有助于全体人民共同富裕取得更为明显的实质性进展。

2. 建设共同富裕示范区

当前，中国发展不平衡不充分问题仍然突出，城乡区域发展和收入分配差距较大，各地区推动共同富裕的基础和条件不尽相同，需要选取部分地区先行先试、做出示范。建设共同富裕示范区能够通过实践进一步丰富共同富裕的思想内涵，探索破解新时代社会主要矛盾的有效途径，提供共享发展理念实施的有效案例。共同富裕示范区一个一个地建立起来，与实现共同富裕目标的距离也将越来越小。

建设共同富裕示范区目前在中国已有进展。《中华人民共和国

---

[1] 《三次分配：促进共同富裕》，中央纪委国家监委网，2021年8月20日。

国民经济和社会发展第十四个五年规划和2035年远景目标纲要》提出，支持浙江高质量发展建设共同富裕示范区，目标是到2035年，浙江省基本实现共同富裕[1]。浙江省在探索解决发展不平衡不充分问题方面取得了明显成效，具备开展共同富裕示范区建设的基础和优势，也存在一些短板弱项，具有广阔的优化空间和发展潜力。支持浙江高质量发展建设共同富裕示范区，有利于为全国推动共同富裕提供省域范例，打造新时代全面展示中国特色社会主义制度优越性的重要窗口。2021年7月，浙江公布浙江高质量发展建设共同富裕示范区首批试点名单，分为六大领域，共计28个试点，如表10-2所示。

表10-2 浙江高质量发展建设共同富裕示范区首批试点名单[2]

领域	试点地区
缩小地区差距领域	丽水市、温州泰顺县、嘉兴平湖市、衢州龙游县
缩小城乡差距领域	湖州市、杭州淳安县、宁波慈溪市、金华义乌市、台州路桥区、台州仙居县、丽水松阳县
缩小收入差距领域	温州鹿城区、绍兴新昌县、金华磐安县、舟山嵊泗县
公共服务优质共享领域	宁波市、杭州富阳区、温州瓯海区、台州三门县
打造精神文明高地领域	衢州市、嘉兴南湖区、绍兴诸暨市、金华东阳市
建设共同富裕现代化基本单元领域	绍兴市、杭州萧山区、宁波北仑区、湖州安吉县、衢州衢江区

---

1 《中共中央关于制定国民经济和社会发展第十四个五年规划和二〇三五年远景目标的建议》，《人民日报》，2020年11月4日，第1版。

2 《浙江公布高质量发展建设 共同富裕示范区首批试点》，新华网，2021年7月28日。

二、提升共享发展理念的科学性

(一) 数字化发展

当前,信息领域的数字技术正全面融入人类经济、政治、文化、社会、生态文明建设各领域和全过程,给人类生产生活带来广泛而深刻的影响。随着以信息化、智能化为典型特征的新一轮科技革命的到来,大数据、云计算、新一代移动通信、物联网、人工智能等数字化技术持续涌现,数字化发展正开启一次重大的时代转型。国际电信联盟发布的《衡量数字化发展:2020年事实与数字》报告中显示,2020年国际宽带使用量增长了38%,比上年的增速高出6个百分点,目前全球几乎所有城市地区均有移动宽带网络覆盖;15—24岁的青少年使用互联网的比例增加到近70%;手机得到广泛使用,在统计的73个经济体中,手机普及率超过80%的有44个。新型冠状病毒疫情防控期间,各国数字化进程更是进一步提速。[1]

以习近平同志为核心的党中央高度重视数字化发展,明确提出数字中国战略。党的十九届五中全会明确提出要"加快数字化发展",以数字化转型整体驱动生产方式、生活方式和治理方式变革,并对此做出了系统部署。[2]因而,数字化逐渐成为共享发展新的时代背景。

(二) 以数字化发展助推共享发展模式创新

数字化的本质就是开放、兼容、共享。数字化发展的根本目标是让更多的人受益,"互联互通"为的就是"共享共治"。面对数字

---

[1] 《弥合数字鸿沟 共享发展红利》,《人民日报》,2020年12月8日,第17版。

[2] 《中共中央关于制定国民经济和社会发展第十四个五年规划和二〇三五年远景目标的建议》,《人民日报》,2020年11月4日,第1版。

化时代的新特点，需要构建新的思维体系和行动体系，以数字化发展助推共享发展的模式创新。全国人民代表大会审查的《中华人民共和国国民经济和社会发展第十四个五年规划和2035年远景目标纲要（草案）》提出，加快数字化发展，要打造数字经济新优势，协同推进数字产业化和产业数字化转型，加快数字社会建设步伐，提高数字政府建设水平，营造良好数字生态，建设数字中国。[1]数字政府、数字经济、数字社会，是数字化发展的重要组成部分，三者互为支撑、彼此渗透、相互交融。以下将从这三个方面阐述数字化助力共享发展的方式。

1. 打造数字政府

党的十九届四中全会明确提出，要建立健全运用互联网、大数据、人工智能等技术手段进行行政管理的制度规则，推进数字政府建设，加强数据有序共享，依法保护个人信息[2]，这是党和国家对数字化时代作出的明确回应。数字政府是指在现代计算机、网络通信等技术支撑下，政府机构日常办公、信息收集与发布、公共管理等事务在数字化、网络化的环境下进行的国家行政管理形式。包含如政府办公自动化、政府实时信息发布、各级政府间的可视远程会议、公民随机网上查询政府信息、电子化民意调查和社会经济统计、电子选举等内容。

作为电子政务发展的高级阶段，数字政府是让人民共享信息化发展成果的重要内容。数字政府以数据开放、共享、融合为基础，打破了不同数据、跨区域、跨层级、跨部门之间的界限，使国家治

1　《中华人民共和国国民经济和社会发展第十四个五年规划和2035年远景目标纲要(草案)》，《人民日报》，2021年3月6日，第9版。

2　《中共中央关于坚持和完善中国特色社会主义制度 推进国家治理体系和治理能力现代化若干重大问题的决定》，人民网，2019年11月6日。

理过程协同化、整体化得以实现；利用大数据、云计算等技术手段，政府可以全面、准确、及时掌握各种信息，从而增强政府决策的预见性和精准性，以更为科学地推动共享发展；另外，在充分运用大数据、互联网等信息技术推进数字政府建设过程中，也能有效降低制度性交易成本，创新政务服务模式，提升服务效能，从而更好地解决企业和群众的办事问题，彰显共享发展理念的人文性。

2. 发展数字经济

数字经济是人类通过大数据、互联网等信息技术手段，引导、实现资源的快速优化配置与再生、实现经济高质量发展的经济形态。《中国互联网发展报告（2020）》中指出，2019年，中国数字经济规模达35.8万亿元，占国内生产总值比重达36.2%，中国数字经济总量规模和增长速度位居世界前列[1]。近年来，中国不断扩大数字基础设施覆盖范围，培育专业化的数字人才队伍，数字经济快速发展。

在共享发展的新时代，数字化的知识和信息成为关键生产要素，以现代信息网络作为重要载体，以云计算、大数据分析技术为代表的数字经济起到重要的推动作用。在线交易平台的建设与推广，数字技术在生产、流通、交换和消费领域的广泛应用，直接推动了共享经济各种新的商业形态和商业模式的出现，带动了经济转型升级，从而促进中国供给侧结构性改革的顺利推进。当前，数字经济已经成为中国未来社会发展的主要模式，在共享时代的推动下，数字经济发展将会创造新的需求，催生新的经济模式和新的发展动力，通过共享经济的数字化升级进一步推动共享发展在新时代

1　中国互联网协会：《中国互联网发展报告(2020)》，电子工业出版社2020年版。

的模式创新。

3. 建设数字社会

数字社会是新一代信息技术同社会转型深度融合的产物，也是推动精细化社会管理的手段和方法创新。在新时代、新发展阶段，加强数字社会建设，对于优化社会服务供给、创新社会治理方式都具有重大而深远的意义。建设数字社会包括拓展数字化公共服务、打造新型智慧城市、推动数字乡村建设和提高全民数字化能力等内容。

数字社会的建设能够通过不断扩展社会服务覆盖范围和用户群体，扩大优质低成本服务供给来推动共享发展，从而不断提高人民群众的获得感、幸福感、安全感。例如，在公共服务方面，能够利用数字技术深度开发各类便民应用，加快发展数字医疗、数字社保、数字就业、数字住房等，推进信息惠民；在教育方面，线上课堂提供的大量优质视频课件资源、在线答疑及交互性社区，可以有力有效地促进教育均等化；在文化方面，数字博物馆通过整合资讯、导览、展览、文创等文化资源与服务形式实现更大范围的文化传播，能够让更多的人共享文化资源。另外，智慧城市和数字乡村的建设，是以数字化助推城乡发展和治理模式创新的手段。将信息技术融入城乡规划与管理，能够全面提高运行效率和城乡宜居度，推动城乡协调发展，让城乡居民共享数字化的服务。

三、拓展共享发展理念的世界性

(一) 构建人类命运共同体

当今世界面临着百年未有之大变局，政治多极化、经济全球化、文化多样化和社会信息化的多重叠加，使各国相互联系、相互依存的程度日益加深，但是也带来诸多挑战。全球性的碳排放、温室效应、资源短缺等带来环境危机，跨国犯罪等全球非传统安全问题层出不穷，特别是2020年由新型冠状病毒造成的肺炎疫情在全球范围大规模爆发，对国际秩序和人类生存都构成了严峻挑战。世界形势的复杂多变要求我们高举多边主义的旗帜，将世界各国视为一体，形成应对人类共同挑战的全球价值观，以维护全球发展和稳定。

为顺应这一背景与趋势，习近平总书记在党的十九大报告中指出，中国特色社会主义进入新时代，中国梦与世界各国的梦紧密联系，中国梦离不开和平稳定的世界环境，构建人类命运共同体是新时代中国特色社会主义思想的重要方略，宗旨是"建立持久和平、普遍安全、共同繁荣、开放包容、清洁美丽的世界"[1]。"人类命运共同体"包括共同、综合、合作、可持续的安全观，公平、开放、包容、共赢的发展观，和而不同、兼收并蓄的文明交流，以及尊重自然、环境友好的生态文明。双边命运共同体、周边命运共同体以及新型国际关系都是人类命运共同体的组成部分。

（二）构建人类命运共同体延伸共享发展价值

人类命运共同体的共性理念表现为：共同发展、共同安全、共享美好未来。全人类社会的发展需要全世界人民的参与，发展成果也应是全人类享有，这其中体现的核心要义就是共享发展，将对象延伸至全人类也赋予了共享发展理念的世界性。构建人类命运共同体，推动世界性的共享发展，是解决当下全球化过程中出现的不公

---

[1] 《习近平在中国共产党第十九次全国代表大会上的报告》，人民网，2017年10月28日。

平问题的有效途径，是使各个国家、民族和人民共享世界历史发展成果的必然选择。立足于新时代下国际国内背景，中国秉持共商共建共享的全球治理观，与世界各国共享发展机会，有助于不同国家求同存异、互利共赢、共同发展，建立良好可持续的战略伙伴关系，从而形成更加公平更加正义的国际环境。构建人类命运共同体是一个不断渐进的过程，需要同步推进不同层次的命运共同体建设，从国与国双边命运共同体的构建，到区域内命运共同体的构建，再到人类命运共同体的构建，进而在国际合作的机制下共创未来。

1.构建国与国的命运共同体

人类命运共同体的构建从国与国之间的双边共享发展开始。如表10-3所示，当前，中国已与多个周边国家建立起双边命运共同体关系，在贸易、投资、基建等方面展开合作，如中老命运共同体、中巴命运共同体、中哈命运共同体、中柬命运共同体和中缅命运共同体等。未来，命运共同体伙伴国的数量还应持续增加，同时将合作水平提升到更高层级，进一步拓展合作内涵。

表10-3 中国构建国与国的命运共同体的案例

国与国的命运共同体	合作国家	有关重要事件与讲话
中老命运共同体	老挝	2013年9月，习近平主席同来华访问的时任老挝主席朱马里会谈时，首次提出"中老关系不是一般意义的双边关系，而是具有广泛共同利益的命运共同体"[1]

---

1 《中国共产党和老挝人民革命党关于构建中老命运共同体行动计划》，人民网，2019年5月1日。

(续表)

国与国的命运共同体	合作国家	有关重要事件与讲话
中巴命运共同体	巴基斯坦	2014年2月19日，习近平主席同巴基斯坦总统侯赛因举行会谈，两国元首一致决定发展传统友谊，深化务实合作，维护地区安全，共同打造中巴命运共同体[1]
中哈命运共同体	哈萨克斯坦	2015年3月27日，习近平主席会见哈萨克斯坦总理时强调双方要扎实开局，充分发挥各自优势，打造中哈利益和命运共同体[2]
中柬命运共同体	柬埔寨	2016年10月，习近平主席访柬期间首次提出两国应打造高度互信、休戚相关的命运共同体，获得柬方高度赞同和积极响应[3]
中缅命运共同体	缅甸	2020年1月17日至18日，习近平主席对缅甸进行国事访问，其中发表的联合声明指出，双方一致同意打造中缅命运共同体[4]

2. 构建区域内的命运共同体

区域内命运共同体是人类命运共同体和共享发展理念在更大尺度上的体现。作为中国的国家级顶层合作倡议，"一带一路"倡议的实施把中国的发展同沿线各国的发展结合起来，与沿线国家共享发展成果，直接促进了区域命运共同体建设。如表10-4所示，当前，中国在构建区域内命运共同体层面也有了丰富的实践，如构建中非命运共同体、中国—东盟命运共同体、中阿命运共同体、中拉命运共同体和亚太命运共同体等。未来，参与区域命运共同体构建的国家数量还应持续增加，对中国外交网络进行合理有序的布局，以加深大范围内世界各国之间的依存关系。

---

1 《习近平会见巴基斯坦总统侯赛因：打造中巴命运共同体》，新华网，2014年2月19日。
2 《习近平会见哈萨克斯坦总理：打造中哈利益和命运共同体》，人民网，2015年3月27日。
3 《共同构建牢不可破的中柬命运共同体》，新华网，2019年5月15日。
4 《中华人民共和国和缅甸联邦共和国联合声明(全文)》，新华网，2020年1月18日。

表10-4 中国构建区域内命运共同体的案例

区域内命运共同体	合作国家	有关重要事件与讲话
中非命运共同体	非洲国家	2013年3月25日，习近平主席在坦桑尼亚尼雷尔国际会议中心发表演讲，深刻阐释"中非命运共同体"理念[1]
中国—东盟命运共同体	东盟十国	2013年10月2日至5日，习近平主席在印尼国会的演讲中郑重提出"携手建设中国-东盟命运共同体"的倡议[2]
中阿命运共同体	阿拉伯国家	2014年6月5日，习近平主席出席中阿合作论坛第六届部长级会议开幕式并发表题为《弘扬丝路精神，深化中阿合作》的重要讲话，首次提出打造中阿命运共同体倡议[3]
中拉命运共同体	拉美和加勒比地区国家	2014年7月17日，习近平主席在巴西利亚与拉美和加勒比国家领导人举行会晤，决定建立平等互利、共同发展的中拉全面合作伙伴关系，共同宣布成立中拉命运共同体[4]
亚太命运共同体	亚太地区国家	2020年11月20日，习近平主席出席亚太经合组织第二十七次领导人非正式会议并发表题为《携手构建亚太命运共同体》的重要讲话时强调，要共同构建开放包容、创新增长、互联互通、合作共赢的亚太命运共同体[5]

1　《习近平主席就中非命运共同体提出新主张 重点实施"八大行动"》，人民网，2018年9月3日。
2　《中国-东盟命运共同体——记习近平主席访问印尼和马来西亚》，新华网，2013年10月7日。
3　《共建新时代中阿命运共同体(命运与共)》，人民网，2021年6月5日。
4　《积极构建中拉命运共同体》，人民网，2014年7月20日。
5　《学习网评：立足新起点开启亚太合作新阶段》，新华网，2020年11月21日。

第四节　新时代中国共享发展的新路径

新时代还需要共享发展理念走新的实践路径。本节综合考虑中国现在的阶段性特征及现有的城乡差距、区域差距和世界地位，从中国陆续发布的多项重大战略中探索新时代中国共享发展的新路径。经过总结，与乡村发展有关的乡村振兴战略，与区域发展有关的京津冀协同发展、长江经济带发展、长三角区域一体化发展、粤港澳大湾区建设和黄河流域生态保护和高质量发展战略，与世界发展有关的一带一路战略，为实现从城乡、区域再到世界不同空间尺度的渐进共享提供了现实路径。图10-3表明了这些新路径间的递进关系及其在共享发展中的主要作用。

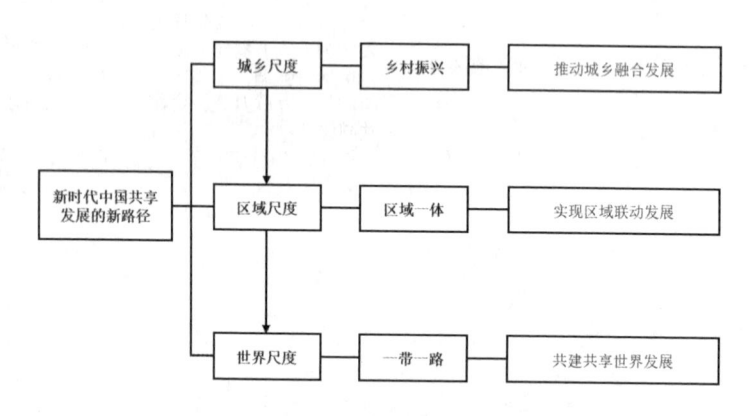

图10-3　新时代中国共享发展的新路径

一、乡村振兴：推动城乡融合发展

（一）乡村振兴战略的背景与核心

1.乡村振兴战略的提出背景

中华人民共和国成立以来，中国农村、农业、农民的"三农"问题一直突出，城乡二元经济结构下的贫富差距一直是阻碍实现共同富裕的一大发展难题。21世纪以来，为破解"三农"问题、缩小城乡差距，中国相继实施了统筹城乡发展、新农村建设、城乡一体化和新型城镇化等宏观战略[1]，但总体进展和成效仍不明显，有些矛盾和问题仍在加剧[2]。

2015年，党的十八届五中全会提出将精准脱贫作为一项基本方略[3]。实施精准扶贫政策，根据贫困农户的具体情况制定科学的帮扶办法，极大地改善了以往粗放扶贫工作效率低下的状况[4]。而后，中国特色社会主义进入新时代，中国社会主要矛盾转化为人民日益增长的美好生活需要和不平衡不充分的发展之间的矛盾，而这种"不平衡不充分的发展"主要表现为城乡发展不平衡、农业农村发展不充分。为实现更高的发展目标，党的十九大强调"实施乡村振兴战略"，开启了乡村建设新时代[5]，其核心是着力破解城乡发展不平衡、农村发展不充分等突出问题，弥补全面建成小康社会的乡村短板。

2.乡村振兴战略的实施内容

乡村振兴战略提出以来，中共中央、国务院陆续发布了一系列政策文件（见表10-5）行动指南。乡村振兴的核心内容是坚持农业农村优先发展，按照产业兴旺、生态宜居、乡风文明、治理有效、生活富裕的总要求，统筹城乡关系，建立健全城乡融合发展体制机制

---

1 李裕瑞、王婧、刘彦随等：《中国"四化"协调发展的区域格局及其影响因素》，《地理学报》，2014年第2期，第199—212页。

2 Yansui Liu&Yuheng Li, Revitalize the World's Countryside, *Nature News*, 2017, 548(7667): p.275.

3 《中国共产党第十八届中央委员会第五次全体会议公报》，《人民日报》，2015年10月30日，第2版。

4 刘晋祎：《新时代我国共享发展制度体系构建的三重逻辑》，《贵州社会科学》，2018年第3期，第117—122页。

5 《习近平在中国共产党第十九次全国代表大会上的报告》，人民网，2017年10月28日。

和政策体系，加快推进农业农村现代化，推进城乡一体化发展。该战略分为七大内容，分别是：(1)重塑城乡关系，走城乡融合发展之路；(2)巩固和完善农村基本经营制度，走共同富裕之路；(3)深化农业供给侧结构性改革，走质量兴农之路；(4)坚持人与自然和谐共生，走乡村绿色发展之路；(5)传承发展提升农耕文明，走乡村文化兴盛之路；(6)创新乡村治理体系，走乡村善治之路；(7)打好精准脱贫攻坚战，走中国特色减贫之路。

表10-5　乡村振兴有关政策文件

政策文件	发布时间	主要内容
《中共中央 国务院关于实施乡村振兴战略的意见》	2018	明确新时代实施乡村振兴战略的重大意义和总体要求
《乡村振兴战略规划(2018—2022年)》	2018	对实施乡村振兴战略作出阶段性谋划，细化实化工作重点和政策措施，部署重大工程、重大计划、重大行动，是指导各地区各部门分类有序推进乡村振兴的重要依据
《中共中央 国务院关于实现巩固拓展脱贫攻坚成果同乡村振兴有效衔接的意见》	2020	为实现巩固拓展脱贫攻坚成果同乡村振兴有效衔接，进一步巩固拓展脱贫攻坚成果，接续推动脱贫地区发展和乡村全面振兴提出意见
《中华人民共和国国民经济和社会发展第十四个五年规划和2035年远景目标纲要》	2021	提出了乡村振兴的"十四五"远景目标纲要，对新发展阶段优先发展农业农村、全面推进乡村振兴作出总体部署，为做好当前和今后一个时期"三农"工作指明方向
《中共中央 国务院关于全面推进乡村振兴加快农业农村现代化的意见》	2021	指明全面推进乡村振兴加快农业农村现代化的指导思想和总体要求

按照中共十九大提出的决胜全面建成小康社会、分两个阶段实现第二个百年奋斗目标的战略安排，2017年中央农村工作会议明确了实施乡村振兴战略的目标任务：2020年，乡村振兴取得重要进展，制度框架和政策体系基本形成；2035年，乡村振兴取得决定性

进展，农业农村现代化基本实现；2050年，乡村全面振兴，农业强、农村美、农民富全面实现。一系列城乡政策及乡村振兴战略实施以来，城乡居民年度人均可支配收入的差距持续缩小，图10-4展现了2013—2020年的数据。但为实现2050年远景目标，仍然需要进一步缩小城乡收入的差距。乡村振兴战略的全面实施和持续推进至关重要，与此同时还要做好精准扶贫和脱贫攻坚成果同乡村振兴的有效衔接。

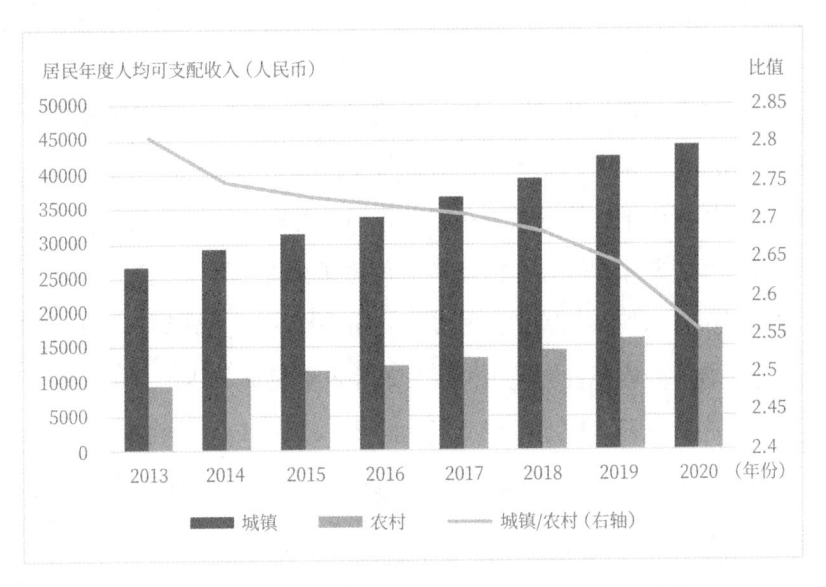

图10-4 2013—2020年城乡居民年度人均可支配收入及对比情况

数据来源：国家统计局

（二）乡村振兴是城乡的共享发展

在全民共享的过程中，务必推进城乡区域之间的协调性发展，提倡城乡之间资源配置的公正合理，促进区域之间发展要素的平等共享。乡村振兴战略以区域性规划为基础,在区域发展中破除体制机制弊端,使市场元素充分涌动、创新活力不断迸现、资源理念加速共享。其过程其实是针对物质的生产和消费过程,乡村与周围的区域持续发生着生产资料、生活资料、生产者、消费者、劳动工具的信息交换,这种交换也是乡村振兴工作的原动力,能够对村落之间、村镇之间、城乡之间的关联度产生较大影响。习近平总书记指出,必须在统筹城乡关系上取得重大突破,让广大农民平等参与改革发展进程、共享改革发展成果[1],这也是乡村振兴战略的核心,体现着共享发展的逻辑。

乡村振兴作为共享发展的现实路径之一,应以共享发展理念为指导,把城市和农村作为一个有机整体,树立起城乡相互支持、共同发展的新思维,促进城乡在规划布局、要素配置、产业发展、公共服务、生态保护等方面相互融合和共同发展。具体来说,要通过城乡居民基本权益平等化、城乡公共服务均等化、城乡居民收入均衡化、城乡要素配置合理化,以及城乡产业发展一体化,实现城乡发展的高度互补,构建城乡命运共同体,让城市和乡村能够相互促进、共生共存,最终实现以城带乡、城乡协同、缩小差距,实现城乡共享发展。

四川明月村的乡村振兴[2]

明月村位于四川省成都市蒲江县甘溪镇,陶艺文化底蕴深厚,唐宋以来就是民用陶瓷的重要生产区。近年来,该村

---

[1] 《健全城乡发展一体化体制机制 让广大农民共享改革发展成果》,《人民日报》,2015年5月2日,B1版。
[2] 《全国乡村产业高质量发展"十大典型"》,乡村振兴网,2021年10月13日。

以竹海茶山明月窑为依托，大力推进农旅融合，走出了一条以"文创赋能休闲农业、推动产村融合发展"的发展之路。2020年接待游客23万人次，乡村休闲旅游收入达到3300万元，带动全村农民人均可支配收入达2.7万元。

一是坚持创新机制，推进要素集聚，探索"政府搭台、文创撬动、公益助推、旅游合作社联动"的发展机制。争取187亩国有建设用地指标，盘活集体建设用地和闲置宅基地；成立农旅融合项目工作推进组，采用招才引智政策引进规划、策划、运营等经营人才；积极争取财政支持，整合项目资金，完善乡村配套基础设施和公共服务供给。

二是坚持农旅融合，推进产业发展，坚定"竹海茶山明月窑"的发展思路。成立明月村乡村休闲旅游合作社，推出农事体验、自然教育、制陶等项目，打造文创项目50余个，开发系列文创产品10余种，吸引150余名村民返乡创业就业；邀请全国各地新村民入驻，实现浪漫田园和文艺村落融合发展，新村民与原住民互助共享。

三是坚持生态优先，建设美丽新村，践行"绿水青山就是金山银山"的发展理念。注重茶山、竹海、松林等生态本底的保护与发展，开展绿道建设、风貌整治、院落美化和川西林盘修复，不断改善乡村宜居、宜业、宜游发展环境。

四是坚持文化传承，擦亮产业品牌，坚持特色化的发展方向。着力打造"明月村"特色文化品牌，连续举办春笋艺术节等特色文化活动，创设公共文化空间，孵化"音乐种子计

> 划"等文化创意项目，培育特色文艺队伍6支200余人，创作原创歌曲和原创诗集，开展产业、文化方面的培训每年达1.5万人次。

四川明月村的案例，是中国积极落实乡村振兴战略，推动共享发展的一个具有代表性的缩影。该村利用本地特色推动乡村与政府、企业和外来人才等的合作，不断向外发展、向外服务，实现从乡村内部到内部与外部的共享发展。

二、区域一体：实现区域联动发展

（一）区域一体有关战略的背景与核心

1. 区域一体有关战略的提出背景

中国幅员辽阔，地域差异大，东部与西部、南北地区在自然环境、资源禀赋、文化传统、经济发展等方面存在着很大的差异。地区经济发展中的不平衡与不协调是一项长期存在的重大历史难题。因此，如何深刻把握区域发展的历史进程，全面推进区域高质量发展具有十分重要的现实意义。在这个背景下，习近平总书记陆续提出京津冀协同发展、长江经济带发展、粤港澳大湾区建设、长三角一体化发展和黄河流域生态保护和高质量发展等涉及多个省市的区域重大国家战略（见表10-6），建立区域发展战略体系，增强开放联动效应。2021年第十三届全国人民代表大会第四次会议上，李克强总理在政府工作报告上也进一步强调，要扎实推动区域重大战略的实施。

表10-6 涉及多个省市的区域重大国家战略

区域重大发展战略	成为国家战略的时间	涉及区域
京津冀协同发展	2014年	北京市、天津市、河北省
长江经济带发展	2015年	上海市、江苏省、浙江省、安徽省、江西省、湖北省、湖南省、重庆市、四川省、云南省、贵州省
长三角区域一体化发展	2019年	上海市、江苏省、浙江省、安徽省
粤港澳大湾区建设	2019年	广州市、深圳市、珠海市、佛山市、惠州市、东莞市、中山市、江门市、肇庆市、香港特别行政区、澳门特别行政区
黄河流域生态保护和高质量发展	2019年	青海省、四川省、甘肃省、宁夏回族自治区、陕西省、山西省、河南省、山东省

2.区域一体有关战略的实施内容

(1)京津冀协同发展。京津冀协同发展战略的核心是将北京、天津、河北三地作为一个整体协同发展，以疏解非首都核心功能、解决北京"大城市病"为基本出发点，调整优化城市布局和空间结构，构建现代化交通网络系统，扩大环境容量生态空间，推进产业升级转移，推动公共服务共建共享，加快市场一体化进程，打造现代化新型首都圈，努力形成京津冀目标同向、措施一体、优势互补、互利共赢的协同发展新格局。

(2)长江经济带发展。长江经济带发展战略的核心是以"一轴、两翼、三极、多点"为基本格局，保护和修复长江生态环境，建设综合立体交通走廊，推进一体化市场体系建设，强化创新驱动产业转型升级，推进新型城镇化发展，把长江经济带建设成为生态文明建设的先行示范带、引领全国转型发展的创新驱动带、具有全球影响力的内河经济带、东中西互动合作的协调发展带。

(3)长三角区域一体化发展。长三角区域一体化发展战略的核心是充分利用长江黄金水道，以长三角城市群、长江中游城市群和成渝城市群带动整体区域发展。主要聚焦强化创新驱动产业转型升级，推动新型城镇化进程，构建东西双向、海陆统筹的对外开放新格局，推进一体化市场建设，提升区域内基本公共服务的整体水平五个方面。

(4) 粤港澳大湾区建设。粤港澳大湾区建设战略的核心是支持香港特区和澳门特区融入国家发展大局，全面推进内地和港澳地区的互利合作、优势互补。粤港澳三地将在基础设施互联互通、科技创新、市场一体化建设、优质生活圈、产业协同、国际合作、重大合作平台建设7个方面开展重点合作，打造世界级城市群和具有全球竞争力的大湾区。

(5) 黄河流域生态保护和高质量发展。黄河流域生态保护和高质量发展战略的核心是坚持绿水青山就是金山银山的理念，坚持生态优先、绿色发展，以水而定、量水而行，因地制宜、分类施策，上下游、干支流、左右岸统筹谋划，共同抓好大保护，协同推进大治理，着力加强生态保护治理、保障黄河长治久安、促进全流域高质量发展、改善人民群众生活、保护传承弘扬黄河文化。

(二) 区域一体是区域的共享发展

区域联动发展是走向共同富裕的需要，为的是实现所有合作成员的共同繁荣，提升区域的综合实力和综合竞争力，其精髓就是"从先富到后富再到共同富裕"。邓小平同志指出，"我们提倡一部分地区先富起来，是为了激励和带动其他地区也富裕起来，并且先富起来的地区帮助落后的地区更好地发展"，而共同富裕又是共享发展的根本要求。国家内部的区域一体化可以通过优化资源配置，实现区域经济和降低成本,提高资源要素配置效率,促进不同地区之间的合作共享,不仅是经济方面,而且包括政治、社会、科技和文化等方面。[1]通过区域一体战略的实施,发展更加注重公平与平衡,社会朝着包容、共享的方向转变,从而凝聚更大的发展合力。

港珠澳大桥的建设[2]

2018年10月24日,港珠澳大桥正式通车运营。港珠澳大桥全长55千米,集桥、岛、隧于一体,是世界最长的跨海大桥。从2004年3月前期工作协调小组办公室成立,到2009年12月15日正式开工建设,港珠澳大桥从设计到建设前后历时14年。

港珠澳大桥公路口岸出入境客车、货车全部实行"一站式"自助查验,只需"停一次车,提交一次资料",即可完成查验;在珠澳方向,有全国率先实施的"合作查验、一次放行"新型查验模式,旅客在同一查验大厅,通过一次排队,接受一次集中检查,最快20秒就可完成内地与澳门特区双方边检查验手续。

便利通关的措施大大节省了粤港澳三地的通行时间成本。据统计,2020年,港珠澳大桥边检站共查验出入境车辆91.4万辆次,比2019年增长5.5%,日均超过2500辆次。2021年,截至4月6日,该站查验出入境车辆46.8万辆次,超过2020年前9个月的查验总量,其中查验货车8.8万辆次,同比增长300%。

1　刘灿:《改革开放40年共享发展的社会主义实践》,《经济学家》,2018年第12期。
2　《超级工程港珠澳大桥谱写"湾区新篇"》,人民网,2021年4月18日。

港珠澳大桥的建设是粤港澳大湾区战略实施的标志性案例。港珠澳大桥作为三地首次共建共管共享的重大基础设施，打通了粤港澳大湾区的道路交通网，为大湾区基础设施互联互通树立了典范，也给大湾区内各城市带来共赢，使粤港澳三地实现共享发展，为给人民群众带来更多福祉。

三、"一带一路"：共建共享世界发展

（一）"一带一路"倡议的背景与核心

1. "一带一路"倡议的提出背景

自中国改革开放政策实施以来，已经有40多个年头。在改革开放早期，中国实行的对外政策主要是"引进来"，即把中国的大门向外部世界开放，同时改革内部的体制以期与国际秩序接轨。[1]在这样的背景下，中国确实做到了邓小平同志提倡的"韬光养晦"的外交策略。[2]而今天中国的对外开放政策在"引进来"的同时，越来越重视"走出去"。[3]21世纪以来，中国在世界政治经济舞台上越来越活跃，陆续主导了一些国际性、区域性的经济合作框架，如金砖国家会议、"中非合作"论坛、亚洲基础设施投资银行等。中国在全球范围内的对外直接投资和其他经济活动开始显著增加，俨然已经进入了"走出去"的战略发展阶段。

2013年9月和10月，习近平总书记在出访中亚和东南亚国家期间，先后提出共建"丝绸之路经济带"和"21世纪海上丝绸之路"的

1　太平：《中国对外开放模式的演进》，《政治经济学评论》，2008年第2期，第51—69页。

2　沈济时：《试论邓小平应对国际风云变幻的战略和策略方针》，《华东政法学院学报》，1999年第1期，第70—74页。

3　吕瑞兴：《论实施"走出去"开放战略》，《理论视野》，2001年第1期，第21—22页。

重大倡议,并开始被简称为共建"一带一路"倡议。2017年,习近平总书记在十九大报告中进一步强调,中国将积极促进"一带一路"国际合作,努力实现政策沟通、设施联通、贸易畅通、资金融通、民心相通,打造国际合作新平台,增添共同发展新动力。

2."一带一路"倡议的实施内容

"一带一路"倡议提出以来,中共中央、国务院陆续发布了一系列政策文件(见表10-7),作为"一带一路"的行动指南。"一带一路"贯穿欧亚大陆,东边连接亚太经济圈,西边进入欧洲经济圈,大致涉及65个国家,其建设的核心内容是建立起以欧亚大陆为核心的互联互通网络、基础设施平台、金融合作架构、人文交流格局、贸易投资体系,既推动欧亚大陆经济一体化进程,也提升中国在国际事务中的发言权和影响力。建设"一带一路",要求秉承共商、共建、共享的原则,本着亲诚惠容的周边外交理念,共同构建开放、包容、均衡、普惠的区域合作格局。[1]

在推进"一带一路"建设的新时期,要正确处理好中国与沿线国家利益、政府与市场、社会、经贸与人文交流、开放与维护国家安全、务实推进与舆论导向、国家总目标与地方具体目标的关系。尤其要突出政策沟通、设施互联、贸易畅通、资金融通、民心相通,重点建设互利合作网络、新型合作模式、多元合作平台,聚焦携手打造绿色丝绸之路、健康丝绸之路、和平丝绸之路。截至2021年初,中国共与171个国家和国际组织签署了205份共建"一带一路"合作文件。

---

[1] 齐慧:《构建"一带一路"互联互通网络》,《经济日报》,2021年9月14日,第6版。

表10-7 "一带一路"有关政策文件

政策文件	发布时间	主要内容
《推动共建丝绸之路经济带和21世纪海上丝绸之路的愿景与行动》	2015年	提出以政策沟通、设施联通、贸易畅通、资金融通、民心相通为主要内容，坚持共商、共建、共享原则，积极推动"一带一路"建设
《共建"一带一路"：理念、实践与中国的贡献》	2017年	围绕共建"一带一路"的时代呼唤、合作框架、合作领域、合作机制、愿景展望五个方面展开
《"一带一路"建设海上合作设想》	2017年	进一步与沿线国加强战略对接与共同行动，推动建立全方位、多层次、宽领域的蓝色伙伴关系，保护和可持续利用海洋和海洋资源，实现人海和谐、共同发展，共同增进海洋福祉的海上合作设想
《标准联通共建"一带一路"行动计划（2018—2020年）》	2018年	围绕推进"一带一路"建设新阶段的总体要求和重点任务，结合标准化工作实际，制订行动计划
《共建"一带一路"倡议：进展、贡献与展望》	2019年	总结共建"一带一路"的进展、贡献与展望

（二）"一带一路"是世界的共享发展

虽然"一带一路"发展思路根源于中国，但是其发展机遇与成果由世界人民共享。"一带一路"不是要把中国的经济发展作为唯一目标，而是要与各国有关各方在平等的基础上共同努力，走出一条符合各国人民利益的道路。该倡议提出至今取得这样的成就，源于中国在实践中始终坚持"共商、共建、共享"的原则和发展核心。

实施上，中国与各国共同参与经济建设，优势互补，实现优质高效发展。发展的最终目标，是经济成果的共享，在"一带一路"倡议下，各方都能公平合理地分享发展成果，获取经济建设所带来的红利。它不但促进了中国经济的发展，提高了中国人民的生活质量，同时也为沿线各国人民带来了福祉，提高了当地人民的获得感。"一带一路"是中国共享发展经验的总结，为世界实现共同发展提供了中国方案，体现了中国推动世界经济发展的责任和担当。在发展融合、利益共享的原则下，中国将继续为推动经济全球化健康发展贡献中国力量。

> **"中欧班列"的开通**[1]
>
> "中欧班列"是由国家铁路集团组织，按照固定车次、线路、班期和全程运行时刻开行，运行于中国与欧洲以及"一带一路"沿线国家间的集装箱等铁路国际联运列车，是深化我国与沿线国家经贸合作的重要载体和推进"一带一路"建设的重要抓手。
>
> 2015年，国家发展改革委、外交部、商务部联合发布《推动共建丝绸之路经济带和21世纪海上丝绸之路的愿景与行动》，提及"建立中欧通道铁路运输、口岸通关协调机制，打造'中欧班列'品牌，建设沟通境内外、连接东中西的运输通道"。2016年，推进"一带一路"建设工作领导小组办公室印发《中欧班列建设发展规划(2016—2020年)》全面部署今后5年中欧班列建设发展任务，是中欧班列建设发展的首个顶层设计。
>
> 2011年以来，中欧班列开行列数持续增长（见图10-5）。从中欧班列首班开行到2021年6月底，中欧班列累计开行突破4万列，合计货值超过2000亿美元，打通了73条运行线路，通达欧洲22个国家的160多个城市，铸成了沿线国家互利共赢的桥梁纽带，带动了沿线通道经济快速发展，成为"一带一路"建设的重要成果和突出亮点。

---

1 《中欧班列大事记（2011—2020）》，中国一带一路网，2020年12月8日。

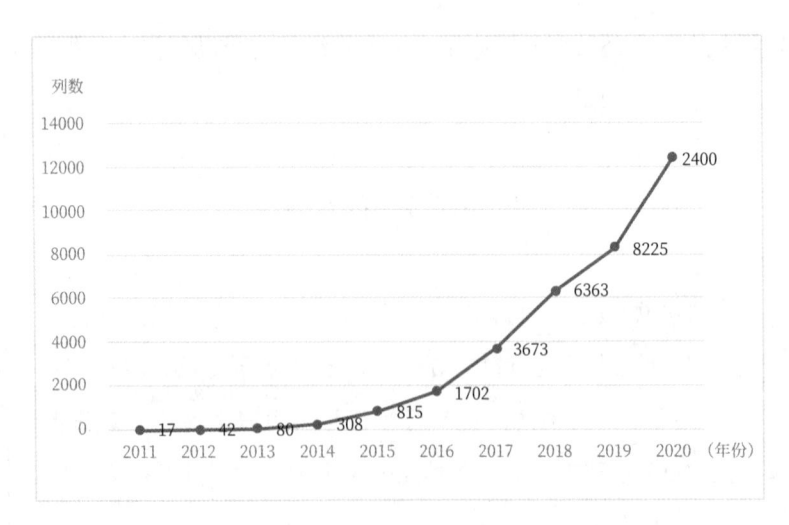

图10-5 中欧班列开行情况统计

数据来源：中国一带一路网

"中欧班列"的建设是中国积极落实"一带一路"发展战略的代表性实践，有力、高效地促进了中欧及沿线国家的共享发展，是"一带一路"倡议共享共赢、造福世界的生动体现。中欧班列的开行使得沿途国家经贸交往日益活跃，不断提升沿线百姓生活品质，让不同国家、不同阶层、不同人群共享经济全球化成果，成功做到让世界共享发展。

第五节 结语与展望

全章对共享发展理念从历史进程到新时代背景下的内涵、外延和实践进行了梳理。

从共享发展理念的历史进程来看，无论是官方、学界还是民间的视角，对公平与正义的追求始终是共享发展理念的核心，与公正发展直接相关。因此，共享发展对于创建人人平等、团结协作、公平享有社会发展成果的社会大有裨益，应该要结合其内涵、动力、模式、机制和主要做法等不断进行推动落实，也应该要结合政治、经济和社会等不同层面，对共享发展在不同领域的应用进行思考，让共享发展服务于可持续发展和可持续减贫等话题的实践当中。

将共享发展理念置于新时代中国特色社会主义的背景下来看，新的历史方位为其明确了许多新的条件和要求，同样也要在原来的基础上拓展新的路径去实现。在未来较长的一段时间内，共享发展理念必须要同新时代中国社会主义思想相结合，以解决社会主要矛盾为导向，朝着逐步实现共同富裕的目标稳步前进。在这个过程中，要坚持以人民为中心的本质，以数字化发展和人类命运共同体的构建推动共享发展的模式创新和价值延伸，通过多项重大发展战略发挥引领作用，在乡村振兴、区域一体等国家战略和"一带一路"倡议略的实际做法中找到共享发展的价值与担当。

参考文献

［1］《2020年社会发展相关数据》，中华人民共和国国家发展和改革委员会，2021年4月7日。

［2］《超级工程港珠澳大桥谱写"湾区新篇"》，人民网，2021年4月18日。

［3］《从民生指标国际比较看全面建成小康社会成就》，人民网，2020年8月7日。

［4］《共建新时代中阿命运共同体（命运与共）》，人民网，2021年6月5日。

［5］《共同构建牢不可破的中柬命运共同体》，新华网，2019年5月15日。

［6］《积极构建中拉命运共同体》，人民网，2014年7月20日。

［7］《健全城乡发展一体化体制机制 让广大农民共享改革发展成果》，《人民日报》，2015年5月2日，B1版。

［8］《弥合数字鸿沟 共享发展红利》，《人民日报》，2020年12月8日，第17版。

［9］《全国乡村产业高质量发展"十大典型"》，乡村振兴网，2021年10月13日。

［10］《三次分配：促进共同富裕》，中央纪委国家监委网，2021年8月20日。

［11］《习近平：关于〈中共中央关于制定国民经济和社会发展第十四个五年规划和二〇三五年远景目标的建议〉的说明》，人民网，2020年11月4日。

［12］《习近平会见巴基斯坦总统侯赛因：打造中巴命运共同

体》，新华网，2014年2月19日。

[13]《习近平会见哈萨克斯坦总理：打造中哈利益和命运共同体》，人民网，2015年3月27日。

[14]《习近平在庆祝中国共产党成立100周年大会上的讲话》，人民网，2021年7月2日。

[15]《习近平在中国共产党第十九次全国代表大会上的报告》，人民网，2017年10月28日。

[16]《习近平主席就中非命运共同体提出新主张 重点实施"八大行动"》，人民网，2018年9月3日。

[17]《学习网评：立足新起点开启亚太合作新阶段》，新华网，2020年11月21日。

[18]《浙江公布高质量发展建设 共同富裕示范区首批试点》，新华网，2021年7月28日。

[19]《中共中央关于坚持和完善中国特色社会主义制度 推进国家治理体系和治理能力现代化若干重大问题的决定》，人民网，2019年11月6日。

[20]《中共中央关于制定国民经济和社会发展第十四个五年规划和二〇三五年远景目标的建议》，《人民日报》，2020年11月4日，第1版。

[21]《中共中央政治局常务委员会召开会议 听取"十三五"规划实施总结评估汇报 中共中央总书记习近平主持会议》，人民网，2020年10月23日。

[22]《中国-东盟命运共同体——记习近平主席访问印尼和马来西亚》，新华网，2013年10月7日。

[23]《中国共产党第十八届中央委员会第五次全体会议公报》，

《人民日报》，2015年10月30日，第2版。

[24]《中国共产党和老挝人民革命党关于构建中老命运共同体行动计划》，人民网，2019年5月1日。

[25]《中华人民共和国2020年国民经济和社会发展统计公报》，国家统计局，2021年2月28日。

[26]《中华人民共和国国民经济和社会发展第十四个五年规划和2035年远景目标纲要（草案）》，《人民日报》，2021年3月6日，第9版。

[27]《中华人民共和国和缅甸联邦共和国联合声明（全文）》，新华网，2020年1月18日。

[28]《中欧班列大事记（2011—2020）》，中国一带一路网，2020年12月8日。

[29]邓国胜：《第三次分配的价值与政策选择》，《人民论坛》，2021年第24期。

[30]江泽民：《论党的建设》，人民出版社2001年版。

[31]李裕瑞、王婧、刘彦随等：《中国"四化"协调发展的区域格局及其影响因素》，《地理学报》，2014年第2期。

[32]刘灿：《改革开放40年共享发展的社会主义实践》，《经济学家》，2018年第12期。

[33]刘晋祎：《新时代我国共享发展制度体系构建的三重逻辑》，《贵州社会科学》，2018年第3期。

[34]吕瑞兴：《论实施"走出去"开放战略》，《理论视野》，2001年第1期。

[35]倪芳：《从马克思利益思想看新时代共享发展理念》，《理论界》，2020年第10期。

［36］齐慧:《构建"一带一路"互联互通网络》,《经济日报》,2021年9月14日,第6版。

［37］沈济时:《试论邓小平应对国际风云变幻的战略和策略方针》,《华东政法学院学报》,1999年第1期。

［38］太平:《中国对外开放模式的演进》,《政治经济学评论》,2008年第2期。

［39］王名、蓝煜昕、王玉宝等:《第三次分配:理论、实践与政策建议》,《中国行政管理》,2020年第3期。

［40］习近平:《在省部级主要领导干部学习贯彻党的十八届五中全会精神专题研讨班上的讲话》,人民出版社2016年版。

［41］于昆:《共享发展研究》,高等教育出版社2017年版。

［42］中共中央马克思恩格斯列宁斯大林著作编译局:《马克思恩格斯选集》(第1卷),人民出版社,1995年版。

［43］中共中央马克思恩格斯列宁斯大林著作编译局:《马克思恩格斯选集》(第2卷),人民出版社,1957年版。

［44］中国互联网协会:《中国互联网发展报告(2020)》,电子工业出版社2020年版。

［45］朱立营、韩升:《发展、共享与新时代我国社会主要矛盾的破解》,《学习论坛》,2020年第3期。

［46］Yansui Liu & Yuheng Li, Revitalize the world's countryside, *Nature News*, 2017, 548(7667).